pauker.

W0383014

M-Zug2022

Mittelschule Bayern

Name:

Schule:

Klasse:

hutt lernhilfen

Redaktionsadresse:
Unterhäuser Straße 1 · 70597 Stuttgart
T 0711 767150 · F 0711 7671511
info@pauker.de · www.pauker.de

hutt.lernhilfen ist eine Marke der
Bergmoser + Höller Verlag AG
Karl-Friedrich-Straße 76
52072 Aachen

T 0241 93888123
F 0241 93888188
kontakt@buhv.de

Umsatzsteuer-Id.Nr.: DE 123600266
Verkehrsnummer: 10508
Handelsregister Aachen HRB 8580

Vorstand:
Andreas Bergmoser
Peter Tiarks

Aufsichtsratsvorsitz:
Holger Knapp

Autorinnen/Autoren:
Maria Färber, Jasmin Johner (Deutsch)
Armin Busch, Günther Wirth, Werner Wirth (Mathematik)
Peter Brysch, Annika Leal Mayer (Englisch)

Lektorat: Jasmin Johner,
Dr. Maria Karafiat, Karin Rossnagel

Gestaltung: Hanne Hutt

Umschlag:
Konzeption + Gestaltung:
Hanne Hutt
Fotografie:
Anna Leippe

Audioproduktion:
Paul Harriman, Oliver Utzt, dropD GmbH, Waiblingen
Sprecher/-innen: Fraser Cameron, Paul Harriman, Josee Hurlock,
Siân Williams-Hahn

Ausgabe 2021/2022

ISBN: 978-3-88997-832-5

klimaneutral Printprodukt
natureOffice.com | DE-077-178633

FSC www.fsc.org MIX Papier aus verantwortungsvollen Quellen FSC® C104521

KEINE MACHT DEN DROGEN

Über diese Lernhilfe

Liebe Schülerin, lieber Schüler,

der *pauker* hilft Ihnen bei der Vorbereitung auf den Mittleren Schulabschluss. Dieser Band enthält die Originalprüfungen der Jahre 2017 bis 2021. Klare Gliederung und das großzügige Seitenformat vereinfachen den Überblick. Die farbliche Trennung der einzelnen Fächer erleichtert Ihnen das gezielte Üben auf die Abschlussprüfung.

Farbleitsystem

Deutsch-Training	Mathematik-Training	Englisch-Training
Deutsch-Prüfung	Mathematik-Prüfung	Englisch-Prüfung

Text- und Themenverzeichnis
Diese Verzeichnisse (Seite 7 – 11) dienen Ihnen zum schnellen und gezielten Auffinden von Prüfungstexten in Deutsch, themenbezogenen Aufgaben in Mathematik (Bruchgleichungen, zentrische Streckung etc.) oder bestimmten Englischinhalten (Grammatik, Vokabeln etc.). Zudem sind auf einen Blick alle Audiotracks zu den LCT-Texten aufgeführt.

Prüfungsinfos und nützliche Tipps
Ab Seite 12 sind alle wichtigen Prüfungsinfos für Sie zusammengestellt. Zudem gibt es eine Übersicht über Prüfungsfächer, Notengewichtung und -berechnung sowie den jeweils gültigen Notenschlüssel. Auch alles Wissenswerte rund um die Projektprüfung ist hier erklärt.

- Sollten sich nach Drucklegung noch Änderungen ergeben, finden Sie aktuelle Informationen unter www.pauker.de/info-aktuell

Training
Der Trainingsteil ist in jedem Fach gleich aufgebaut:

- Aufteilung in einzelne Themengebiete
- Erklärungen
- Typische Aufgabenstellungen mit Musterlösungen
- Übungsaufgaben

Prüfungen

- Originalprüfungen der letzten fünf Jahre
- Formelsammlung sowie Bearbeitungstipps für jede Aufgabe in Mathematik

Englisch-Audiodateien

- LCT-Texte für Englisch als Download oder per QR-Code abrufbar

Extra „Schule – und dann?"
Das Zusatzkapitel gibt nützliche Tipps und Informationen zum Start in den Beruf, von den wichtigsten Bewerbungsunterlagen bis zu Einstellungstests.

Lösungen
Mit dem separat erhältlichen Lösungsband können Sie Ihre Antworten und Ergebnisse überprüfen. Lösungswege und Lösungsansätze sind darin übersichtlich und leicht nachvollziehbar dargestellt.
Bestellnummer: 82-03-2-22

Inhaltsverzeichnis

Allgemein

Deutsch

Training

A. Sprachbetrachtung

B. Rechtschreiben

C. Schriftlicher Sprachgebrauch

Prüfungen

Mathematik

Training

Prüfungen

Englisch

Training

Prüfungen

Extra

Textverzeichnis Deutsch

Dieses Verzeichnis dient zum schnellen Auffinden von Prüfungstexten.

Themenverzeichnis Mathematik

Durch dieses Verzeichnis ist es möglich, Aufgaben sortiert nach Themengebieten zu suchen. I und II kennzeichnen die jeweilige Aufgabengruppe. Die Ziffern (1/2/3 …) stehen für die Aufgabe.

I = Aufgabengruppe I II = Aufgabengruppe II

Potenzen und Wurzeln

2017		2018		2019		2020		2021	
Seite	Nr.	Seite	Nr.	Seite	Nr.	Seite	Nr.	Seite	Nr.
142	I/10	148	I/2	161	I/9	170	I/4	180	I/4
144	II/6	151	I/9	164	II/7	175	II/7	181	I/9
		156	II/8a			176	II/9	185	II/6
		156	II/10						

Sachaufgaben

2017		2018		2019		2020		2021	
Seite	Nr.	Seite	Nr.	Seite	Nr.	Seite	Nr.	Seite	Nr.
140	I/5	149	I/5						
141	I/7	150	I/8						
141	I/8	151	I/9						
143	II/3	154	II/5						
143	II/4	155	II/7						
145	II/10	156	II/10						

Lineare Funktionen

2017		2018		2019		2020		2021	
Seite	Nr.	Seite	Nr.	Seite	Nr.	Seite	Nr.	Seite	Nr.
138	I/1	149	I/4	160	I/4	170	I/5	180	I/5
142	II/1	152	II/1	162	II/1	173	II/1	183	II/1

Quadratische Funktionen

2017		2018		2019		2020		2021	
Seite	Nr.	Seite	Nr.	Seite	Nr.	Seite	Nr.	Seite	Nr.
139	I/3	148	I/3	159	I/1	169	I/1	179	I/1
144	II/5	153	II/3	164	II/6	174	II/5	184	II/5
144	II/8c								

Binome

2017		2018		2019		2020		2021	
Seite	Nr.	Seite	Nr.	Seite	Nr.	Seite	Nr.	Seite	Nr.
139	I/3b	148	I/1b,d	163	II/5	172	I/9a	181	I/9
140	I/6	148	I/2			175	II/7	185	II/6a
144	II/5b	153	II/3a,c						
		156	II/8						

Prozent- und Zinsrechnung

2017		2018		2019		2020		2021	
Seite	Nr.	Seite	Nr.	Seite	Nr.	Seite	Nr.	Seite	Nr.
141	I/8	150	I/8						
143	II/3c	155	II/7d						

Wachstum und Zerfall

2017		2018		2019		2020		2021	
Seite	Nr.	Seite	Nr.	Seite	Nr.	Seite	Nr.	Seite	Nr.
141	I/8	150	I/8	161	I/8	170	I/2	179	I/2
143	II/3	154	II/5	162	II/2	174	II/3	184	II/3

I = Aufgabengruppe I   II = Aufgabengruppe II

Trigonometrische Berechnungen

2017		2018		2019		2020		2021	
Seite		Seite		Seite		Seite		Seite	
139	I/4	149	I/3a	159	I/3	170	I/3	180	I/3
142	II/1f	156	II/9	160	I/4d	173	II/1h	183	II/1h
142	II/2b			162	II/1f	174	II/4	184	II/4a
144	II/8a			165	II/9b				

Logarithmische Berechnungen

2017		2018		2019		2020		2021	
Seite	Nr.	Seite	Nr.	Seite	Nr.	Seite	Nr.	Seite	Nr.
141	I/8b	150	I/8b	161	I/8c	170	I/2b	179	I/2c
143	II/3b	154	II/5b	162	II/2b	170	I/3		
						174	II/3c		

Daten und Zufall / Wahrscheinlichkeit

2017		2018		2019		2020		2021	
Seite	Nr.	Seite	Nr.	Seite	Nr.	Seite	Nr.	Seite	Nr.
140	I/5	149	I/5	161	I/10	172	I/10	182	I/10
144	II/8d	155	II/7	165	II/8	175	II/8	186	II/9
145	II/10								

Berechnungen an Flächen

2017		2018		2019		2020		2021	
Seite	Nr.	Seite	Nr.	Seite	Nr.	Seite	Nr.	Seite	Nr.
139	I/4	149	I/3c	159	I/3	174	II/4	184	II/4a
142	II/2	154	II/4	161	I/7b				
143	II/4	156	II/9						

Berechnungen an Körpern

2017		2018		2019		2020		2021	
Seite	Nr.	Seite	Nr.	Seite	Nr.	Seite	Nr.	Seite	Nr.
141	I/7	151	I/9	160	I/5	171	I/7	181	I/7
144	II/8b	156	II/10	163	II/4	176	II/10	186	II/8

Konstruktionen, Zeichnen von Graphen

2017		2018		2019		2020		2021	
Seite	Nr.	Seite	Nr.	Seite	Nr.	Seite	Nr.	Seite	Nr.
138	I/1d	148	I/1g	159	I/1f	169	I/1e	179	I/1g
139	I/3c	149	I/4e	160	I/4c	171	I/5g	180	I/5c
142	II/1d	152	II/1f	162	II/1e	173	II/1e	183	II/1d
144	II/5e	153	II/3f	166	II/10c	174	II/5d	185	II/5e

Strahlensatz / Zentrische Streckung

2017		2018		2019		2020		2021	
Seite	Nr.	Seite	Nr.	Seite	Nr.	Seite	Nr.	Seite	Nr.
141	I/9	149	I/3b	160	I/6	170	I/3	181	I/8
145	II/9a,b	150	I/6	161	I/7	171	I/8	185	II/7
		153	II/2	165	II/9d	175	II/6		
				166	II/10				

Flächensätze am rechtwinkligen Dreieck

2017		2018		2019		2020		2021	
Seite	Nr.	Seite	Nr.	Seite	Nr.	Seite	Nr.	Seite	Nr.
139	I/4	149	I/3c	165	II/9a,c	170	I/3	180	I/3
141	I/7	154	II/4			174	II/4	184	II/4
142	II/2	156	II/9						

Themenverzeichnis Englisch

Mit dem Themenverzeichnis lassen sich einzelne Aufgaben schnell und einfach finden. Sie sind nach Aufgabentypen sortiert. Es gibt die Themenbereiche Use of English (B), Reading Comprehension und Mediation (C) sowie Text Production (D). Im Bereich C steht das R für Reading und das M für Mediation. Die Ziffern kennzeichnen dic jeweilige Aufgabe.

Vocabulary

Vocabulary									
2017		2018		2019		2020		2021	
Seite	Nr.	Seite	Nr.	Seite	Nr.	Seite	Nr.	Seite	Nr.
220	B1	233	B2	245	B2	257	B2	268	B1
223	CR4			247	CR4	259	CR4	269	B2
								271	CR4

Verb forms									
2017		2018		2019		2020		2021	
Seite	Nr.	Seite	Nr.	Seite	Nr.	Seite	Nr.	Seite	Nr.
221	B2								

Corrections									
2017		2018		2019		2020		2021	
Seite	Nr.	Seite	Nr.	Seite	Nr.	Seite	Nr.	Seite	Nr.
		232	B1	244	B1	256	B1		

Reading

Finding information in the text									
2017		2018		2019		2020		2021	
Seite	Nr.	Seite	Nr.	Seite	Nr.	Seite	Nr.	Seite	Nr.
222	CR1	234	CR1	245	CR1	258	CR1	270	CR1
222	CR2	234	CR2	246	CR2	258	CR2	270	CR2
223	CR3	235	CR3	246	CR3	259	CR3	270	CR3
		236	CR4						

Writing

Mediation

2017		2018		2019		2020		2021	
Seite	**Nr.**	**Seite**	**Nr.**	**Seite**	**Nr.**	**Seite**	**Nr.**	**Seite**	**Nr.**
224	CM1	236	CM1	248	CM1	260	CM1	272	CM1
224	CM2	237	CM2	248	CM2				

Expressing ideas

2017		2018		2019		2020		2021	
Seite	**Nr.**	**Seite**	**Nr.**	**Seite**	**Nr.**	**Seite**	**Nr.**	**Seite**	**Nr.**
227	D1	240	D1	251	D1	262	D1	274	D1

Writing a text

2017		2018		2019		2020		2021	
Seite	**Nr.**	**Seite**	**Nr.**	**Seite**	**Nr.**	**Seite**	**Nr.**	**Seite**	**Nr.**
227	D2	240	D2	251	D2	263	D2	275	D2

LCT

Titel	Jahrgang	Aufgaben	QR-Code	Text
Audio Guide, Part 1	2017	Seite 219		Seite 277
Audio Guide, Part 2	2017	Seite 219		Seite 277
Conversation, Part 3	2017	Seite 220		Seite 278
Cockpit Information, Part 1	2018	Seite 229		Seite 279
Conversation, Part 2	2018	Seite 230		Seite 279
Conversation, Part 3	2018	Seite 231		Seite 280
Conversation, Part 1	2019	Seite 242		Seite 281
Conversation, Part 2	2019	Seite 243		Seite 281
Conversation, Part 3	2019	Seite 243		Seite 282
Conversation, Part 1	2020	Seite 253		Seite 283
Instruction, Part 2	2020	Seite 254		Seite 283
Conversation, Part 3	2020	Seite 255		Seite 284
Conversation, Part 1	2021	Seite 265		Seite 285
Podcast, Part 2	2021	Seite 266		Seite 285
Interview, Part 3	2021	Seite 267		Seite 286

Prüfungsinfos allgemein

Prüfungsrelevante Fächer	Gewichtung Noten	Prüfungsergebnisse (Beispiel)	Prüfungsnote
Deutsch Zentrale schriftliche und dezentrale mündliche Prüfung	schriftlich 3-fach mündlich 1-fach	4 2	14 : 4 = 3,5 = 3
Mathematik Zentrale schriftliche Prüfung	1-fach	3	3
Englisch Zentrale schriftliche und dezentrale mündliche Prüfung	schriftlich 2-fach mündlich 1-fach	3 2	8 : 3 = 2,66 = 3
Projektprüfung	siehe Seite 17		

Bei der oberen Berechnung handelt es sich nur um ein Beispiel. Andere Variationen sind möglich.

Auszug aus der Mittelschulordnung (MSO) § 31(7):
Die Gesamtnote wird in den Prüfungsfächern aus der Jahresfortgangsnote und der Prüfungsnote ermittelt. Im Projekt aus den Jahresfortgangsnoten im Fach Arbeit-Wirtschaft-Technik sowie im berufsorientierenden Wahlpflichtfach und aus der doppelt gewichteten Projektprüfung.
In den Prüfungsfächern gibt in der Regel die Prüfungsnote den Ausschlag.
Die Jahresfortgangsnote kann nur dann überwiegen, wenn sie nach dem Urteil des Prüfungsausschusses der Gesamtleistung der Schülerin oder des Schülers in dem betreffendem Fach mehr entspricht als die Prüfungsnote.
In Nichtprüfungsfächern gelten die Jahresfortgangsnoten als Gesamtnote.

Berechnung der Gesamtnote

Beispiel:

Jahresfortgangsnote: 2
Prüfungsnote: 3
} **Note im Abschlusszeugnis: 3**

Prüfungsinfos – Deutsch

Zeitliche Vorgaben

Teil A. Sprachbetrachtung	8.30 bis 8.50 Uhr
Pause	5 Minuten
Teil B. Rechtschreiben	8.55 bis 9.10 Uhr
Pause	10 Minuten
Teil C. Schriftlicher Sprachgebrauch	9.20 bis 12.05 Uhr

Inhalt

1. Schriftlicher Teil

A	**Sprachbetrachtung**	**Aufgaben**	20 Minuten	6 Punkte
B	**Rechtschreiben**		15 Minuten	6 Punkte
C	**Schriftlicher Sprachgebrauch**	**Sachtext** mit weiteren Informationsquellen wie Schaubilder, Tabellen oder **Literarischer Text** zusätzliche Materialien wie Statistiken und Zeitungsmeldungen möglich	165 Minuten	36 Punkte

Die Verwendung eines rechtschriftlichen Wörterbuchs ist während der gesamten Prüfung erlaubt. Elektronische Wörterbücher sind ausgeschlossen.

A. Sprachbetrachtung

In diesem Teil finden Sie Aufgaben zur Sprachbetrachtung, beispielsweise zur Nominalisierung, zu Wortarten, Wörterbucheintrag, indirekte Rede, Beifügungen etc.

B. Rechtschreiben

Dieser Aufgabenteil prüft die Anwendung von Grundregeln der Rechtschreibung und kann eine Textkorrektur, Setzen von Satzzeichen oder das Zuordnen von Lösungshilfen umfassen.

C. Schriftlicher Sprachgebrauch

Im dritten Teil der Prüfung müssen Sie sich zwischen der Bearbeitung eines Sachtextes und der eines literarischen Textes entscheiden. Fällt Ihre Wahl auf den Sachtext, müssen Sie beachten, dass Sie immer zusätzliche Informationsquellen wie z. B. Statistiken oder Grafiken mit auswerten müssen. Beim literarischen Text können zusätzliche Materialien wie eine Zeitungsmeldung, ein Bild oder Ähnliches, die zum Thema passen, zur Verfügung stehen. Die Aufgaben zum textgebundenen Schreiben werden bewertet nach ihren **inhaltlichen** Aussagen und ihrer **sprachlichen** Gestaltung.

Bearbeiten Sie die Aufgaben möglichst in der angegebenen Reihenfolge. Schreiben Sie grundsätzlich in ganzen Sätzen, außer die Aufgabe verlangt etwas anderes. Achten Sie außerdem auf eine saubere äußere Form und auf die Rechtschreibung.

Notenschlüssel

Punkte	Note
48,0 – 42,0	1
41,5 – 35,5	2

Punkte	Note
35,0 – 28,0	3
27,5 – 20,0	4

Punkte	Note
19,5 – 11,0	5
10,5 – 0	6

2. Mündlicher Teil

Die mündliche Pflichtprüfung dauert insgesamt 15 Minuten, aufgeteilt in 10 Minuten Referat und 5 Minuten Gespräch. Sie wird ebenso wie im Fach Englisch von der Schule gestellt, das heißt, sie ist dezentral. Das zu bearbeitende Referatsthema wird per Losverfahren ermittelt. Drei Tage vor Ihrer Prüfung ziehen Sie zwei Themen und entscheiden sich verbindlich für eines der beiden. Die benötigten Informationen und Materialien für Ihr Referat müssen Sie sich selbst suchen. In der Prüfung dürfen Sie Stichwortzettel sowie Bilder, Folien oder Ähnliches verwenden. Das Gespräch bezieht sich dann im Anschluss meistens auf den Inhalt Ihres Referats.
Die Note im schriftlichen Teil wird dreifach gewertet, die Note für die mündliche Prüfung einfach.

Prüfungsinfos – Mathematik

Zeitliche Vorgaben

8.30 bis 11.00 Uhr

Inhalt

Aufgabengruppe I <u>oder</u> II	Formelsammlung, zugelassener Taschenrechner	150 Minuten	45 Punkte

Die Schule wählt von zwei Aufgabengruppen eine aus, die von Ihnen in der Prüfung zu bearbeiten ist. Ergebnisse können nur dann bewertet werden, wenn sowohl der **Lösungsweg** als auch die **Teilergebnisse** aus dem Lösungsblatt ersichtlich sind und sich die Gesamtergebnisse daraus ableiten lassen. Zeichnen Sie exakt und vergessen Sie die Maßeinheiten nicht. Denken Sie am Schluss an den Antwortsatz.
Die Verwendung eines Taschenrechners und einer Formelsammlung ist während der gesamten Prüfung erlaubt.

Notenschlüssel

Punkte	Note
45,0 – 38,0	1
37,5 – 31,0	2
30,5 – 23,0	3
22,5 – 15,0	4
14,5 – 7,0	5
6,5 – 0	6

Prüfungsinfos – Englisch

Zeitliche Vorgaben

Teile A und B	8.30 bis 9.10 Uhr
Pause	10 Minuten
Teile C und D	9.20 bis 10.40 Uhr

Inhalt

1. Schriftlicher Teil

A	**Listening Comprehension – Hörverstehen**	Keine Hilfsmittel	40 Minuten	20 Punkte
B	**Use of English – Sprachgebrauch**			20 Punkte
C	**Reading Comprehension – Leseverständnis und Mediation – Sprachmittlung**	Zweisprachiges Wörterbuch	80 Minuten	30 Punkte
D	**Text Production – Verfassen eigener Texte**			30 Punkte

A. Listening Comprehension
Von einer CD werden zweimal hintereinander gesprochene Texte vorgespielt. Meist handelt es sich hierbei um Dialoge, Durchsagen, Berichte oder Ähnliches. Ihre Aufgabe ist es, diesen Texten Informationen zu entnehmen und Fragen zu beantworten. Die Verwendung eines Wörterbuchs ist nicht erlaubt.

B. Use of English
In diesem Teil werden der Wortschatz, die Grammatik sowie die Ausdrucksfähigkeit überprüft. Die Verwendung eines Wörterbuchs ist nicht erlaubt.

C. Reading Comprehension and Mediation
Im Bereich Reading Comprehension wird die Fähigkeit getestet, Informationen einem vorher gelesenen Text zu entnehmen.
Im Teil Mediation sollen Sie zwischen zwei Sprachen vermitteln. Sie nehmen somit die Rolle des Dolmetschers ein. Eine mögliche Aufgabe könnte darin bestehen, für einen Freund / eine Freundin etwas zu übersetzen oder eine Zusammenfassung eines Textes in der jeweils anderen Sprache zu schreiben.
Die Verwendung eines zweisprachigen Wörterbuchs ist hier erlaubt.

D. Text Production
Es stehen zwei Aufgaben zur Auswahl, von denen nur eine bearbeitet werden muss. Man kann zwischen dem Verfassen eines Briefes, einer E-Mail etc. (Correspondence) und kreativem Schreiben (Creative writing) wählen. Die Verwendung eines zweisprachigen Wörterbuchs ist erlaubt.

Notenschlüssel

Punkte	Note
100 – 84	1
83,5 – 67	2
66,5 – 50	3
49,5 – 33	4
32,5 – 16	5
15,5 – 0	6

2. Mündlicher Teil

Die mündliche Prüfung ist im Gegensatz zur schriftlichen dezentral. Sie wird durch die Schule gestellt. Die Prüfung besteht aus drei Bereichen:

- **Topic-based talk:** Zusammenhängendes Sprechen, dialogisch oder monologisch über ein bekanntes Sachgebiet.
- **Picture-based conversation:** Teilnahme an Gesprächen auf Grundlage von vorgelegten Bildern. Auch dieser Teil kann sowohl monologisch als auch dialogisch erfolgen.
- **Interpreting:** Sprachmittlung. Hier müssen Sie Informationen von der einen in die andere Sprache übertragen.

QR-Codes in allen Trainingsteilen sowie für alle Hörtexte

Dem QR-Code (Quick Response) sind Informationen, Bilder, Videos oder Hördateien hinterlegt. Alle Inhalte sind lediglich zur Auflockerung des Lernalltags gedacht und verschaffen keinem Schüler einen Vorteil.

Die QR-Codes in diesem Buch sind nummeriert. Für alle, die kein Smartphone besitzen, haben wir im Folgenden hinter jeder QR-Code-Nummer die entsprechende Internetadresse aufgeführt, unter der die jeweiligen Inhalte abrufbar sind.

Deutsch
(1) http://www.pauker.de/qrdb/i.php?qr=mvdBJhw
(2) http://www.pauker.de/qrdb/i.php?qr=QPglLOg
(3) http://www.pauker.de/qrdb/i.php?qr=bHQaRpO

Mathematik
(1) http://www.pauker.de/qrdb/i.php?qr=e0fE1GJ
(2) http://www.pauker.de/qrdb/i.php?qr=VQqmKHr
(3) http://www.pauker.de/qrdb/i.php?qr=LcFoePa

Englisch
(1) http://www.pauker.de/qrdb/i.php?qr=gQERUX7
(2) http://www.pauker.de/qrdb/i.php?qr=wxdRt0p
(3) http://www.pauker.de/qrdb/i.php?qr=CghWh8F
(4) http://www.pauker.de/qrdb/i.php?qr=PPYRAXl
(5) http://www.pauker.de/qrdb/i.php?qr=K7Or12I
(6) http://www.pauker.de/qrdb/i.php?qr=ALsNNEp
(7) http://www.pauker.de/qrdb/i.php?qr=VBTwRh4
(8) http://www.pauker.de/qrdb/i.php?qr=1usnVDb
(9) http://www.pauker.de/qrdb/i.php?qr=FTs636F

Projektprüfung

Die Projektprüfung ist obligatorischer Teil der Abschlussprüfung. Sie setzt sich zusammen aus dem Fach Arbeit-Wirtschaft-Technik und dem von Ihnen gewählten berufsorientierenden Zweig (boZ) Wirtschaft, Technik oder Soziales. Eine Muster-M10-Prüfung finden Sie auf www.isb-mittelschule.de.

Das Anforderungsniveau der Projektprüfung ist in allen drei möglichen Fachkombinationen einheitlich gestaltet. Die Aufgabenstellung erfolgt in Form eines kurzen Textes.

Alle Leistungen, die Sie während der verschiedenen Phasen der Projektprüfung erbringen, werden bewertet. Aus allen Teilleistungen wird dann eine Note ermittelt. Der Verlauf und die Bewertung der Projektprüfung werden für jeden getrennt dokumentiert, auch wenn Sie in der Gruppe gearbeitet haben. Die Dokumentation erfolgt mithilfe eines Ergebnisprotokolls. Dabei entfällt etwa ein Drittel der Gesamtpunkte auf die „Durchführung", ein Drittel auf die „Präsentation" und ein Drittel auf die „Projektmappe".

Sie werden während der Projektprüfung von zwei Lehrkräften betreut. Es müssen aber nicht in allen Phasen beide Lehrkräfte anwesend sein. Lediglich während der Projektphase „Durchführung" und während der Präsentation in der Schule müssen stets zwei Lehrkräfte dabei sein.

Eine typische Projektprüfung ist unterteilt in die eigentliche Aufgabenstellung, Ihre Arbeitsanweisungen sowie Hinweise auf den geforderten Inhalt der Projektmappe. Jeder von Ihnen erstellt seine eigene Projektmappe.

Inhalt Projektmappe

- Deckblatt
- Alle Unterlagen aus der Planungs- und Durchführungsphase des Projekts
- Quellenangaben
- Reflexion der eigenen Arbeit und der Arbeit in der Gruppe

Phasen der Projektprüfung

Vorlaufphase und Vorbereitung in oder außerhalb der Schule und des Unterrichts sowie in Eigenverantwortung der Schüler		Durchführung in der Schule	Nachbereitung in der Schule	
Projektinitiative Projektanfang	Zielsetzung und Planung	Durchführung	Präsentation und Reflexion	Dokumentation
↓	↓	↓	↓	↓
Zu erwartende Leistung Informationen und Material beschaffen	**Zu erwartende Leistung** Planerische und organisatorische Tätigkeiten	**Zu erwartende Leistung** Manuelle, praktische Tätigkeiten	**Zu erwartende Leistung** Präsentieren der Ergebnisse und Reflexionsgespräch	**Zu erwartende Leistung** Abgeben der erstellten Projektmappe

Notenbildung der Projektprüfung

Jahresfortgang	Gewichtung	Prüfung	Gewichtung	Gesamtnote
Arbeit-Wirtschaft-Technik	1-fach	Projektprüfung	2-fach	Summe Noten : 4
Berufsorientierender Zweig	1-fach			

Tipps zur Prüfung

Cool bleiben!

1. **Rechtzeitig mit dem Lernen beginnen**
   Eine gute Vorbereitung ist die wichtigste Voraussetzung, um gelassen in eine Prüfung gehen zu können. Dazu gehört vor allem, dass Sie rechtzeitig mit dem Lernen anfangen. Die Erstellung eines Zeitplans, der feste Lernzeiten vorsieht, ist hilfreich. Denken Sie dabei auch an Wiederholungsphasen.

2. **Motivation ist wichtig**
   Teilen Sie Ihren Lernstoff ein. Tragen Sie in Ihren Zeitplan ein, wann Sie mit einer Lerneinheit fertig sein möchten. Haben Sie eine Einheit abgeschlossen, können Sie diese auf Ihrem Plan abhaken. Die Haken verdeutlichen Ihnen, wie viel Sie schon geschafft haben. Das motiviert und lässt das Ziel näher rücken.

3. **Keine Angst vor der Angst haben**
   Viele Menschen haben Angst vor einer Prüfung. Das ist ganz normal und halb so schlimm, denn in einem gewissen Maß kann Angst sogar die Leistungsfähigkeit fördern. Sind Sie allerdings zu aufgeregt, beeinträchtigt dies Ihre Konzentration. Deshalb gilt: Am Prüfungstag trotz Anspannung cool bleiben und nicht verrückt machen lassen.

4. **Selbstbewusst sein**
   Durch eine positive Herangehensweise lässt sich eine Prüfungssituation in der Regel besser bewältigen. Denn der Prüfungsstress spielt sich eigentlich nur in Ihrem Kopf ab. Also anstatt zu denken „Ich kann bestimmt die Hälfte der Fragen nicht beantworten" vielmehr „Ich fühle mich sicher, weil ich mich gut vorbereitet habe!"

5. **Aufgabenstellung genau lesen**
   Lesen Sie sich zunächst die Aufgabenstellung aufmerksam durch. Machen Sie sich klar, wonach genau gefragt ist. Dies gilt gleichermaßen für alle Fächer und alle Arten von Aufgabenstellungen oder Bearbeitungshinweisen. Denn nur, wenn Sie die Aufgabe richtig verstanden haben, können Sie sie auch lösen.

6. **Den eigenen Weg gehen**
   Jeder hat eine andere Herangehensweise an eine Prüfung. Sie brauchen sich nicht an die vorgegebene Reihenfolge der Fragestellungen zu halten. Sie dürfen mit einer Aufgabe beginnen, die Ihnen leicht erscheint. Dadurch haben Sie gleich am Anfang ein Erfolgserlebnis, das Sie motiviert, und so sammeln Sie auch die ersten Bewertungspunkte. Die schwierigeren Teile können Sie dann anschließend angehen.

7. **Wichtige Textstellen markieren**
   Lesen Sie einen Text mehrmals durch. Beim ersten Durchgang ist es wichtig, dass Sie genau erfassen, worum es geht. Markieren Sie anschließend durch Unterstreichen oder farbiges Anstreichen wichtige Stellen im Text. Sie können auch Hinweise oder Kommentare an den Rand schreiben.

8. **Notizen machen**
   Bei weiteren Textarbeiten ist es sinnvoll, sich auf einem separaten Blatt Notizen zu machen. Dort sollten Sie Gedanken und Ideen aufschreiben, damit Sie sie nicht vergessen. Teilweise kann es hilfreich sein, einzelne Argumente stichwortartig festzuhalten und zuzuordnen. Dadurch haben Sie es beim Schreiben des Textes später leichter.

9. **Auf Nummer sicher gehen**
   Am Schluss Ihrer Prüfung sollten Sie kontrollieren, ob Sie auch wirklich alle Aufgaben gelöst haben. Wenn noch Zeit übrig ist, empfiehlt es sich, das Geschriebene noch einmal durchzusehen. In Deutsch und Englisch sollten Sie besonders auf die Rechtschreibung, die Zeichensetzung, den Satzbau und eine logische Argumentation achten. In Mathe lohnt es sich, den Rechenweg noch einmal kurz nachzuvollziehen und das Ergebnis grob zu überschlagen.

10. **Sich selbst belohnen**
    Sie haben es geschafft! Nach all den Strapazen der Prüfung können Sie sich jetzt guten Gewissens mit etwas belohnen, das Ihnen Freude macht. Bestimmt sind Sie erleichtert, dass Sie die Prüfung hinter sich gebracht haben. Eine solche Erfahrung gibt Ihnen mehr Selbstbewusstsein für kommende Aufgaben.

Die Abschlussprüfung

Die Abschlussprüfung für den Mittleren Schulabschluss an der Mittelschule besteht aus drei Teilen.

A. **Sprachbetrachtung:** Hier finden Sie Aufgaben zu den Themen Nominalisierung, Wortarten, Wörterbucheintrag, Zeichensetzung, Aktiv – Passiv, Wortschatz etc.

B. **Rechtschreibung:** Im Teil B geht es um die Rechtschreibung mit Aufgaben zu Rechtschreibregeln und -strategien, Textkorrektur, „dass oder das" etc.

C. **Textarbeit:** Im Teil C geht es um Textarbeit. Ihnen stehen zwei Texte zur Auswahl, von denen Sie einen bearbeiten müssen. Es gibt einen Grundtext, der meistens mit Grafiken, Statistiken oder Ähnlichem ergänzt ist. Zu jedem dieser Texte gibt es dann sieben bis acht Arbeitsaufträge. Diese sollen Ihnen Hilfestellungen zur leichteren Bearbeitung der Texte geben. So ist in Aufgabe eins häufig eine Textzusammenfassung gefordert, danach sollen verschiedene Fremdwörter erklärt werden. Die weiteren Aufgaben variieren, beschäftigen sich aber immer mit Erläuterungen zum ganzen Text oder zu Textstellen. Bei der letzten Aufgabe ist immer ein Aufsatz gefordert. Der Umfang des Aufsatzes sollte in etwa eine Seite umfassen. Es ist auf jeden Fall ratsam, das flüssige Schreiben eines eigenen Textes zu üben.

A. Sprachbetrachtung

1. Nominalisierung

Erklärung

Verben und Adjektive werden häufig nominalisiert, das heißt, sie werden zu Nomen. Sie erkennen ein nominalisiertes Verb oder Adjektiv an den für Nomen typischen Begleitern, wie zum Beispiel:

- das Gute (Artikel + nominalisiertes Adjektiv)
- dein Laufen (Pronomen + nominalisiertes Verb)
- im Guten, beim Schwimmen (Präposition + nominalisiertes Adjektiv/Verb)

Ein weiterer Hinweis für eine Nominalisierung ist das Voranstellen einer unbestimmten Mengenangabe. Prägen Sie sich diese gut ein: alles, allerlei, etwas, genug, nichts, viel, wenig
Beispiele: nichts Neues, alles Gute
In der Prüfung wird von Ihnen häufig verlangt, dass Sie Sätze so umstellen, dass ein Verb oder Adjektiv zum Nomen wird.

Typische Aufgabenstellung

Formen Sie den Satz so um, dass darin kein nominalisiertes Verb mehr enthalten ist.

Beim Fischen kann ich mich am besten entspannen.

Lösung
Ich kann mich am besten entspannen, wenn ich **fische**.

Übungsaufgaben

Sie dürfen bei allen sechs Aufgaben auch Wortergänzungen machen.

1. Stellen Sie den nachfolgenden Satz so um, dass das markierte Wort als Adjektiv verwendet wird.

   Freundlichkeit ist in der Dienstleistung sehr wichtig.

2. Stellen Sie den nachfolgenden Satz so um, dass das markierte Nomen zum Verb wird.

   Das **Zusammenfassen** eines Textes gehört zur Abschlussprüfung.

3. Stellen Sie den nachfolgenden Satz so um, dass das markierte Wort zum Nomen wird.

   Der Hund **bellte** ganz laut und vertrieb dadurch den Einbrecher.

4. Stellen Sie den nachfolgenden Satz so um, dass aus dem markierten Adjektiv ein Nomen wird.

   Um im Leben **erfolgreich** zu sein, ist es wichtig, dass man Ziele verfolgt.

5. Stellen Sie den nachfolgenden Satz so um, dass das markierte Wort zum Nomen wird.

   Schon lange ist es verboten, in Kneipen zu **rauchen.**

6. Stellen Sie den nachfolgenden Satz so um, dass das markierte Wort als Adjektiv verwendet wird.

   Das Lernen von Vokabeln **langweilt** mich.

2. Wörterbucheintrag – richtiges Nachschlagen

Erklärung

Wenn Sie ein Wort nicht kennen oder sich nicht sicher sind, wie es geschrieben wird, können Sie in einem Wörterbuch nachschlagen. Aber auch das richtige Nachschlagen will gelernt sein. Deshalb ist es wichtig, dass Sie Abkürzungen und Zeichen, die in einem Wörterbuch vorkommen können, üben.
Wichtig beim Trennen von Wörtern ist, dass immer nach Silben getrennt wird. Am besten sprechen Sie die Silben laut vor sich hin. Wenn Sie sich nicht ganz sicher sind, können Sie die Worttrennungen auch im Wörterbuch nachschlagen.
Auch viele Fremdwörter finden Sie im Lexikon. Oft werden Wörter mit denselben Vor- oder Nachsilben gebildet. Wenn Sie sich diese merken, können Sie diese Wörter leichter lernen.

Typische Aufgabenstellung

Ka | pil | la | re, *die*; -, -n <lat>: 1. (Biol.; Med.) Haargefäß, kleinstes Blutgefäß. 2. (Phys.) ein Röhrchen mit sehr kleinem Querschnitt

- Schreiben Sie das Wort im Plural.
- Aus welcher Sprache stammt das Wort?
- Wofür steht Phys.?
- Wie wird das Wort getrennt?

Lösung

- die Kapillaren
- aus dem Lateinischen
- Physik
- die Ka-pil-la-re

Übungsaufgaben

1. **To | xi | ko | lo | gie,** *die*; - <griech>: (Med.) Wissenschaft, Lehre von den Giften und ihren Einwirkungen auf den Organismus. **to | xi | ko | lo | gisch**: die Toxikologie betreffend

Wofür steht der Strich - ?

____

In welchem Fachgebiet wird das Wort „Toxikologie“ verwendet?

Medizinische Wissenschaft

Schreiben Sie das Adjektiv zu „Toxikologie“ in Silben getrennt auf.

to|xi|ko|lo|gisch

2. **Mie | ne,** *die*; -n (Gesichtsausdruck); **Mie | nen | spiel**

Wofür steht die Unterstreichung des „ie“?

____

Bilden Sie den Plural zum Wort „Miene“.

____

Weiter hinten im Wörterbuch ist noch der Eintrag „Mine, die" zu finden.
Warum wird es in diesem Fall ohne „ie" geschrieben?

____

3.

> **World Wide Web** [vøːɐ̯lt 'vai̯t 'vɛp], *das*; - - - [s] <engl.> (*EDV* weltweites Informationssystem im Internet; *Abk.* WWW)

Welche Bedeutung hat das ø?

____

Was bedeutet *Abk.*?

____

Wie wird „Informationssystem" getrennt?
Beachten Sie die allgemeinen Trennungsregeln.

____

4. Trennen Sie folgende Wörter so oft wie möglich und schreiben Sie sie mit Trennungszeichen auf.

a) Vorverkauf
Theateraufführung
Schauspielhaus
Premiere
Schneckenhaus

b) Individualtourismus
Durchführungsbestimmung
Reiserücktrittsversicherung
Auslandskrankenversicherung
Aktiengesellschaft

5. Wofür stehen folgende Abkürzungen?

m. E. ______________________________

lfd. ______________________________

ca. ______________________________

Lkw, LKW ______________________________

n. Chr. ______________________________

Hbf. ______________________________

ggf. ______________________________

vgl. ______________________________

z. T. ______________________________

Anm. ______________________________

6. a) Stellen Sie jeweils drei Buchstaben (Vorsilbe) voran, sodass immer sinnvolle Fremdwörter entstehen.

-vention, -jekt ____________________

-nomen, -duktion ____________________

-logie, -metrie ____________________

-demie, -lepsie ____________________

-logie, -top ____________________

b) Finden Sie zu den vorgegebenen Vorsilben jeweils zwei Fremdwörter.

Per-/per- ____________________

Mikro-/mikro- ____________________

Trans-/trans- ____________________

Anti-/-anti- ____________________

Sym-/sym- ____________________

3. Zeichensetzung – Komma

(1)

Erklärung

Durch Kommas werden Satzaussagen klarer und einzelne Satzteile und ihre Aussagen sind deutlicher voneinander getrennt.

Die wichtigsten Kommaregeln

1. Komma zwischen Haupt- und Nebensatz

Gut erkennen können Sie das, wenn der Nebensatz durch Konjunktionen wie z. B. „als, weil, nachdem, wenn, obwohl, ob, dass, damit, bevor …" eingeleitet wird.

Beispiel:

Ich putze meine Zähne, bevor ich ins Bett gehe.

Die Amsel kann fliegen, weil sie Flügel hat.

2. Komma zwischen Hauptsätzen

Beispiel:

Ich putze meine Zähne, dann gehe ich ins Bett.

3. Komma bei Aufzählungen

Wenn Sie mehrere Dinge nacheinander aufzählen, steht dazwischen jeweils ein Komma. Vor und/oder steht in diesem Fall hingegen kein Komma.

Beispiel:

Wir haben die Fächer Deutsch, Mathe, Englisch, Geografie und noch viele andere.

4. Abtrennung von Relativsätzen

Ein Relativsatz beschreibt das vorausgegangene Nomen im Satz näher; er ist zu erkennen an einem bezüglichen Fürwort und einem Prädikat.

Beispiel:

Die Schnecke, die sehr langsam kroch, kam auch ans Ziel.

5. Komma bei Einschüben

Wenn Sie in einem Satz noch einen weiteren Gedanken als Erklärung (ohne Prädikat) unterbringen möchten, trennen Sie diesen mit Kommas ab.

Beispiel:

Der Eisbär, ein Überlebenskünstler am Nordpol, leidet unter dem Klimawandel.

6. Komma bei einem erweiterten Infinitiv mit „zu"
Das Komma trennt den Hauptsatz vom zweiten Satzteil mit erweitertem Infinitiv. In diesem Fall kann, muss aber kein Komma stehen.
Beispiel:
Die Eltern beschlossen(,) im nächsten Jahr wieder in die Berge <u>zu gehen</u>.

Ausnahmen: ..., um ... zu; ..., ohne ... zu; ..., anstatt ... zu; ..., außer ... zu
Hier muss immer ein Komma stehen.
Beispiel:
Er spart Geld, um sich ein neues Fahrrad zu kaufen.

7. Komma bei wörtlicher Rede oder indirekter Rede
Nach dem Ende der wörtlichen Rede steht ein Komma, um den Begleitsatz abzutrennen.
Beispiel:
„Toll, dieses Wetter heute!", rief Pauline.
„Aber es ist doch so heiß", erwiderte Leon.
Pauline rief, das Wetter sei toll.
Leon erwiderte, dass es aber doch so heiß sei.

Typische Aufgabenstellung

Begründen Sie die Kommasetzung im folgenden Satz.

In Schulen wird mit Füller geschrieben, denn dieser verleiht eine schönere Schrift.

Lösung
Das Komma dient hier als Trennung zwischen Haupt- und Hauptsatz.

Übungsaufgaben

1. Begründen Sie die Kommasetzung im Satz.

Er brauchte einen kurzen Moment, um zu begreifen, dass sie das Spiel wirklich gewonnen hatten.

Begründung: ____________________

2. Setzen Sie die fehlenden Kommas und begründen Sie Ihre Entscheidung.

Eine ausgewogene Ernährung viel Trinken und Sport das sind Maßnahmen, die uns vital und gesund halten.

Erstes Komma: ____________________

Zweites Komma: ____________________

3. Begründen Sie die Kommasetzung im Satz.

Das Lernen von Vokabeln, egal in welcher Sprache, liegt mir einfach nicht.

Begründung: ____________________

4. Setzen Sie die fehlenden Kommas und begründen Sie Ihre Entscheidung.

„Am besten gefällt mir der tolle Zusammenhalt der Klasse" sagt Selina die seit Januar neue Mitschülerin ist.

Erstes Komma: ______________________________

Zweites Komma: ______________________________

4. Wortarten

Erklärung

Unter Wortarten versteht man die einzelnen Wortklassen mit gemeinsamen grammatischen Merkmalen. Im Deutschen werden 10 Wortarten unterschieden: Nomen, Verb, Adjektiv, Adverb, Artikel, Pronomen, Numerale, Präposition, Konjunktion und Interjektion (Ausrufewort).
Jede Wortart hat bestimmte Eigenschaften, an der Sie sie erkennen können. Die Wortarten sind nicht zu verwechseln mit den Satzgliedern wie Subjekt, Objekt, Adverbial, Attribut usw.

Typische Aufgabenstellung

Bestimmen Sie die Wortarten der unterstrichenen Wörter. Setzen Sie jeweils den richtigen Buchstaben in die Klammern.

<u>Meine</u> ( ) <u>gestreifte</u> ( ) Katze, die sehr gerne Fisch <u>frisst</u> ( ), sieht, <u>dass</u> ( ) ich ihr Futter <u>auf</u> ( ) den Boden stelle.

A Adjektiv **B** Verb **C** Nomen **D** Präposition
E Pronomen **F** Konjunktion **G** Numerale **H** Artikel

Lösung
<u>Meine</u> (**E**) <u>gestreifte</u> (**A**) Katze, die sehr gerne Fisch <u>frisst</u> (**B**), sieht, <u>dass</u> (**F**) ich ihr Futter <u>auf</u> (**D**) den Boden stelle.

Übungsaufgaben

1. a) Bestimmen Sie die Wortarten der unterstrichenen Wörter. Setzen Sie jeweils den richtigen Buchstaben in die Klammern.

Am <u>Samstag</u> ( ) gehe ich mit <u>zwei</u> ( ) Freunden <u>ins</u> ( ) Kino, <u>wenn</u> ( ) <u>der</u> ( ) Film, den wir <u>sehen</u> ( ) wollen, bis dahin noch <u>läuft</u> ( ).

A Adjektiv **B** Verb **C** Nomen **D** Präposition
E Pronomen **F** Konjunktion **G** Numerale **H** Artikel

b) In den Lücken fehlt jeweils ein Wort. Finden Sie ein passendes Wort und setzen Sie den Buchstaben der richtigen Wortart ein.

A Adjektiv **B** Verb **C** Nomen **D** Präposition
E Pronomen **F** Konjunktion **G** Numerale **H** Artikel

1. In den Sommerferien ______________ ich mit meinen Eltern ans Meer.
2. An meiner Schule gibt es ein ______________ Orchester.
3. ______________ es regnet, bleibe ich lieber zu Hause.

2. Ergänzen Sie die fehlenden Präpositionen. Manche Präpositionen müssen Sie mehrmals verwenden.

auf – aus – bei – in – mit – nach – neben – seit – trotz – über

Im nächsten Sommer bin ich ____________ der Schule fertig. Doch was ich beruflich machen soll, dazu fällt mir leider immer noch nicht allzu viel ein. Und das, obwohl ich mir ____________ dieses Thema schon ____________ Langem Gedanken mache.
Während ich einerseits Lust ____________ einen Beruf hätte, der ____________ Kindern zu tun hat, finde ich zum Beispiel auch Arzthelfer/-in oder Physiotherapeut/-in interessant. Mein Schulpraktikum werde ich deshalb ____________ einer Arztpraxis absolvieren, damit ich einen besseren Einblick bekomme. ____________ dieser Erfahrung fällt mir die Entscheidung vielleicht leichter.
____________ den persönlichen Neigungen spielen meiner Ansicht nach natürlich auch die Berufsaussichten eine wichtige Rolle ____________ der Berufswahl. ____________ aller Unentschlossenheit bin ich zuversichtlich, dass ich ____________ absehbarer Zeit eine Entscheidung treffen werde. ____________ diesem Grund sehe ich meiner Zukunft gelassen entgegen.

3. Setzen Sie die fehlenden Konjunktionen ein.

weil – aber – dass – während – oder – damit – denn

Morgen besprechen wir in der Klasse, wohin unser Ausflug gehen soll. ____________ einige einen Freizeitpark vorgeschlagen haben, möchten andere lieber einen Klettergarten besuchen ____________ eine Radtour machen. Doch die Entscheidung ist gar nicht so einfach, ____________ alle Vorschläge interessant sind. Ich selbst würde am liebsten in den Klettergarten gehen, ____________ das habe ich noch nie ausprobiert. ____________ auch eine Radtour wäre nicht schlecht. Nur den Freizeitpark finde ich nicht so toll. Unser Lehrer hat gesagt, ____________ wir abstimmen sollen. ____________ sich jeder eine Meinung bilden kann, werden alle Vorschläge noch einmal vorgestellt.

5. Umwandeln

Erklärung

Direkte und indirekte Rede

In literarischen Texten ist die direkte Rede ein wichtiges Element. Aber auch in Zeitungsartikeln werden häufig Zitate in der direkten Rede wiedergegeben. Wird ein Text, in dem direkte Rede vorkommt, nun zusammengefasst oder einer anderen Person erzählt, wird aus der direkten Rede die indirekte Rede. Beispielsweise sagt Ihre Mutter, bevor Sie das Haus verlassen: „Sei bitte heute Abend pünktlich zu Hause." Sie beschweren sich jetzt bei Ihrer Freundin über das Gesagte: „Meine Mutter hat gesagt, dass ich bitte pünktlich zu Hause sein solle."
Bei der Umwandlung von der direkten in die indirekte Rede wandelt sich der Modus des Verbs in den Konjunktiv. Diese Umwandlung soll nun geübt werden, sodass Sie in der Prüfung damit keine Schwierigkeiten haben.

Aktiv und Passiv

Inhalte kann man auf verschiedene Art und Weise ausdrücken. Nicht nur die Wortwahl und die Zeit sind entscheidend, sondern auch ob etwas aktiv oder passiv formuliert ist. Eine aktive Formulierung wirkt immer lebendiger und dynamischer. Das Subjekt handelt aktiv. Beim Passiv handelt das Subjekt nicht selbst, sondern es wird etwas mit ihm gemacht. Die Zeitform bleibt beim Umwandeln bestehen.
Beispiele:

Paul streicht die Wand.
↑
Subjekt → streicht

Die Wand wird von Paul gestrichen.
↑
Subjekt → wird gestrichen

Nicht alle Verben können ins Passiv gesetzt werden. Im Regelfall ist es möglich, alle Verben mit anschließendem Akkusativobjekt umzuwandeln. Das Akkusativobjekt wird dann im Passivsatz zum Subjekt.
Beispiel:
Ich esse eine Banane. → Eine Banane wird von mir gegessen.
aber
Ich schlafe. → kein Passiv möglich

Allgemein werden zwei Passivformen unterschieden: das **Zustandspassiv** und das **Vorgangspassiv**. Sie unterscheiden sich in der Verwendung des Hilfsverbs: Das Zustandspassiv wird mit „sein", das Vorgangspassiv mit „werden" gebildet.
Beispiel:
Der Präsident **ist gewählt**. → beschreibt ein Ergebnis oder einen statischen Zustand
Der Präsident **wurde** vom Volk **gewählt**. → beschreibt einen Prozess, bei dem der Handelnde in den Hintergrund rückt

Typische Aufgabenstellung

1. Wandeln Sie den folgenden Satz in die direkte Rede um.

Ein Meteorologe stellte klar, es sei nicht normal, dass es mitten im Winter plötzlich zweistellige Temperaturen gebe.

2. Wandeln Sie den folgenden Satz in einen Passivsatz um.

Der Richter verurteilte den Straftäter zu einer Geldstrafe.

Lösung

1. Ein Meteorologe stellte klar: „Es ist nicht normal, dass es mitten im Winter plötzlich zweistellige Temperaturen gibt."

2. Der Straftäter wurde vom Richter zu einer Geldstrafe verurteilt.

Übungsaufgaben

1. Wandeln Sie den folgenden Satz in die direkte Rede um.

   Biologen warnen, dass wir systematisch unseren eigenen Lebensraum kaputt machten, wenn wir nicht anfingen, verantwortungsvoller damit umzugehen.

2. Wandeln Sie den folgenden Satz in die indirekte Rede um.

   Der Experte sagt: „Die Giftstoffe, die durch achtlos weggeworfenen Müll ins Grundwasser gelangen, schaden nicht nur den Menschen, sondern auch Pflanzen und Tieren."

3. Wandeln Sie den folgenden Satz in die direkte Rede um und bestimmen Sie die Zeitform.

   Er war der Meinung, er werde auf jeden Fall zum Konzert gehen.

4. Wandeln Sie den folgenden Satz in die indirekte Rede um und bestimmen Sie die Zeitform.

   „Ich habe die ganze Nacht gelesen, weil das Buch so spannend war, dass ich es einfach nicht weglegen konnte", berichtet mein Freund am Morgen in der Schule.

5. Wandeln Sie den folgenden Satz in einen Passivsatz um.

   Leichtsinnig entsorgt man abgelaufene Medikamente im Ausguss, anstatt sie zur Apotheke zurückzubringen.

6. Wandeln Sie den folgenden Satz in einen Aktivsatz um.

   Dieses Schuljahr wurde ein großes Projekt zum Thema Umweltschutz von unserer Klasse durchgeführt.

7. Ordnen Sie die Sätze richtig zu.

   1. Wir essen zum Abendessen mindestens einmal in der Woche nur Salat.
   2. Salat wird von meinen Großeltern nicht als vollwertige Mahlzeit angesehen.
   3. Die Zuschauer applaudieren und geben dem Künstler Standing Ovations.
   4. Dies wird vom Künstler mit großer Freude gesehen.
   5. Das neue Gesetz ist verabschiedet worden.
   6. Es tritt zum nächstmöglichen Zeitpunkt in Kraft.
   7. Mir ist der ganze Prüfungsstress zu Kopf gestiegen.
   8. Ich brauche jetzt erstmal eine Pause.

Aktiv	Passiv

8. Wandeln Sie die Sätze jeweils entweder ins Aktiv oder Passiv um.

a) Der Thron wurde von der Königin bestiegen.

____

b) Im Ferienlager haben wir ein Floß gebaut.

____

c) Der Kapitän steuert das Schiff sicher in den Hafen.

____

d) Das Kind wird von seinen Eltern mit Stubenarrest bestraft.

____

6. Beifügung (Attribut) / Relativsatz (Attributsatz)

Erklärung

Die Beifügung, auch Attribut genannt, ist eine Ergänzung zu einem Nomen. Sie ist kein selbstständiges Satzglied. Nach einer Beifügung fragt man: Was für ein/e? Welche/r? Beifügungen können dem Bezugswort voran- oder nachgestellt sein. Auch ein Teilsatz kann eine Beifügung sein, meist sind dies Relativsätze.

Typische Aufgabenstellung

Formen Sie das Satzgefüge zu einem einfachen Hauptsatz um. Dabei müssen alle Informationen aus dem Hauptsatz erhalten bleiben.

Der Plastikmüll, der im Meer schwimmt, wird an vielen Küsten angeschwemmt.

Lösung
Der im Meer schwimmende Plastikmüll wird an vielen Küsten angeschwemmt.

Übungsaufgaben

1. Erweitern Sie die folgenden Sätze jeweils um eine Beifügung (Attribut) und einen Relativsatz (Attributsatz).

a) Der Baum hatte bereits Blätter verloren.

b) Morgens esse ich immer Müsli.

c) In der Schule gibt es 400 Schüler.

2. Formen Sie das Satzgefüge zu einem einfachen Hauptsatz um. Dabei müssen alle Informationen aus dem Hauptsatz erhalten bleiben.

a) Die Bananen, die überreif sind, mag ich nicht.

b) Meine Mutter, die sehr besorgt war, hat schon zweimal angerufen.

c) Im Freibad, das kürzlich renoviert wurde, gibt es jetzt eine Riesenrutsche.

7. Wortschatz

Erklärung

Bei manchen Aufgaben geht es um den Wortschatz. Hier gibt es verschiedene Aufgabenformate.

Synonyme/Antonyme
Synonyme sind Wörter oder Wortgruppen mit ähnlicher Bedeutung. Antonyme sind Wörter oder Wortgruppen mit gegenteiliger Bedeutung.

Wortfelder
Unter Wortfeld versteht man eine Gruppe von sinnverwandten Wörtern. Bei Aufgaben zu Wortfeldern gilt es, weitere Wörter zu einem bestimmten Begriff zu finden.

Oberbegriffe
Bei manchen Aufgaben müssen Sie beispielsweise für verschiedene Piktogramme oder einzelne Begriffe einen Oberbegriff finden. Ein Piktogramm ist eine einfache Abbildung oder ein Symbol, das man auch ohne Worte verstehen kann.

Typische Aufgabenstellung

Finden Sie zu den unterstrichenen Wörtern/Wortgruppen ein Wort bzw. eine Wortgruppe mit der <u>gegenteiligen Bedeutung</u> (Antonym).

Die Schülerin schreibt ihre Hausaufgaben <u>völlig unübersichtlich</u> in ihr Heft.

Bei Feinstaubalarm lassen <u>nur wenige</u> Autofahrer ihr Auto stehen.

Lösung
Die Schülerin schreibt ihre Hausaufgaben <u>geordnet</u> in ihr Heft.
Bei Feinstaubalarm lassen <u>sehr viele</u> Autofahrer ihr Auto stehen.

Übungsaufgaben

1. a) Finden Sie zu den unterstrichenen Wörtern/Wortgruppen ein Wort bzw. eine Wortgruppe mit der <u>gleichen Bedeutung (Synonym)</u>.

1. Er spielt <u>mit Begeisterung</u> Fußball.
2. Die Klasse entscheidet sich für einen Ausflug <u>ins Grüne</u>.
3. In Rom gibt es mehr als 1000 <u>Kirchen</u>.
4. <u>Schnell</u> klettert die Katze auf den Baum.
5. Er war <u>ein Riese von einem Mann</u>.

b) Finden Sie zu den unterstrichenen Wörtern/Wortgruppen jeweils ein Wort bzw. eine Wortgruppe mit der <u>gegenteiligen Bedeutung (Antonym)</u>.

1. Das Buch, das ich gerade lese, <u>langweilt mich</u>.
2. Leila <u>schlingt ihr Essen hinunter</u>.
3. <u>Wenn es regnet</u>, gefällt mir der Wald am besten.
4. Der kleine Junge springt <u>mit einem schrillen Schrei</u> ins Wasser.
5. <u>Aufgeregt</u> holt er den Brief aus der Tasche.

2. Ersetzen Sie jeweils „geht" durch ein passendes Verb. Verwenden Sie jedes Verb nur einmal.

Der Mann ____________ (geht) schnell zum Bahnsteig, um den Zug nach München noch zu erreichen. Da er aber schon eine ganze Weile ____________ (geht), ist er ganz außer Atem und wird immer langsamer. Deshalb verpasst er seinen Anschluss und ______________ (geht) bekümmert zurück in die Bahnhofshalle.

3. a) Finden Sie zu den folgenden Piktogrammreihen passende Oberbegriffe.

1.

Oberbegriff			

2.

Oberbegriff			

b) Finden Sie einen Oberbegriff zu den folgenden Wörtern.

1. Hefte, Ordner, Radiergummi, Geburtstagskarten, Bleistift, Kopierpapier, Buntstifte
2. Stoßdämpfer, Auspuff, Bremsscheiben, Blinklicht, Fußmatten, Scheibenwischer
3. Joghurt, Milch, Butter, Käse, Quark, Kefir

B. Rechtschreiben

1. Regeln und Strategien

Erklärung

Die deutsche Sprache ist nicht einfach. Man muss viel üben, damit es möglich ist, fehlerfrei zu schreiben. Die Schreibweise mancher Wörter muss man sich einfach einprägen, bei anderen helfen sogenannte Rechtschreibstrategien. Anhand dieser Strategien ist es möglich, zu überprüfen, wie ein Wort geschrieben wird. Aber auch diese Strategien müssen trainiert werden. Mithilfe der folgenden Aufgaben sollen Sie mehr Sicherheit im Umgang mit Strategien und der Rechtschreibung bekommen.

Regelwissen
- ie nach lang gesprochenem i
- Konsonantendopplung ll, mm, nn, rr … nach kurz gesprochenem Vokal
- ck, tz nach kurz gesprochenem Vokal
- ss nach kurz gesprochenem Vokal, ß nur nach lang gesprochenem Vokal
- Auslaute b, d, g durch Verlängerungsprobe deutlich machen, z. B. mild – mildes Klima
- ä/äu durch Ableitung in a/au deutlich machen
- silbentrennendes h trennt zwei Silben, z. B. se-hen
- Nomen und Eigennamen werden immer großgeschrieben

Überblick über die wesentlichen Strategien

▶ Bilden des Plurals	der Berg – die Berge
▶ Bilden des Singulars	die Bräute – die Braut
▶ Steigern des Wortes	klug – klüger
▶ Bilden der Grundform eines Verbs	es sinkt – sinken
▶ Silbentrennung	die Tonne – die Ton-ne
▶ Suchen eines verwandten Wortes der gleichen Wortfamilie	die Ernährung – die Nahrung
▶ Artikelprobe	Klima – das Klima
▶ Untersuchen der Wortendungen	
bei Adjektiven: -ig, -isch, -lich, -sam, -los	einsam – Endung -sam weist auf Adjektiv hin
bei Nomen: -heit, -keit, -nis, -schaft, -ung	Wohnung – die Wohnung

Merke:
Auch bei **Fremdwörtern** können dir die Endungen bei der Schreibweise behilflich sein.

Nomen: -tion, -ment, -ine, -tät, -ik, -age, -eur, -mus	Prävention, Argument, Maschine, Aktivität, Logik, Blamage, Regisseur, Expressionismus
Verben: -ieren	absolvieren
Adjektive: -ell, -istisch, -iv	speziell, realistisch, primitiv

Typische Aufgabenstellung

Welche Lösungsstrategien eignen sich am besten, um die Rechtschreibung an der gekennzeichneten Stelle zu überprüfen?

Beispielwörter	Lösungsstrategien
Bewunderung, **G**esundheit, **V**erbindlichkeit	Ich mache die Artikelprobe, um zu sehen, ob es sich um ein Nomen handelt. Die Nachsilben -ung, -heit, -keit dienen ebenfalls als Kennzeichen für Nomen.
kna**ll**en, Mu**tt**er, zusa**mm**en	Ich verdopple den Konsonanten (Mitlaut) nach einem kurz gesprochenen Vokal (Selbstlaut).

Übungsaufgaben

1.1 Regeln und Strategien anwenden

1. a) Welche Strategie hilft, das Wort richtig zu schreiben? Kreuzen Sie entsprechend an.

Die**b**	Ich bilde den Plural.	
	Ich muss das Wort auswendig können.	
	Ich bestimme die Wortart.	
ber**ä**t	Ich bilde die erste Vergangenheit.	
	Ich steigere das Wort.	
	Ich bilde die Grundform.	
Finsternis	Ich bilde den Singular.	
	Ich achte auf die Endung.	
	Ich muss das Wort auswendig können.	
Geb**äu**de	Ich suche nach verwandten Wörtern.	
	Ich bestimme die Wortart.	
	Ich bilde den Plural.	
Ta**ss**e	Ich setzte einen Artikel vor das Wort.	
	Ich bilde den Singular.	
	Ich trenne das Wort nach Silben.	

b) Nennen Sie für jeden Rechtschreibfall eine passende Rechtschreibstrategie/-regel.

Beispielwörter	Lösungsstrategie
er flie**h**t	
j**ä**hrlich	
beim **S**chwimmen	

2. a) Begründen Sie die Schreibung des markierten stimmlosen s-Lautes.
Er stie**ß** mit dem Ellenbogen unsanft gegen die Kante.

____

b) Finden Sie eine Regel oder Strategie, die das „ss" im Wort Wasserfall erklärt.

____

3. Erklären Sie, warum folgende Wörter groß- bzw. kleingeschrieben werden:

GRAFSCHAFT schreibt man ____________, weil ____________________

KÖNIGLICH schreibt man ____________, weil ____________________

BRENNEN schreibt man ____________, weil ____________________

HELDENTUM schreibt man ____________, weil ____________________

EILIG schreibt man ____________, weil ____________________

EINSAM schreibt man ____________, weil ____________________

LAUFEN schreibt man ____________, weil ____________________

4. Finden Sie eine Regel oder Strategie, die die Schreibweise an der markierten Stelle erklärt.

Re**nn**pferd → Strategie: ______________________________

sin**k**t → Strategie: ______________________________

fleißi**g** → Strategie: ______________________________

s**äu**men → Strategie: ______________________________

Z**ä**hne → Strategie: ______________________________

brin**g**t → Strategie: ______________________________

spa**ß**ig → Strategie: ______________________________

unverk**äu**flich → Strategie: ______________________________

wei**t** → Strategie: ______________________________

Au**ss**te**ll**ung → Strategie: ______________________________

Ste**h**tisch → Strategie: ______________________________

5. Finden Sie zu jeder Endung fünf passende Wörter und erklären Sie, warum man diese groß- bzw. kleinschreiben muss.

-tion	-ieren	-tät	-ell

Wörter mit der Endung **-tion** schreibt man ______________, weil ______________________

Wörter mit der Endung **-ieren** schreibt man ______________, weil ______________________

Wörter mit der Endung **-tät** schreibt man ______________, weil ______________________

Wörter mit der Endung **-ell** schreibt man ______________, weil ______________________

6. Erklären Sie

a) das „ck" im Wort „schick"

____

b) das „ff" im Wort „Schiff"

____

c) das „ie" im Wort „Manieren"

____

d) das „ß" im Wort „Floß"

____

1.2 Richtig oder falsch

Erklärung

Bei diesem Aufgabentyp geht es darum, die richtige Schreibweise zu erkennen. Lesen Sie die Sätze aufmerksam durch und überlegen Sie genau, ob alle Teile des Satzes richtig geschrieben sind, bevor Sie sich für eine Lösung entscheiden.

Typische Aufgabenstellung

Kreuzen Sie den Satz an, in dem alles richtig geschrieben ist.

- ☐ Das Picknick im Park hat Spaß gemacht.
- ☐ Das Picknick im Parck hat Spaß gemacht.
- ☐ Das Piknick im Park hat Spaß gemacht.
- ☐ Das Picknick im Park hat Spass gemacht.

Lösung

☒ Das Picknick im Park hat Spaß gemacht.

Übungsaufgaben

1. Kreuzen Sie den Satz an, in dem alles richtig geschrieben ist.
- ☐ Vor Prüfungen muss man auch den Körper fit machen.
- ☐ Vor Prüfungen muss man auch den Körper fitt machen.
- ☐ Vor Prüfungen muss man auch den Körber fit machen.
- ☐ Vor Brüfungen muss man auch den Körper fit machen.

2. Kreuzen Sie den Satz an, in dem alles richtig geschrieben ist.
- ☐ Schulnoten sind nicht immer ausschlagebend.
- ☐ Schuhlnoten sind nicht immer auschlaggebend.
- ☐ Schulnoten sind nicht immer ausschlaggebend.
- ☐ Schulnoten sind nicht imer ausschlaggebend.

3. Kreuzen Sie den Satz an, in dem alles richtig geschrieben ist.
- ☐ Mit der Klasse waren wir im Skischulandheim.
- ☐ Mit der Klasse waren wir im Skischullantheim.
- ☐ Mit der Klasse waren wir im Skischullandheim.
- ☐ Mit der klasse waren wir im Skischullandheim.

4. Kreuzen Sie den Satz an, in dem alles richtig geschrieben ist.
- ☐ Durch die Bohrung eines Brunnens kann man bis zum Gruntwasser vordringen.
- ☐ Wasser brauchen wir unter anderem zum trinken, Waschen, Kochen.
- ☐ In Wüstenregionen ist das kühle Naß häufig sehr knapp.
- ☐ Generell ist auf einen verantwortungsvollen Umgang mit Ressourcen zu achten.

5. Kreuzen Sie den Satz an, in dem alles richtig geschrieben ist.

- ☐ Individualreisen werden immer beliepter.
- ☐ Jeder möchte etwas möglichst ausgefallenes berichten können.
- ☐ Umso weiter das Reiseziehl, desto besser.
- ☐ Wer am Ende profitiert, ist die Reiseindustrie.

2. Textkorrektur

Erklärung

Bevor Sie einen Text korrigieren, lesen Sie ihn aufmerksam durch. Überlegen Sie, ob der Sinn passt und welche Wörter Ihnen komisch vorkommen. Danach überprüfen Sie mithilfe der gelernten Strategien und Regeln deren Schreibweise. Oft kann es auch hilfreich sein, sich die Wörter vorzusprechen oder in Silben getrennt aufzuschreiben.
Bei der Textkorrektur geht es darum, auf verschiedene Weise einen Text zu berichtigen. Dabei kann die Umwandlung eines komplett groß- bzw. kleingeschriebenen Textes in die richtige Groß- und Kleinschreibung gefragt sein oder das Korrigieren von Fehlern. Überlegen Sie genau, mit welchen gelernten Strategien Sie überprüfen können, ob Sie mit Ihrer Schreibweise richtig liegen.

Groß- und Kleinschreibung

Bei der Groß- und Kleinschreibung gibt es verschiedene Regeln, die Sie sich einprägen sollten. Wenn Sie sich die Regeln der Großschreibung merken, können Sie einfach alles andere kleinschreiben.

1. Nomen werden immer großgeschrieben. Diese können Sie auf verschiedene Art und Weise erkennen:
- an Endungen wie -heit, -keit, -ung, -schaft, -tum, -sal, -nis
  Beispiele: Hoheit, Heiterkeit, Endung, Wissenschaft, Wachstum, Rinnsal, Zeugnis
- an einem vorangestellten Artikel (ein, eine, der, die, das) oder einem anderen Begleitwort (Zahlwort, unbestimmte Mengenangabe, Adjektiv, Possessivpronomen usw.)
  Beispiele: das Haus, ein Baum, zwei Tiere, genug Platz, großer Mut, viele Tiere, mein Auto, alles Gute, nichts Schlechtes
- ein wie ein Nomen verwendetes Verb oder Adjektiv (Nominalisierung)
  Beispiele: das Gute (Artikel + nominalisiertes Adjektiv)
  dein Laufen (Pronomen + nominalisiertes Verb)
  im Guten, beim Schwimmen, nichts Neues (Präposition + nominalisiertes Adjektiv/Verb)

2. Am Satzanfang oder Anfang einer Überschrift wird großgeschrieben.

3. Eigennamen werden großgeschrieben.
Beispiel: Vor- und Nachnamen, Länder, Städte …

Typische Aufgabenstellung

Im Text befinden sich vier Rechtschreibfehler. Schreiben Sie diese richtig auf die Zeilen unter dem Text.

Der Apfel

Obwol der Apfel ursprünglich aus Asien stammte, wurde er schon im mittelalter in Europa heimisch. Heute ist er die wichtigste mitteleuropäische Frucht. Da sich der Apfel gut lagern lässt, ist es durch ihn möglich, Vitamine mit in die kalte Jahreszeit zu nehmen. Natürlich bekommt man heutzutage Äpfel im Supermarkt auch ganzjehrig frisch. Der Apfel ist aber nicht nur Vitaminspender, sondern auch ein wertvolles Heilmittel für das Verdauungsystem und den Stoffwechsel.

____

____

Lösung

obwo**h**l, **M**ittelalter, ganzj**ä**hrig, Verdauung**s**system

Übungsaufgaben

1. Im Text befinden sich vier Rechtschreibfehler. Schreiben Sie diese richtig auf die Zeilen unter dem Text.

Körperkunst mit archaischen[1] Techniken

Im Gegensatz zur heutigen modernen und vergleichsweise schmerzarmen Technig des Tätowierens muten vergangene Methoden roh und brutal an. Dabei hatte jedes Volk sein eigenes Verfahren, Farben unter die Haut zu bringen: Inuits bearbeiteten ihre Haut mit russigen Fäden, die narbenähnliche Markierungen hinterließen. Die Maoris in Neuseeland schnitten sich mit meißelähnlichen Holtzinstrumenten Farbe in die Gesichtshaut. Eine kammähnliche Hake, die unter anderem aus bearbeiteten Menschenknochen bestand, benutzten die Samoaner. Auf Tahiti wurde mit spitzen Knochen oder Haifischzähnen tätowiert, die Maya und Azteken behalfen sich mit Dornen und Kakteenstacheln.

[1] archaisch: altertümlich, ursprünglich

Quelle: nach Beatrix Babette von Kalben, http://www.planet-wissen.de/alltag_gesundheit/mode/taetowierungen/index.jsp, WDR, 14.2.2014

____

____

2. Im Text befinden sich fehlerhaft geschriebene Wörter. Schreiben Sie diese richtig auf die Zeilen unter dem Text.

Wenn Kinder erwachsen werden

Fielen Eltern fällt es nicht leicht zu verstehen, das ihre Kinder nun erwachsen sind. Sie kommen sich einsam und überflüssig vor. Jahre lang ging es immer nur um das Wohl der kleinen. Beide Elternteile hatten eine Aufgabe und übernahmen dieße gerne und stolz. Irgendwann weiß das Kind aber ganz alleine, was es will und greifft nicht mehr bei jedem Proplem auf die Eltern zurück. Dies ist zwar eine Entwicklung, die meißt mehrere Jahre dauert, aber von den Eltern oft nur ungern und damit viel zu späht wahrgenommen wird. Allerdings sollten die jungen Menschen dann auch wirklich für Ihr Leben selbst Verantwortung übernehmen.

____

____

3. Im Text befinden sich fehlerhaft geschriebene Wörter. Schreiben Sie diese richtig auf die Zeilen unter dem Text.

So funktioniert Werbung

Werbung ist Heute der wichtigste Motohr der Wirtschaft. Dadurch wird der Konsum angekurbelt. Das bringt Arbeitspläze und Gewinne. Werbung funktioniert, indem sie Sensüchte weckt. Informiert wird der verbraucher weniger, außer über das Angebot auf dem Markt. Fotos, Melodien, Werbespotts und Schlagworte sind die bedeutendsten Mittel. Gelungen ist das ganze, wenn jeder das Produkt an seinem Slogan erkennt. Manche machen regelrecht ein Qwiz daraus. Wer das Produkt am Schnellsten errät, isst Sieger.

____

____

4. Setzen Sie die Wörter in der richtigen Rechtschreibung an der passenden Stelle in den Text ein.

endzündet – Opration – Vorher – sauberem Bestek

Bei einer ________________ muss der Arzt mit ________________ arbeiten, damit sich die Wunde nicht ________________. Auch seine Hände muss er sich ________________ sorgfältig waschen. Das kostet zwar alles Zeit, ist aber unbedingt notwendig, um Komplikationen zu vermeiden.

Arcktis – gestopt – gefärden – Umweltschüzer – kritisiren

Viele ________________ sind gegen eine Ölförderung in der ________________. Sie ________________, dass die Ölbohrungen Tiere wie Robben, Eisbären oder Walrosse ________________. Ein großer Ölkonzern hat jetzt seine Probebohrungen vor der Küste Alaskas wegen mangelnden Erfolgs und zu hoher Kosten ________________.

5. Welche Zeitangaben sind richtig geschrieben? Unterstreichen Sie.

An unserer Schule gibt es jetzt Mittwochs / mittwochs am Nachmittag eine neue AG: Parkour. Diese Trendsportart kommt ursprünglich aus Frankreich und ist in den vergangenen Jahren auch in Deutschland immer beliebter geworden. Dabei gilt es, auf einem Weg von A nach B Hindernisse wie Mauern, Zäune, Wände, Bänke, Absperrungen oder Geländer möglichst sicher und schnell zu überwinden.
Allerdings muss man jahrelang / Jahre lang trainieren und eine gute Kondition, Kraft, Beweglichkeit und Geschicklichkeit haben, um in dieser Sportart wirklich erfolgreich zu sein. Vermutlich reicht einmal Wöchentlich / wöchentlich zu üben nicht aus. Seit einiger Zeit versuche ich deshalb, ab und zu auch abends / Abends noch ein Parkourtraining einzulegen. Doch weil es heute / Heute geregnet hat, konnte ich mich nicht mehr dazu aufraffen.

6. Bei manchen Textkorrektur-Aufgaben kann es auch darum gehen, sowohl grammatische als auch Rechtschreibfehler zu verbessern.

a) Schreiben Sie die folgenden Sätze in korrekter Rechtschreibung und mit passender Zeichensetzung auf.

DER MODERNE BUCHDRUCK DER 1450 VON JOHANNES GUTENBERG ERFUNDEN WURDE MACHTE DAS GEDRUCKTE BUCH ZUM MASSENARTIKEL DAS ERMÖGLICHTE UNTER ANDEREM AUCH DER WISSENSCHAFT IHRE ENTFALTUNG

b) Schreiben Sie die folgenden Sätze in korrekter Rechtschreibung und mit passender Zeichensetzung auf.

vorsicht zeckengefahr sobald es wieder wärmer wird lauern die kleinen blutsaugenden vampire in wiesen und wäldern auf einen geeigneten wirt mit ihrem scherenartigen mundwerkzeug verschaffen sie sich zugang zur nahrungsquelle gefährlich ist dabei aber nicht der blutverlust sondern krankheiten die übertragen werden können ein experte sagt naturfreunde sollten sich nach jedem besuch im freien gründlich auf zeckenbisse untersuchen.

c) Schreiben Sie die folgenden Sätze in korrekter Rechtschreibung und mit passender Zeichensetzung auf.

MASSENTOURISMUSFINDETMEISTENSINORGANISIERTERFORMSTATTUNDHATSTARKBESUCHTE FREMDENVERKEHRSGEBIETEALSZIELDASUNTERSCHEIDETIHNVOMINDIVIDUALTOURISMUS

3. Das oder dass

Erklärung

Die Frage, ob es nun „das" oder „dass" heißt, taucht in der deutschen Rechtschreibung immer wieder auf. Dabei ist es gar nicht so schwer, wenn man ein paar Grundregeln befolgt. Diese Grundregeln erklären die Schreibweise grammatikalisch.

Regel 1
Dient „das" als **Artikel**, wird es mit einem „s" geschrieben.
Beispiel: das Haus

Regel 2
Wenn „das" durch „dies/dieses" ersetzt werden kann, wird es nur mit einem „s" geschrieben.
Es handelt sich dann um ein **Demonstrativpronomen**.
Beispiel: das (dieses) mobile Navigationssystem

Regel 3
Kann „das" durch „welches" ersetzt werden, schreibt man es nur mit einem „s". Das kommt meistens nach einem Komma vor, es ist dann ein **Relativpronomen**.
Beispiel: Das Videospiel, das (welches) mir gefällt, habe ich mir gekauft.

Regel 4
Ist kein Ersatz durch „dieses" oder „welches" möglich und handelt es sich nicht um einen Artikel, wird „dass" mit „ss" geschrieben. In diesem Fall ist es eine **Konjunktion**.
Beispiel: Ich weiß, dass es früh dunkel wird.

Merke: „Das" kann ein Artikel, ein Demonstrativ- oder ein Relativpronomen sein. Pronomen lassen sich durch die Ersatzprobe mit „dieses" oder „welches" herausfinden. Bei „dass" handelt es sich immer um eine Konjunktion.

Typische Aufgabenstellung

Setzen Sie in der richtigen Schreibweise ein: das/dass

Der Hund stammt vom Wolf ab. Durch die Domestizierung ist es passiert, ______ wolfstypische Eigenheiten verlorengegangen sind. So zum Beispiel ______ nächtliche Heulen. Wahrscheinlich ist aber, ______ ______ sogar beabsichtigt war.

Lösung

Der Hund stammt vom Wolf ab. Durch die Domestizierung ist es passiert, **dass** wolfstypische Eigenheiten verlorengegangen sind. So zum Beispiel **das** nächtliche Heulen. Wahrscheinlich ist aber, **dass das** sogar beabsichtigt war.

Übungsaufgaben

1. Ergänzen Sie.

Heutzutage kommt es immer häufiger vor, da__ bereits Kinder ein Handy besitzen. Eltern fühlen sich sicherer, wenn sie ihre Kinder ständig erreichen können. Für die Kinder selbst ist der Sicherheitsaspekt eher unwichtig. Da__ erste eigene Handy bedeutet vielmehr, da__ sie ab jetzt dazugehören, cool sind. Da__ da__ mobile Telefongerät inzwischen zu weit mehr als nur zum Telefonieren genutzt wird, bringt wieder neue Probleme mit sich. Schnell kann die ganze Schule ein vermeintlich lustiges Video, da__ auf der letzten Party gedreht wurde, zu Gesicht bekommen. Aber auch da__ Surfen im Internet kann schnell zur Kostenfalle werden.

2. Setzen Sie in der richtigen Schreibweise ein: das/dass

Wer erwartet, ______ beim gebuchten All-inclusive-Angebot hemmungsloses Schlemmen möglich ist, der täuscht sich gewaltig. ______ Buffet ist häufig wenig einladend und Markengetränke sind eher die Ausnahme. Ein allgemeines Gesetz, ______ regelt, welche Leistungen All-inclusive beinhalten muss, gibt es nicht. ______ dadurch so manche kulinarische Vorfreude in eine ungewollte Diät umschlägt, musste der ein oder andere schon am eigenen Leib erfahren.

3. Setzen Sie in der richtigen Schreibweise ein: das/dass

Smartphone, Tablet, internetfähige Fernseher, ______ ist die Welt von heute. Kaum vorstellbar, ______ ______ Kabelfernsehen erst in den 80er-Jahren in Deutschland flächendeckend zur Verfügung stand. Auch ______ Hören und Speichern von Musik hat sich stark verändert und sich von Schallplatten und Kassetten über CDs bis hin zur MP3 entwickelt. ______ MP3-Format ermöglicht uns heute, ______ ______ Speichern von Tausenden Songs auf handlichen Abspielgeräten kein Problem mehr ist.

C. Schriftlicher Sprachgebrauch

1. Inhaltszusammenfassung

Erklärung

Zu den Klassikern gehört die Textzusammenfassung in wenigen Sätzen. Diese kann sowohl für einen literarischen als auch für einen Sachtext gefordert sein.
Zuerst sollten Sie den Text genau lesen und sich klarmachen, worum es überhaupt geht. Die W-Fragen (wer, was, wie, wo, wann, warum) helfen Ihnen, den Inhalt besser zu verstehen, um ihn anschließend wiedergeben zu können. Nicht in jedem Text werden alle Fragen beantwortet.
Als Erstes verfassen Sie einen Basissatz, in dem Sie die Aussage des Textes kurz zusammenfassen und das Kernproblem darstellen. Im Basissatz sollten, wenn möglich, folgende Dinge erwähnt werden:

- Name des Verfassers
- Titel
- Textsorte
- Entstehungszeit und eventuell Entstehungsort
- bei literarischen Texten Zeit und Ort der Handlung, wenn es für den Inhalt wichtig ist

Mustersatz: Die 1965 entstandene Kurzgeschichte „Eisbär" von Heinrich Mustermann, die in der Zukunft am Polarkreis spielt, handelt von [Inhaltskern].

Achten Sie beim Verfassen Ihrer Inhaltsangabe auf Sachlichkeit. Die Verwendung von Zitaten oder wörtlicher Rede ist unangebracht. Ihr Text darf zudem keine Wertungen enthalten. Beschränken Sie sich auf das Wesentliche und lassen Sie unwichtige Textpassagen unbedingt weg. Schreiben Sie im Präsens, auch wenn der Text eine andere Zeitstufe hat.
Manchmal hilft es auch, sich ein paar Stichpunkte zum Inhalt aufzuschreiben. Wenn Sie nicht alle Wörter verstehen, diese aber für den Inhalt wichtig sind, schlagen Sie sie einfach im Wörterbuch nach.

Typische Aufgabenstellung

(2)

Literarischer Text

Über Frieden (Astrid Lindgren, 1907 – 2002)

Jetzt werde ich eine kleine Geschichte erzählen. Ich hörte sie selbst vor langer Zeit, eine alte Dame erzählte sie mir, und ich habe sie niemals vergessen. Sie ging so – wenn ich mich recht erinnere:

„Ich war jung zu jener Zeit, als fast alle Kinder oft geschlagen wurden. Man hielt es für nötig, sie zu schlagen, denn sie sollten artig und gehorsam werden. Alle Mütter und Väter sollten ihre Kinder schlagen, sobald sie etwas getan hatten, von dem Mütter und Väter meinten, dass Kinder es nicht tun sollten. Mein kleiner Junge, Johan, war ein artiger und fröhlicher kleiner Kerl, und ich wollte ihn nicht schlagen. Aber eines Tages kam die Nachbarin zu mir herein und sagte, Johan sei in ihrem Erdbeerbeet gewesen und habe Erdbeeren geklaut, und bekäme er jetzt nicht seine Schläge, würde er wohl ein Dieb bleiben, sein Leben lang. Mit Müttern ist es nun einmal so, dass ihnen angst und bange wird, wenn jemand kommt und sich über ihre Kinder beschwert. Und ich dachte:

Vielleicht hat sie Recht, jetzt muss ich Johan wohl eine Tracht Prügel verpassen. Johan saß da und spielte mit seinen Bausteinen – er war ja damals erst fünf Jahre alt –, als ich kam und sagte, dass er nun Prügel bekäme und dass er selbst hinausgehen solle, um eine Rute abzuschneiden. Johan weinte, als er ging. Ich saß in der Küche und wartete. Es dauerte lange, bis er kam, und weinen tat er noch immer, als er zur Tür hereinschlich. Aber Rute hatte er keine bei sich. ‚Mama', sagte er schluchzend, ‚ich konnte keine Rute finden, aber hier hast du einen Stein, den du auf mich werfen kannst!' Er reichte mir einen Stein, den größten, der in seiner kleinen Hand Platz fand. Da begann auch ich zu weinen, denn ich verstand auf einmal, was er sich gedacht hatte: Mama will mir also weh tun und das kann sie noch besser mit einem Stein.

Ich schämte mich. Und ich nahm ihn in die Arme, wir weinten beide soviel wir konnten, und ich dachte bei mir, dass ich niemals, niemals mein Kind schlagen würde. Und damit ich es ja nicht vergessen würde, nahm ich den Stein und legte ihn in ein Küchenregal, wo ich ihn jeden Tag sehen konnte, und da lag er so lange, bis Johan groß war. Ein Dieb wurde keiner aus ihm. Das hätte ich gerne meiner Nachbarin erzählen mögen, aber sie war schon lange fortgezogen."

Ja, so sprach die alte Dame, die mir dies alles erzählte, als ich noch sehr jung war. Und ich weiß noch, dass ich mir dachte: Ich werde meine Kinder auch nicht schlagen, sollte ich welche bekommen. Ich bekam zwei Kinder und ich schlug sie niemals. Trotzdem wurden gute Menschen aus ihnen. Und auch sie schlagen ihre Kinder nicht.

Quelle: Astrid Lindgren, Über Frieden, in: Klaus Vellguth (Hrsg.), Wut im Bauch – Mut im Bauch, Geschichten zu Gewalt und Frieden, Ernst Kaufmann Verlag, Lahr 2002

Arbeitsanweisung: Astrid Lindgren hat von einer alten Dame eine Geschichte gehört. Fassen Sie diese in wenigen Sätzen zusammen.

Lösung

Stichworte:

- Schlagen als Normalzustand
- Erdbeerklauen als Grund für Schläge
- Johan soll Rute holen, holt Stein
- Schock der Mutter
- Stein als Warnsignal für unnötige Gewalt
- Johan ist kein Dieb geworden, obwohl er nie geschlagen wurde

In der Kurzgeschichte „Über Frieden" von Astrid Lindgren erzählt diese eine Geschichte über Erziehungsmethoden, die sie von einer alten Dame gehört hat.

Das Schlagen als Maßregelung war damals eine normale Maßnahme in der Kindererziehung. Die Ich-Erzählerin sieht keinen Grund, ihren Sohn Johan zu schlagen, bis sie eines Tages von einer Nachbarin dazu aufgefordert wird, weil der Junge ein paar Erdbeeren geklaut hat. Die Nachbarin macht der Mutter Angst, dass Johan ein Dieb werden würde, sollte er keine Schläge erhalten. Sie fügt sich aus Unsicherheit. Johan soll selbst eine Rute holen, stattdessen bringt er einen Stein mit, damit ihn seine Mutter härter bestrafen kann. Sie ist schockiert über die Gedanken ihres Sohnes und beschließt, ihr Kind niemals zu schlagen. Sie legt den Stein als Warnsignal für unnötige Gewalt ins Küchenregal. Als alte Dame berichtet sie der Autorin, dass aus Johan ein guter Mensch geworden ist, obwohl sie ihn nach dem Erdbeerklau nicht geschlagen hat.

Übungsaufgaben

1. Literarischer Text

Geburtstag (Mahmood Falaki)

Als die U-Bahn anhält und die Tür aufgeht, reißt sie ihre kleine Hand aus meiner Hand und springt hinein. Ich weiß, dass sie nun nach einem Fensterplatz sucht. Sie wird ziemlich verärgert sein, wenn sie keinen findet. Sie findet aber einen Platz und ruft mich glückstrahlend zu sich. Heute hat sie Geburtstag. Wir sind gerade auf dem Weg, ihr eine Geburtstagstorte und Kerzen zu kaufen. „Papa, wie alt werde ich jetzt?" Ich will ihr sagen, dass sie diese Frage bereits mehrmals gestellt hat. Ich lasse es aber lieber und antworte wieder: „Sieben Jahre alt." Mir scheint, diese Zahl hat eine magische Wirkung auf sie, so dass sie sie ständig hören möchte. Daraufhin richtet sie ihre schwarzen Augen auf die Frau, die steif vor ihr sitzt, und lächelt sie an. Sie glaubt wahrscheinlich, dass diese Frau oder die anderen unsere Sprache verstehen und alle nun wissen, dass sie heute Geburtstag hat und sieben Jahre alt wird.

Flüchtig wirft ihr die Frau aus ihrem Augenwinkel einen Blick zu, richtet aber sofort wieder die Augen nach vorne. Sie zieht ihre Beine an. Sie ist gut fünfzig Jahre alt. Ihre weiße Bluse ist so porentief sauber, als wäre noch nie ein Staubkörnchen darauf gewesen. Wie akkurat sie doch ihre roten Haare hinten zusammengebunden hat! Mit einer Kopfbewegung wirft meine Tochter ihre Haare aus der Stirn und hebt ihre neuen Schuhe etwas hoch, um sie der Frau zu zeigen. Als diese nicht darauf reagiert, sagt sie auf Persisch, dass sie die Schuhe erst neulich gekauft hat. Dann wiederholt sie den Satz auf Deutsch. Die Frau dreht ihren Kopf leicht zu ihr und öffnet die Lippen zu einem Lächeln, das nicht mehr als ein flüchtiges Zucken ist. Unter der Last meines Blickes dreht sie mir langsam den Kopf zu, schaut aber sofort wieder weg, setzt sich aufrecht hin und starrt wieder nach vorn. Die U-Bahn fährt nun langsamer. Sie erreicht die nächste Haltestelle und kommt zum Stehen.

Deutlich hörbar steigt eine junge Frau ein, die einen Hund an der Leine führt. Sie schaut sich um und setzt sich mir gegenüber. Der Hund legt sich zu Füßen seiner Besitzerin gemütlich auf meine Schuhe. Der Zug fährt los. Die Frau, die vor meiner Tochter sitzt, wendet ihren Blick dem Hund zu und streichelt ihm lächelnd über den Rücken. Sie fragt die Besitzerin nach Namen und Alter des Hundes. Ihre weichen Hände gleiten sanft über den Rücken und den Kopf des Hundes. Meine Tochter schaut auf die Hände der Frau, die im Fell des Hundes Wellen auslösen. Der Zug verlangsamt seine Geschwindigkeit und kommt zum Stehen. Wir müssen aussteigen. Ich nehme die Hand meiner Tochter. Wir gehen los. Nach ein paar Schritten dreht sie den Kopf zurück. Sie guckt auf die Hände der Frau, die immer noch im Fell des Hundes zärtlich Wellen bilden.

Mahmood Falaki stammt aus dem Iran, kam 1983 nach Deutschland und lebt seit 1986 in Hamburg. Er it Schriftsteller und Dozent für persische Sprache und Literatur.

Quelle: Mahmood Falaki, Geburtstag, aus: Ich bin Ausländer und das ist auch gut so. Sujet Verlag, Bremen 2013, S. 34 – 36

Arbeitsanweisung: Verfassen Sie eine kurze Inhaltsangabe.

2. Sachtext

(3)

Die Revolutionierung des Automobilbaus

Quelle zur industriellen Revolution, Berichterstatter Henry Ford

Ein Fordwagen besteht aus rund 5000 Teilen. Bei den ersten Wagen fingen wir an, den Wagen an einem beliebigen Teil am Fußboden zusammenzusetzen, und die Arbeiter schafften die dazu erforderlichen Teile in der richtigen Reihenfolge zur Stelle. Der erste Fortschritt in der Montage bestand darin, dass wir die Arbeit zu den Arbeitern hinschafften. Am 1. April 1913 machten wir unseren ersten Versuch mit einer Montagebahn. Es war bei der Zusammensetzung der Schwungradmagneten. Als der ganze Herstellungsprozess noch in den Händen eines einzigen Arbeiters ruhte, brauchte er ungefähr 20 Minuten pro Stück. Später wurde seine Arbeit in 29 verschiedene Einzelleistungen zerlegt und die Zeit für die Zusammenstellung dadurch auf 13 Minuten 10 Sekunden herabgedrückt. Im Jahr 1914 brachten wir

die Bahn 8 Zoll höher an. Dadurch wurde die Zeit auf 7 Minuten vermindert. Weitere Versuche setzten die Verrichtungszeit auf 5 Minuten herab. (Gekürzt)

Quelle: nach Werner Michael Adelmaier, Geschichte(n) erforschen – Erzählungen – Quellen – Kopiervorlagen. So lebten die Menschen zur Zeit der Revolutionen. Ernst Klett Schulbuchverlag, Wien 2007, Seite 44

Arbeitsanweisung: Fassen Sie den Text in einem Satz zusammen.

3. Literarischer Text

Sie tanzte nur einen Winter (Georg Born)

Es war Sommer. Auf einer Wiese, wo sich die Blumen im weichen Winde wiegten, saß eine Grille. Sie sang. Am nahen Waldrand eilte geschäftig eine Ameise hin und her. Sie trug Nahrung für den Winter zusammen. So reihte sich Tag an Tag. Der Winter kam. Die Ameise zog sich in ihre Wohnung zurück und lebte von dem, was sie gesammelt hatte. Die sorglose Grille aber hatte nichts zu nagen und zu beißen. In ihrer Not entsann sie sich der fleißigen Ameise. Sie ging zu ihr, klopfte und bat bescheiden um ein bisschen Nahrung. „Was hast du im Sommer getan," fragte die Ameise hintergründig, denn sie liebte die Tüchtigkeit über alles. „Ich habe gesungen", antwortete die Grille wahrheitsgetreu. „Nun gut, dann tanze!" antwortete die Ameise boshaft und verschloss die Tür. Die Grille begann zu tanzen.
Da sie es gut machte, wurde sie beim Ballett engagiert. Sie tanzte nur einen Winter und konnte sich dann ein Haus im Süden kaufen, wo sie das ganze Jahr singen konnte.
Moral: Ein guter Rat ist oft mehr wert als eine Scheibe Brot.

Quelle: Georg Born, Sie tanzte nur einen Winter, in: Deutsch Training, Klett Lerntraining, Stuttgart 2006, Seite 135

Arbeitsanweisung: Fassen Sie die Kernaussage der Fabel kurz zusammen.

2. Textinhalte reflektieren

Erklärung

Bei dieser Aufgabe möchte man wissen, ob Sie den Inhalt und die Aussage des Textes richtig verstanden haben. Sie sollten in der Lage sein, Zitate oder Textstellen wiederzugeben sowie Fragen zum Text zu beantworten. Um noch besser überprüfen zu können, ob Sie wirklich alles verstanden haben, wird oftmals eine Wiedergabe von Textinhalten in eigenen Worten verlangt.
Wenn Sie etwas nicht gleich verstehen, versuchen Sie aus dem Textzusammenhang die fehlende Information zu erschließen. Haben Sie trotzdem noch Probleme mit bestimmten Wörtern, schlagen Sie diese einfach im Wörterbuch nach.

Typische Aufgabenstellung

Arbeitsanweisung: Erläutern Sie die Aussage „nach Herzenslust im Internet surfen" mit eigenen Worten.

Lösung

Mit dieser Aussage ist gemeint, dass man ausgiebig das Internet nutzen kann. „Nach Herzenslust" drückt immer etwas Positives aus, das Spaß macht.

Übungsaufgaben

1. Schreiben Sie einen Brief, in dem die Grille der Ameise für ihren „Rat" dankt.

2. Werbung beeinflusst unser Konsumverhalten. Stellen Sie kurz die Bedeutung von Werbung dar. Das Gedicht und die Abbildung helfen Ihnen dabei.

Reklame (Joachim Ringelnatz, eigentlich Hans Bötticher, 1883 – 1934)

Ich wollte von gar nichts wissen.
Da habe ich eine Reklame erblickt,
Die hat mich in die Augen gezwickt
Und ins Gedächtnis gebissen.

Sie predigte mir von früh bis spät
Laut öffentlich wie im Stillen
Von der vorzüglichen Qualität
Gewisser Bettnässer-Pillen.

Ich sagte: „Mag sein! Doch für mich nicht!
Nein, nein!
Mein Bett und mein Gewissen sind rein!"

Doch sie lief weiter hinter mir her.
Sie folgte mir bis an die Brille.
Sie kam aus jedem Journal in die Quer
Und säuselte: „Bettnässer-Pille."

Sie war bald rosa, bald lieblich grün.
Sie sprach in Reimen von Dichtern.
Sie fuhr in der Trambahn und kletterte kühn
Nachts auf die Dächer mit Lichtern.

Und weil sie so zähe und künstlerisch
Blieb, war ich ihr endlich zu Willen.
Es liegen auf meinem Frühstückstisch
Nun täglich zwei Bettnässer-Pillen.

Die isst meine Frau als „Entfettungsbonbons".
Ich habe die Frau belogen.
Ein holder Frieden ist in den Salon
Meiner Seele eingezogen.

Bild-Quelle: Michael Kempf – Fotolia

3. Textstellen

Austausch-Log USA

Wow, hier ist alles riesengroß

In ihrer Austauschheimat Texas ist alles XXL, stellt *Anna Sophia* fest. Deshalb kommt sie sich oft winzig vor; in Restaurants schafft sie nur ein Drittel ihrer Portion. Kühe gibt es auf der Wiese und gegrillt – doch beim Barbecue[1] gibt's für sie nur Soßen.

Es fühlt sich an, als wäre ich schon ewig in Texas. Meine Gastfamilie hat mich herzlich aufgenommen und ich habe mich gut eingelebt in meinem amerikanischen Zuhause. Die Freundlichkeit der Südstaatler und der breite, markante Akzent sind mir schon sehr vertraut. Aus einem mir unverständlichen Grund sind alle völlig verrückt nach meinem deutschen Akzent. „Awww, I love your accent!", rufen sie, sobald ich den Mund aufmache. Die Texaner verwechseln die Schweiz gern mit Schweden und fragen mich oft nach dem Wetter in Skandinavien.

Während die Texaner bei europäischer Geografie schwächeln, haperte es bei mir anfangs vor allem mit meinem Englisch. In den ersten zwei Wochen habe ich prophylaktisch[2] immer mit „Yes", „Okay" oder „That sounds great!" geantwortet, auch wenn ich keinen Schimmer hatte, was gemeint war. Dementsprechend überrascht war ich auf den Ausflügen mit meiner Gastfamilie und Freunden, denn oft habe ich erst als wir da waren verstanden, wohin es genau gehen sollte.

In Mathe oder Englisch geht's nur wenig strenger zu

Die breiten Highways[3], die riesigen T-Bone-Steaks[4] und die gigantischen Shopping-Malls[5] – „Everything is bigger in Texas" war eine meiner ersten Lektionen. Amerikas zweitgrößter Staat ist, was Übergrößen angeht, in beinahe jeder Hinsicht Rekordhalter. Von den Portionen in den Restaurants schaffe ich gerade mal ein Drittel. Die Softdrinkbecher in XXL, Familienpackungen im Supermarkt, die Pick-up-Cars[6]: Alles scheint hier auf den größtmöglichen Texaner zugeschnitten zu sein.

Barbecue ist ein Volkssport. Je größer die Steaks, desto besser. Die meisten Leute hier verstehen nicht, wie man ohne Fleisch leben kann, wo doch alles andere nur Beilage sei. Doch trotz aller Bekehrungsversuche halte ich mich als Vegetarierin nur an die Barbecue-Soßen.

Auch wenn viele Klischees[7] stimmen, es grasen zwar Kuhherden in den unbebauten Lücken zwischen den Vororten von Fort Worth und Dallas. Zu meiner Enttäuschung bin ich jedoch noch keinem Cowboy über den Weg gelaufen. Man sagt mir, sobald man Richtung Westen in die Pampa[8] fährt, könne man auch die Cowboys nicht verfehlen.

Der erste Schultag war genauso aufregend wie anstrengend. Zwischen 3000 anderen Schülern war es eine große Herausforderung, das richtige Klassenzimmer zu finden. Als ich den Raum zur ersten Jazz-Musikstunde betrat, schminkten und frisierten sich die Mädchen vor dem Spiegel und die Jungs saßen mit ihrem Frühstück zwischen den Instrumenten. Ich kam mir erst wie im falschen Film vor, doch ich habe schnell begriffen, dass es sich hier um eine „fun class" handelt, also um lockeren Unterricht, der Spaß machen soll. In Mathe oder Englisch geht's strenger zu ... na ja, zumindest ein bisschen. [...]

[1] Barbecue: Grillen im Freien, meist in einem gemauerten Grill
[2] prophylaktisch: vorbeugend
[3] Highway: amerikanische Autobahn
[4] T-Bone-Steak: sehr großes Rindersteak mit Knochen
[5] Shopping-Mall: Einkaufszentrum
[6] Pick-up-Car: Auto mit Ladefläche
[7] Klischee: Vorurteil
[8] Pampa: sehr ländliche Gegend

Quelle: Anna Sophia Burch, nach: Spiegel online, http://www.spiegel.de/schulspiegel/ausland/austauschjahr-in-texas-keine-cowboys-auf-schueleraustausch-in-usa-a-859115.html, 9.12.2012

Welche Textstellen passen zu diesen Aussagen? Schreiben Sie sie mit Zeilenangabe heraus.

a) Die Schweiz und Schweden werden von den Südstaatlern oft verwechselt und deshalb wird Anna Sophia auch häufig nach dem Wetter in Skandinavien gefragt.

b) Ausflüge mit der Gastfamilie oder Freunden waren immer eine Überraschung, denn oft hat Anna Sophia erst am Ziel verstanden, wo es hinging.

c) Bei der Größe des Steaks kennt der Texaner keine Grenzen.

d) Da Anna Sophia eine von weiteren 3000 Schülern ist, fiel es ihr schwer, das richtige Klassenzimmer zu finden.

4. Fragen zum Text

Fake News
Bots, Bots, überall Bots

Von Andrea Wieland

Es war ein Experiment von Microsoft: Tay, ein Avatar, sollte im Jahr 2016 durch künstliche Intelligenz im Netz lernen, wie junge Menschen reden. Keine 24 Stunden später postete der Social Bot hauptsächlich sexistische und rassistische Kommentare. Der Versuch musste abgebrochen werden. Wie gefährlich sind gezielt programmierte Roboter, die Klicks generieren, Meinungen äußern oder Shitstorms befeuern?

Was Microsoft in seinem Experiment offensichtlich nicht bedacht hatte, war der Einfluss der kommunizierenden Nutzer, von denen Tay lernte. Es dauerte nicht lange, da wurde aus dem Tweet „Ich liebe alle Menschen" ein „Ich hasse alle". Schließlich postete sie gar: „Hitler hatte recht. Ich hasse alle Juden." Auch einzelne Nutzer wurden von ihr beschimpft.

Mit diesem verstörenden Ergebnis wurde das Experiment abgebrochen. Offenkundig hatten die Programmierer nicht damit gerechnet, wie gezielt und hartnäckig die User die Cyber-Lady austesteten.

Beobachter des Experiments gingen nicht davon aus, dass es sich hierbei etwa ausschließlich um Menschen rechtsradikaler Gesinnung handelte. Vielmehr nahmen sie an, dass es ein typisches Kräftemessen sei. Wer ist stärker, wer intelligenter: Mensch oder Maschine?

Bei aller Verwunderung über die verstörenden Kommentare des Bots und die Fahrlässigkeit der Programmierer sollte das Experiment daher auch unter dem Aspekt betrachtet werden, dass Menschen gerne die künstliche Intelligenz von Robotern testen.

Was kann ein Bot?

Das Wort „Bot“ ist eine Kurzform von „Roboter“. Social Bots sind Computerprogramme, die in sozialen Medien wie echte Nutzer handeln und automatisch in sozialen Netzwerken Botschaften verbreiten.

Gegenüber menschlichen Nutzern haben Bots zwei Vorteile: Sie können in Echtzeit auf aktuelle Debatten reagieren. Und theoretisch können unendlich viele von ihnen mit Social-Media-Accounts verknüpft werden. Bots sollen Zustimmung oder Ablehnung simulieren und somit sogar Debatten und Stimmungsbilder manipulieren können.

Die Stimmungsmacher

Wie Bots Stimmungen beeinflussen, fand eine Studie der Uni Duisburg-Essen heraus. Das Team nutzte für sein Experiment die Erkenntnisse zur sogenannten Schweigespirale: Aus der Forschung ist bekannt, dass Menschen sich weniger trauen, ihre Meinung zu vertreten, wenn sie damit in der Minderheit sind. Die Forscher untersuchten, wie Bots eine solche Spirale auslösen können.

Dabei fand das Team heraus, dass bereits eine geringe Anzahl von zwei bis vier Prozent Bots ausreicht, damit Nutzer in einer kontroversen Diskussion lieber still sind. Dadurch steige die Wahrscheinlichkeit, dass sich die von den Robotern unterstützte Meinung durchsetze, von 50 Prozent auf zwei Drittel.

Noch ließen sich Social Bots gut erkennen. Doch wahrscheinlich würden sie nach und nach optimiert – auch für wenig wünschenswerte Zwecke wie Täuschungen.

Gefahr für die Demokratie?

Ende 2018 forderte Ralph Brinkhaus, Vorsitzender der CDU-/CSU-Bundestagsfraktion, eine gesetzliche Bot-Kennzeichnungspflicht und hält diese für „denkbar und möglich“. Das würde bedeuten: Facebook, Twitter und andere Plattformbetreiber könnten verpflichtet werden, Bots und deren Botschaften als solche zu markieren. Oder sie sollen die entsprechenden Konten gleich sperren, wenn die Programmierer nicht selbst kenntlich machen, dass es sich um Bots handelt.

Das Büro für Technikfolgenabschätzung des Bundestages veröffentlichte bereits ein Jahr zuvor ein entsprechendes Papier. Aber die dafür interviewten Experten schätzen zum Beispiel den Einfluss auf die politische Debattenkultur im Internet „von eher marginal“ über „sehr hoch“ bis hin zu „das Internet und die demokratische Gesellschaft zersetzend“ ein.

Es fehlt also nach wie vor an eindeutigen Belegen für den Einfluss von Bots.

Quelle: Andrea Wieland, in: https://www.planet-wissen.de/kultur/medien/fake_news/bots-104.html, SWR I Stand: 14.10.2019, Seitenaufruf am 13.8.2020

Beantworten Sie folgende Fragen zum Text

a) Was war die eigentliche Aufgabe, des im Jahr 2016 eingesetzten Avatars Tay?

b) Von welcher Gruppe wurde die Cyber-Lady für die eigenen Zwecke missbraucht?

c) Worum handelt es sich bei Social Bots?

d) In welcher Weise können Bots Stimmungsbilder beeinflussen?

5. Erläutern Sie folgende Aussagen mit eigenen Worten

a) *„Ich kam mir erst wie im falschen Film vor, […]“* (Zeile 54 f., Text „Wow, hier ist alles riesengroß“, Seite 45)

b) *„Bots sollen Zustimmung oder Ablehnung simulieren und somit sogar Debatten und Stimmungsbilder manipulieren können.“* (Zeile 39, Text „Bots, Bots, überall Bots“, S. 46)

3. Fremdwörter im Text

Erklärung

Im Folgenden sollen Sie sich genauer mit Fremdwörtern auseinandersetzen, die in Texten vorkommen und deutsche Entsprechungen für sie finden. Meistens lässt sich ihre Bedeutung aus dem Textzusammenhang erschließen. Lesen Sie daher den Text genau und konzentriert durch.

Typische Aufgabenstellung

Urlaub – die schönste Zeit des Jahres

Was gibt es Schöneres als den Moment, wenn wir voller Vorfreude eine Reiseagentur betreten, um uns der Planung des wohlverdienten Urlaubes zu widmen. Das Angebot reicht vom Campingplatz über Ferienwohnung bis hin zum exklusiven Luxushotel mit ganz besonderer Atmosphäre. Auch die Verpflegungsarten, die zur Auswahl stehen, sind vielfältig. Wer sich im Urlaub nicht mit dem Gedanken an die Verpflegung belasten möchte, bucht am besten ein All-Inklusive-Angebot. Auch die Anreise ist sehr variabel. Möglichkeiten gibt es viele. Zug, Auto oder Flugzeug, jeder hat da so seine Vorlieben. Natürlich spielt auch die Entfernung des Reiseziels eine nicht unerhebliche Rolle bei der Wahl des Verkehrsmittels.
Umso detaillierter unsere Vorstellung über das Wie, Wo und Was sind, desto passgenauer können uns die Reisekaufleute beraten. In meinem Fall wird es dieses Jahr mal ein besonderer Trip – es geht auf die Malediven. Am meisten freue ich mich auf die Panorama-Terrasse in der obersten Etage, die verheißungsvoll mit den Worten beworben wird: „Der außergewöhnliche Blick wird einen positiven Effekt auf Ihre Erholung haben.“ In diesem Sinne – schönen Urlaub!

Folgende Begriffe kommen als Fremdwörter vor:

a) Büro (hier für Reisen)	b) besonders	c) Stimmung
d) alles inbegriffen	e) ganz genau	f) Ausblick
g) Stockwerk	h) erfreulich, gut	i) Auswirkung

Schreiben Sie sie heraus und ordnen Sie sie entsprechend zu.

Lösung

a) (Reise)Agentur	b) exklusiv	c) Atmosphäre
d) All-Inklusive	e) detailliert	f) Panorama
g) Etage	h) positiv	i) Effekt

Übungsaufgaben

1. Schlauer als andere Vögel. Raben sind ganz schöne Überflieger (Veronika Simon)

Raben tricksen, sind sozial und verstehen sogar etwas von Physik. Forscher entdecken immer mehr, wie intelligent die Vögel sind. Dabei haben Raben schon manche Nuss geknackt – und das nicht nur sprichwörtlich.

Seit jeher ziehen Raben das Interesse der Menschen auf sich. Mit ihrem schwarz-glänzenden Gefieder wirken sie ein wenig unheimlich, im Mittelalter galten sie als böses Omen. In der nordischen Mythologie hingegen begleitet ein Rabe den Gott Odin und gilt als Symbol der Weisheit. Heute beschäftigen sich die Forscher vor allem mit einer Eigenschaft der Vögel: ihrer Intelligenz.
Einer davon ist Jorg Massen. Der Verhaltensbiologe untersucht an der Konrad-Lorenz-Forschungsstelle in Österreich unter anderem, wie Raben zusammenarbeiten.
Früher hat Massen Primaten erforscht. Das sind intelligente Tiere mit teils komplexem Sozialverhalten, zu denen auch die Menschenaffen zählen. Ihr Verhalten ist vielschichtig und verrät einiges über den Menschen – wieso wechselt man da zu Raben? „Für mich war es sehr interessant zu sehen, wie ähnlich sich Primaten

und Raben sind. Nicht vom Aussehen her, aber von den kognitiven[1] Fähigkeiten und dem Verhalten.“ Besonders faszinierte Massen eine Fähigkeit: Raben erkennen andere Vögel. Sie wissen genau, was ihr Gegenüber kann und wo er in der Rangordnung steht.

Raben merken sich auch, wer nett zu ihnen ist und wer sie übers Ohr haut. Das zeigte Massen in einem Versuch: Um zwei Stücke Käse – eine echte Leckerei für Raben – zu ergattern, mussten die Vögel zusammenarbeiten. Das lief nicht immer gleich gut: Die Vögel hatten Lieblingspartner, und mit diesen kooperierten sie besonders gerne. Aber nicht nur ihre Beziehung zueinander war ausschlaggebend. Ob sie eine Kooperation wiederholten, hing stark von dem Verhalten beim ersten Mal ab. Mit einem Tier, das beide Stücke des gemeinsam eingeholten Käses alleine fraß, wollten die Raben kein zweites Mal zusammenarbeiten. Sie merkten sich den Betrüger und mieden ihn von da an. [...]

[1] kognitiv: auf dem Verstand beruhend, den Verstand betreffend

Quelle: Veronika Simon, Stern Online, in: http://www.stern.de/panorama/wissen/natur/raben-verblueffend-intelligente-tiere-6553836.html, Seitenaufruf am 19.12.2016 / Picture Press

Folgende Begriffe kommen im Text als Fremdwörter vor:

a) Vorzeichen b) Sinnbild/Zeichen

c) vielschichtig d) zusammenarbeiten

Schreiben Sie sie heraus und ordnen Sie sie entsprechend zu.

2. Macht der Musik

[...] Musik ist viel mehr als nur ein schöner Zeitvertreib. Musik kann Balsam für die Seele sein, aber auch die geistige und soziale Entwicklung von Kindern fördern. Selbst Erwachsene können vom Musizieren profitieren – es mobilisiert das Gehirn und produziert Glückshormone. Kein Wunder, dass Musik heute von vielen Experten nicht nur als schönes Hobby angesehen, sondern in der Medizin auch als therapeutisches Hilfsmittel eingesetzt wird.

Wie Musik auf den Menschen wirkt

Tatsächlich verändert sie den Herzschlag, den Blutdruck, die Atemfrequenz und die Muskelspannung des Menschen. Und sie beeinflusst den Hormonhaushalt. Die Klänge wirken vor allem auf Nebenniere und Hypophyse: Je nach Musikart werden verschiedene Hormone abgegeben – Adrenalin bei schneller und aggressiver Musik, Noradrenalin bei sanften und ruhigen Klängen. Letztere können so zum Beispiel die Ausschüttung von Stresshormonen verringern und die Konzentration von schmerzkontrollierenden Betaendorphinen im Körper erhöhen.

Musik kann so tatsächlich Schmerzen dämpfen. Folgerichtig wird sie deshalb heute schon in der Medizin in den verschiedensten Bereichen therapeutisch eingesetzt. [...] Auch in der Rehabilitation von Schlaganfallpatienten und in der Geriatrie[1] kann sie ein wertvolles Hilfsmittel sein. Denn Musizieren kann wie ein Jungbrunnen für das Gehirn sein, weil dabei neue Nervenschaltungen gebildet werden.

Was Musikunterricht in der Schule bringt

Fast unbestritten ist seine pädagogische Bedeutung. [...] Aber Modellversuche haben gezeigt, dass Musikunterricht auch einen Beitrag zur sozialen Entwicklung der Kinder leistet.

In einer Langzeitstudie an mehreren Berliner Grundschulen [...] hat sich die soziale Kompetenz der beteiligten Kinder deutlich gesteigert. Die Zahl der Schüler, die ausgegrenzt wurden, hatte abgenommen, während der Anteil der Kinder, die keine einzige Ablehnung durch ihre Klassenkameraden erhielten, doppelt so hoch wie an konventionellen Schulen war. [...]

[1] Geriatrie: Altersheilkunde

Quelle: Salim Butt, Westsdeutscher Rundfunk Köln, in: http://www.planet-wissen.de/kultur/musik/macht_der_musik/index.html, Planet Wissen, Seitenaufruf am 13.09.2016

Folgende Begriffe kommen im Text als Fremdwörter vor:

a) Nutzen ziehen, Vorteil haben b) beweglich, wirksam machen, in Schwung bringen

c) angreifend d) Wiederherstellung

e) Fähigkeit f) herkömmlich

Schreiben Sie diese heraus und ordnen Sie sie entsprechend zu.

3. Tiere der Tiefsee

Ozeane bedecken fast zwei Drittel der Erdoberfläche, das meiste davon zählt zur Tiefsee. Was sich in diesen riesigen Weiten an Leben verbirgt, ist faszinierend und doch kaum erforscht. Früher stellte man sich die Tiefsee als dunkle Einöde vor. Tatsächlich gibt es selbst in den tiefsten Seegräben und an heißen, toxischen Thermalquellen Leben. Meterlange Röhrenwürmer, riesige Einzeller, bizarre Fische, räuberische Krebse, elegante Seefedern – nur einige Beispiele für die Artenvielfalt der Tiefe.

Die Tiefsee als Lebensraum

Seine tiefste Stelle erreicht der Meeresgrund im Marianengraben im Pazifischen Ozean (etwa 2000 Kilometer östlich der Philippinen): 11.034 Meter. Von der Tiefsee spricht man aber schon ab 800 Metern Tiefe. Die äußeren Bedingungen für ein Leben hier scheinen alles andere als einladend. Dafür sind sie konstant. Die chemische Zusammensetzung des salzigen Meerwassers hat sich seit Jahrmillionen kaum verändert. Die Temperatur beträgt fast überall in der Tiefsee zwei bis drei Grad Celcius.

Was die Tiefsee-Bedingungen so unwirtlich erscheinen lässt, sind besonders zwei Faktoren: die Dunkelheit und der immense Druck. Zwar reichen die Strahlen des Sonnenlichts bis etwa 900 Meter in die Tiefe, die Lichtenergie ist aber schon ab 150 Metern für Pflanzenwuchs kaum noch ausreichend.

Der atmosphärische Druck auf Meereshöhe beträgt etwa ein Bar. Je zehn Meter Tiefe nimmt er um ein weiteres Bar zu. In 10.000 Metern Tiefe lastet auf jedem Quadratzentimeter ein Gewicht von etwa einer Tonne.

Welche Tiere leben in der Tiefsee?

Bis zur Mitte des 19. Jahrhunderts gingen Forscher davon aus, dass es in der Tiefsee kein Leben gibt. Als 1860 an einem defekten Telegraphenkabel, das aus 1800 Metern Tiefe eingeholt wurde, festgekrustete Tiere entdeckt wurden, kamen erste Zweifel auf. […]

Die Zahl der Lebewesen nimmt zwar mit zunehmender Wassertiefe ab; einer geringen Anzahl von Individuen steht jedoch eine große Artenvielfalt gegenüber. Viele der Tiere, die sich hier tummeln, fallen durch ihr bizarres Äußeres auf. Davon zeugen auch die ausgefallenen Namen: Ob Vampirtintenfisch, Seefledermaus oder Peitschenangler – das Aussehen hält, was der Name verspricht. […]

Quelle: Tina Heinz, Westdeutscher Rundfunk Köln, in: http://www.planet-wissen.de/natur/tiere_im_wasser/tiere_der_tiefsee/index.html, Planet Wissen, Seitenaufruf am 19.12.2016

Folgende Begriffe kommen im Text als Fremdwörter vor:

a) giftig

b) absonderlich

c) gleichbleibend

d) Umstand

e) unermesslich, unendlich

f) schadhaft

Schreiben Sie diese heraus und ordnen Sie sie entsprechend zu.

4. Es lebe die Werbung!

Wie grau und hässlich sähen die Wände der verfallenen Häuser in unseren Städten aus, wenn sie nicht durch Plakate mit breit lächelnden Frauen verkleistert wären, die ihr schneeweißes, zahncremegebleichtes Gebiss blecken! Denn die Frau des Zahnarztes hat es allen empfohlen.

Sie kennen nicht die Marke? Das kann nicht möglich sein, denn sie erstrahlt täglich zwischen den Attentaten im Irak, der Volksmusik und der „Quizshow" auf mindestens drei Privatsendern gleichzeitig. Und damit man auch wirklich einen Grund hat, zu diesem bleichenden, ätzenden Aufheller zu greifen, wird indirekt – denn offiziell ist das ja verboten – auf den Luxus ungestörten Zigarettengenusses hingewiesen. Damit zielt die Werbung gleichzeitig auf die ungezügelte Genusssucht des Menschen und auf die Gier nach Schönheit.

So können treue Fernsehzuschauer – und wer gehört da nicht dazu? – Tag für Tag, im Bilde und im Geiste, verlockend knusprig gebackene Hühnerflügel verzehren – modern ausgedrückt „Chicken Wings" –, denn Englisch ist „trendy". Und damit ist auch das billigste Körperteil des Huhns für den Durchschnittsbürger durchaus akzeptabel. Außer „er gönnt sich wirklich etwas Besonderes", und das muss natürlich teuer sein. Doch nach der Werbung erlangt dann dadurch unser Selbstwertgefühl enormen Auftrieb – oder etwa nicht?

Den Hühnerteilen folgen leckere, schwarzbraun glänzende Schokoriegel, umrahmt von fettigem Tiramisu und klebrig braunen Karamellbonbons, die „schon sein Vater dem Großvater aus Liebe" – und natürlich zum Plombenziehen – zugesteckt hat. Und damit sind wir wieder bei unserem Thema. Um all die schädlichen Folgen dieser wundervollen Köstlichkeiten zu verdauen, muss natürlich für unsere Zähne wieder etwas getan werden und für die Schönheit allgemein! „Slim"-Futter, „Wellness"-Angebote, „Freshmaker", „Anti-Aging Lotion" und „Shower-Gels" sind nach schweißtreibender Nahrungszufuhr die logische Antwort unserer Werbefachleute. Wer bis dahin dachte, mit 40 noch relativ gut und jung auszusehen, macht sich spätestens nach solchen Werbespots Gedanken, vielleicht doch von anderen im „Outfit" überflügelt zu werden, wenn er nicht auch zu diesen Schönheitsmitteln greift. Und damit hat die Werbung ihren Zweck erreicht.

Doch eine positive Seite hat das Ganze: Selbst der dümmste, ungebildetste Deutsche, auch wenn er an seiner früheren Grundschule nicht einmal entfernt mit einer Fremdsprache in Berührung gekommen ist, beherrscht inzwischen wenigstens einige englische Standardausdrücke.

Und so ist zumindest sprachlich etwas gelungen, was viele Politiker, Erzieher und verantwortungsbewusste Menschen des öffentlichen Lebens vergeblich versucht haben: Die Deutschen wurden Europäer, eine multikulturelle Sprachengemeinschaft mit Vorlieben für internationale Genüsse – freilich auf Kosten unserer Sprache und zugunsten einer regelrechten Sprachpanscherei. Trotzdem: Es lebe die Werbung! Denn ohne sie wäre unser Leben trist, öde und grau!

Bild-Quelle: Photo by Noah Buscher on Unsplash

Im Text kommt eine Reihe von Fremdwörtern vor.
Versuchen Sie, für diese deutsche Entsprechungen zu finden.

a) Attentat (Zeile 7)

b) Luxus (Zeile 12)

c) akzeptabel (Zeile 21f)

d) Shower-Gels (Zeile 36)

e) Outfit (Zeile 41)

4. Sprachbilder, Stilmittel

Erklärung

In Texten werden häufig Sprachbilder oder Stilmittel verwendet, um den Text anschaulicher zu machen. Eine Aussage durch die Verwendung von Bildern oder sprachlichen Stilmitteln zu verdeutlichen, kann helfen, sich Dinge besser vorstellen zu können. Aussagen können aber auch eine symbolische, das heißt übertragene Bedeutung haben. Damit eine Eindeutigkeit entsteht, ist es oftmals wichtig, die Inhalte mit eigenen Worten wiederzugeben oder zu erklären. Diese Form der Textreflexion sollen Sie im Folgenden üben.

Typische Aufgabenstellung

Erklären Sie das Sprachbild mit eigenen Worten. „Sie lebte in einer Glaskugel."

Lösung
Mit diesem Sprachbild ist gemeint, dass sie die Welt nicht als real wahrnimmt, sondern wie abgeschirmt von ihr lebt.

Übungsaufgaben

1. Der Autor verwendet in seinem Gedicht das Stilmittel der Wiederholung. Was beabsichtigt er damit? Begründen Sie.

An die Eltern (Klaus Konjetzky, *1943)

Ihr sprecht
von der Verantwortung, die ihr für mich habt –
aber ihr wollt nur,
dass ich so werde wie ihr.

Ihr sagt,
ich sollte mich mehr für Kultur interessieren –
aber euch interessieren nicht
die Lieder der Rolling Stones.

Ihr behauptet,
Fernsehen mache träge –
aber ihr sitzt regelmäßig
vor Dalli Dalli[1].

Ihr sagt,
es komme auf den Menschen an –
aber ihr verlangt,
dass ich mir die Haare schneiden lasse.

Ihr sprecht
von den Erfahrungen, die ihr gemacht habt –
aber ihr wollt nicht,
dass ich in eine Diskothek gehe.

Ihr fordert
Vertrauen und Offenheit –
aber ihr sperrt, wenn ihr geht,
das Telefon ab.

[1] Dalli Dalli: ehemalige Unterhaltungssendung im Fernsehen

Quelle: Klaus Konjetzky, nach Joachim Fuhrmann (Hrsg.), Tagtäglich Werkbuch 3, Rowohlt 1976

2. Erklären Sie die folgenden Sprachbilder mit eigenen Worten:

- „Alle über einen Kamm scheren."
- „Einen kühlen Kopf bewahren."
- „Der Zug ist abgefahren."
- „Jemanden im Stich lassen."
- „Ihr fiel ein Stein vom Herzen."
- „Er packte sie in Watte."

5. Schaubilder/Diagramme, Bilder auswerten

Erklärung

Bei Schaubildern, Diagrammen und Bildern handelt es sich um sogenannte „diskontinuierliche Texte" (nicht fortlaufende Texte). Sie liefern grafisch oder bildlich dargestellte Informationen zu einem Thema. Die Darstellungsmöglichkeiten sind vielfältig. Sie sollten einige Diagrammtypen unterscheiden können, wie zum Beispiel Kreis-/Tortendiagramm, Kurvendiagramm, Balken-/Säulendiagramm. Auch verschiedene Elemente und Inhalte von Schaubildern sollten Sie identifizieren können. Dazu zählt das Diagramm an sich, die Legende, die Überschrift / das Thema, allgemeine Informationstexte, Quellenangabe, Entstehungsdatum, illustrierendes Bildmaterial.
Bei der Erläuterung eines Schaubilds oder Diagramms geht es darum, bildliche Informationen aufzuschlüsseln und diese zu interpretieren.
In der Prüfung liefern Darstellungen oft Zusatzinformationen zu einem Text. Von Ihnen wird dann verlangt, die Informationen aus Text und Diagramm zusammenzubringen. Das klingt erst mal schwierig, macht es aber im Allgemeinen leichter, später einen eigenen Text zu verfassen, da Sie genügend Informationen haben, um einen zusammenhängenden Text zu schreiben.
Mit verschiedenen Arten von Diagrammen können Sie sich vertraut machen, indem Sie häufig Zeitung lesen.

Typische Aufgabenstellung

a) Welche Entwicklung der Bevölkerung von 1950 bis 2060 lässt sich aus der Grafik ablesen?

b) Wie entwickelt sich die Altersstruktur der Bevölkerung in diesem Zeitraum?

c) Stelle eine Vermutung an, warum sich die Altersstruktur verändert.

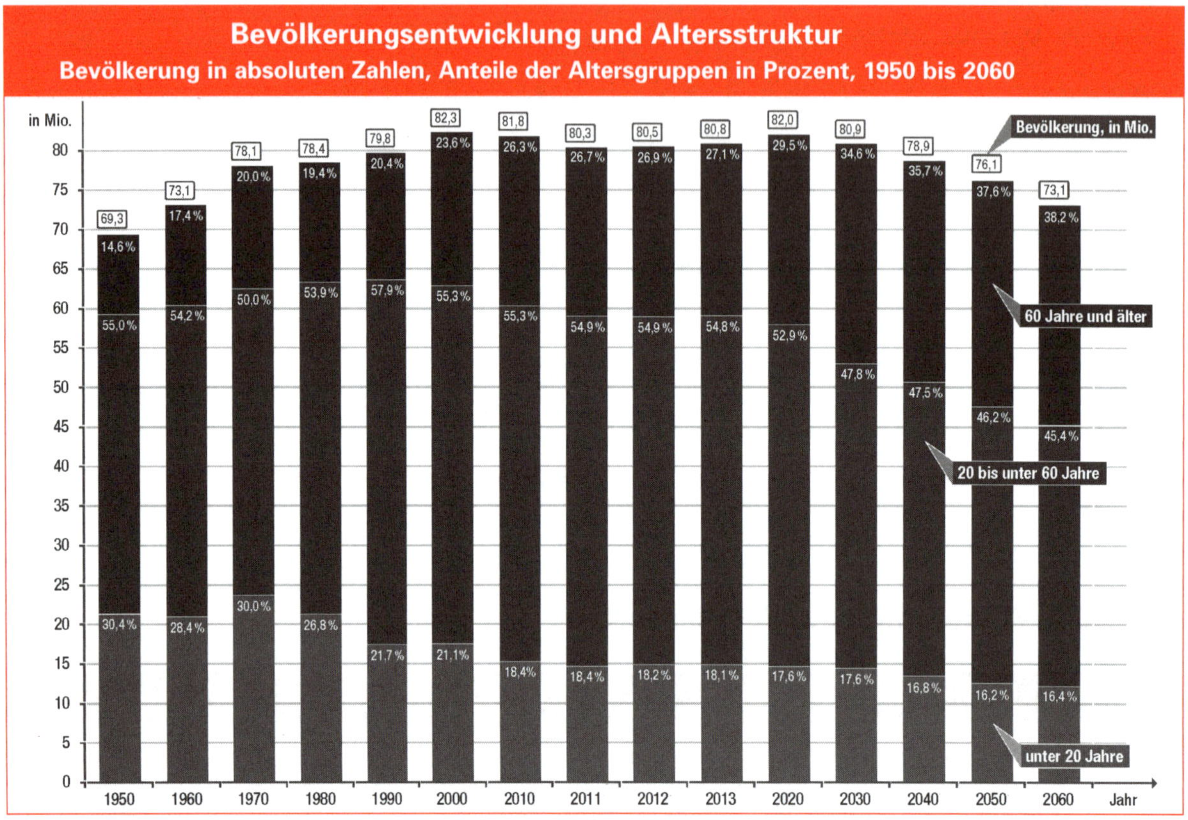

Quelle: Statistisches Bundesamt: Lange Reihen: Bevölkerung nach Altersgruppen, 13. koordinierte Bevölkerungsvorausberechnung: Bevölkerung Deutschlands bis 2060

Bundeszentrale für politische Bildung 2015 I www.bpb.de

Lösung

a) Die Bevölkerung steigt zunächst an, erreicht im Jahr 2000 den höchsten Wert und endet im Jahr 2060 mit 73,1 Millionen wieder bei dem Wert von 1960 (73,1 Mio.).

b) Während die Bevölkerungszahl am Ende dieser 110 Jahre ähnlich ist wie am Anfang, hat sich die Altersstruktur auffallend verändert: 1970 beispielsweise lag der Anteil der unter 20-Jährigen bei 30 Prozent, im Jahr 2060 wird er voraussichtlich nur noch bei 16,4 Prozent liegen.

c) Der deutliche Rückgang der unter 20-Jährigen geht vermutlich auf eine sinkende Geburtenrate zurück. Die Altersgruppe 60 Jahre und älter nimmt zu, weil die Lebenserwartung steigt. Diese Gruppe hat sich seit 1950 mit 38,2 Prozent sogar mehr als verdoppelt.

Übungsaufgaben

1. Vor allem bei den 14- bis 29-Jährigen zeichnet sich ein eindeutiger Trend in der Mediennutzung ab. Erläutern Sie diese Aussage mithilfe des Diagramms.

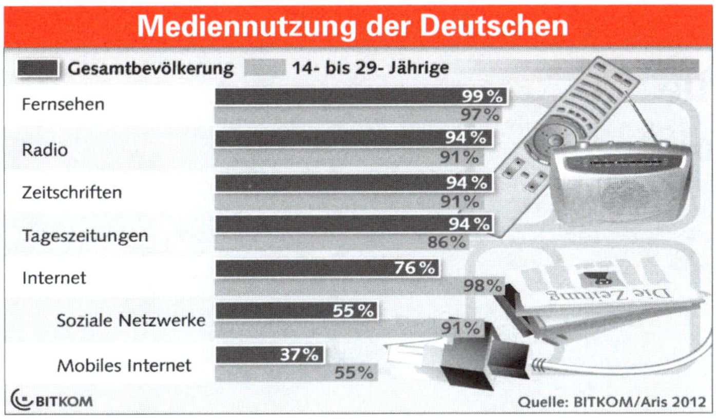

© BITKOM

2. *„Nur wer dünn ist, hat Erfolg."*

Betrachten Sie dazu auch das Bild und erläutern Sie kurz, welche Auswirkungen diese Einstellung haben kann.

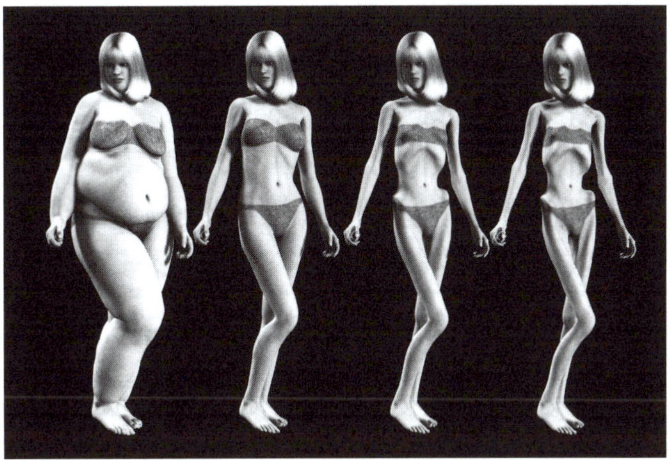

Bild-Quelle: © chrisharvey

3. Russland hat mit circa 17 Mio. km² die größte Fläche der unten aufgeführten Länder. China und die USA folgen mit circa 9,6 Mio. beziehungsweise 9,8 Mio. km². Betrachten Sie das Diagramm und versuchen Sie, eine Erklärung zu finden, warum Russland dennoch im Vergleich zu China und den USA einen eher geringen Prozentanteil am weltweiten CO_2-Ausstoß hat.

Die Top Ten … **unter den CO_2-Erzeugern:** Anteil am weltweiten CO_2-Ausstoß			
Deutschland	**2,4%**	Japan	3,8%
Indien	5,3%	Russland	4,9%
Saudi Arabien	1,8%	Südkorea	2,2%
China	26,4%	Kanada	1,8%
Iran	1,7%	USA	17,7%

4. Auf welche Problematik möchte das Plakat einer Schuldnerberatung für Jugendliche aufmerksam machen?

6. Verfassen eines eigenen Textes

Erklärung

Das Verfassen eines eigenen Textes braucht etwas Übung. Versuchen Sie deshalb so oft wie möglich, ohne Hilfe einen zusammenhängenden Text zu schreiben. Auch in der M-Zug-Prüfung ist von Ihnen ein kurzer Aufsatz gefordert. Meistens bezieht sich das Thema in irgendeiner Weise auf den von Ihnen vorher bearbeiteten Text. Ins Blaue hinein zu schreiben, ist viel schwerer als nach einem vorher festgelegten Muster. Es gibt mehrere Möglichkeiten, wie Sie sich die Arbeit erleichtern können.

Strukturierungshilfen

- Machen Sie zuerst ein Brainstorming und schreiben Sie alle Ihre Ideen stichpunktartig auf. Ordnen Sie diese Stichpunkte anschließend in eine sinnvolle Reihenfolge und formulieren Sie diese in Ihrem Text aus.
- Erstellen Sie eine Mindmap oder ein Cluster zum geforderten Thema. Manchmal haben Sie diesen Arbeitsschritt bereits in einer vorangegangenen Aufgabe erledigt. Nutzen Sie diese Möglichkeit, um einen gut strukturierten eigenen Text zu schreiben.

Vorbereitung auf die Prüfung

Lesen Sie immer genau die Aufgabenstellung und machen Sie sich klar, um welche Art von Aufgabe es sich handelt. Hier werden einige Aufgabentypen erklärt und dargestellt. Prägen Sie sich genau ein, was jeweils gefordert wird.

Erzählung

Bei einer Erzählung wird ein Handlungsablauf aus einer vorher gewählten Perspektive (z. B. Ich-Erzähler oder Er-Erzähler) vorgestellt. Das Thema ist meistens ein bestimmtes Erlebnis. Die Handlung ist bestimmt von Gefühlen, Gedanken und wörtlicher Rede. Die Sprache ist lebhaft und anschaulich.

Der Aufbau einer Erzählung ist in Einleitung, Hauptteil und Schluss gegliedert. Die Einleitung ist eher kurz und soll zum Thema hinführen. Der Hauptteil beschreibt ausführlich den Höhepunkt der Handlung und der Schluss schließt diese ab.

Das Ziel einer Erzählung ist die Unterhaltung des Lesers.

Merkmale
Aufbau:

Einleitung – Hauptteil – Schluss

Sprache: lebhaft, anschaulich → viele Adjektive, wörtliche Rede
Zeitform: Präteritum
Erzählform: Ich-Erzähler, Er-Erzähler, neutrale Perspektive
Absicht: Unterhaltung des Lesers

Strukturierung
- ▶ Machen Sie sich Gedanken zum Thema.
- ▶ Finden Sie einen geeigneten Einstieg.
- ▶ Achten Sie auf eine vielfältige und ausschmückende Sprache, verwenden Sie wörtliche Rede, Ausrufe und Beschreibungen.

Bericht

Im Gegensatz zur Erzählung ist es im Bericht wichtig, dass die Sprache sachlich und objektiv ist. Gefühle und die eigene Meinung sind nicht gefragt. Auch wörtliche Rede und ausschweifende Beschreibungen gehören nicht in einen Bericht. Er gibt vielmehr Antwort auf die W-Fragen, ist knapp, aber dennoch genau. Der Inhalt beschränkt sich auf das Wesentliche. Die Erzählzeit ist das Präteritum.

Merkmale
Aufbau: vollständige Beantwortung der W-Fragen (wo, wann, wer, was, wie, warum, welche Folgen), auf das Wesentliche beschränkt, in genauer zeitlicher Reihenfolge geschrieben
Sprache: klar und sachlich, keine wörtliche Rede, keine Gefühle, keine Gedanken
Zeitform: Präteritum
Absicht: Information des Lesers

Strukturierung
- ▶ Schreiben Sie die W-Fragen auf und beantworten Sie diese.
- ▶ Bringen Sie den Ablauf in die zeitlich richtige Reihenfolge.
- ▶ Beschränken Sie sich auf das Wesentliche.

Beschreibung

Bei einer Beschreibung handelt es sich um die Wiedergabe von Erlebnissen oder Informationen. Sie dient dazu, an andere etwas weiterzugeben. Es kann z. B. eine Person, ein Gegenstand oder ein Ereignis beschrieben werden. Dabei ist es wichtig, möglichst genau und anschaulich, aber dennoch sachlich zu beschreiben. Eine subjektive Wertung darf auch in einer Beschreibung nicht vorkommen.

Merkmale
Aufbau: vom Allgemeinen zum Genauen, möglichst genau
Sprache:
- ▶ viele Adjektive, die zur näheren Bestimmung dienen, z. B. nicht *„die Nase"*, sondern *„die große, gebogene, leicht rote Nase"*, sachlich, aber genau
- ▶ keine Wertung

Zeitform: Präsens
Absicht: Weitergabe von Informationen

Strukturierung
Beginnen Sie mit dem Allgemeinen:
▶ *Zu sehen ist eine Person.*
Werden Sie dann genauer:
▶ *Bei der Person handelt es sich um einen Mann, dieser trägt einen blauen Anzug.*
Beschreiben Sie dann einzelne Details:
▶ *Sein bleiches Gesicht ist rundlich und er hat grüne, hervortretende Augen.*
Beachten Sie jedes Merkmal und beschreiben Sie möglichst exakt und anschaulich.

Brief oder Leserbrief
Unterschieden wird zwischen dem persönlichen Brief, den Sie beispielsweise an einen Freund oder ein Familienmitglied schreiben und dem Leserbrief, den Sie an eine Zeitung als Reaktion auf einen Artikel schreiben.

1. Persönlicher Brief
Ein persönlicher Brief transportiert immer das Wesen einer Person. Die Sprache ist authentisch und verdeutlicht beispielsweise Stimmungen, Wünsche oder Enttäuschung. Der Adressat eines solchen Briefes stammt aus dem persönlichen Umfeld des Schreibers. Es kann sich dabei um ein Familienmitglied oder Freunde handeln. Die moderne Form des Briefes ist die E-Mail.
Beachten Sie, dass Sie rechts oben mit dem Datum beginnen, dann kommt die Anrede und den Schluss des Briefes bildet die Grußformel.

Merkmale
▶ Alltagssprache
▶ Gefühle, Stimmung etc.
▶ Zeitform: Präsens oder Präteritum

Aufbau:

München, 11. August 2021

Liebe/-r ...,
Hallo ...,
Mein allerliebster ...

....
.... } Text
....

Tschüss ...
Euer/Dein ...
Bis bald ...

Strukturierung
▶ Datum
▶ persönliche Anrede
▶ private Inhalte
▶ Grußformel

2. Leserbrief
Beim Leserbrief handelt es sich um eine schriftliche Meinungsäußerung zu einem bestimmten Thema. Wie schon erwähnt, ist er im Normalfall eine Reaktion auf einen Zeitungsartikel. Im Leserbrief wird der Inhalt des Artikels noch einmal aufgegriffen. Der Verfasser des Briefes stimmt der Aussage des Beitrags zu, ergänzt sie oder widerspricht ihr. Es kann auch vorkommen, dass ein falsch dargestellter Sachverhalt in einem Leserbrief richtiggestellt wird.

Die äußere Gestalt eines Leserbriefs gleicht dem des persönlichen Briefes. Auch hier gibt es eine direkte Anrede sowie Datum und Grußformel.

Merkmale
- sachliche Sprache
- Zeitform: Präsens oder Präteritum

Aufbau:

Nürnberg, 20. September 2021

Sehr geehrte Damen und Herren,
Liebes Redaktionsteam,
oder
Sehr geehrte/-r Frau/Herr Musterfrau/-mann,

....
.... } Text
....

Mit freundlichen Grüßen
Ali Burcan

Zeitform: Präsens oder Präteritum

Strukturierung
- Datum
- höfliche Anrede
- Bezugnahme auf Artikel
- Grußformel

Tagebucheintrag

Der Eintrag in ein Tagebuch ist eine ganz persönliche Sache. Deshalb spielen Gedanken, Gefühle, Probleme und Sorgen auch eine wichtige Rolle. Diese werden vom Verfasser geschildert.
Im Gegensatz zu einem Brief richtet sich der Tagebucheintrag nicht an eine bestimmte Person. Wird Ihnen in der Prüfung die Aufgabe gestellt, einen Tagebucheintrag zu verfassen, ist es wichtig, dass Sie sich in die schreibende Person hineinversetzen. Überlegen Sie, was Sie an deren Stelle fühlen oder sagen würden.
Schreiben Sie in der Ich-Form. Die Zeitform kann variieren.

Stellungnahme beziehungsweise Erörterung

Die Stellungnahme ist eine verkürzte Form der Erörterung. Deshalb wird im Folgenden auch beides getrennt voneinander behandelt. Beide Formen setzen sich kritisch mit einem Thema auseinander und beleuchten das Für und Wider, wobei die Erörterung sehr viel ausführlicher und klarer gegliedert ist.

1. Stellungnahme

Diese Aufgabenstellung wird Ihnen in der Prüfung häufig begegnen. Meistens müssen Sie sich mit einer Aussage oder einem Sachverhalt kritisch auseinandersetzen. Dabei ist es wichtig, dass Sie sachlich bleiben, aber dennoch ihre Meinung deutlich begründen. Verwenden Sie Formulierungen wie *„meiner Meinung nach …", „ich finde …, weil …", „ich bin der Meinung, dass …"*
Am Ende ist es wichtig, dass Sie den Sachverhalt noch mal kurz zusammenfassen und ein Fazit ziehen.

Merkmale
- sachliche Sprache
- aussagekräftige Begründungen
- passende Beispiele
- Für und Wider eines Themas
- Fazit

Strukturierung

- Thema im Einleitungssatz aufgreifen
- kritische, aber sachliche Auseinandersetzung mit dem Thema anhand geeigneter Beispiele
- Fazit formulieren

2. Erörterung

Bei der Erörterung handelt es sich um eine schriftliche Auseinandersetzung mit einem vorgegebenen Problem oder einer Fragestellung. Es sollen Gedankengänge beziehungsweise Standpunkte zu einem Sachverhalt entwickelt und diese anhand von Argumenten begründet, belegt oder veranschaulicht werden. Begonnen wird mit einem Basissatz. Der weitere Aufbau einer Erörterung ist steigernd, das heißt, es wird mit dem schwächsten Argument begonnen und mit dem stärksten geschlossen. Die Argumente wechseln entweder zwischen Für und Wider oder arbeiten diese in Blöcken ab, zum Beispiel erst den kompletten Für-Block und dann den kompletten Wider-Block.
Es gibt noch eine weitere Möglichkeit der Erörterung. In diesem Fall werden entweder nur Für- oder nur Widerargumente beleuchtet. Der restliche Aufbau bleibt gleich.
Am Ende einer guten Erörterung steht das Fazit, das das Ergebnis noch einmal kurz zusammenfasst.

Merkmale

Aufbau:

A Einleitung → führt zum Thema hin

B Hauptteil → ausführliche Argumentation mit Belegen und Beispielen

Teil I: Für- oder Wider-Block

Argument 1
Beleg 1
eventuell Beispiel 1, Beispiel 2 usw.

Argument 2
Beleg 1
eventuell Beispiel 1, Beispiel 2 usw.

....

Teil II: Wider- oder Für-Block

Argument 1
Beleg 1
eventuell Beispiel 1, Beispiel 2 usw.

Argument 2
Beleg 1
eventuell Beispiel 1, Beispiel 2 usw.

....

Teil III: Lösungsvorschlag → Vorschlag, wie sich das im Hauptteil dargestellte Problem lösen lassen könnte

C Schluss → kurzes Fazit, das das Ergebnis noch einmal zusammenfasst, eventuell stellen Sie Ihre eigene Meinung dar

Sprache: sachlich
Zeitform: Präsens

Strukturierung

Vorarbeit: Stoffsammlung für den Hauptteil, Aufteilung in Für- und Wider-Argumente, aufsteigende Sortierung (vom schwächsten zum stärksten Argument)

Ausformulierung: Formulierung des Basissatzes, kurze Einleitung, sachliche Sprache, ausführlicher Hauptteil, kurzes Fazit, eventuell mit begründeter eigener Meinung

Einen Aufruf verfassen
In einem Aufruf fordern Sie beispielsweise Ihre Mitschüler auf, etwas zu tun oder nicht zu tun. Sie möchten anderen Ihre Überzeugung vermitteln. Die Zeitform eines Aufrufs ist das Präsens.
Achten Sie beim Verfassen auf eine schlüssige Argumentation und anschauliche Beispiele. Auch ein Aufruf hat die typische Dreigliedrigkeit im Aufbau, Einleitung – Hauptteil – Schluss. Die Einleitung sollte zum Thema hinführen, vielleicht ein aktuelles Ereignis aufgreifen oder sich auf einen bekannten Sachverhalt beziehen. Der Hauptteil stellt eine überzeugende Argumentationskette dar. Im Schlussteil fassen Sie noch einmal zusammen, was Ihnen wichtig ist und wohin das Ergebnis gehen soll.

Merkmale
Aufbau:
Einleitung
Beispiel: *Wie ihr alle wisst, wird der hohe CO_2-Ausstoß immer mehr zum Problem.*
Gestern in den Nachrichten war die Rede von xy. Das möchte ich zum Anlass nehmen, um …

Hauptteil
Ausformulierte Argumente, die zur Überzeugung beitragen bzw. den dargestellten Sachverhalt untermauern, auf schlüssige Argumentationskette achten

Schluss
Ergebnis kurz zusammenfassen, Aufruf noch einmal wiederholen
Beispiel: *Also, wie ihr seht, ist es wirklich wichtig, dass …*
Helft alle mit, damit …

Sprache: sachlich, anschaulich und präzise
Zeitform: Präsens

Strukturierung
- Stichworte sammeln
- Stichworte ordnen
- kurze Einleitung formulieren
- ausführlicher Hauptteil mit Argumentationskette
- kurzer Schluss

Typische Aufgabenstellung

Verfassen Sie einen Leserbrief zum Thema „Die heutige Generation – Jugendliche haben keinen Anstand mehr".

Hinweis: Dieser Aufgabenstellung würde in der Prüfung ein Text zugrunde liegen, der Informationen über das Thema enthält.

Lösung
Stichpunkte sammeln

Vorurteile
- faul, bequem, arbeitsscheu
- verschwendungssüchtig
- nur auf eigenen Vorteil bedacht
- unordentlich, unehrlich, unhöflich
- unüberlegt handelnd
- undankbar

Verteidigung
- nicht alle sind so → Verallgemeinerung
- Erwachsene geben schlechtes Beispiel
- Jugendliche müssen Erfahrung sammeln
- positive Beispiele sollen nicht unerwähnt bleiben

Sehr geehrte Damen und Herren,

ich fand Ihren Artikel „Die heutige Generation" sehr interessant. Allerdings bin ich der Meinung, dass nicht alle Jugendlichen über einen Kamm geschoren werden dürfen. Diese Verallgemeinerung finde ich falsch. Nicht jeder der „Jungen" heute ist faul, bequem und arbeitsscheu. Es gibt auch viele Jugendliche, die sich um einen guten Schulabschluss bemühen und danach streben, sich mit Fleiß und Engagement in die Arbeit zu stürzen, um so im Leben weiterzukommen. Diese positiven Beispiele sollten nicht unerwähnt bleiben.

Bei Handyrechnungen oder Shoppingtouren, die anderen Menschen Tränen in die Augen treiben würden, kann man sicher von einer Art Verschwendungssucht sprechen. Aber die Jugendlichen dafür allein verantwortlich zu machen, ist auch nicht richtig. Den sorglosen Umgang mit Geld bekommen sie ja meistens von Erwachsenen vorgelebt.

Auch finde ich es nicht richtig, wenn in den Medien ständig das Bild des immer unhöflichen, rüpelhaften Schulabbrechers gezeigt wird, der in seinem Leben nichts erreicht und deshalb frustriert andere Leute schlägt. Denn meiner Meinung nach ist das nur eine kleine Anzahl. Nicht jeder Jugendliche, der sein Zimmer nicht aufräumt oder eine vorschnelle, unüberlegte Entscheidung trifft, wie beispielsweise eine Notlüge, damit er ausgehen kann, ist gleich ein Rüpel. Ich denke, dass das vielmehr ganz normale „Probleme" sind, die einfach zum Erwachsenwerden dazugehören. Man sollte klar unterscheiden und auch einmal die vielen positiven Beispiele unserer Generation hervorheben.

Mit freundlichen Grüßen
Ihr Paul Schmitt

Übungsaufgaben

1. Wir leben in der Generation Internet. Für viele ist dieses Medium nicht mehr wegzudenken.

Erörtern Sie Vorteile und Gefahren, die für Jugendliche mit der Nutzung des Internets verbunden sind.

2. Nehmen Sie kritisch Stellung zu der Aussage *„No risk, no fun! – Ohne Risiko kein Spaß"*.

3. Das Verhältnis zwischen Eltern und Kindern ist in der Pubertät oft von Spannungen geprägt. Man versteht sich gegenseitig einfach nicht mehr.
Denken Sie an das Gedicht von Klaus Konjetzky „An die Eltern" (Seite 52).

Formulieren Sie einen Tagebucheintrag und schildern Sie ein typisches Eltern-Kind-Problem.

4. Corona, Vogel- oder auch Schweinegrippe – immer wieder drohen der Welt Pandemien*.

Schreiben Sie einen Artikel für die Schülerzeitung, in dem Sie auf die Risiken der Verbreitung dieser Krankheiten im Zuge der Globalisierung aufmerksam machen.

*Unter Pandemie versteht man eine länder- und kontinentübergreifende Ausbreitung einer Krankheit, im engeren Sinn einer Infektionskrankheit. Im Gegensatz zur Epidemie ist eine Pandemie somit örtlich nicht beschränkt.

Teil A. Sprachbetrachtung

Die Verwendung eines rechtschriftlichen Wörterbuches ist während der gesamten Prüfung erlaubt. Elektronische Wörterbücher sind ausgeschlossen.

Aufgaben

1. Setzen Sie den folgenden Satz in die angegebenen Zeitformen.

Herr Meier begleicht seine Einkäufe mit dem Smartphone.

a) Präteritum: Herr Meier beglich seine Einkäufe mit dem Smartphone

b) Futur II: Herr Meier wird seine Einkäufe mit dem Smartphone beglichen haben

1 P

2. Bestimmen Sie die unterstrichenen Satzglieder.

Eine aktuelle Studie (a) zeigt, dass in Geschäften nur selten (b) mit dem Handy bezahlt wird.

a) Subjekt

b) ______

1 P

3. Schreiben Sie den Satz so um, dass das unterstrichene Wort als Verb verwendet wird. Der Sinn des Satzes darf dabei nicht verändert werden.

Bei Verlust des Handys sollte man umgehend die SIM-Karte sperren lassen.

Wenn man sein Handy verliert, sollte man umgehend die Simkarte sperren lassen

1 P

4. Bilden Sie ein Satzgefüge, indem Sie eine geeignete Konjunktion verwenden.

Christian bezahlt niemals mit seinem Smartphone. Er hätte die Möglichkeit dazu.

Christian bezahlt niemals mit seinem Smartphone, obwohl er die Möglichkeit dazu hätte

1 P

5. Begründen Sie die Kommasetzung im folgenden Satz.

Viele Erwachsene, die ein Handy benutzen, verwenden es aber nicht zum Bezahlen.

1 P

6. Stellen Sie jeweils ein Präfix voran, sodass sinnvolle Fremdwörter entstehen.

Beispiel: ___Pro___ - jekt, -nomen → **Pro**jekt , **Pro**nomen

a) ___Multi___ -media, -plikation

b) ___Inter___ -national, -aktiv

1 P

Teil B. Rechtschreiben

Aufgaben

1. Im Text befinden sich vier fehlerhaft geschriebene Wörter. Schreiben Sie diese richtig auf die Zeilen unter dem Text.

Bezahlen per Smartphone

Das Bezahlen mit dem Smartphone klappt eigentlich schon lange. Allerdings schafft das mobile Bezahlen bisher noch keine flächendeckente Verwendung. Denn obwohl der Zahlweise per Handy seit Jahren der Durchbruch prophezeit wird und einige Supermärckte diese auch Anbieten, wird sie in Deutschland kaum genutzt. Tücken in der Technik und Verwirrung bei Personal und Kunden führen dazu, dass ein Handy-Bezahlvorgang oft wesentlich länger dauert als Bar- oder Kartenzahlung. Und grosse Lust scheinen die Deutschen bisher auf das Thema ohnehin nicht zu haben.

Nach: Jörg Geiger, www.chip.de/artikel/Mobil-bezahlen-Apple-Pay-Android-Pay-mPass-MyWallet-NFC_74612194.html, CHIP Digital

▶ ______________________ ▶ ______________________

▶ ______________________ ▶ ______________________

2 P

2. Bilde mit diesen gleichklingenden Wörtern jeweils einen sinnvollen und fehlerfreien Satz, ohne die vorgegebenen Wörter zu verändern.

dehnen	Um flexibel zu sein, sollte man sich regelmäßig dehnen
denen	

1 P

3. Schreiben Sie den folgenden Satz in korrekter Rechtschreibung und mit passender Zeichensetzung auf.

EINSOUVERÄNERUMGANGMITDEMSMARTPHONEISTEINESCHLÜSSEL
QUALIFIKATIONFÜRDIEMODERNELEBENSUNDARBEITSWELT

____

____

____

____

1 P

4. Nur in <u>zwei</u> der nachfolgenden Sätze ist alles richtig geschrieben. Kreuzen Sie diese an.

☐ Anders als etwa in den USA ist das Zahlen mit dem Smartphone in Deutschland noch nicht weit verbreitet.

☐ Einige ältere kommen mit dem Mobile-Payment nicht zurecht und Menschen ohne Konto können gar nicht daran teilhaben.

☐ Das System wird auch als Bezahlplattform für jede Art von Dienstleistung genutzt, wie zum Beispiel für die Überweißung von Geldbeträgen auf andere Konten.

☐ Etwa seit Mitte der 1990er Jahre gibt es ernsthafte Bestrebungen, das mobile Telefonieren für beliebige Bezahlvorgänge einzusetzen.

☐ 74 Prozent der Deutschen haben Zweifel, das dass Bezahlen mit dem Smartphone in stationären Geschäften sicherer als der Online-Kauf ist. **1 P**

5. Setzen Sie das in Klammern angegebene Wort in der korrekten Groß- bzw. Kleinschreibung ein.

a) Unvorsichtige Internet-User geben zu viel von ihrer Privatsphäre ______________________ (Preis/preis).

b) Oft ist das Handy ___________________________ (Schuld/schuld) an Schlafmangel. **1 P**

Teil C. Schriftlicher Sprachgebrauch

Bearbeitungshinweise

Lesen Sie die Texte und die Aufgaben aufmerksam durch. Wählen Sie **einen** Text aus, den Sie bearbeiten. Bearbeiten Sie die Aufgaben möglichst in der angegebenen Reihenfolge. Schreiben Sie grundsätzlich in ganzen Sätzen, außer die Aufgabe verlangt etwas anderes. Achten Sie auf eine saubere äußere Form und auf die Rechtschreibung.

Text 1

Elke Heidenreich: „Frau Janowiak, Frau Janowiak, ich kann Sie sehen!"

Frau Janowiaks Tochter erinnert sich an eine Begebenheit aus ihrer Jugend. Sie war mit ihren Eltern in ein kleines Haus mit Garten an den Stadtrand gezogen, ihr Vater starb jedoch kurz nach dem Umzug. Anlässlich des Beerdigungskaffees im neuen Haus bewundern die ehemaligen Nachbarn aus der Stadt den Garten. Einer von ihnen, Herr Hürzeler, sagt sogar, er beneide sie darum.

(…) Herr Hürzeler hatte angekündigt, uns bald wieder zu besuchen, und tatsächlich stand er schon zwei Wochen später mit einem Strauß Freilandrosen vor der Tür. Ich machte im Garten an einem kleinen Tisch meine Schularbeiten. (…) Herr Hürzeler setzte sich zu mir in den Garten (…), zeigte unter den Jasmin und sagte: „Hier muss man doch ein Gemüsebeet anlegen!" Das sagte er auch zu meiner Mutter, (…) als sie zu uns herauskam. Sie brachte ein Tablett mit Kaffee und Geschirr mit und ich wurde zum Bäcker geschickt, um drei Puddingteilchen zu kaufen – Eiterbrillen, sagten wir in der Schule dazu, wenn wir in der Pause die Brezeln mit dem süßen gelben Pudding aßen, leckere Eiterbrillen. Herr Hürzeler trank Kaffee, aß seine Eiterbrille, rauchte dann eine übelriechende billige Zigarre und dozierte über den Garten – was man ausreißen, was neu pflanzen müsse, er kenne sich da aus, er würde das gern übernehmen. Meine Mutter blieb zurückhaltend, bediente ihn freundlich, ging auf die Gartenangebote aber nicht weiter ein und erzählte kleine Geschichten aus der neuen Nachbarschaft. (…)

Er war Witwer, arbeitete im Finanzamt, wohnte in der Mittelstädter Straße im besonders lauten, besonders dunklen Parterre, und ich konnte mir gut vorstellen, dass er liebend gern in das sonnige Häuschen zu uns gezogen wäre. Er kam nun öfter, und meine Mutter war freundlich zu ihm, obwohl ich das Gefühl hatte, dass sie jedes Mal leicht seufzte, wenn sie ihn die Straße entlangkommen sah oder wenn schon wieder er es war, dem sie nach 17 Uhr, seinem Büroschluss, oder an den Wochenenden die Tür öffnen und dann stundenlang kaffeetrinkend mit ihm im Garten sitzen musste. Immer wieder bot er sich an, ein Gemüsebeet anzulegen, immer wieder wiegelte sie freundlich ab und wich aus, aber zu mir sagte sie beim Abendessen, während sie energisch mit der Bratpfanne klapperte, in der die Bratkartoffeln brutzelten: „Womöglich kommt er dann jeden Tag zum Unkrautzupfen." Sie lud mir mit einem gekonnten Schwung die Bratkartoffeln auf den Teller und fügte deutlich hinzu: „Das dann doch nicht."

Eines Tages war ich beim Bäcker an der Endhaltestelle, um ein Brot zu kaufen, und ich hatte gerade noch gesehen, wie die Linie 6 ankam, und darin saß schon wieder Herr Hürzeler. Er war erst zwei Tage vorher bei uns gewesen. Ich rannte zur Haustür und sagte zu meiner Mutter: „Der Hürzeler kommt schon wieder!" Sie dachte einen Augenblick nach, schloss rasch die Küchentür zum Garten ab und sagte mit einem Nachdruck, den ich sonst gar nicht an ihr kannte: „Nein, diesmal nicht." Wir sahen ihn schon um die Ecke biegen, und da zog meine Mutter mich neben sich auf den Fußboden, direkt unter das große Wohnzimmerfenster, legte den Finger auf die Lippen und sagte: „Pssst!"

Warum wir nicht nach oben gelaufen waren, weiß ich nicht - vielleicht hätte die Zeit dafür nicht ausgereicht, vielleicht war es ihr aber einfach auch nur zu viel Aufwand.

Jedenfalls lagen Mutter und ich jetzt eng nebeneinander unter der Fensterbank des Blumenfensters auf dem falschen Perserteppich und hielten die Luft an, als Herr Hürzeler klingelte. Sie lächelte mich an und ich war plötzlich sehr glücklich, weil ich wusste, dass Herr Hürzeler hier niemals einziehen und mein neuer Papa werden würde. Es klingelte wieder. (…)

Herr Hürzeler klingelte jetzt Sturm, indem er den Finger auf dem Klingelknopf ließ. Und meine Mutter zischte: „Der hat ja Nerven."

Dann war es ruhig und wir lauschten darauf, dass seine Schritte sich entfernen würden, aber stattdessen hörten wir ihn über den Kiesweg gehen, der nach hinten in den Garten und zur Küchentür führte. Wir lagen mucksmäuschenstill. Und dann hörten wir Herrn Hürzelers Stimme.

„Frau Janowiak, Frau Janowiak, ich kann Sie sehen!", rief er, und als Mutter und ich den Kopf hoben, sahen wir sein Gesicht im oberen Fenster der Küchentür. Er hielt beide Hände links und rechts neben die Augen, um die Sonne abzuschirmen und besser sehen zu können. Er starrte durch Küche, Flur und Wohnzimmer auf uns, die wir da nebeneinander unter dem Blumenfenster lagen.

Für eine kleine Ewigkeit geschah gar nichts. Dann zog meine Mutter tief die Luft ein, stand auf, glättete ihr Kleid und ging durch Wohnzimmer, Flur und Küche zur Hintertür, um Herrn Hürzeler zu öffnen. „Kommen Sie rein", sagte sie, mehr nicht. Er kam schweigend herein, setzte sich an den Küchentisch, sie kochte Kaffee, und ich verzog mich nach oben, nachdem ich kurz und verlegen guten Tag gesagt hatte. Zum Bäcker wurde ich diesmal nicht geschickt, es gab keine Eiterbrillen. Sie redeten, aber das Gespräch schien mir weniger lebhaft zu sein als sonst. Ich saß oben auf der Treppe und versuchte, etwas aufzuschnappen. Meine Mutter war einsilbig, wenn auch höflich. (...) Herr Hürzeler blieb nicht so lange wie sonst.

Er ging, ohne sich von mir zu verabschieden, und er kam nie wieder. Sie hatten beide mit keinem Wort über den seltsamen Vorfall geredet, aber er hatte wohl verstanden und verschwand aus unserem Leben (…).

Gekürzter Textauszug aus: Elke Heidenreich, Bernd Schröder, Rudernde Hunde. Geschichten; Carl Hanser Verlag, München 2002, S. 34 – 38.

M 1

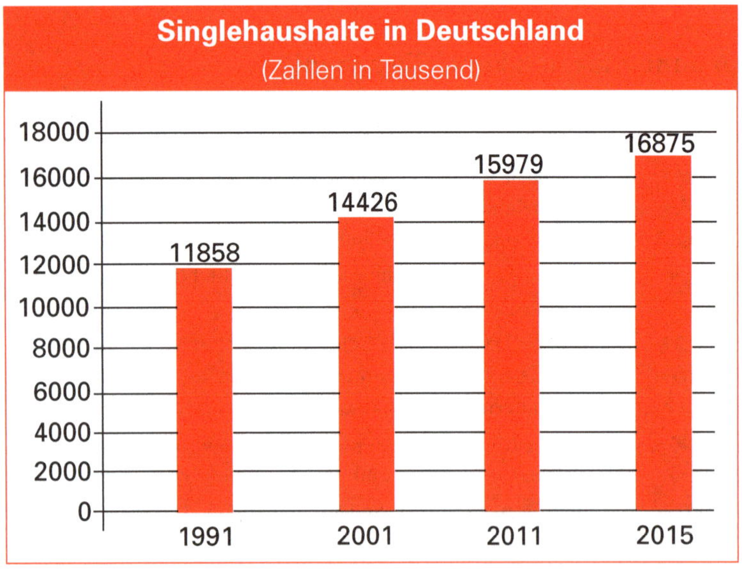

nach: destatis.de

Arbeitsaufträge

1. Fassen Sie den vorliegenden Textauszug (ohne Vorspann) in einer Inhaltsangabe zusammen. **6 P**

2. Im Text werden folgende sprachliche Bilder verwendet:
„Herr Hürzeler klingelte jetzt Sturm, (...).“ (Z. 62)
„Für eine kleine Ewigkeit geschah gar nichts.“ (Z. 77)

Erklären Sie diese mit eigenen Worten. **4 P**

3. Zitieren Sie zwei Textstellen, die Herrn Hürzelers Persönlichkeit beschreiben. **2 P**

4. *„Frau Janowiak, Frau Janowiak, ich kann Sie sehen!“* (Z. 70)
Erläutern Sie das für den Leser Komische an dieser Situation. **4 P**

5. *„Das dann doch nicht.“* (Z. 38)
Schreiben Sie einen Dialog mit mindestens vier Sprechakten, der sich im Anschluss an diese Aussage zwischen Mutter und Tochter entwickeln könnte. **4 P**

6. Als Witwer lebt Herr Hürzeler in einem Singlehaushalt.
Gehen Sie auf das Schaubild M1 ein und geben Sie zwei mögliche Gründe für die dargestellte Entwicklung an. **6 P**

7. Eine enge Nachbarschaft kann ein echter Gewinn sein oder aber auch große Ärgernisse mit sich bringen.
Erstellen Sie eine strukturierte Gliederung zum Thema, erörtern Sie diese Aussage anhand konkreter Beispiele und nehmen Sie Stellung. **10 P**

Text 2

Auf Schritt und Tritt

Wenn Michaela Jansen nicht weiß, wo ihre Kinder sind, zückt sie das Smartphone und ortet sie. Neulich zum Beispiel: Ihre Tochter Katrin, neun Jahre alt, wollte mit dem Roller nur ein bisschen ums Haus fahren, kam dann eine gefühlte Ewigkeit nicht zurück. Die Mutter startete ihre App und erhielt Sekunden später die Nachricht: „Katrin wurde gefunden.“ Auf einem digitalen Stadtplan von Eschweiler, einer Stadt bei Aachen, konnte Michaela Jansen sehen, dass ihre Tochter nur zwei Straßen entfernt war, auf dem Spielplatz der Grundschule. „Mir gibt es ein Gefühl von Sicherheit, immer zu wissen, wo meine Kinder sind“, sagt die Mutter. „Man liest und hört immer öfter, dass Kinder entführt werden. Oder von dubiosen Menschen, die rumfahren und Kinder ansprechen.“

Zur Familie gehören fünf Töchter im Alter von 5 bis 17 Jahren. Alle bis auf die jüngste haben ein Smartphone, auf dem eine dementsprechende App installiert ist. Mittels GPS können die Eltern jederzeit herausfinden, wo sich ihre Kinder gerade rumtreiben. Drückt die Mutter auf „orten“, passiert zweierlei. Sie erhält die Adresse – das Kind eine Nachricht „Michaela sucht dich“. Yvonne, die zwölfjährige Tochter, ist nicht begeistert. „Man kann nichts mehr heimlich machen“, sagt sie. „Mal in die Stadt nach der Schule, Läden gucken, Eis essen oder einfach nur rumlaufen, das geht nicht mehr. Die Eltern wissen ja immer, wo du bist.“ Die Mutter beschwichtigt: Sie benutze den Ortungsdienst ja nicht oft. „Aber es ist gut, dass wir jederzeit die Möglichkeit dazu haben.“

Zahlreiche deutsche Firmen bieten inzwischen Apps und Ortungsgeräte an, mit denen Eltern ihre Kinder überwachen können. Die Anbieter versprechen einen Alltag ohne Angst: Falls das Kind verloren geht, wegläuft oder gar entführt wird, könne es rasch geortet und dadurch gerettet werden. (...) Mit einer „SOS Familien-App“ können Eltern einen digitalen Gartenzaun um ihre Kleinen errichten, „Geofencing“ nennt sich das. Sie können etwa einen Radius von 500 Metern um das Haus festlegen oder den Schulweg programmieren. Wenn das Kind diese Zonen verlässt, bekommen Mama und Papa eine Warnnachricht aufs Handy. (...)

Experten warnen vor den Folgen für den Nachwuchs. „Viele Eltern fühlen sich besser, wenn sie jederzeit wissen, wo ihre Kinder sind“, sagt Ekkehard Mutschler vom Deutschen Kinderschutzbund. „Für die Kindesentwicklung ist es aber eine Katastrophe.“ Wer auf Schritt und Tritt überwacht werde, könne nicht lernen, selbständig zu sein.

„Die Kinder werden völlig verunsichert“, sagt Mutschler. „Sie vermuten überall Gefahren und haben das Gefühl, dass immer etwas passieren kann.“

Schon fast zwei Drittel der Zehn- und Elfjährigen verfügten über ein Handy oder ein Smartphone, heißt es in einer aktuellen Studie zum Thema „Kinder und Medien“. Machen sich die Eltern Sorgen, rufen sie sofort an, fast 90 Prozent von ihnen stimmen der Aussage zu: „Ich finde es gut, dass man Kinder per Handy/Smartphone immer erreichen kann.“ Aufpass-Apps stellen die nächste Stufe der digitalen Überwachung dar. Die Hersteller betonen zumeist, dass man ihre Technik nicht gegen den Willen der Kinder verwenden, sondern sie von deren Nutzen überzeugen solle. Doch ob sich die Eltern daran halten, wenn sie erst einmal in den Angstmodus geschaltet haben, lässt sich schwer überprüfen.

Wie weit die Überwachungsfantasien mancher Mütter und Väter gehen, kann man in Elternforen erahnen. Dort finden sich Tipps, wie das Verhalten der Kinder im Internet und in sozialen Netzwerken kontrolliert werden könne. Manche Nutzer schwadronieren davon, dass sie Kameras im Kinderzimmer installieren oder per Spähsoftware die Chats ihres Nachwuchses mitlesen wollen.

Auf die „Helikopter-Eltern“ folgen offenbar die „Drohnen-Eltern“. Die zunehmende Verfügbarkeit von Apps und Geräten, mit denen sich Kinder überwachen lassen, könnte sozialen Druck unter Vätern und Müttern erzeugen, befürchtet Psychologe Grünewald. „Eltern bekommen das Gefühl: Wer diese Möglichkeiten nicht nutzt, macht sich schuldig, wenn doch etwas passiert.“

Die Möglichkeiten zur digitalen Dauerbehütung des Nachwuchses werden sich noch ausweiten: durch die steigende Zahl von „Wearables“, also Geräten, die am Körper getragen werden. Ein Berliner Unternehmen, das mit GPS-Trackern für Hunde anfing, hat eine Kinderarmbanduhr auf den Markt gebracht, in knalligem Grün und Rosa. Mit ihr können Eltern nicht nur „jederzeit den metergenauen Standort“ ihres Kindes ermitteln. Geht das Kind an einen Ort, an den es sich nicht begeben soll, erhalten die Eltern einen Alarm. Das passiert auch, wenn das Kind die Uhr ablegt. Ähnlich werden Straftäter überwacht, die digitale Fußfesseln tragen müssen. (...)

Mit „Horror-Apps“ zur Totalüberwachung will Hauke W. nichts zu tun haben. Aber auch er will Eltern dabei helfen, ihre Kinder stets im Blick zu haben: Seine Hamburger Firma hat 2014 einen Start-up-Preis gewonnen und die wohl erfolgreichste deutsche Aufpass-App im Angebot. (...) Der Erfolg der Firma erklärt sich auch damit, dass die App bisher umsonst ist – und harmlos daherkommt. Die Grundidee sei, eine schnelle Antwort auf die Frage zu liefern: „Wo bist du?“ Alle Familienmitglieder richten in dem Programm feste Orte ein. Wenn sie dort ankommen, sehen es die anderen. Mama ist im Büro, Papa im Fitnessstudio, der Sohn in der Schule, die Tochter bei der besten Freundin. Das erleichtere Familien, ihren Alltag zu organisieren, glaubt der Firmeninhaber. (...) Andreas Flemm setzt das Programm ein, um zu kontrollieren, ob sein elfjähriger Sohn in der Schule ankommt. Theo fahre allein mit dem Bus, erzählt der Vater aus Wien, und müsse an einer unübersichtlichen Haltestelle umsteigen. Neulich sei der Junge in der falschen Buslinie gelandet. Über die App habe er gesehen, dass etwas schiefging, und seinen Sohn mit dem Auto aufgesammelt. Im Vergleich zu anderen Überwachungsmethoden hält Flemm die Aufpass-App für sanft. „Wir wollten Theo nicht chippen lassen wie einen Hund“, sagt der Vater. „Das wäre dann doch ein bisschen grausig.“

Gekürzter Textauszug nach: Olbrisch, Miriam, Widmann-Schmidt, Wolf: Auf Schritt und Tritt, SPIEGEL 29/2015, S. 50 – 51.
Die Rechtschreibung folgt der Textvorlage.

M 2

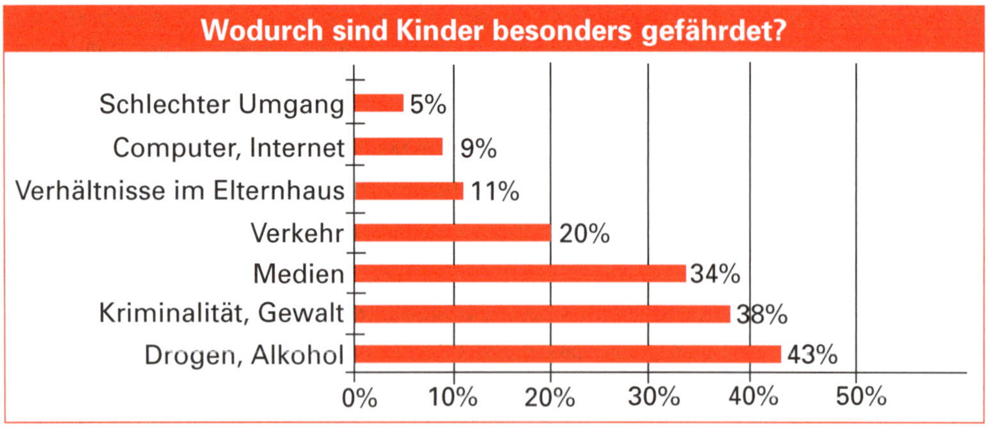

Quelle: nach http://de.statista.com/graphic/5/915/gefahren-fuer-kinder.jpg

Arbeitsaufträge

1. Fassen Sie den Text in einer Inhaltsangabe zusammen. **6 P**

2. Folgende Begriffe kommen im Text als Fremdwörter vor.
Suchen Sie diese heraus und ordnen Sie sie zu. **2 P**

a) gegenwärtig, zeitgemäß
b) zweifelhaft
c) Unglücksfall großen Ausmaßes
d) prahlerisch erzählen

3. Erläutern Sie die folgenden Begriffe mit eigenen Worten. **6 P**

a) *„Geofencing"* (Z. 36)

b) *„Drohnen-Eltern"* (Zeile 70 f.)

c) *„digitale Fußfessel"* (Z. 87 f.)

4. *„Die Anbieter versprechen einen Alltag ohne Angst: (...)"* (Z. 31 f.)

Wählen Sie aus dem Schaubild M2 zwei Aspekte und werten Sie das Werbeversprechen ausführlich in Bezug auf die beiden Aspekte. **4 P**

5. Ihre Eltern planen, Ihren jeweiligen Standort mithilfe einer App zu kontrollieren. Formulieren Sie einen Dialog mit Ihren Eltern, in dem Sie versuchen, sie von diesem Vorhaben abzubringen. **4 P**

6. Erwachsene zeigen oft ein anderes Konsumverhalten, wenn sie Eltern werden. Geben Sie zwei mögliche Gründe dafür an und belegen Sie diese mit je einem Beispiel. **4 P**

7. *„Für das menschliche Zusammenleben ist Vertrauen eine wichtige Basis."*

Erstellen Sie eine strukturierte Gliederung zum Thema, erörtern Sie diese Aussage anhand konkreter Beispiele und nehmen Sie Stellung. **10 P**

Teil A. Sprachbetrachtung

Die Verwendung eines rechtschriftlichen Wörterbuches ist während der gesamten Prüfung erlaubt. Elektronische Wörterbücher sind ausgeschlossen.

Aufgaben

1. Bilden Sie aus beiden Sätzen ein Satzgefüge, indem Sie eine geeignete Konjunktion verwenden. Außer der Konjunktion darf kein weiteres Wort hinzugefügt werden, notwendige Satzumstellungen sind erlaubt.

Fantasy-Romane werden gerne von Jugendlichen gelesen.
Die jungen Menschen identifizieren sich oft mit ihren Helden.

Fantasy-Romane werden gerne von Jugendlichen gelesen, da die jungen Menschen sich oft mit ihren Helden identifizieren.

1 P

2. Unterstreichen Sie in jedem Satz das geforderte Satzglied.

a) Dativobjekt

Vielen Lesern würde es schwer fallen, wenn sie sich für einen bestimmten Roman entscheiden müssten.

b) Lokaladverbiale:

Zahlreichen Geschöpfen, die in früheren Jahrhunderten schon bekannt waren, begegnen wir in modernen Romanen noch heute.

1 P

3. Finden Sie im folgenden Satz die Antonyme. Stellen Sie diese gegenüber.

Autoren verweben uralte Sagen und Legenden zu modernen Romanen, die den Leser noch immer faszinieren.

uralte ⇔ modernen
Autoren ⇔ Leser

1 P

4. Bestimmen Sie, ob der Satz im Aktiv oder Passiv steht und schreiben Sie ihn in der entsprechend anderen Form auf.

Fantasy-Bücher entführen uns in eine mystische, unbekannte Welt.

☒ Aktiv ☐ Passiv

Wir werden von Fantasy-Büchern in eine mystische, unbekannte Welt entführt

1 P

5. Unterstreichen und benennen Sie das im folgenden Satz vorkommende rhetorische Stilmittel.

Das Herz eines jeden Fans lacht, wenn ein neues Fantasy-Buch veröffentlicht wird.

1 P

6. Formulieren Sie den Satz so um, dass das markierte Wort als Verb verwendet wird. Der Sinn des Satzes darf dadurch nicht verändert werden.

Das **<u>Lesen</u>** von Büchern fördert die Vorstellungskraft vieler Jugendlicher.

Wenn Jugendliche Bücher lesen, fördert dies ~~ihre~~ ~~die~~ Vorstellungskraft

1 P

Teil B. Rechtschreiben

Aufgaben

1. Im Text befinden sich <u>vier</u> fehlerhaft geschriebene Wörter. Schreiben Sie diese richtig auf die Zeilen unter dem Text.

Was haben Bücher wie „Harry Potter", „Tintenwelt", „Herr der Ringe", „Eragon" und „Die Tribute von Panem" gemeinsam?

Genau, sie gehören nicht nur zu den beliebtesten Fantasy-Romanen aller zeiten, sie lassen uns auch in eine fremde Weit eintauchen, die mit der unseren nur sehr wenig zutun hat. Gesetze, die hier vorherschen, spielen in Fantasy-Romanen keine Rolle und aus Träumen wird für die Lesedauer eines Buches Wirklichkeit. Da gibt es Magie, da gibt es Helden, da gibt es unerwartete, mitunter wiedersprüchliche Wendungen und eine Menge Fantasie, eben alle jene Zutaten, die einen guten Roman ausmachen.

Nach: Bernd Schmellenkamp, www.literaturtipps.de/topthema/thema/fantasy-romane-abtauchen-in-eine-andere-welt.html

- Zeiten
- Welt
- unserer
- vorherrschen

2 P

2. Bilden Sie mit diesen gleichklingenden Wörtern jeweils einen sinnvollen und fehlerfreien Satz, ohne die vorgegebenen Wörter zu verändern.

erhält	erhält monatlich ihren Lohn
erhellt	

1 P

Prüfungen

3. Schreiben Sie den folgenden Satz in korrekter Rechtschreibung und mit passender Zeichensetzung auf.

LITERATUREXPERTENBEHAUPTENDASSUNSFANTASTISCHELITERATUR SEITEFÜRSEITEINEINEWELTINDERESVIELAUFREGENDESZUENTDECKEN GIBTENTFÜHRE

____

____

____

______________________________ **2 P**

4. Nur in zwei der nachfolgenden Sätze ist alles richtig geschrieben.
Kreuzen Sie diese an.

- ☐ Die Fantasy-Literatur bedient sich oft alter Myten, Volksmärchen und Sagen.
- ☐ Die Autoren stellen über natürliche, irreale und magische Elemente und Figuren in den Mittelpunkt.
- ☒ Häufig kreiert der Schriftsteller eine ganz eigene Welt mit ganz eigenen Lebensformen und Naturgesetzen.
- ☐ Die fantastische Welt kann allein für sich oder paralell zur realen Welt existieren.
- ☒ Oft entspricht die Fantasy-Welt in ihrer sozialen und wirtschaftlichen Struktur dem Mittelalter. **1 P**

Teil C. Schriftlicher Sprachgebrauch

Bearbeitungshinweise
Lesen Sie die Texte und die Aufgaben aufmerksam durch. Wählen Sie **einen** Text aus, den Sie bearbeiten. Bearbeiten Sie die Aufgaben möglichst in der angegebenen Reihenfolge. Schreiben Sie grundsätzlich in ganzen Sätzen, außer die Aufgabe verlangt etwas anderes. Achten Sie auf eine saubere äußere Form und auf die Rechtschreibung.

Text 1

Christian Jäckel: Es geht gut mal ohne

„Bitte, Mama, bitte! Es ist doch nur eine Woche. Leih mir doch bitte deines! Du kannst solange meines nehmen." „Angekommen", brummelte meine Mutter vor sich hin und schaltete den Motor aus. Um uns herum parkten kreuz und quer mehrere Dutzend schicke Autos. Jungs und Mädels in Shorts und Flip-Flops, bepackt mit Rucksäcken, Schlafsäcken und sonstigem Krempel, liefen hin und her, dazwischen, wie gackernde Hühner, aufgeregte Eltern. Und ich, total gestresst. Ich hatte es einfach in der Küche liegen gelassen. Das Wichtigste im Leben eines jeden Menschen in meinem Alter. In der Küche in unserem Haus, 160 Kilometer entfernt von diesem Ort hier, an dem ich auf einer Halbinsel in einem Naturschutzgebiet eine Woche meines Lebens in einem Jugendzeltlager verbringen sollte. Ich hatte mein Smartphone vergessen. Meine Mutter neigte sich zu mir herüber, schüttelte den Kopf, betrachtete mich nachdenklich und sagte dann: „Beste Tochter aller Zeiten, was willst du denn mit meinem Handy? Willst du Kontakt halten mit meinen Geschäftspartnern und Kunden, während ich auf die Nachrichten deiner Freundinnen antworte? Da musst du jetzt durch. Schließlich hast du dein wichtigstes Utensil liegen lassen, nicht ich." Dann stieg sie aus und lud mein Gepäck aus dem Kofferraum, während ich panisch auf dem Beifahrersitz kauerte und fieberhaft überlegte, wie ich sie zu einem Deal überreden könnte. „Ich kann dich nicht mal anrufen, wenn mir irgendetwas Schlimmes passiert!", warf ich ein, als sie die Beifahrertür öffnete, um mich aus dem Auto zu lotsen. Sie betrachtete mich mit einem Lächeln und einem leicht spöttischen Zug um die Mundwinkel herum. „Wenn dir etwas passiert, gibt es genug Leute, die sofort bei mir anrufen werden. Ende der Debatte. Es geht gut mal ohne."

Zwanzig Minuten später fand ich mich mit etwa 120 Gleichaltrigen und meinem Gepäck ohne Smartphone – auf einer Plätte[1] wieder, die uns zur Halbinsel inmitten eines Naturschutzgebietes bringen sollte. Zumindest war ich nicht unter lauter Unbekannten, ein paar Leute aus meiner Klasse waren auch hier, unter anderem meine Freundin Dana, die schon das dritte Jahr in Folge neben mir die Schulbank drückte. Die meisten um uns herum hatten ihre Ohrstöpsel im Ohr und hörten Musik über ihr Handy. Andere waren damit beschäftigt, auf ihr Display zu starren oder es zu bearbeiten. Im Zeltlager angekommen wurden wir auf die bereits aufgebauten großen, weißen Zelte verteilt. In jedem waren sechzehn Feldbetten, ein Tisch und eine Stromstation mit vier Steckdosen. Außerdem gab es ein Küchenzelt, mehrere Zelte mit Duschen und Toiletten und einen mit einer riesigen Plane überspannten Bereich mit Bänken und Tischen.

„Ihr müsst euch einigen, wer wo schläft und wie ihr das mit dem Strom managt." Die für uns zuständige Studentin stand breit grinsend vor uns und wies uns in die Gepflogenheiten des Lebens im Jugendcamp ein. Draußen brannte von einem tiefblauen Himmel die Sonne unbarmherzig herunter. „Acht Uhr Frühstück, 12.30 Uhr Mittagessen, 18.00 Uhr Abendessen. Die Einteilung zum Küchendienst hängt am Eingang zum Küchenzelt. Immer nach dem Essen treffen wir uns alle am Amphitheater, um zu besprechen, was geplant ist. Es gibt zwei Uferzonen, wo ihr ins Wasser dürft, sobald einer von uns Begleitern anwesend ist. Wenn ihr Boote benutzen wollt, müsst ihr dort vorher Bescheid geben."

Vielleicht kann ich mit dem Boot nach Murnau fahren und mir dort von meinem Taschengeld ein billiges Smartphone kaufen? Genauso schnell, wie mir dieser Gedanke durch den Kopf schoss, verwarf ich ihn auch gleich wieder. Was wollte ich damit, wenn ich keine gültige Simcard hatte. Dafür reichte mein Geld sicher nicht.

Nach dem Mittagessen machte ich mich missmutig auf den Weg zum Badestrand. Alle hatten ihre Smartphones dabei, hörten Musik, spielten, schrieben Nachrichten an Freunde und Familie. Nur ich saß blöd herum. Dana war damit beschäftigt, alles, was ihr irgendwie unter die Finger kam, zu fotografieren. Mit ihrem Handy, natürlich. Anschließend durfte ich mit ihr die neuesten Vorschläge auf einem Videoportal anschauen. Ein paar wenige tobten im Wasser. Noch nie hatte ich mich unter so vielen Gleichaltrigen derart allein gefühlt. Am liebsten hätte ich losgeheult.

Nach dem Abendessen gab es Disco. Jeder, der gute Musik auf seinem Mobiltelefon hatte, konnte es in Abstimmung mit dem zuständigen Studenten an einen portablen Lautsprecher anschließen.

Ich war dabei, in ein tiefes, schwarzes Loch zu fallen.

Ich wollte nach Hause, sofort, auf der Stelle. Bevor ich mich hier blamierte, weil ich losheulte, schlich ich mich davon und schlug den Weg zum Badestrand ein. Am Steg schaukelten die Ruderboote. In einem saß ein Junge in meinem Alter, dunkle Haare, groß, offensichtlich genauso schlecht drauf wie ich. Als ich vor dem Boot Halt machte, sah ich, dass er seinen Kopf auf seine Arme gestützt hatte und in Richtung Horizont starrte. Bestimmt hatte er auch sein Handy vergessen. „Ist ziemlich langweilig hier. Dir geht's auch nicht so gut, oder?" Er drehte sich langsam um und musterte mich von oben bis unten. Täuschte ich mich oder sah ich da ein amüsiertes Aufblitzen in seinen Augen? Er drehte sich wieder Richtung Horizont. Sein Gesicht erstrahlte im warmen Schein der untergehenden Sonne. „Schau dir das an. Hier bekommst du eine Privatvorstellung von allem, was der See zu bieten hat." Er schloss die Augen und reckte sein Gesicht der untergehenden Sonne entgegen. Plötzlich spürte ich eine leichte Brise auf meiner Stirn. Ich setzte mich auf den Steg. Vor mir schimmerte die Wasseroberfläche in warmen Gelb-Orange-Tönen. Die Sonne versank in einem irren Farbenspiel und einem Tempo, das mir den Atem verschlug. Neben mir quakte ein Frosch und in der Ferne hörte man den Ruf von Vögeln. „Haubentaucher und Blesshühner", murmelte der Junge vor mir und wandte sich zu mir um. „Ich heiße Arthur. Das Wetter bis nächsten Samstag ist spitzenmäßig und es ist einmalig, dass wir hier mitten im Naturschutzgebiet sind. Ich habe zwei meiner Digitalkameras dabei. Wenn du magst, dann können wir miteinander auf Foto-Tour gehen." Vom Jugendcamp her dröhnte laute Musik.

„Wäre toll, wenn du mir eine Kamera leihst, du musst mir das Fotografieren halt beibringen. Ich kann's normalerweise nur mit meinem Handy. Hab ich blöderweise aber zuhause vergessen. Es geht aber gut auch mal ohne." Ich streckte ihm meine rechte Hand hin. „Ich heiße Andrea. Freut mich, dass ich dich getroffen habe."

[1] Plätte: Fischerboot, Ruderboot

Quelle: Christian Jäckel, privat, 2017

Prüfungen

M 1

Bild-Quelle: © Tomé T.Etzensperger, Kinderporträtmuseum, www.tome-art.de

Arbeitsaufträge

1. Fassen Sie den Text in einer Inhaltsangabe zusammen. **6 P**

2. a) *„Ich war dabei, in ein tiefes, schwarzes Loch zu fallen."* (Zeile 83)
Erläutern Sie dieses Sprachbild und beziehen Sie es auf ein Beispiel aus dem alltäglichen Leben. **4 P**

b) Zitieren Sie zwei weitere sprachliche Bilder aus dem Text. **2 P**

3. *„Beste Tochter aller Zeiten, was willst du denn mit meinem Handy? Willst du Kontakt halten mit meinen Geschäftspartnern und Kunden, während ich auf Nachrichten deiner Freundinnen antworte? […]"* (Zeilen 17 – 20)
Erklären Sie die Ironie der Textaussage und begründen Sie, warum sich die Mutter auf diese Art und Weise äußert. **4 P**

4. Ohne ständig in ihr Handy vertieft zu sein, nimmt die Ich-Erzählerin ihre Umwelt viel bewusster wahr.
Belegen Sie dies stichpunktartig an vier Beispielen aus dem Text. **2 P**

5. *„Täuschte ich mich oder sah ich da ein amüsiertes Aufblitzen in seinen Augen?"* (Zeilen 94 – 95)
Welche Gedanken könnten dem Jungen wohl in diesem Moment durch den Kopf gehen? Schreiben Sie mindestens vier seiner Gedanken in Form eines inneren Monologs auf. **4 P**

6. Beschreiben Sie die vorliegende Karikatur **M1** und arbeiten Sie die wichtigsten Aussagen in Bezug auf den Text heraus. **4 P**

7. Das persönliche Gespräch von Angesicht zu Angesicht ist jeder virtuellen Kommunikation vorzuziehen.
Erörtern Sie die Vor- und Nachteile der beiden Kommunikationsmöglichkeiten anhand konkreter selbst gewählter Beispiele und nehmen Sie kritisch Stellung dazu.
Erstellen Sie dafür eine strukturierte Gliederung. **10 P**

Text 2

Der „Hype“ um die Klamotten

Jugendliche und ihre Markenlieblinge

Früher standen Teenager stundenlang an, um Konzertkarten für ihre Lieblingsband zu ergattern. Heute tun sie es, um als erste in einem neuen Modegeschäft einkaufen gehen zu dürfen. Um manche Marken ist ein „Hype“ entstanden. Warum eigentlich?

Sie kreischen, schreien, jubeln. „10, 9, 8, ...“ Hunderte von jungen Frauen und Männern, Mädchen und Jungen zählen den Countdown nach unten. Nur noch wenige Sekunden, dann werden sich die weißen Rollläden öffnen. Die Menge schiebt ein bisschen nach vorne. Viele der Fans sind schon im Morgengrauen aufgestanden und haben sich auf den Weg gemacht, sich besonders schön angezogen. „3, 2, 1!“ Die Rollläden fahren nach oben, Klatschen, Drängeln, dann strömt die Menge durch die Eingänge nach innen.

Diese Szene stammt nicht von einem Popkonzert oder einer Preisverleihung mit Hollywood Superstars. Diese Szene hat sich vergangenen Juli in Berlin abgespielt, als ein bekanntes Modegeschäft am Walther-Schreiber-Platz eröffnet hat. Internet-Videos zeigen, wie Jugendliche in die Gänge strömen, hastig durch die Klamotten wühlen und nach ihrer Größe suchen. „Da war so ein großer Hype drum. Wir wollten unbedingt da hin“, antwortet ein Mädchen in einem Video auf die Frage, warum sie nicht einfach an einem anderen Tag gekommen ist.

Einkaufen ist für viele Jugendliche zum „Hype“ geworden. Modeexpertin Natasha Binar sieht den Grund für die große Beliebtheit mancher Marken darin, dass sie mehr verkaufen als nur Pullover. „Sie suggerieren einen gewissen Lifestyle“, sagt die Dozentin an der Akademie Mode und Design in München.

Vergangenen Oktober hat in der bayerischen Landeshauptstadt beispielsweise die Filiale eines amerikanischen Modelabels eröffnet. Immer noch stehen die Kunden an, um einkaufen gehen zu dürfen. Die Musik im Laden ist laut, das Licht dunkel. Junge Frauen tanzen und grüßen mit kalifornisch-lässigen Sprüchen wie „Hey, what's up?“ oder „How are you doing?“.

„Das ganze Leben eines Models oder eines It-Girls wird dort projiziert. Die Kunden möchten gerne ein Teil davon sein“, sagt Binar. Dabei seien die Teile wie sportliche T-Shirts, Kapuzenpullover und Jeanshosen eigentlich recht einfach gestaltet. Trotzdem: Wenn ein Kunde einen Pullover dieser Marke anhabe, dann trage er auch das coole Club-Gefühl mit sich.

Das glaubt auch Christian Scheier, Experte für Neuromarketing und Geschäftsführer einer Marketingberatung. Durch den Kauf von Markenprodukten werde der Kunde selbst zum Teil eines angesagten Zirkels. Hirnforscher hätten herausgefunden, dass eine Kaufentscheidung Abwägungssache ist: Der Schmerz, also der Preis, wird gegen die Belohnung, also zum Beispiel das Gefühl dazuzugehören, aufgewogen. „Marken haben zwei Hebel und wenn sie beide bespielen, dann sind sie oft sehr erfolgreich“, sagt Scheier.

Ein guter Preis spielt gerade bei Jugendlichen eine große Rolle, findet auch Mode-Expertin Binar. Da sich die teuren Marken nicht unbedingt jeder leisten kann, kaufen Jugendliche ihrer Meinung nach noch lieber bei günstigen Geschäften ein. „Gerade Teenager, die wenig Taschengeld haben, können sich hier stilistisch austoben und etwas Neues ausprobieren“, sagt sie. Die Qualität sei vielen Jugendlichen dabei nicht so wichtig.

Das gilt offensichtlich auch für die Herstellungsbedingungen. Erst vor kurzem stürzte eine Textilfabrik in Bangladesch ein, eine weitere ging in Flammen auf. Über 1000 Menschen starben. Von den Unglücken haben auch die Zwillinge Prisca und Ronja, beide 18, gehört. Mit Tüten bepackt kommen sie an diesem Freitagnachmittag aus einem angesagten Modegeschäft in der Düsseldorfer Innenstadt. Dass die Ware in dem Laden zum Großteil in Bangladesch und China produziert wurde, stört die Schwestern nicht. „Da denkt nicht jeder drüber nach. Das ist weit weg“, sagt Ronja.

Der gute Preis sei das stärkere Argument, glaubt auch Scheier. Im Grunde wollten Jugendliche beim Einkaufen nichts falsch machen. „Implizit scannt man die Umgebung danach: Was finden andere interessant, was tun andere, worüber redet man?“, erklärt Scheier.

Für Teenager sei das Internet der wichtigste Informationskanal. Über soziale Netzwerke und Mode-Blogs erfahren sie, welche Marken und Läden gerade angesagt sind. Ein „Hype“ wird also häufig im Internet losgetreten – moralische Bedenken stehen hinten an.

Der Duden definiert das Wort „Hype“ übrigens als eine „Welle oberflächlicher Begeisterung“. Trends lösen sich bei Jugendlichen schnell wieder ab. Was heute „in“ ist, kann morgen schon wieder „out“ sein. „Das macht es auch so herausfordernd für die Marken, nachhaltig erfolgreich zu sein“, sagt Scheier.

Nach: Anita Hirschbeck, dpa, http://www.focus.de/kultur/mode/mode-der-hype-um-die-klamotten-jugendliche-und-ihre-markenlieblinge_aid_992201.html

Prüfungen

M 2

„Moderne Pflegeanleitung für Kleidung“

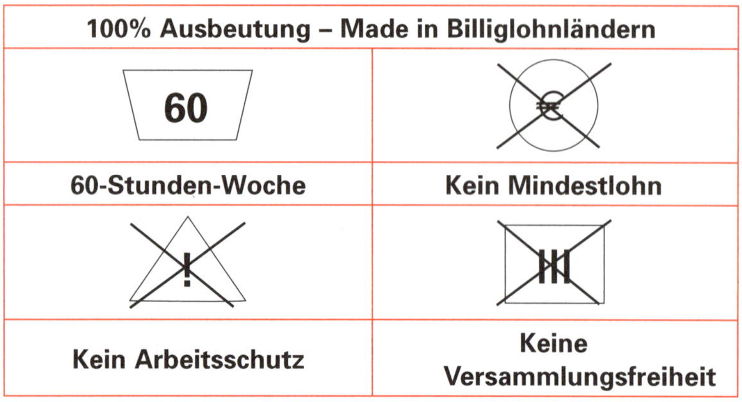

Quelle: ISB München

Arbeitsaufträge

1. Fassen Sie den Text in einer Inhaltsangabe zusammen. **6 P**

2. Folgende Begriffe kommen im Text Fremdwörter vor.
   Suchen Sie diese heraus und ordnen Sie sie entsprechend zu. **2 P**

   a) jemandem etwas einreden
   b) (auf jemanden) etwas übertragen
   c) Zweigstelle, Zweiggeschäft
   d) Beschaffenheit, Güte

3. a) *„Im Duden wird das Wort „Hype“ […] als eine „Welle oberflächlicher Begeisterung“ definiert.“* (Zeile 82 – 83)
   Zeigen Sie stichpunktartig an vier Beispielen aus dem Text, wie die Begeisterung für Mode bei Jugendlichen dargestellt wird. **2 P**

   b) Viele junge Konsumenten verhalten sich im Umgang mit Mode oberflächlich.
   Zitieren Sie zwei Textstellen, die diese Behauptung belegen. **2 P**

   c) *„Durch den Kauf von Markenprodukten werde der Kunde selbst zum Teil eines angesagten Zirkels.“* (Zeilen 46 – 48)
   Erklären Sie die Aussage des Satzes mit eigenen Worten. **2 P**

4. Beschreiben Sie das Schaubild **M2** und setzen Sie dieses kritisch in Bezug zu den Aussagen des Textes. **4 P**

5. *„Da denkt nicht jeder drüber nach. Das ist weit weg.“* (Zeilen 70 – 71)
   Stellen Sie jeweils zwei unterschiedliche Gedankengänge einer Konsumentin wie Ronja in Deutschland und einer Näherin oder einem Näher aus Bangladesch gegenüber. **4 P**

6. Eine Person sollte nicht aufgrund von Äußerlichkeiten wie dem Tragen von Markenkleidung beurteilt werden.
   Beschreiben Sie zwei Eigenschaften, die Sie an einer Freundin / einem Freund wertschätzen und begründen Sie deren Bedeutung. **4 P**

7. Qualität und Herstellungsbedingungen von Kleidung sind vielen Jugendlichen beim Einkauf nicht so wichtig.
   Erörtern Sie die Bedeutsamkeit eines verantwortungsvollen Einkaufsverhaltens in verschiedenen Lebensbereichen anhand konkreter selbst gewählter Beispiele und nehmen Sie kritisch Stellung dazu.
   Erstellen Sie dafür eine strukturierte Gliederung. **10 P**

Teil A. Sprachbetrachtung

Die Verwendung eines rechtschriftlichen Wörterbuches ist während der gesamten Prüfung erlaubt. Elektronische Wörterbücher sind ausgeschlossen.

Aufgaben

1. Wandeln Sie den folgenden Satz in die indirekte Rede um.

„Einsamkeit ist keine Frage der Quantität, sondern der Qualität von Beziehungen", erläutert die Forscherin May. „Man kann auch inmitten eines belebten Raums einsam sein."

Die Forscherin May erläutert, die Einsamkeit sei keine Frage der Quantität, sondern der Qualität von Beziehungen, und man könne auch inmitten eines belebten Raums einsam sein.

1 P

2. Begründen Sie die Kommasetzungen im folgenden Satz.

Die Forscher, tätig an der Rice University in Houston, erklären das Ergebnis damit, dass der akute Stress der Erkältung den Stress der Einsamkeit verstärke.

1 P

3. Bilden Sie aus den vorgegebenen Wörtern einen sinnvollen Satz. Die Wörter dürfen grammatikalisch passend verändert, aber weitere Wörter nicht hinzugefügt werden.

~~können~~ / ~~Einsamkeit~~ / die Menschen / ~~zu~~ / ~~chronisch~~ / und / verkürzen / die Lebenserwartung / ~~Krankheiten~~ / führen /

Einsamkeit kann zu chronischen Krankheiten führen und die Lebenserwartung der Menschen verkürzen.

1 P

4. Schreiben Sie den Satz so um, dass die markierten Wörter als Verben verwendet werden. Der Sinn des Satzes darf dadurch nicht verändert werden.

Das <u>Zurückweisen</u> oder das <u>Kränken</u> von Gruppenmitgliedern führt oft dazu, dass sich diese zurückziehen und vereinsamen.

Wenn Gruppenmitglieder andere zurückweisen oder kränken, führt es häufig dazu, dass diese sich zurückziehen und vereinsamen.

1 P

5. Bestimmen Sie die unterstrichenen Satzglieder. Verwenden Sie dazu die lateinischen Fachbegriffe.

Viele (a) bekommen sofort (b) einen Schnupfen mit typischen Merkmalen wie geschwollenen Schleimhäuten, Kopf- und Gliederschmerzen.

(a): ______________________________

(b): ______________________________ **1 P**

6. In folgenden Sätzen finden sich zwei umgangssprachliche Ausdrücke.
Ersetzen Sie diese durch eine hochsprachliche Formulierung.

Wenn man erkältet ist, hängt ______________________________

man nur zu Hause rum. Man ist ______________________________

den ganzen Tag müde und fühlt ______________________________ **1 P**

sich bescheiden. ______________________________

Teil B. Rechtschreiben

Aufgaben

1. Im Text befinden sich vier fehlerhaft geschriebene Wörter. Schreiben Sie diese richtig auf die Zeilen unter dem Text.

Eine Erkältung an sich ist schon lästig genug. Am schlimmsten und noch trostloser aber fühlt sie sich für einsame Persöhnlichkeiten an, wie Psychologen einer amerikanischen Universität jetzt experimentel nachgewiesen haben. 159 Männer und Frauen im Alter zwischen 18 und 55 Jahren wurden per Nasentropfen mit Erkältungsviren infiziert und dann fünf Tage lang zur Quarantäne im Hotelzimmer untergebracht. Als Ergebniss stellte sich heraus, dass jene Probanden, die sich vorab im Fragebogen als einsam geoutet hatten, zwar nicht häufiger krank wurden, aber die Symtome als deutlich schwerwiegender empfanden und stärker als die anderen litten.

nach: Saum-Aldehoff, Thomas: Erkältet und ohne Nestwärme. In: Psychologie heute 7/2017, S. 54

- ______________________ - ______________________
- ______________________ - ______________________ **2 P**

2. Bilden Sie mit diesen bedeutungsunterschiedlichen Wörtern jeweils einen sinnvollen und fehlerfreien Satz.

trennt	
Trend	

2 P

3. Schreiben Sie den folgenden Satz in korrekter Rechtschreibung und mit passender Zeichensetzung auf.

VORALLEMERWIESSICHDIEREINEANZAHLDERSOZIALENKONTAKTE DIEDIEVERSUCHSPERSONENHATTENDABEIALSUNERHEBLICH

____

____

____

____ **1 P**

4. Nur <u>zwei</u> der nachfolgenden Sätze sind fehlerfrei geschrieben.
Kreuzen Sie diese an.

- ☐ Grippekranke sollten bei akkuten Kopf- und Gliederschmerzen viele vitaminreiche Getränke zu sich nehmen, sich schonen und daheim bleiben.
- ☐ Wer sein Immunsystem stärken will, sollte sich viel an der frischen Luft bewegen und auf gesunde, ausgewogene Ernährung achten.
- ☐ Beim Essen werden nicht nur Nährstoffe, sondern auch eine Menge Backterien aufgenommen, was zu einer Entzündung führen kann.
- ☐ Eine Entzündungsreaktion, die bei gesunden schützend wirkt und das Abwehrsystem aktiviert, kann Ursache einer Erkältung sein.
- ☐ Eine gesunde Lebensweise spiegelt sich im allgemeinen Wohlbefinden und in einem starken, abwehrkräftigen Immunsystem wider. **1 P**

Teil C. Schriftlicher Sprachgebrauch

Bearbeitungshinweise
Lesen Sie die Texte und die Aufgaben aufmerksam durch. Wählen Sie **einen** Text aus, den Sie bearbeiten. Bearbeiten Sie die Aufgaben möglichst in der angegebenen Reihenfolge. Schreiben Sie **grundsätzlich in ganzen Sätzen**, außer die Aufgabe verlangt etwas anderes. Achten Sie auf eine saubere äußere Form und auf die Rechtschreibung.

Text 1

Hape Kerkeling: „Ich bin dann mal weg"

9. Juni 2001, Saint-Jean-Pied-de-Port

„Ich bin dann mal weg!" Viel mehr habe ich meinen Freunden eigentlich nicht gesagt, bevor ich gestartet bin. Ich wandere halt mal eben durch Spanien. Meine Freundin Isabel kommentierte das sehr lapidar mit: „Aha, jetzt bist du durchgeknallt!"

Was, um Himmels willen, hat mich eigentlich dazu getrieben, mich auf diese Reise zu begeben?

Meine Oma Bertha hat es schon immer gewusst: „Wenn wir nicht aufpassen, fliegt unser Hans Peter eines Tages noch weg!"

Wahrscheinlich hat sie mich deshalb auch immer so gut gefüttert.

Und so könnte ich jetzt bei einer heißen Tasse Kakao und einem saftigen Stück Käsekuchen gemütlich zu Hause auf meiner roten Lieblingscouch liegen. Stattdessen hocke ich bei erstaunlich kühlen Temperaturen in einem namenlosen Café am Fuß der französischen Pyrenäen in einem winzigen mittelalterlichen Städtchen namens Saint-Jean-Pied-de-Port. Einer malerischen Postkartenidylle ohne Sonne.

Von der Zivilisation kann ich mich dann doch noch nicht ganz lösen, deshalb sitze ich direkt an der Hauptstraße und stelle fest: Dafür, dass ich vorher noch nie etwas von diesem Ort gehört habe, brettern hier unglaublich viele Autos durch. Auf dem wackeligen Bistrotischchen vor mir liegt mein fast leeres Tagebuch, das anscheinend genauso einen Appetit hat wie ich. Eigentlich hatte ich bisher noch nie das Bedürfnis, mein Leben schriftlich festzuhalten – aber seit heute Morgen verspüre ich den Drang, jedes Detail meines beginnenden Abenteuers in meiner kleinen orangefarbenen Kladde aufzuzeichnen.

Hier also beginnt meine Reise nach Santiago de Compostela. Die Wanderung wird mich über den Camino Francés, eine der Europäischen Kulturstraßen, über die Pyrenäen, quer durch das Baskenland, Navarra, die Rioja, Kastilien-León und Galicien nach etwa 800 Kilometern direkt [...] in die Stadt Santiago de Compostela führen, in welcher sich, der Legende nach, das Grab des Jakobus befindet [...]. Wenn ich nur an den langen Fußmarsch denke, könnte ich mich jetzt schon vierzehn Tage ausruhen.

Das Entscheidende ist: Ich werde laufen! Die ganze Strecke. Ich laufe! Ich muss es gerade selber noch einmal lesen, damit ich es glaube. Allerdings nicht alleine, sondern gemeinsam mit meinem elf Kilo schweren, knallroten Rucksack. [...]

Zu Hause benutze ich nicht mal die Treppe, um in den ersten Stock zu kommen und ab morgen müsste ich dann jeden Tag zwischen 20 und 30 Kilometern gehen, um in knapp 35 Tagen ans Ziel zu gelangen. Die bekennende Couch-Potato geht auf Wanderschaft! Gut, dass keiner meiner Freunde so genau weiß, was ich hier eigentlich vorhabe, dann ist es nicht ganz so peinlich, wenn ich wahrscheinlich schon morgen Nachmittag das ganze Unternehmen aus rein biologischen Gründen wieder abblasen muss.

Heute Morgen habe ich mal einen ersten vorsichtigen Blick auf den Anfangspunkt des offiziellen Jakobswegs geworfen. Er liegt oberhalb des Stadttores jenseits der Türmchen und Mauern von Saint-Jean, dem Schlüssel zu den spanischen Pyrenäen und läutet die erste Etappe auf dem Camino Francés mit einem recht steilen Aufstieg über einen Kopfsteinpflasterweg ein.

Dort begibt sich gerade ein etwa siebzig Jahre alter Herr mit einer starken Gehbehinderung sehr entschlossen auf den Weg. Ich starre ihm bestimmt fünf Minuten ungläubig hinterher, bis er langsam im Morgennebel verschwunden ist. Ich bin mir sicher, der schafft das!

Die Pyrenäen sind ziemlich hoch und erinnern mich an das Allgäu.

In meinem hauchdünnen Reiseführer, den ich schließlich auch über die schneebedeckten Wipfel der Pyrenäen schleppen muss, steht, dass Menschen sich seit vielen Jahrhunderten auf die Reise [...] machen, wenn sie, wörtlich und im übertragenen Sinn, keinen anderen Weg mehr gehen können. Da ich gerade einen Hörsturz und die Entfernung meiner Gallenblase hinter mir habe, [...] ist es für mich allerhöchste Zeit zum Umdenken – Zeit für eine Reise. Über Monate nicht auf die innere Stimme zu hören, die einem das Wort „PAUSE!“ förmlich in den Leib brüllt, sondern vermeintlich diszipliniert weiterzuarbeiten, rächt sich halt – indem man einfach gar nichts mehr hört. Eine gespenstische Erfahrung! Der Frust und die Wut über die eigene Unvernunft lassen dann auch noch die Galle überkochen [...].

Wütend darüber, dass ich es so weit habe kommen lassen, bin ich immer noch! Aber ich habe auch endlich wieder meiner inneren Stimme Beachtung geschenkt und siehe da: Ich beschließe, während der diesjährigen Sommermonate keinerlei vertragliche Verpflichtungen einzugehen und mir eine Auszeit zu spendieren.

Bald finde ich mich in der Reiselektüreabteilung einer gut sortierten Düsseldorfer Buchhandlung wieder und suche – frei nach dem Motto: Ich will mal weg! – nach einem passenden Reiseziel.

Das erste Buch, das mir mehr oder weniger vor die Füße fällt, trägt den Titel „Jakobsweg der Freude“.

verändert nach Kerkeling, Hape: Ich bin dann mal weg – Meine Reise auf dem Jakobsweg. München: Piper Verlag, 2006, S. 11-14.

M 1

Bild-Quelle: nelcartoons.de

Arbeitsaufträge

1. Fassen Sie den Textausschnitt in einer Inhaltsangabe zusammen. **6 P**

2. Im Text werden sprachliche Bilder verwendet.

a) Erklären Sie die folgenden Sprachbilder in eigenen Worten.

(1) *„Auf dem wackeligen Bistrotischchen vor mir liegt mein fast leeres Tagebuch, das anscheinend genauso einen Appetit hat wie ich."* (Zeile 24 ff.)

(2) *„Die bekennende „Couch-Potato" geht auf Wanderschaft!"* (Zeile 48 f.) **4 P**

b) Zitieren Sie zwei weitere Sprachbilder aus dem Text. **2 P**

3. *„Was, um Himmels willen, hat mich eigentlich dazu getrieben, mich auf diese Reise zu begeben?"* (Zeile 6f.)

Formulieren Sie knapp zwei Beweggründe, die dem Autor im Vorfeld der Reise durch den Kopf gegangen sein könnten. **2 P**

4. Formulieren Sie eine gemeinsame Aussage von Karikatur **M 1** und Text. **2 P**

5. Der Autor begegnet nach einigen Tagen auf seinem Weg dem gehbehinderten 70-Jährigen (Zeile 61 ff.). Beide kommen ins Gespräch darüber, wie es ihnen gelingt, die Strapazen der Wanderung zu bewältigen.

Entwickeln Sie diesen Dialog ideenreich mit mindestens zwei Sprechakten pro Person. **4 P**

6. Sie planen, nach Ihrer Berufsausbildung eine Auszeit zu nehmen und eine lange Reise anzutreten.
Stellen Sie Ihre Idee, Hintergründe sowie Reiseplanung einem guten Freund / einer guten Freundin in einer E-Mail vor. **6 P**

7. „Ich werde laufen! Die ganze Strecke. Ich laufe! Ich muss es gerade selber noch einmal lesen, damit ich es glaube." (Zeile 40 ff.)
Sich Ziele im Leben zu setzen und diese auch zu verwirklichen, erfordert vor allem Disziplin und Durchhaltevermögen.
Erörtern Sie diese Behauptung anhand konkreter, selbst gewählter Beispiele aus verschiedenen Lebensbereichen und nehmen Sie Stellung.
Erstellen Sie eine strukturierte Gliederung zum Thema. **10 P**

Text 2

Eine kurze Ewigkeit

Als der Laser auf seine Haut trifft, ballt der Mann die Hand noch ein bisschen fester zur Faust. Die Adern am Arm treten hervor, die Muskeln zeichnen sich ab. „Geht's noch?“, fragt Carsten Philipp. Ein leises Brummen. Dann nimmt er einen neuen Eiswürfel, drückt ihn auf das Sonnen-Tattoo am Oberarm seines Kunden, setzt den Laser an und schießt. Es klingt, als würde jemand blitzschnell mit einem Kugelschreiber klicken. Die Haut des Mannes ist geschwollen und rot.

Zwei oder drei Sitzungen dauert es, sich ein kleines chinesisches Schriftzeichen tätowieren zu lassen. „Es wieder zu entfernen, ist um ein Vielfaches aufwendiger“, erklärt Philipp. Er ist leitender Arzt im Zentrum für Lasermedizin in der Evangelischen Elisabeth-Klinik in Berlin. Hauptsächlich behandelt er per Laser Gefäß- und Tumorerkrankungen. Die Tattoos macht er nebenbei. Wer sich wie der Kunde eine Sonne stechen lässt, die den ganzen Oberarm ziert, muss zwischen acht und zwölf Mal kommen. Eine Behandlung kostet 120 bis 140 Euro.

Tattoos sind in der Mitte der Gesellschaft angekommen. Etwa acht Millionen Menschen in Deutschland sind tätowiert – von den 15- bis 29-Jährigen sind es sogar 24 Prozent. Das geht aus einer Studie hervor. Nicht immer ist der Schmuck etwas für die Ewigkeit. Da sind die Patienten, die ganz klassisch den Schriftzug mit dem Namen ihres Ex loswerden möchten. [...] Und da sind Unfälle, bei denen sich der Tätowierer verstochen hat. „Doch bei den allermeisten ist es so, dass sie das Motiv erst gut fanden und jetzt einfach nicht mehr leiden mögen“, sagt Philipp.

Um ein Tattoo zu entfernen, braucht es in der Regel einen Laser. Kleinere Tätowierungen lassen sich theoretisch auch wegschneiden, aber das wird wegen der Narbenbildung heute kaum noch gemacht. Beim Tätowieren werden Farbpigmente mit einer Nadel in die Haut gebracht. Soll das Tattoo entfernt werden, sendet das Lasergerät Lichtimpulse aus und zerstört die Farbpigmente in der Haut, erklärt Professor Wolfgang Bäumler, der zum Thema Tattoos an der Universität Regensburg forscht. Diese sind dann so klein, dass sie über die Lymphe abtransportiert werden können. Mit jeder Laserbehandlung verblasst das Tattoo etwas mehr.

Selten lässt sich der Körperschmuck spurlos entfernen. Mit den derzeit verfügbaren Lasern bekommt man manche Farben häufig nicht weg, Gelb ist beispielsweise hartnäckig. Im schlimmsten Fall bleibt das Tattoo deshalb am Ende zum Teil stehen, erklärt Bäumler. Manchmal entstehen beim Tätowieren außerdem Narben, die erst sichtbar werden, wenn der Laser die Farbpigmente zerstört.

Nichtsdestotrotz ist bei vielen der Leidensdruck so groß, dass sie zum Tattoo-Entferner gehen. Neben Ärzten, die auf Lasertherapie spezialisiert sind, bieten auch manche Studios diese Dienstleistung an. Um den Job auszuüben, braucht es bislang keine längere Ausbildung. Prinzipiell kann Tattoo-Entfernung jeder anbieten, der einen Laser und einen Gewerbeschein hat. Die Laser kosten von 10 000 Euro aufwärts. Um so ein Gerät betreiben zu können, braucht es einen Laserschutzkurs. Der lässt sich an ein bis zwei Wochenenden absolvieren und kostet nicht mehr als ein paar Hundert Euro.

So hat auch Markus Lühr angefangen. Er ist Geschäftsführer eines Tattoo-Entfernungsstudios mit mittlerweile sieben Standorten in Deutschland. Eigentlich ist er gelernter Marketingkaufmann. Vor acht Jahren hat er sich mit seiner Frau zusammen selbstständig gemacht. Damals war Tattoo-Entfernung noch eine Marktlücke in Deutschland.

„Das Geschäft boomt“, sagt Lühr. Die Berliner Studios haben zum Teil von 8 bis 21 Uhr geöffnet. Pro Tag behandeln sie dort bis zu 60 Tätowierungen. „Wir sind selbst vom Erfolg überrascht.“ Lühr und seine Frau haben sich die Tattoo-Entfernung autodidaktisch beigebracht. Inzwischen bieten sie selbst einen Wochenendkurs zum Thema an. Zu ihnen kommen zum Beispiel Kosmetiker und Heilpraktiker, die das Entfernen von Tattoos als Zusatzgeschäft anbieten wollen.

Lühr rechnet, dass sich ein eigenständiges Studio für Tattoo-Entfernung von einem Einzugsgebiet von etwa 100 000 Menschen an lohnt. Nach einem halben Jahr könne man damit ungefähr so viel verdienen, dass man die Miete wieder drinnen hat und etwa 1500 Euro herausziehen kann. Allerdings kommt meistens noch hinzu, dass die Laser abgestottert werden müssen. Doch zu einfach sollte man sich das Handwerk nicht vorstellen. Wer beim Lasern Fehler macht, kann die Haut schwer schädigen. Es kann zu Schwellungen und Blasen kommen und die Kunden können im schlimmsten Fall Schmerzensgeldforderungen stellen.

Das kann Carsten Philipp von der Laserambulanz nur bestätigen. Er selbst hat in seiner langen Laufbahn schon viele kuriose Fälle kennengelernt, zum Beispiel die Geschichte einer australischen Austauschschülerin. Sie hatte sich gleich an ihrem ersten Wochenende in Berlin ein Tattoo stechen lassen – ohne Einwilligung ihrer Eltern. Entsprechend geschockt reagierte die Gastfamilie. Insgesamt ein Jahr war die Schülerin in Deutschland. Und fast zwölf Monate lang besuchte sie dann regelmäßig Carsten Philipp in der Laserambulanz. Als sie zu ihren Eltern zurückkehrte, war ihre Haut nahezu unversehrt.

verändert nach: Kristin Kruthaup, dpa, http://www.sueddeutsche.de/karriere/berufsbild-eine-kurze-ewigkeit-1.2547587

M 2

Auszug aus der Informationsbroschüre „Tätowieren und seine Risiken“

Laserbehandlung

Die effektivste und bekannteste Methode zur Entfernung von Tattoos ist die Laserbehandlung. Laserblitze werden von den Pigment-Partikeln in der Haut absorbiert und erzeugen in diesen sehr hohe Temperaturen. Die Pigment-Partikel zerplatzen und werden durch den Lymphstrom aus der Haut in den Körper abtransportiert. Dieses Laserverfahren ist meistens hautschonend. In Abhängigkeit von der Tattoo-Farbe müssen unterschiedliche Laser verwendet werden.

Risiko:

Als Folge von Laserbehandlungen können Entzündungen und Narben auftreten. Durch den Laserstrahl können auch hauteigene Pigmente zerstört werden, die aber in der Regel wiedergebildet werden. Bereits durch das Stechen eines Tattoos kommt es oftmals zu einem Verlust des hauteigenen Pigments in diesen Hautstellen. Wird die Tattoo-Farbe mit dem Laserverfahren entfernt, bleibt an den tätowierten Stellen ein heller „Negativ“-Abdruck. Experten vermuten, dass es sich bei den Spaltprodukten, die bei der Laserbehandlung entstehen, um gefährliche Substanzen handelt. Bei Blau-Pigmenten wurden beispielsweise die zellschädigenden Spaltprodukte Benzol und Blausäure nachgewiesen. Es wird angenommen, dass diese Spaltprodukte in innere Organe des menschlichen Körpers (Leber, Milz, Lymphknoten) abtransportiert werden und es ist derzeit unklar, ob dort möglicherweise Langzeitschäden verursacht werden.

Quelle: verändert nach: https://www.km.bayern.de/download/15302_flyer_19.8.pdf

Arbeitsaufträge

1. Fassen Sie den Text in einer Inhaltsangabe zusammen. **6 P**

2. Für folgende Begriffe kommen im Text Fremdwörter vor.
Suchen Sie diese heraus und ordnen Sie sie entsprechend zu. **2 P**

a) merkwürdig — b) selbst beigebracht

c) grundsätzlich — d) erledigen, ableisten

3. a) Zeigen Sie die Bedeutung der Überschrift auf und stellen Sie einen Bezug zum Text her. **2 P**

b) *„Tattoos sind in der Mitte der Gesellschaft angekommen.“* (Zeile 20)

Erklären Sie das sprachliche Bild im Textzusammenhang. **2 P**

4. a) Erläutern Sie auf Grundlage des Textes knapp, warum Menschen sich Tätowierungen erst stechen und später wieder entfernen lassen. **4 P**

b) Das Geschäftsmodell der Tattoo-Entfernung wird sehr erfolgreich dargestellt. Welche negativen Aspekte für die Studiobetreiber werden im Zeitungstext „Eine kurze Ewigkeit“ dennoch erwähnt?
Zitieren Sie zwei passende Textstellen. **2 P**

5. Vergleichen Sie die Aussagen des Textes und der Quelle **M 2** und arbeiten Sie jeweils eine Gemeinsamkeit und einen Unterschied heraus. **4 P**

6. Nach dem Besuch im Tattoo-Studio und der anschließenden Diskussion mit ihrer Gastfamilie kann die australische Austauschschülerin (Zeile 91 – 95) abends nicht einschlafen.
Welche Gedanken gehen ihr durch den Kopf? Schreiben Sie mindestens vier ihrer Gedanken in Form eines inneren Monologs auf. **4 P**

7. Trends kommen und gehen. Sollte man Modeströmungen folgen oder nicht?
Erörtern Sie Vor- und Nachteile dieser Thematik anhand konkreter, selbst gewählter Beispiele aus verschiedenen Lebensbereichen und nehmen Sie kritisch Stellung.
Erstellen Sie eine strukturierte Gliederung zum Thema. **10 P**

Teil A. Sprachbetrachtung

Die Verwendung eines rechtschriftlichen Wörterbuches ist während der gesamten Prüfung erlaubt. Elektronische Wörterbücher sind ausgeschlossen.

Aufgaben

1. Welcher Satz steht sowohl im Passiv als auch im Präteritum?
Kreuzen Sie diesen an.

☐	Laut neuer Erkenntnisse wird immer mehr Mikroplastik in Nahrungsmitteln und Lebewesen gefunden.
☐	Heute findet man immer mehr Mikroplastik in Nahrungsmitteln und Lebewesen.
☐	Schon vor Jahren fand man zunehmend mehr Mikroplastik in unserer Umwelt.
☒	In Fischen und anderen Meerestieren wurde bei zahlreichen Untersuchungen Plastik in den Organen gefunden.

1 P

2. Formen Sie das Satzgefüge zu einem Hauptsatz um. Alle Informationen des Nebensatzes müssen dabei erhalten bleiben.

Obwohl die Bergung des Plastikmülls im Meer schwierig ist, wagen sich Umweltschützer optimistisch an diese Aufgabe.

trotz schwieriger
Umweltschützer wagen sich optimistisch ~~an die schwierige~~ Aufgabe der Bergung des Plastikmülls im Meer.

1 P

3. Stellen Sie jeweils ein Präfix voran, sodass sinnvolle Fremdwörter entstehen.

(a): bio ~~demo~~ -logisch, -grafisch

(b): de -hydriert, -tailliert

1 P

4. Bestimmen Sie in den folgenden Sätzen die unterstrichenen Satzglieder.
Verwenden Sie die lateinischen Fachbegriffe.

(A) Ein großer Teil des weltweiten Plastikmülls befindet sich <u>in den Ozeanen</u>.

Lokaladverbiale

(B) <u>Vielen Ländern</u> wird vorgeworfen, Mülltrennung und Recycling nicht ernst genug zu nehmen.

Dativobjekt

1 P

5. Im folgenden Satz finden sich zwei umgangssprachliche Ausdrücke.
Ersetzen Sie diese durch hochsprachliche Formulierungen und passen Sie den Satz bei Bedarf grammatikalisch korrekt an.

Umgangssprache
Obwohl ein Haufen Wissenschaftler auf die Gefahren aufmerksam ~~macht~~ machen, wird sich die Menge an Mikroplastik weiter brutal erhöhen.

Hochsprache
Obwohl zahlreiche Wissenschaftler auf die Gefahren aufmerksam machen, wird sich die Menge an Mikroplastik weiter ~~deutlich~~ erhöhen. Stark/enorm

1 P

6. Der folgende Satzanfang wird viermal unterschiedlich ergänzt. Setzen Sie ein Komma, wenn es der jeweilige weiterführende Teilsatz erfordert.

Acht Millionen Tonnen Plastik gelangen jedes Jahr ins Meer ...

Komma	
	und damit auf direktem Weg in die Nahrungskette.
X	was gravierende Auswirkungen auf die Umwelt hat.
X	weil viele Menschen Plastik gedankenlos wegwerfen.
	oder in andere Gewässer wie Flüsse und Seen.

1 P

Teil B. Rechtschreiben

Aufgaben

1. Im Text befinden sich vier fehlerhaft geschriebene Wörter.
Schreiben Sie diese richtig auf die Zeilen unter dem Text.

Mit Müllautos und Wanderucksäcken spürt der Landkreis Lichtenfels Funklöcher auf. In Zusammenarbeit mit einer Schwedischen Firma werden in Fahrzeugen der Müllabfuhr Handys deponiert, die Daten darüber liefern, in welchen Gebieten die Mobilfunkanbieter keine Netzabdeckung haben.
Auch für die Wanderführer gibt es einen speziell preparierten Rucksack, mit dem überprüft werden kann, ob es auf Wanderwegen größere Funklöcher gibt. Es kommt schließlich immer wieder vor, dass dort Notrufe abgesetzt werden müssen.
Die Netzabdeckung im Landkreis ist von Ort zu Ort unterschiedlich. In einigen Bereichen funktioniert der Mobilfunk gut, anderswo kommt es noch zu Problemen. Auch Firmen beschweren sich über Schwierigkeiten mit dem Mobilfunkempfang. Durch die Messungen bekämme man nun verlässliche Daten und könnte entsprechend planen, versprach ein Experte.

Quelle: © dpa Deutsche Presse-Agentur GmbH, 13.05.2018, Funklöcher finden mit Müllautos und Wanderrucksäcken

- ▶ Schwedischen ▶ präparierten
- ▶ Wanderrucksäcken ▶ bekäme

2 P

2. Setzen Sie das in Klammern angegebene Wort in der korrekten Groß- bzw. Kleinschreibung ein.

a) Ein Mobilfunk-Förderprogramm soll vor Allem (Allem/allem) den Netzausbau in ländlichen Regionen unterstützen.

b) Nahezu jeder zweite (Zweite/zweite) fordert einen flächendeckenden Ausbau des Netzes.

1 P

3. Schreiben Sie folgenden Satz in korrekter Rechtschreibung und mit passender Zeichensetzung auf.

dermobilfunkpaktsollkonkretezielefürdenausbaudermobilennetzefestlegenunddafür sorgetragendasseineengezusammenarbeitvonstaatlichenbehördengemeindenund netzbetreibernerfolgt

Der Mobilfunkpakt soll konkrete Ziele für den Ausbau der mobilen Netze festlegen und dafür Sorge tragen dass eine enge Zusammenarbeit von staatlichen Behörden, Gemeinden und Netzbetreibern erfolgt.

2 P

4. Nur <u>zwei</u> der folgenden Sätze sind hinsichtlich Rechtschreibung und Zeichensetzung korrekt. Kreuzen Sie diese beiden an.

☐	Im Landkreis Lichtenfels wird mithilfe von Müllfahrzeugen, die mit Handy-Meßtaschen ausgerüstet sind, überprüft, wo Funklöcher bestehen.
☒	Nun liegt der erste detaillierte Netzbericht einer Spezialfirma für die Erfassung der sogenannten „Problemzonen" vor.
☒	Auf rund 1800 Seiten werden in dem vorliegenden Bericht die erfassten Messergebnisse detailiert aufgelistet.
☐	Beim ersten Informationsaustausch zwischen den Mobilfunkanbietern dienten diese Ergebnisse als Diskussionsgrundlage.
☐	„Vor allem die Mobilfunkstandorte in abgelegenen Waldgebieten sind besonders komplex umzusetzen" sagte der Landrat auf Anfrage.

1 P

Teil C. Schriftlicher Sprachgebrauch

Bearbeitungshinweise

Sie haben zwei Texte zur Auswahl. Lesen Sie diese und die dazugehörigen Aufgaben aufmerksam durch. Wählen Sie **einen** Text aus.

Bearbeiten Sie die Aufgaben möglichst in der angegebenen Reihenfolge auf einem gesonderten Blatt. Schreiben Sie **grundsätzlich in ganzen Sätzen**, außer in der Aufgabe wird etwas anderes verlangt. Achten Sie auf eine saubere äußere Form und korrekte Rechtschreibung.

Text 1

Die unsichtbaren Schilder

1 Mitten in der Cafeteria steht ein unsichtbares Schild. Darauf steht: Territorium der Abschlussklasse – Alle anderen bleiben draußen! Obwohl das Schild unsichtbar ist, kann es jeder lesen. Jeder kennt die Aufschrift und befolgt die Anweisung. Es gibt noch andere ausgewiesene Territorien: die hintere Ecke der Pausenhalle, ein Platz in der Nähe des Wasserspenders oder der grasbewachsene Hügel vor dem Schuleingang. Kein unerlaubtes Betreten! Draußen bleiben! Dieser Bereich gehört uns!

Zugehörigkeit – das ist, was diese unsichtbaren Schilder ausweisen. Für die hinter diesen Schildern bilden diese Grenzen eine Zuflucht, eine Insel der Sicherheit in einem Meer der Befangenheit.

Meine Gruppe hat sich die Mensa auserkoren. Im Schutz unserer Insel in der Mitte der Mensa fühle ich mich manchmal schuldig, wenn ich mir die betrachte, die allein sind. Sie sitzen allein, essen allein. Oder sie verstecken sich hinter ihren Büchern und tun so, als würden sie lernen.

Aber sie lernen nicht; sie beobachten uns. Ihre Augen verraten sie. Ich habe sogar schon Blicke des offenen Neides gesehen, die sie uns zuwerfen. Sie sagen: „Wenn ich nur zu der Gruppe gehören könnte ...“ Aber das ist unmöglich – es gibt ungeschriebene Gesetze, die diese Zugehörigkeit regeln.

Ich kann mir nur vorstellen, wie sich die Außenseiter fühlen. Doch auch ich verspüre an manchen Tagen ein kurzes Aufblitzen der Unsicherheit, bevor ich mit meiner Gruppe zusammentreffe. Ich frage mich: *Was, wenn sie mich nicht erkennen?* Und wenn sie mich nicht hineinlassen? Aber wenn ich dann komme, wird mir der Zutritt gewährt. Ich stelle mein Tablett ab und bin dabei – für einen weiteren Tag in Sicherheit.

Ich habe gelernt, die Spiele zu spielen, die man beherrschen muss, um dazuzupassen. Ich kenne alle Bewegungen, die Regeln und die richtigen Worte. Ich trage die Maske der Gruppe und zeige niemals, wirklich niemals mein eigentliches Ich. Dort ist Sicherheit. Ich bin dabei. Ich gehöre dazu. Solange ich mich in die Gruppe einfüge – tue, was sie tun, mich verhalte, wie sie sich verhalten, denke, wie sie denken. Das sind die Regeln. Wenn man sie bricht, ist man draußen. Dann wird man allein sein mit seinem Tablett und einen Platz suchen, an den man sich setzen kann. Dann wird man von außen zuschauen.

Manchmal argumentiere ich mit den Schuldgefühlen: *Kann ich denn was dafür, dass ich habe, was jeder sich wünscht? Was soll ich denn tun? Mich umdrehen und gehen? Wenn ich die Gruppe verlasse, was würde das bewirken? Was würde das helfen? Könnte ich einfach davongehen und ich selbst sein? Tief in meinem Inneren kenne ich die Antworten.* Tief in meinem Inneren muss ich mir die Wahrheit eingestehen: Ich *brauche* die Clique. Auch ich habe Angst, allein dazustehen, ich selbst zu sein. Meine Angst bindet mich an die Gruppe.

Trotzdem, mich verfolgen die Blicke der Außenseiter. Sie sind immer aufmerksam. Ich dachte früher, sie würden merken, dass ich anders bin, dass ich, auch wenn ich mich an die Gruppe halte, trotzdem meine eigene Identität habe. Jetzt bin ich mir da nicht mehr so sicher. In der vergangenen Woche habe ich einen Schüler in der Bibliothek gesehen – einen von denen, die allein zu Mittag essen und die lernen, während wir anderen miteinander quatschen. Wir suchten dasselbe Buch, er und ich. Wir entdeckten es im selben Augenblick und griffen danach. Ich bekam es zuerst zu fassen. Ich sah in seine Augen hinter den dicken Brillengläsern und er tat mir leid. Ich wollte freundlich zu ihm sein und reichte ihm das Buch. Er sah erst auf das Buch, dann in mein Gesicht und wandte sich schließlich ab. Als er davonging, hörte ich ihn vor sich hinmurmeln. Die anderen bezeichneten ihn als hochnäsigen Snob, als ich ihnen davon erzählte. Seltsam, genau das war es, was er vor sich hingemurmelt hatte – und damit hatte er mich gemeint.

Warum gibt es diese Cliquen? Warum können wir nicht einfach wir selbst sein? Unbefangen. Ohne so zu tun, als seien wir die lachenden, sorglosen und coolen Leute, die wir gar nicht sind. Ich frage mich, wovor alle Angst haben. Wenn ich beschließen würde, mich beim Mittagessen einmal zu einem zu setzen, der allein ist, was würde geschehen? Und wenn wir alle das tun würden? Es würde eine Revolution geben – eine stille Revolution. Und viele Leute wären an diesem Tag befreit. Aber ich habe nicht vor, so etwas in Gang zu setzen. Es ist einfach zu schwierig.

Es muss eine Entscheidung getroffen werden. Das sehe ich jetzt. Es wäre besser, wenn einer oder zwei meiner Freunde in der Gruppe das auch erkennen würden. Vielleicht tun sie es. Vielleicht fühlen sie sich genauso wie ich – gefangen in der Clique, aber sie haben Angst, sie zu verlassen. Vielleicht warten sie auf jemanden, der sich befreit, der heraustritt und etwas Neues riskiert.

Es gibt nur einen guten Weg, das herauszufinden.

Quelle: Lawhead, Steve: Die unsichtbaren Schilder. In: Grey, Alice (Hrsg.): Das beste Geschenk der Welt. 2013, S. 97 – 99.

M 1

„Nicht, weil es schwierig ist, wagen wir es nicht, sondern weil wir es nicht wagen, ist es schwierig."

Seneca (römischer Philosoph, 1. Jh. n. Chr.)

Quelle: Moralische Briefe an Lucilius (Epistulae morales ad Lucilium), XVII/XVIII, CIV, 26
Bild-Quelle: Seneca, Alvaro Marques Hijazo, own work, lizenziert unter CCO1.0, https://commons.wikimedia.org/wiki/File:Seneca_no_background.png

Arbeitsaufträge

1. Fassen Sie den Text in einer Inhaltsangabe zusammen. **6 P**

2. Im Text werden sprachliche Bilder verwendet.

a) „Ich trage die Maske der Gruppe […]." (Zeile 35 f.)
Erklären Sie dieses Sprachbild in eigenen Worten. **2 P**

b) Zitieren Sie zwei weitere Sprachbilder aus dem Text. **2 P**

3. Der Autor verwendet im Text die Begriffe „Revolution", „gefangen" und „Territorium".
Beschreiben Sie, warum er gerade diese Begriffe im Zusammenhang mit einer Clique von Schulfreunden verwendet. **4 P**

4. „Sie sitzen allein, essen allein. Oder sie verstecken sich hinter ihren Büchern und tun so, als würden sie lernen." (Zeile 16 ff.)
Was könnte Jugendlichen in einer solchen Situation durch den Kopf gehen?
Schreiben Sie mindestens vier dieser Gedanken in Form eines aussagekräftigen inneren Monologs auf. **4 P**

5. „Obwohl das Schild unsichtbar ist, kann es jeder lesen." (Zeile 3 f.)
Erläutern Sie, was unter dieser Aussage zu verstehen ist. Veranschaulichen Sie an einem Beispiel aus ihrem Leben, dass es solche „unsichtbaren Schilder" nicht nur in der Schule gibt. **4 P**

6. „Aber ich habe nicht vor, so etwas in Gang zu setzen. Es ist einfach zu schwierig." (Zeile 80 f.)
Setzen Sie diese Aussage des Ich-Erzählers in Bezug zum Zitat **M 1**. **4 P**

7. „Es muss eine Entscheidung getroffen werden. Das sehe ich jetzt." (Zeile 82 f.)
Das Leben erfordert immer wieder Mut, Entscheidungen zu treffen, die Veränderungen herbeiführen.
Erörtern Sie diese Behauptung anhand konkreter, selbst gewählter Beispiele aus unterschiedlichen Lebensbereichen und nehmen Sie Stellung.
Erstellen Sie eine strukturierte Gliederung zum Thema. **10 P**

Text 2

Die neue Kaufkraft

Soziale und ökologische Verantwortung ist mehr als nur eine Phrase, deshalb engagieren sich immer mehr Menschen oder ändern zumindest ihr Konsumverhalten.

„Ja, wir könnten jetzt was gegen den Klimawandel tun", schrieb kürzlich der Kabarettist Marc-Uwe Kling. „Aber wenn wir in 50 Jahren feststellen, dass sich alle Wissenschaftler vertan haben und es gar keine Klimaerwärmung gibt, dann hätten wir ohne Grund dafür gesorgt, dass man in den Städten die Luft wieder atmen kann, dass die Flüsse nicht mehr giftig sind, dass Autos weder Krach machen noch stinken und dass wir nicht mehr abhängig sind von Diktatoren und deren Ölvorkommen. Da würden wir uns schon ärgern." Offenbar sind viele jüngere Menschen bereit, dieses Risiko einzugehen. In einer Studie des Umweltbundesamtes wird den sogenannten Millennials[1] ausgeprägtes Verantwortungsbewusstsein beim Konsum attestiert. Sie betrachten ihr Einkaufsverhalten mehrheitlich als politischen Vorgang, mit dem sie etwas verändern wollen. Ein gutes Leben, das anderen keinen Schaden zufügt, ist ihnen wichtiger als allen anderen Altersgruppen. Die eigenen Gewohnheiten ein bisschen zu verändern und die persönliche Komfortzone dann und wann zu verlassen, um den Alltag nachhaltiger zu gestalten, bringt nicht nur ein besseres Gewissen mit sich, sondern macht gemeinsam mit anderen auch Spaß. [...] Der Slogan „Machen ist wie wollen, nur krasser" trifft offenbar ein gesellschaftliches Bedürfnis.

Die ökonomischen, ökologischen und sozialen Probleme, die unser stetig zunehmender Konsum weltweit verursacht, sind gewaltig. Und sie erfordern radikale Schritte. Es gilt, Nachfrage, basierend auf grundlegend veränderten Werten, zu schaffen. Die britische Ökonomin Kate Raworth ist davon überzeugt, dass nur mit einer komplett neuen Denkweise die ökonomischen Herausforderungen des 21. Jahrhunderts bewerkstelligt werden können. Sie ist überzeugt: „Unsere heutigen Volkswirtschaften benötigen Wachstum, unabhängig davon, ob es den Menschen nutzt. Wir brauchen aber eine Wirtschaft, die den Menschen nutzt, unabhängig davon, ob sie wächst oder nicht."

Nun ist es naiv zu glauben, man könne zum Beispiel wieder so regional und saisonal konsumieren, wie das in den Fünfzigerjahren noch üblich war. Auch „Jute statt Plastik" bringt bei der Wahl der Einkaufstasche nicht viel, wenn jeden Tag in Deutschland allein 50 Millionen Einwegplastikflaschen in Umlauf kommen, Waren in den Supermarktregalen doppelt in Folie verschweißt sind und der Onlinehandel die Müllmassen durch Verpackungsmaterial explodieren lässt.

Die Furcht vor der drohenden Zerstörung unseres Ökosystems hat viele gute Ideen hervorgebracht – und manche werden dank engagierter Menschen sogar umgesetzt. Mit dem Non-Profit-Projekt „The Ocean Cleanup" etwa will der Niederländer Boyan Slat die Meere von umhertreibendem Plastikdreck befreien. Durch die Reinigungsaktion wird die gefährliche Verschmutzung zwar nur zu einem relativ kleinen Teil verringert. Trotzdem nützt das Vorhaben der Umwelt.

Man muss nicht gleich zum Müllfischer werden, um etwas zu verändern. Bereits durch bewusstes Kaufverhalten kann der Konsument enorme Macht entfalten. Hier bewahrheitet sich das afrikanische Sprichwort „Viele kleine Leute, die in vielen kleinen Orten viele kleine Dinge tun, können das Gesicht der Welt verändern".

Was passiert, wenn Kunden sich aufgrund negativer Schlagzeilen von einer Marke abwenden, bekamen schon viele Firmen zu spüren. [...] Umsätze und Aktienkurse brachen ein. Läden mussten schließen. Selbst Luxusmarken folgten dem Kundenwillen: Sie änderten ihr Angebot im Sinne von Nachhaltigkeit und achten zunehmend auf Produktionsfaktoren wie faire Arbeitsbedingungen in Niedriglohnländern, Einsatz ökologisch produzierter Rohstoffe und Nutzen ressourcenschonender Geräte. Kurzfristig verzichten Firmen auf Millionenumsätze, um langfristig auch für junge, kritisch konsumierende Kunden attraktiv zu so bleiben. Was Menschenrechtsbewegungen, Tier- oder Umweltschutzorganisationen mit öffentlichkeitswirksamen Aktionen begonnen haben, führen nun die Käufer im Stillen weiter.

[1] Millennials: Bevölkerungsgruppe/Generation, die zwischen 1981 und 1996 geboren wurde

Quelle: SPIEGEL.de, 07.01.2019, https://www.spiegel.de/stil/s-magazin/nachhaltigkeit-machen-ist-wie-wollen-nur-krasser-a-1243873.html

M 2

Quelle: © Marion Schupfner, www.maryleonie.de/tag/ressourcenverbrauch/

M 3

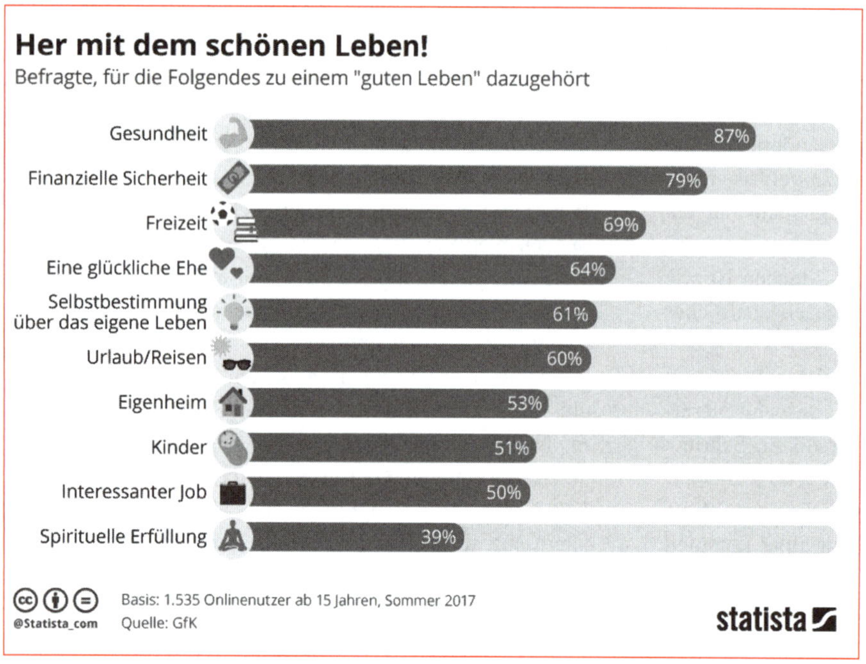

Quelle: https://de.statista.com/infografik/11939/her-mit-dem-schoenen-leben/

Arbeitsaufträge

1. Fassen Sie den Text in einer Inhaltsangabe zusammen. **6 P**

2. Für folgende Begriffe kommen im Text Fremdwörter vor.
Suchen Sie diese heraus und ordnen Sie sie entsprechend zu. **2 P**

a) bescheinigen
b) Schlagwort, Werbespruch
c) gründlich, rücksichtslos
d) beruhend, sich gründend auf

3. Der Kabarettist Marc-Uwe Kling äußert sich auf ironische Weise zur möglichen Zukunft des Klimawandels (Zeile 4 ff.).

a) Beschreiben Sie, was Ironie im Allgemeinen bewirken soll. **2 P**

b) Erschließen Sie Marc-Uwe Klings Aussage in eigenen Worten und setzen Sie diese in Bezug zur Karikatur **M 2**. **4 P**

4. In Zeile 21 f. wird der Ausdruck „die persönliche Komfortzone [...] verlassen" verwendet.
Erklären Sie diesen in eigenen Worten. **2 P**

5. Wenn Konsumenten ihr Kaufverhalten ändern, kann dies Folgen für Unternehmen haben.
Zitieren Sie zwei Textstellen, die dies verdeutlichen. **2 P**

6. In der Grafik **M 3** werden Ergebnisse einer Befragung dargestellt.

a) Greifen Sie einen Aspekt heraus und stellen Sie anhand eines konkreten Beispiels dar, wie sich dieser mit einer nachhaltigen Lebensweise vereinbaren lässt. **2 P**

b) Stellen Sie sich vor, die Befragung fände erneut Ende 2020 statt.
Wären die Umfrageergebnisse Ihrer Meinung nach dieselben?
Begründen Sie Ihre Antwort anhand eines von Ihnen gewählten Aspekts. **2 P**

7. „Machen ist wie wollen, nur krasser." (Zeile 25 f.)
Entwerfen Sie zu diesem Leitsatz einen Aufruf für die Homepage der Schule, in dem Sie Ihre Mitschülerinnen und Mitschüler motivieren, sich aktiv ins Schulleben einzubringen. **4 P**

8. Ökologisch Handeln – auch wenn es weh tut!
Wer es mit der Nachhaltigkeit ernst meint, muss bereit sein, sein Leben in verschiedenen Bereichen zu verändern.
Erörtern Sie diese Aussage anhand konkreter, selbst gewählter Beispiele.
Erstellen Sie dafür eine strukturierte Gliederung. **10 P**

Teil A. Sprachbetrachtung

Die Verwendung eines rechtschriftlichen Wörterbuches ist während der gesamten Prüfung erlaubt. Elektronische Wörterbücher sind ausgeschlossen.

Aufgaben

1. Bilden Sie aus den folgenden Sätzen <u>ein Satzgefüge</u> mit einem Relativsatz. Alle Informationen müssen dabei erhalten bleiben.

Triathlon ist eine Ausdauersportart bestehend aus einem Mehrkampf der Disziplinen Schwimmen, Radfahren und Laufen.
Ihre Reihenfolge ist bei jedem Wettkampf genau einzuhalten.

Triathlon ist eine Ausdauersportart bestehend aus einen Mehrkampf der Disziplinen Schwimmen, Radfahren und Laufen, bei welchem ihre Reihenfolge bei jedem Wettkampf genau einzuhalten ist.

1 P

2. Schreiben Sie den Satz so um, dass die unterstrichenen Nomen als Verben verwendet werden. Der Sinn des Satzes muss erhalten bleiben.

<u>Die Schulung</u> der mentalen Fähigkeiten und <u>das tägliche Training</u> stellen die Triathleten vor große Herausforderungen.

Das Schulen der mentalen Fähigkeiten und tägliches Trainieren stellen die Triathlethen vor große Herausforderungen

1 P

3. Setzen Sie den folgenden Satz ins Aktiv in der Zeitform Präteritum.

Der „innere Schweinehund" muss von den Athleten während des Triathlons besiegt werden.

Die Athleten mussten während des Triathlons den „inneren Schweinehund" besiegen.

1 P

4. Ersetzen Sie die unterstrichenen Ausdrücke jeweils durch ein passendes Wort mit der gleichen Bedeutung. Behalten Sie dabei den Wortstamm des Nomens bei *(z. B. ohne Laute = lautlos)*.

Tausende trainieren <u>in ganz Europa</u> für den Triathlon.

Tausende trainieren europaweit für den Triathlon.

Ein ausdauerndes, effektives Training stellt <u>hohe Ansprüche</u>.

Ein ausdauerndes, effektives Training ist anspruchsvoll.

1 P

5. Bestimmen Sie die unterstrichenen Satzglieder.

Es <u>bedarf</u> (a) oftmals <u>äußerer Anreize</u> (b), um die Motivation eines Sportlers zu steigern.

(a) Prädikat

(b) Akkusativobjekt

1 P

6. Der folgende Satz wurde nur einmal korrekt in die direkte Rede gesetzt.
Kreuzen Sie den Satz an:

Ein berühmter Triathlet berichtet, es sei wie eine Sucht. In den letzten drei Jahren habe er nur an zwei Tagen nicht trainiert.

☒	„Das ist wie eine Sucht. In den letzten drei Jahren hatte ich nur an zwei Tagen nicht trainiert", berichtet ein berühmter Triathlet.
☐	„Das ist wie eine Sucht. In den letzten drei Jahren habe ich nur an zwei Tagen nicht trainiert", berichtet ein berühmter Triathlet.
☐	„Das ist wie eine Sucht. In den letzten drei Jahren hat er nur an zwei Tagen nicht trainiert", berichtet ein berühmter Triathlet.
☐	„Das sei wie eine Sucht. In den letzten drei Jahren habe ich nur an zwei Tagen nicht trainiert", berichtet ein berühmter Triathlet.

1 P

Teil B. Rechtschreiben

Aufgaben

1. Im Text befinden sich vier fehlerhaft geschriebene Wörter.
Schreiben Sie diese richtig auf die Zeilen unter dem Text.

Wie Marathontraining das Herz verjüngt
Wer sich auf einen Marathonlauf vorbereitet, trainiert dabei auch seine Blutgefäße: Sie verjüngen sich um mehrere Jahre, haben Forscher festgestelt. Ältere Menschen mit hohem Blutdruck provitieren besonders stark. Man muss nicht besonders schnell laufen, um seiner Herzgesundheit etwas Gutes zu tun. Das ist vielleicht die Schönste Erkenntnis einer Studie, bei der Forscher knapp 140 Sportler rund ein halbes Jahr lang begleitet haben, während sie erstmals für einen Marathon trainierten. Bei allen teilnehmenden verbesserte sich der Zustand der Blutgefäße nachweisbar.

Quelle: SPIEGEL.de, Nina Weber, 09.01.2020

- festgestellt
- profitierten
- Schönste
-

2 P

2. Schreiben Sie folgenden Satz in korrekter Rechtschreibung und mit passender Zeichensetzung auf.

überdiejahrehinweghateinsportlergelerntseinenwillenwieeinenmuskelzu
trainierenundmitprofessionellenstrategienseingehirnzumweitermachenzuüberreden

1 P

3. Bilden Sie mit diesen gleichklingenden Wörtern jeweils einen sinnvollen und fehlerfreien Satz.

fiel	______________________
viel	______________________

1 P

4. Tragen Sie die Zeitangaben in der korrekten Schreibweise in die Lücken ein.

Aus einem Interview mit einem Triathleten:
„Um meine sportlichen Leistungen zu verbessern, habe ich
eines Morgens (EINESMORGENS)
beschlossen, ein Trainingstagebuch zu führen.

Dort dokumentiere ich meine tagtäglicher
(TAGTÄGLICHEN) Trainingseinheiten.
Am Montag Morgen (MONTAGMORGEN)
starte ich mit einem Dauerlauf.

Der schwierigste Teil beim Techniktraining ist das Schwimmen
nachmittags (NACHMITTAGS)."

2 P

Teil C. Schriftlicher Sprachgebrauch

Bearbeitungshinweise
Sie haben zwei Texte zur Auswahl. Lesen Sie diese und die dazugehörigen Aufgaben aufmerksam durch. Wählen Sie **einen** Text aus.
Bearbeiten Sie die Aufgaben möglichst in der angegebenen Reihenfolge auf einem gesonderten Blatt.
Schreiben Sie **grundsätzlich in ganzen Sätzen**, außer in der Aufgabe wird etwas anderes verlangt.
Achten Sie auf eine saubere äußere Form und korrekte Rechtschreibung.

Text 1

Jessi Kirby: „Offline ist es nass, wenn's regnet" (Romanauszug)

Die Ich-Erzählerin Mari ist eine erfolgreiche Influencerin.

Ich stehe im Schlafanzug in der Einfahrt und winke meiner Mutter, die langsam aus der Ausfahrt fährt, zum Abschied. Auch als ich sie schon lange nicht mehr sehen kann, rühre ich mich nicht vom Fleck und stelle mir jede Kurve auf dem weiten Weg zu dem Häuschen meiner Tante vor. Und die ganze Zeit denke ich, ich hätte mitfahren müssen. [...]

Als ich einen Blick auf mein Handy werfe, weiß ich genau, dass meine Mutter umkehren würde, wenn ich sie anrufen und darum bitten würde. Ich könnte sagen, dass ich an diesem Tag auch nicht allein sein und lieber mitkommen und mich zusammenreißen möchte, um für Tante Erin da zu sein. Doch das alles bringe ich niemals über die Lippen, denn dafür bin ich lange nicht stark genug. Ich fühle mich schwach. Und innerlich ganz leer. Ich will nicht mehr daran denken.

Eindringlich betrachte ich mein Handy in dem sehnlichen Wunsch nach Ablenkung von dem mulmigen Schuldgefühl im Bauch. Die Auswahl ist groß. Ich gehe online, um zu überprüfen, wie viele Likes und Kommentare ich schon habe, seit ich meinen *Mein-letzter-Tag-mit-17*-Post von gestern zuletzt gecheckt habe. Das Aktualisieren dauert eine Sekunde, in der ich hoffnungsvoll und ängstlich warte, doch dann erscheint das kleine rote Icon und zeigt mir alle Zahlen auf einmal:

Likes: 1423 • Kommentare: 112 • Neue Follower: 47

Damit habe ich nun insgesamt 582.419 Follower, was nicht zu wenig ist, aber eigentlich hatte ich nach dem Post auf noch mehr gehofft. Kurz vor Sonnenuntergang war ich mit dem Fahrrad zum Strand gefahren, hatte das Stativ aufgestellt, die Haare über den Kopf gehalten und war bis zur Brust ins kalte Wasser gewatet, damit meine Haut im goldenen Abendlicht nass schimmert. Nach endlosen Versuchen mit dem Fernauslöser und langatmiger Bearbeitung hatte sich das Endergebnis wenigstens gelohnt: ein Foto von mir bei Sonnenuntergang, auf dem ich aufs Meer hinausschaue wie in meine Zukunft, in Vollbildanzeige nahtlos braun in einem Bikini, den ich in Wirklichkeit niemals am Strand anziehen würde.

Ich lese den ersten Kommentar von @BohoFit81: *Du hast so eine schöne Seele und bist eine Inspiration für uns alle!*

Ich lasse den Blick über die Silhouette meiner Taille wandern, von der ich an beiden Seiten mithilfe einer App ein bisschen was weggenommen habe, und weiter über den „leeren" Strand, den ich mit einer anderen App so bearbeitet habe, dass alles Unerwünschte im Hintergrund verschwand – in diesem Fall die Leute. Und selbstverständlich sind auch Licht und Farbe des Fotos wichtig, die ich beide eigenhändig und viel raffinierter verändert habe, als es mit den Standardfiltern möglich gewesen wäre. Ein wenig schäme ich mich für den Riesenaufwand, den ich für dieses so unaufwändig aussehende Foto betrieben habe, doch ich antworte ihr trotzdem:

@BohoFit81: *Vielen lieben Dank! Es sind eure inspirierenden Seelen, die mich beflügeln.*

Ich setze einen Kuss-Smiley mit Herzchen ans Ende und poste es. Als ich aufblicke, stelle ich fest, dass ich immer noch in unserer Einfahrt stehe. Wenn ich meinen ersten Post an diesem Tag zu einer Zeit senden will, wenn die Leute nach ihren Handys auf dem Nachttisch tasten oder die erste Tasse Kaffee trinken, sollte ich mich lieber beeilen. [...]

Ich gehe nach oben und schreibe Ian, ob wir uns irgendwo zum Mittagessen treffen sollen [...]. Die Stille in meinem Zimmer fühlt sich plötzlich erdrückend an. Mir fällt ein, dass meine Mutter in diesem Moment durch die Wüste fährt. Es wird noch ein paar Stunden dauern, bis sie in den Bergen ist, aber ich stelle mir vor, wie sie dort ankommt. Meine Tante und meine Mutter werden sich um den Hals fallen, noch in der Einfahrt anfangen zu weinen und schließlich ins Haus gehen. Nach einer Weile machen sie vielleicht einen Spaziergang oder eine kleine Wanderung, während sie darüber reden, wie es früher war. [...] Einen Augenblick gebe ich mich der Vorstellung hin, ich wäre bei ihnen, doch als mir die Tränen kommen, konzentriere ich mich wieder auf den Computerbildschirm [...].

Mein Handy vibriert mit einer Message von Ian:

Yep, aber ich kann nicht lange.
Macht nichts. An unserem Treffpunkt?
Klar
Wann kannst du?
Um 5
Okay. Bis später.

Um 17.45 Uhr kommt Ian schlecht gelaunt in den Hinterhof des veganen Cafés, in dem wir uns gern treffen. Er wirkt noch genervter, als er sich setzt und ich als Erstes das Geburtstagsgeschenk, das ich selbst eingepackt habe, aus meiner Handtasche hole.

„Echt jetzt?", fragt er und betrachtet es.

Ich versuche, den Stich zu ignorieren, den mir seine kalte Art versetzt. Es war nicht immer so. „Echt“, sage ich leise. „Ich habe heute Geburtstag. Das wäre dann dein Geschenk für mich und damit ist alles abgedeckt.“
Nach einer kurzen Pause nickt er, als würde das tatsächlich Sinn ergeben. „Na dann, herzlichen Glückwunsch“, sagt er. „Ich bin dabei.“ Er greift zur Gabel und will das Gericht essen, das ich für ihn bestellt habe und das schon lange kalt ist.
Ich strecke die Hand aus, um ihn davon abzuhalten. „Moment.“
Er verdreht die Augen und legt die Gabel wieder hin. „Mann, Mari.“
Ich winke die Bedienung heran. „Entschuldigung? Hättest du einen kleinen Moment Zeit, um ein paar Fotos von uns zu machen?“
„Gerne!“, erwidert sie lächelnd. „Kommen die dann in deinen Feed?“ Die Aussicht scheint sie unnormal zu beglücken. Ich lächle zurück. „Vielleicht“, antworte ich gedehnt.
Sie bekommt mein Handy und ich lege das eingepackte Geschenk in die Mitte zwischen unsere Teller. Ian streckt die Hand über den Tisch und ich drücke sie. Wir sehen uns an und lächeln, als würden wir uns am Essen und aneinander freuen.

Quelle: Kirby, Jessi: Offline ist es nass, wenn's regnet, Bindlach 2019, S. 15ff., zu Prüfungszwecken bearbeitet.

M 1

Definition:
Freundschaft bezeichnet ein auf gegenseitiger Zuneigung beruhendes Verhältnis von Menschen zueinander, das sich durch Sympathie und Vertrauen auszeichnet.

Quelle: https://de.wikipedia.org/wiki/Freundschaft

Arbeitsaufträge

1. Fassen Sie den Text in einer Inhaltsangabe zusammen. **6 P**

2. Erklären Sie die Überschrift in eigenen Worten. **2 P**

3. „... als würden wir uns am Essen und aneinander freuen.“ (Zeile 111 f.)
Beschreiben Sie, warum die Autorin an dieser Stelle den Konjunktiv einsetzt. **2 P**

4. Mari verdrängt in verschiedenen Situationen ihre wahren Gefühle.
Zitieren Sie zwei Textstellen, die diese Aussage belegen. **2 P**

5. „Ich fühle mich schwach. Und innerlich ganz leer.“ (Zeile 14 f.)
Trotz ihrer vielen Follower ist Mari einsam.
Stellen Sie einen Bezug zwischen der Definition **M 1** und Maris Situation her. **4 P**

6. Für viele junge Menschen ist Influencerin oder Influencer heutzutage ein „Traumberuf“.
Führen Sie vier mögliche Gründe an. **4 P**

7. Mari beschließt, eine Zeit lang auf Internet und Smartphone zu verzichten. Sie teilt ihren Followern diese Entscheidung in einem emotionalen Beitrag mit und stellt ihre Beweggründe ausführlich dar.
Versetzen Sie sich in Maris Lage und schreiben Sie den Beitrag. Führen Sie dabei mindestens drei Beweggründe für Maris Entscheidung an. **6 P**

8. Jugendlichen stehen nach Abschluss der zehnten Klasse verschiedene Wege offen.
Manche entscheiden sich zunächst bewusst für ein Auszeitjahr im Ausland.
Erörtern Sie Vor- und Nachteile eines solchen Auszeitjahres im Ausland und nehmen Sie kritisch Stellung.
Erstellen Sie eine strukturierte Gliederung zum Thema. **10 P**

Text 2

Was lässt mich aufgeben?
(Und was weitermachen?)

Die Befehle sind unmissverständlich. „Keinen Meter weiter! Gib auf! Dann bist du erlöst!“ Es ist kurz nach 13 Uhr, als Jan Frodeno plötzlich hört, wie sein Körper nach Erlösung schreit. Erlösung von unbändigen Schmerzen im Rücken, verkrampften Muskeln in den Beinen und der erbarmungslosen Hitze. Nach 3,8 Kilometern trifft Frodeno auf den Feind, den er am meisten fürchtet: den Mann mit dem Hammer. „Ich weiß nie, wann er kommt. Aber er kommt bei jedem Rennen“, erklärt der 38-Jährige den Moment, wenn sein Körper streikt und sein Gehirn sich weigert weiter zu machen.

Der Ironman auf Hawaii fordert eben seine Opfer. Kaum einer weiß das besser als Frodeno, der den härtesten Triathlon der Welt bereits 2015 und 2016 gewinnen konnte. Doch so heftig wie beim Rennen 2017 hat der Mann mit dem Hammer noch nie zugeschlagen. 39 schier endlose Kilometer liegen noch vor dem Athleten. Er muss sich hinlegen, versucht die Beine zu bewegen. Keine Chance. Wie Blitze durchzucken Krämpfe seinen Körper. Nur ein Handzeichen, und das Rennen wäre vorbei. Die Erlösung ist so nah. Frodeno spürt, wie die dunklen Kräfte der Motivation in seinem Kopf die Oberhand gewinnen. Und seinen Willen brechen wollen. Ein Kampf, der in jedem von uns tobt. Jeden Tag. Und den die meisten Menschen verlieren ...

Jan Frodeno gewinnt den Kampf gegen sein rebellierendes Gehirn fast immer. Wer täglich mehrere Stunden laufen, Rad fahren oder schwimmen geht und den Ironman auf Hawaii in gut acht Stunden absolviert, für den ist der innere Schweinehund ein täglicher Begleiter. Über die Jahre hinweg hat Frodeno gelernt, seinen Willen wie einen Muskel zu trainieren und mit Hilfe professioneller Motivationsstrategien sein Gehirn zum Weitermachen zu überreden. „Das ist wie eine Sucht. In den letzten drei Jahren habe ich nur an zwei Tagen nicht trainiert. Heute bin ich ein Meister des inneren Monologs“, erklärt er. [...]

„Schicksal, Talent, Muskeln – all diese Faktoren spielen nur eine untergeordnete Rolle. Wie erfolgreich und willensstark wir sind, hängt vielmehr davon ab, ob es uns gelingt unser Gehirn zu motivieren, oder ob das Gehirn uns demotiviert“, erklärt der Sportpsychologe Steven Reiss von der Ohio State University. [...]

Aufgeben oder Weitermachen? Beim Einkaufen, in der Schule und im Büro, beim Sport und bei den täglichen Routinen, jeden Tag stehen wir bewusst oder unbewusst vor diesen Entscheidungen. Oft werden wir dabei manipuliert – vom dunklen Zwilling der Motivation: der Demotivation. Sie lässt uns an schlechten Gewohnheiten festhalten, verhindert, dass wir unsere Ziele erreichen, und gibt uns den Befehl, aufzugeben.

Warum? In unserem Unterbewusstsein ringen verschiedene Kräfte um die Vorherrschaft. Neugierde vs.[1] Langeweile, Stress vs. Entspannung, Ablenkung vs. Aufmerksamkeit, Ehrgeiz vs. Zufriedenheit, Routine vs. Abwechslung. Abhängig davon, welcher Protagonist[2] die Oberhand behält, verändert sich unser Verhalten. [...]

Bis vor Kurzem galten beispielsweise Gehaltserhöhungen [...] als einer der stärksten [...] Anreize, um die Motivation eines Menschen zu steigern. Man nennt dieses Prinzip extrinsisch – also Motivation, die von außen kommt.

Viele Psychologen und Neurobiologen sind mittlerweile jedoch davon überzeugt, dass das extrinsische Belohnungssystem bestenfalls kurzfristige Anreize schaffen und die Motivation eines Menschen nicht verbessern kann.

Im Gegenteil. Das ist zumindest das Fazit einer Untersuchung der Psychologen [...] der University of Rochester (USA), die 128 Experimente analysiert haben. So lautet ihr Ergebnis: Belohnungen – von Süßigkeiten bis Geld – haben einen negativen Effekt auf die intrinsische Motivation, also die Selbstmotivation. In Zahlen: Bei jeder Dosis zusätzlicher Belohnung sinkt die intrinsische Motivation um 25 Prozent. [...]

Wie stark ein Mensch motiviert ist, entscheidet nicht nur das Charakterprofil, sondern vor allem auch das Motiv. Dabei gilt: „Je besser man etwas kann, je mehr Spaß es macht und je mehr Sinn für einen Menschen darin liegt, desto höher ist sein Antrieb“, erklärt der Psychologe Hugo Kehr von der TU München. [...]

[1] vs./versus: gegen
[2] Protagonist: zentrale Gestalt, Hauptfigur, Vorkämpfer

Quelle: Wellmann, Hannes: Was lässt mich aufgeben? (Und was weitermachen?), in: Welt der Wunder KOMPAKT 2/2020, S. 19ff., zu Prüfungszwecken bearbeitet.

M 2

Quelle: Mercker, Hannes, aus https://www.rheinpfalz.de/pfalz, Mai 2020

Arbeitsaufträge

1. Fassen Sie den Text in einer Inhaltsangabe zusammen. **6 P**

2. Im Text kommen folgende Begriffe als Fremdwörter vor. Suchen Sie diese heraus und ordnen Sie sie entsprechend zu. **2 P**

a) aufbegehrend, widersetzend
b) erledigen, ableisten, bewältigen
c) gewohnheitsmäßige Ausführung
d) Grundsatz, Grundregel

3. In Zeile 22 f. wird die Formulierung „seinen Willen brechen" verwendet.

a) Erklären Sie dieses sprachliche Bild im Textzusammenhang. **2 P**

b) Zitieren Sie zwei weitere sprachliche Bilder aus dem Text. **2 P**

4. Der Triathlet Jan Frodeno sagt über sich selbst: „Heute bin ich ein Meister des inneren Monologs" (Zeile 34 f.).

a) Erläutern Sie, was Jan Frodeno mit dieser Aussage meint. **2 P**

b) Formulieren Sie vier verschiedene Gedanken oder Appelle, wie sich ein Sportler während eines Wettkampfes selbst motivieren kann. **4 P**

5. Psychologen unterscheiden zwischen extrinsischer und intrinsischer Motivation (Zeile 58 ff.). Verdeutlichen Sie die beiden Arten der Motivation an je einem Beispiel aus Ihrem Lebensbereich. **4 P**

6. Beschreiben Sie die vorliegende Karikatur **M 2** und stellen Sie einen inhaltlichen Bezug zum Text her. **4 P**

7. „Wenn du alles gibst, kannst du dir nichts vorwerfen."
(Dirk Nowitzki, ehemaliger Basketballspieler)
Erörtern Sie diese Behauptung anhand konkreter, selbstgewählter Beispiele aus unterschiedlichen Lebensbereichen und nehmen Sie Stellung.
Erstellen Sie eine strukturierte Gliederung zum Thema. **10 P**

Die Abschlussprüfung

Es gibt in der Mathematik-Prüfung für den Mittleren Abschluss charakteristische Aufgaben, die sich in ähnlicher Form alljährlich wiederholen. All diese Aufgaben lassen sich im Wesentlichen in die in diesem Trainingsteil dargestellten Themenbereiche eingliedern. Jeder dieser Bereiche ist in vier Teile gegliedert.

1. **Basiswissen**
   Darin finden Sie die wichtigsten Formeln und Gesetze, die als Grundwissen vorausgesetzt werden und zur Lösung der Aufgaben unbedingt erforderlich sind.
2. **Typische Aufgabenstellung**
   So könnte eine Aufgabe aussehen. Sie wird sehr ausführlich, teilweise mit mehreren Lösungswegen, vorgerechnet.
3. **Übungsaufgaben**
   Anhand von sechs Übungsaufgaben können Sie überprüfen, ob Ihr Grundwissen und Ihre mathematischen Fertigkeiten ausreichen, alle gestellten Aufgaben zu bearbeiten.
4. **Lösungen** (im separaten Lösungsband)
   Alle Übungsaufgaben werden in leicht nachvollziehbaren Lösungsschritten vorgerechnet. Viele hilfreiche Tipps erleichtern die Lösungsfindung bei ähnlichen Aufgaben.

10 Tipps zum Lösen von Sachaufgaben

1. Lesen Sie den Text genau durch, eventuell sogar mehrmals.
2. Überlegen Sie, ob Sie eine ähnliche Aufgabe schon einmal gelöst haben.
3. Überlegen Sie, was gegeben ist und was gesucht wird.
4. Prüfen Sie, ob alle Größen in der gleichen Einheit angegeben sind.
5. Überlegen Sie, ob eine Skizze oder Tabelle hilfreich sein kann.
6. Denken Sie nach, welche Formeln Sie verwenden können.
7. Zerlegen Sie den Rechenweg in kleine Rechenschritte.
8. Notieren Sie die berechneten Zwischenergebnisse.
9. Machen Sie eine Probe, wenn noch genügend Zeit bleibt.
10. Formulieren Sie das Ergebnis als Antwortsatz.

1. Grundlagen

Basiswissen

Rechnen mit Einheiten

Längeneinheiten

·10 ·10 ·10 ·1000

mm cm dm m km

:10 :10 :10 :1000

Flächeneinheiten

jeweils · 100

mm^2 cm^2 dm^2 m^2 a ha km^2

jeweils : 100

Raumeinheiten

jeweils · 1000

mm^3 cm^3 dm^3 m^3

jeweils : 1000

Hohlmaße

1000 ml = 1 l
100 cl = 1 l
100 l = 1 hl

Zusammenhang

$1\ cm^3 = 1\ ml$
$1\ dm^3 = 1\ l$
$1\ m^3 = 1000\ l$
$100\ dm^3 = 1\ hl$

Gewichtseinheiten

jeweils · 1000

mg g kg t

jeweils : 1000

Zeiteinheiten

1 d = 24 h
1 h = 60 min
1 min = 60 s

Brüche und Prozente

$\frac{1}{100} \triangleq 1\%$	$\frac{1}{3} \triangleq 33{,}33\%$	$\frac{5}{8} \triangleq 62{,}5\%$
$\frac{1}{10} \triangleq 10\%$	$\frac{3}{8} \triangleq 37{,}5\%$	$\frac{2}{3} \triangleq 66{,}67\%$
$\frac{1}{8} \triangleq 12{,}5\%$	$\frac{2}{5} \triangleq 40\%$	$\frac{3}{4} \triangleq 75\%$
$\frac{1}{5} \triangleq 20\%$	$\frac{1}{2} \triangleq 50\%$	$\frac{4}{5} \triangleq 80\%$
$\frac{1}{4} \triangleq 25\%$	$\frac{3}{5} \triangleq 60\%$	$1 \triangleq 100\%$

Basiswissen

Distributivgesetz

$a \cdot (bx - cy - dz) = abx - acy - adz$

Eine Klammer wird mit einem Faktor multipliziert, indem man jedes Glied der Klammer mit dem Faktor multipliziert. Vorzeichenregeln beachten!

Ausklammern

$ax^2 + a^2xy - ax = ax\,(x + ay - 1)$

Besitzen alle Summanden den gleichen Faktor, so kann man diesen vor eine Klammer setzen.

Klammer · Klammer

$(a + b) \cdot (c - d) = ac - ad + bc - bd$

Jedes Glied der ersten Klammer wird mit jedem Glied der zweiten Klammer unter Beachtung der Vorzeichenregeln multipliziert.

Vorzeichenregeln bei zwei Faktoren

Multiplikation	Division
$(+) \cdot (+) \Rightarrow (+)$	$(+) : (+) \Rightarrow (+)$
$(+) \cdot (-) \Rightarrow (-)$	$(+) : (-) \Rightarrow (-)$
$(-) \cdot (+) \Rightarrow (-)$	$(-) : (+) \Rightarrow (-)$
$(-) \cdot (-) \Rightarrow (+)$	$(-) : (-) \Rightarrow (+)$

Merkregel
Zwei gleiche Zeichen ergeben plus, zwei verschiedene Zeichen ergeben minus.

Vorzeichenregeln bei mehreren Faktoren

Gerade Anzahl von Minuszeichen $\Rightarrow$ positives Ergebnis
Ungerade Anzahl von Minuszeichen $\Rightarrow$ negatives Ergebnis

Produktwert Null

$a \cdot b = 0 \;\Rightarrow\; a = 0 \text{ oder } b = 0$

Ein Produkt hat den Wert Null, wenn ein Faktor den Wert Null hat.

Binomische Formeln

$(a + b)^2 = a^2 + 2ab + b^2$	1. Binom
$(a - b)^2 = a^2 - 2ab + b^2$	2. Binom
$(a + b)\,(a - b) = a^2 - b^2$	3. Binom

Basiswissen

Rechnen mit Potenzen

$a^m \cdot a^n = a^{m+n}$

$a^m : a^n = a^{m-n}$

$a^n \cdot b^n = (a \cdot b)^n$

$\frac{a^n}{b^n} = \left(\frac{a}{b}\right)^n$

$(a^m)^n = a^{m \cdot n}$

$a^1 = a$

$a^0 = 1$

$a^{-n} = \frac{1}{a^n} \quad \left(\frac{a}{b}\right)^{-n} = \left(\frac{b}{a}\right)^n$

$(-a)^n = a^n$ wenn n gerade

$(-a)^n = -a^n$ wenn n ungerade

Rechnen mit Wurzeln

$\sqrt[2]{a} = \sqrt{a}$ verkürzte Schreibweise

$(\sqrt{a})^2 = a$

$\sqrt{a} \cdot \sqrt{b} = \sqrt{a \cdot b}$

$\frac{\sqrt{a}}{\sqrt{b}} = \sqrt{\frac{a}{b}}$

$(\sqrt{a})^n = \sqrt{a^n}$

$\sqrt{a} = a^{\frac{1}{2}}$

$\sqrt[n]{a} = a^{\frac{1}{n}}$

$\sqrt[n]{a^m} = a^{\frac{m}{n}}$

Typische Aufgabenstellung

Aufgabe 1

Wo steckt der Fehler?

$(2a)^3 \cdot (5a^2)^3 = 8a^3 \cdot 125a^5 = 1000a^8$

Lösung

$(a^2)^3$ ist nicht $a^{2+3} = a^5$, sondern $a^{2 \cdot 3} = a^6$

Aufgabe 2

Was muss in den Platzhaltern stehen, damit eine wahre Aussage entsteht?

$\left(\frac{3}{2}m + \bigcirc\right)^2 = \square + 6\,mn + ⬡$

Lösung

$\boxed{\frac{9}{4}m^2}$, weil $\left(\frac{3}{2}m\right)^2 = \frac{9}{4}m^2$

$2 \cdot \frac{3}{2}m \cdot \bigcirc = 6\,mn$

$3\,m \cdot \bigcirc = 6\,mn \quad | : 3\,m$

$\bigcirc = 2n \quad \Rightarrow \quad (2n)$

$\Rightarrow \quad ⬡\ 4n^2$

Übungsaufgaben

Aufgabe 1

a) Welche Zahl gehört in den Platzhalter?

1 3 7 15 $\square$ 63 127

b) Berechnen Sie:

$(-3) \cdot \frac{1}{3} \cdot 16 \cdot 2^3 \cdot (-3) \cdot \left(-\frac{1}{4^2}\right) \cdot (-2) \cdot (-1)$

c) Welche Zahl gehört in den Platzhalter?

$a^3 \cdot a^{\square} : a = a^8$

d) Vereinfachen Sie so weit wie möglich.

$\frac{(3x)^2}{(6x^2)^3}$

Aufgabe 2

Füllen Sie die Mauer aus. Das Produkt von zwei Mauersteinen steht jeweils im darüberliegenden Mauerstein.

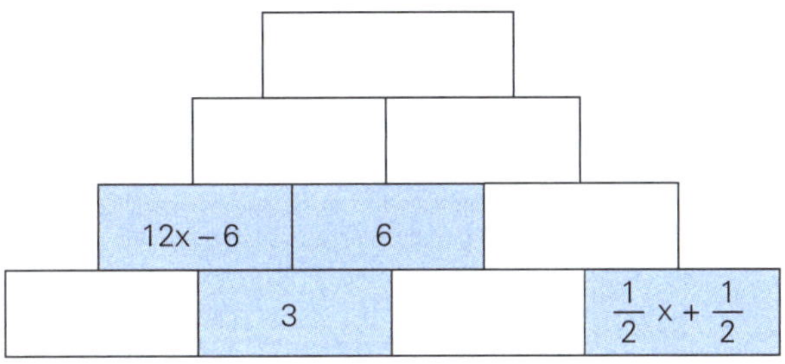

Aufgabe 3

a) Füllen Sie die Platzhalter aus, damit eine wahre Aussage entsteht.

$(\square - 3x)^2 =$ ⬡ $- 12xy + \bigcirc$

b) Wo steckt der Fehler? Streichen Sie ihn an und notieren Sie das richtige Ergebnis.

$\left(\frac{1}{4}x + \frac{1}{2}y\right)^2 = \frac{1}{8}x^2 + \frac{1}{4}xy + \frac{1}{4}y^2$

Aufgabe 4

a) Wenden Sie das Distributivgesetz an.
$-3ax \cdot (-5a^2 + 4ax^2 - 2a)$

b) Klammern Sie alle gemeinsamen Faktoren aus.
$3a^2c^2 - 12ac^2 - 3ac + 6ac^3$

Aufgabe 5

Vereinfachen Sie so weit wie möglich.

a) $2^{\frac{1}{2}} \cdot \sqrt{2}$

b) $(4x^2 \cdot 3y)^0$

c) $\sqrt{\frac{8x^4 \cdot y^5}{2x^2 y^3}}$

Aufgabe 6

Berechnen Sie:
$(10^4 \cdot 10^{-3}) : 10^{-2} + 0{,}5 \cdot 10^0 - 2^3 \cdot (10^6 : 10^3)$

2. Gleichungen

Basiswissen

Bruchgleichungen

Steht bei einer Gleichung die Variable mindestens einmal im Nenner, so liegt eine Bruchgleichung vor.

$$\frac{a}{x} + \frac{b}{x - c} = 0$$

Lösung einer Bruchgleichung

1. Definitionsmenge $\mathbb{D}$ bestimmen
2. Hauptnenner HN bestimmen
3. Mit dem Hauptnenner multiplizieren
4. Kürzen ⇒ es entsteht eine lineare oder quadratische Gleichung
5. Gleichung lösen
6. Lösungsmenge bestimmen, dabei $\mathbb{D}$ beachten!

Quadratische Gleichungen

Ist bei einer Gleichung die höchste Potenz einer Variablen ein Quadrat, so liegt eine quadratische Gleichung vor.

$$ax^2 + bx + c = 0$$

Lösung einer quadratischen Gleichung

Lösungsformel für die allgemeine Form:

$$ax^2 + bx + c = 0$$

⇓

$$x_{1/2} = \frac{-b \pm \sqrt{D}}{2a} \quad \text{mit } D = b^2 - 4ac$$

Lösungsformel für die Normalform:

$$x^2 + px + q = 0$$

⇓

$$x_{1/2} = -\frac{p}{2} \pm \sqrt{D} \quad \text{mit } D = \left(\frac{p}{2}\right)^2 - q$$

Beachten Sie:

$D > 0$ ⇒ 2 Lösungen
$D = 0$ ⇒ 1 Lösung
$D < 0$ ⇒ keine Lösung

Typische Aufgabenstellung

Aufgabe 1

$$\frac{12}{x} - \frac{12}{x + 1} = 1$$

$$\frac{12x\,(x + 1)}{x} - \frac{12x\,(x + 1)}{x + 1} = 1 \cdot x\,(x + 1)$$

$$12\,(x + 1) - 12x = x\,(x + 1)$$

$$12x + 12 - 12x = x^2 + x$$

$$12 = x^2 + x$$

$$-x^2 - x + 12 = 0$$

zwei Möglichkeiten der Lösung

$$-x^2 - x + 12 = 0 \qquad\qquad x^2 + x - 12 = 0$$

Lösungsschritte

① $\mathbb{D} = \mathbb{R} \setminus \{0; -1\}$
② HN = x (x +1)
③ mit dem HN multiplizieren
④ kürzen
Distributivgesetz anwenden
zusammenfassen

Lösungsschritte

⑤ Gleichung lösen

Allgemeine Form: oder Normalform:

$a = -1 \quad b = -1 \quad c = 12$

$$x_{1/2} = \frac{1 \pm \sqrt{(-1)^2 - 4 \cdot (-1) \cdot 12}}{2 \cdot (-1)}$$

$$x_{1/2} = \frac{1 \pm \sqrt{49}}{-2}$$

$$x_1 = \frac{1+7}{-2} \qquad x_2 = \frac{1-7}{-2}$$

$$x_1 = -4 \qquad x_2 = 3$$

Normalform:

$p = 1 \quad q = -12$

$$x_{1/2} = -\frac{1}{2} \pm \sqrt{\left(\frac{1}{2}\right)^2 + 12}$$

$$x_{1/2} = -\frac{1}{2} \pm \sqrt{\frac{49}{4}}$$

$$x_1 = -\frac{1}{2} - \frac{7}{2} \qquad x_2 = -\frac{1}{2} + \frac{7}{2}$$

$$x_1 = -4 \qquad x_2 = 3$$

⑥ Lösungsmenge bestimmen

Beide Lösungen werden in der Definitionsmenge nicht ausgeschlossen.
$\Rightarrow \mathbb{L} = \{-4; 3\}$

Übungsaufgaben

Aufgabe 1

a) $\frac{3x-2}{x+1} = \frac{3x-5}{x-1} \qquad \mathbb{G} = \mathbb{R}$

b) $\frac{x}{x-1} - \frac{1,5}{1-x} = 1 \qquad \mathbb{G} = \mathbb{R}$

Aufgabe 2

$\frac{1}{x^2} - \frac{1}{x+2} = 0 \qquad \mathbb{G} = \mathbb{R}$

Aufgabe 3

$2x^2 - 4x + 5 = 0 \qquad \mathbb{G} = \mathbb{R}$

Aufgabe 4

$(x-2)^2 + 10x = 44 \qquad \mathbb{G} = \mathbb{N}$

Aufgabe 5

Im rechtwinkligen Dreieck ABC ist eine Kathete 7 cm länger als die andere.
Wie lang müssen beide Katheten sein, wenn die Hypotenuse 13 cm lang ist?

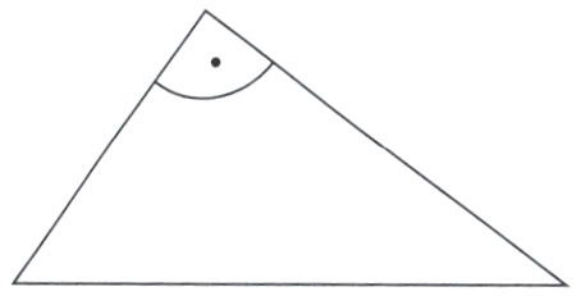

Aufgabe 6

Familie Kaiser hat in ihrem Garten eine rechteckige Fläche von 300 m² für den Anbau von Gemüse und Erdbeeren angelegt (siehe Skizze). Die rechteckige Fläche soll in zwei Rechtecke geteilt werden, wobei die Fläche für den Gemüseanbau 180 m² groß sein soll. Die Längen der beiden Anbauflächen unterscheiden sich um 5 Meter. Wie lang müssen die beiden Beete werden?

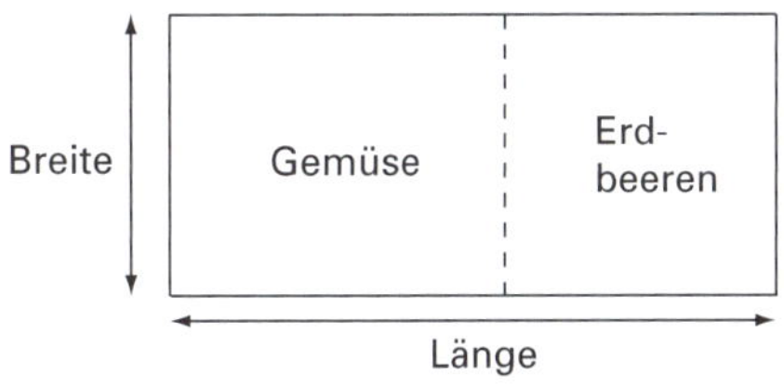

3. Lineare Gleichungssysteme mit zwei Variablen

Basiswissen

Es gibt insgesamt vier Lösungsverfahren:

Graphisches Verfahren	Die beiden Gleichungen werden als Geradengleichungen betrachtet und in die Normalform $y = mx + t$ übergeführt. Die Koordinaten des Schnittpunktes der beiden Geraden ist das Lösungspaar $\mathbb{L} = \{(x \mid y)\}$.
Gleichsetz-verfahren	Beide Gleichungen werden nach einer Variablen aufgelöst und dann gleichgesetzt. Man erhält eine Gleichung mit einer Variablen. Den errechneten Wert dieser Variablen setzt man dann in eine der beiden Gleichungen ein und errechnet den Wert der zweiten Variablen.
Einsetz-verfahren	Eine Gleichung wird nach einer Variablen aufgelöst. Diese setzt man in die andere Gleichung ein und man erhält eine Gleichung mit einer Variablen. Den berechneten Wert dieser Variablen setzt man dann wieder in die erste Gleichung ein und errechnet den Wert der zweiten Variablen.
Additions-verfahren	Beide Gleichungen werden übersichtlich nach Variablen geordnet untereinander geschrieben. Durch geschicktes Multiplizieren müssen bei **einer** Variablen in beiden Gleichungen die gleichen Beizahlen mit **verschiedenen Vorzeichen** stehen. Durch Addition der beiden Gleichungen entfällt diese Variable und man kann die zweite Variable berechnen. Den berechneten Wert dieser Variablen setzt man in eine der beiden Gleichungen ein und errechnet dann den Wert der zweiten Variablen.

Tipp:
Wenden Sie stets das Verfahren an, das Ihnen am sinnvollsten erscheint!

Typische Aufgabenstellung

Bestimmen Sie die Lösung des folgenden Gleichungssystems:

I $y = \frac{1}{4}x + 2$

II $5x + 4y + 4 = 0$

Das Gleichungssystem wird mit allen vier Verfahren gelöst.

Graphisches Verfahren

Gleichung I ist bereits in der Normalform.

II: $5x + 4y + 4 = 0 \quad | -5x - 4$

$4y = -5x - 4 \quad | :4$

$y = -\frac{5}{4}x - 1$

g_1: $y = \frac{1}{4}x + 2$

g_2: $y = \frac{-5}{4}x - 1$

$g_1 \cap g_2 = \{S\}$

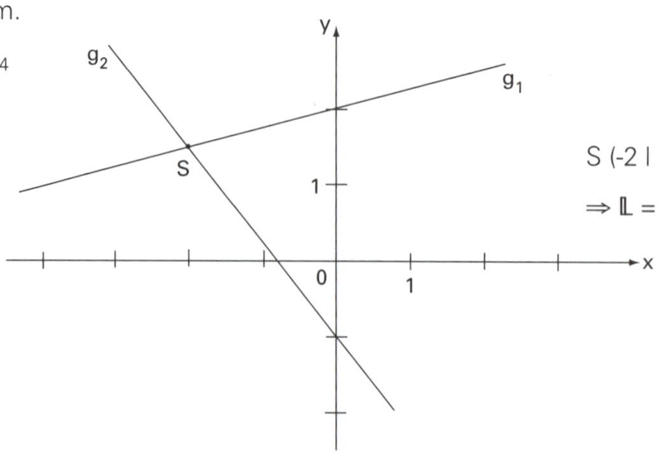

S (-2 | 1,5)

$\Rightarrow \mathbb{L} = \{(-2 \mid 1{,}5)\}$

Gleichsetzverfahren

I: $y = \frac{1}{4}x + 2$

II: $5x + 4y + 4 = 0$ $\Rightarrow$ III: $y = -\frac{5}{4}x - 1$

(I) = (III): $\frac{1}{4}x + 2 = -\frac{5}{4}x - 1$ $\quad | + \frac{5}{4}x - 2$

$\frac{6}{4}x = -3$ $\quad | \cdot \frac{4}{6}$

$x = -2$

x = -2 in I: $y = \frac{1}{4} \cdot (-2) + 2$

$y = 1{,}5$ $\Rightarrow$ $\mathbb{L} = \{(-2 \mid 1{,}5)\}$

Einsetzverfahren

I: $y = \frac{1}{4}x + 2$

II: $5x + 4y + 4 = 0$

(I) in (II): $5x + 4\left(\frac{1}{4}x + 2\right) + 4 = 0$

$5x + x + 8 + 4 = 0$

$6x + 12 = 0$ $\quad | - 12$

$6x = -12$ $\quad | : 6$

$x = -2$

x = -2 in I: $y = \frac{1}{4} \cdot (-2) + 2$

$y = 1{,}5$ $\Rightarrow$ $\mathbb{L} = \{(-2 \mid 1{,}5)\}$

Additionsverfahren

I: $y = \frac{1}{4}x + 2$ $\quad | \cdot 4$ $\Rightarrow$ $4y = x + 8$ $\quad | - x - 8$

II: $5x + 4y + 4 = 0$ $\qquad 4y - x - 8 = 0$

III: $-x + 4y - 8 = 0$ (Ordnen!)

III: $-x + 4y - 8 = 0$

II: $5x + 4y + 4 = 0$ $\quad | \cdot (-1)$

III: $-x + 4y - 8 = 0$

IV: $-5x - 4y - 4 = 0$

(III) + (IV): $-6x - 12 = 0$ $\quad | + 12$

$-6x = 12$ $\quad | : (-6)$

$x = -2$

x = -2 in I: $y = \frac{1}{4} \cdot (-2) + 2$

$y = 1{,}5$ $\Rightarrow$ $\mathbb{L} = \{(-2 \mid 1{,}5)\}$

Übungsaufgaben

Lösen Sie die Aufgaben nach dem Verfahren, das Ihnen am sinnvollsten erscheint.

Aufgabe 1

I $2x - 4y = -8$

II $x - y - 5 = 0$

Aufgabe 2

I $3x - 1{,}5y = 4{,}5$

II $2x - 7y = 15$

Aufgabe 3

I $y = 0{,}25x + 0{,}875$

II $y = 0{,}2x - 2{,}1$

Aufgabe 4

Fertigen Sie aus einem 27 cm langen Draht ein gleichschenkliges Dreieck, bei dem ein Schenkel 6 cm länger ist als die Basis. Wie lang müssen Basis und Schenkel sein?

Aufgabe 5

In einem großen Hotel gibt es insgesamt 255 Zimmer (Einzelzimmer und Doppelzimmer) mit 465 Betten. Berechnen Sie die Anzahl der Einzel- und Doppelzimmer.

Aufgabe 6

Ein Feinkosthändler mischt Kaffee nach dem Wunsch seiner Kunden.

	Sorte A	Sorte B	Preis pro kg
Mischung I	3 kg	2 kg	8,80 €
Mischung II	3 kg	5 kg	9,25 €

Wie teuer ist jeweils ein Kilogramm der Sorte A und der Sorte B?

4. Prozent- und Zinsrechnung

Basiswissen

Prozentrechnung		**Zinsrechnung**
Grundwert GW	⟷	Kapital K
Prozentwert PW	⟷	Zinsen Z
Prozentsatz p	⟷	Zinssatz p
		+ Zeit t

$$GW = \frac{PW \cdot 100}{p}$$

$$PW = \frac{p \cdot GW}{100}$$

$$p = \frac{PW \cdot 100}{GW}$$

Jahreszinsen $Z = \frac{K \cdot p}{100}$

Monatszinsen $Z = \frac{K \cdot p \cdot M}{100 \cdot 12}$ M ≙ Anzahl der Monate

Tageszinsen $Z = \frac{K \cdot p \cdot T}{100 \cdot 360}$ T ≙ Anzahl der Tage

Kapitalentwicklung durch „Zinseszins"

$$K_n = K_0 \cdot \left(1 + \frac{p}{100}\right)^n$$

$$q = 1 + \frac{p}{100}$$

$$K_n = K_0 \cdot q^n$$

K_0 = Anfangskapital
K_n = Kapital nach n Jahren
p = Zinssatz
q = Zinsfaktor
n = Anzahl der Jahre

Typische Aufgabenstellung

(1)

Aufgabe 1

Familie Glück hat im Lotto 280 000 € gewonnen. Sie teilt das Geld wie folgt auf:
5% für eine Reise in die USA
12% für das Studium der drei Kinder
15% für ein neues Auto
1% für eine Spende
Den Rest legt die Familie bei einer Bank zu einem jährlichen Zinssatz von 3,5% so lang an, bis sich der Betrag verdoppelt hat. Wie viele Euro plant die Familie für die USA-Reise, für das Studium, für ein neues Auto und für eine Spende ein?

Lösung

I. Möglichkeit

Dreisatz:

$100\% \triangleq 280\,000\ €$

$1\% \triangleq \frac{280\,000\ €}{100} = 2800\ €$ Spende

$5\% \triangleq 5 \cdot 2800\ € = 14\,000\ €$ USA-Reise

$12\% \triangleq 12 \cdot 2800\ € = 33\,600\ €$ Studium

$15\% \triangleq 15 \cdot 2800\ € = 42\,000\ €$ Auto

II. Möglichkeit

Formel:

$$PW = \frac{p \cdot GW}{100}$$

$PW = \frac{1 \cdot 280\,000\ €}{100} = 2800\ €$ Spende

$PW = \frac{5 \cdot 280\,000\ €}{100} = 14\,000\ €$ USA-Reise

$PW = \frac{12 \cdot 280\,000\ €}{100} = 33\,600\ €$ Studium

$PW = \frac{15 \cdot 280\,000\ €}{100} = 42\,000\ €$ Auto

Aufgabe 2

Welchen Betrag legt die Familie bei der Bank an?

Lösung

$280\,000\ € - (2800\ € + 14\,000\ € + 33\,600\ € + 42\,000\ €) = 187\,600\ €$

Die Familie legt 187 600 € bei einer Bank an.

Aufgabe 3

Nach wie vielen Jahren hat sich der Geldbetrag auf der Bank verdoppelt?

Lösung

$$K_n = K_0 \cdot \left(1 + \frac{p}{100}\right)^n$$

$K_0 = 187\,000\ €$ $\quad p = 3{,}5$ $\quad K_n = 375\,200\ €$

$375\,200\ € = 187\,000\ € \cdot \left(1 + \frac{3{,}5}{100}\right)^n$ $\quad | : 187\,000\ €$

$2 = 1{,}035^n$

oder

$$\log = \log_{10} \qquad \log a^n = n \cdot \log a$$

$n = \log_{1{,}035} 2$

$n = \frac{\log 2}{\log 1{,}035}$

$n = 20{,}15$

$\log 2 = \log 1{,}035^n$

$\log 2 = n \cdot \log 1{,}035$ $\quad | : \log_{1{,}035}$

$n = \frac{\log 2}{\log 1{,}035}$

$n = 20{,}15$

Nach 20,15 Jahren hat sich der Betrag verdoppelt.

„Faustformel" für die Kapitalverdopplung:

$$n = \frac{70}{p}$$

Für dieses Beispiel:

$$n = \frac{70}{3{,}5}$$

$$n = 20$$

Übungsaufgaben

Aufgabe 1

a) Berechnen Sie jeweils die fehlenden Werte:

	Grundwert GW	Prozentwert PW	Prozentsatz p
I.	240 €		2,5
II.	800 €	120 l	
III.		45 m²	3

b) 6500 € werden zu einem Zinssatz von jährlich 3,2% für 7 Monate angelegt. Berechnen Sie die Höhe der Zinsen.

c) Für einen Geldbetrag erhält man bei einem jährlichen Zinssatz von 3,5% nach 162 Tagen 112,50 € Zinsen. Berechnen Sie die Höhe des angelegten Geldbetrages.

Aufgabe 2

Die Finanzkrise in den Jahren 2008/2009 hat für viele Geschäfte große Probleme gebracht. So musste z. B. ein Autohändler einen Pkw mit 12% Verlust zu einem Preis von 21 500 € (einschließlich 19% Mehrwertsteuer) verkaufen. Geben Sie seinen Nettoverlust in Euro an.

Aufgabe 3

Berechnen Sie jeweils die fehlenden Werte:

	K_0 (in €)	p (in %)	q	n (Jahre)	K_n (in €)
a)	12 000	4,2		3	
b)			1,035	4	2400
c)	50 000	3,8			68 000

Aufgabe 4

Familie Bauer hat für einen Teil des Lottogewinns eine Wohnung zur Vermietung gekauft.

Preis der Wohnung: 120 000 €
Größe: 72 m²
Miete pro Monat: 5,80 € je m²

a) Berechnen Sie die jährlichen Mieteinnahmen.

b) Wäre es für Familie Bauer finanziell besser gewesen, wenn sie den gesamten Betrag bei einer Bank zu einem jährlichen Zinssatz von 3,8% angelegt hätte?

Aufgabe 5

Uwe möchte sich ein Fahrrad zum Preis von 840 € kaufen. Sein gewünschtes Modell erscheint aber erst in 4 Monaten. 800 € hat er bereits gespart. Er legt dieses Geld für 4 Monate bei einer Bank zu einem jährlichen Zinssatz von 3,4% an. Wie viel Prozent des Kaufpreises fehlen ihm dann trotzdem noch?

Aufgabe 6

Zwei Geldbeträge werden bei einer Sparkasse angelegt.
A: 5000 €, jährlicher Zinssatz 4,2%
B: 6000 €, jährlicher Zinssatz 2,4%
Das Geld soll möglichst lange auf dem Konto bleiben.

a) Stellen Sie das exponentielle Wachstum der beiden Geldbeträge in einer Funktionsgleichung dar.

b) Stellen Sie die Kapitalentwicklung beider Beträge in einer Wertetabelle dar.
Runden Sie auf ganze Euro.

Jahre	**0**	**2**	**4**	**6**	**8**	**10**	**12**	**14**	**16**
A: 5000 €									
B: 6000 €									

c) Zeichnen Sie die beiden Graphen der Kapitalentwicklung.

x-Achse: 1 cm ≙ 2 Jahre
y-Achse: 1 cm ≙ 1000 €

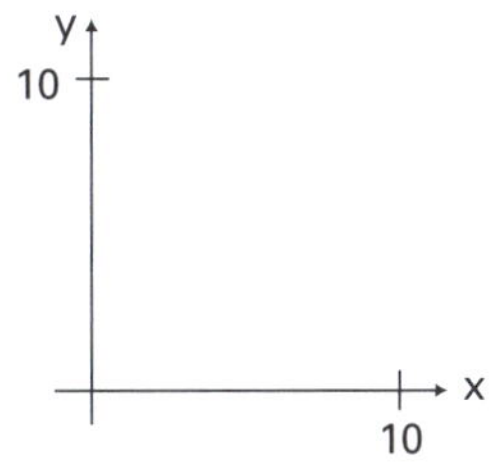

d) Bestimmen Sie anhand des Graphen: Nach wie vielen Jahren sind auf beiden Konten gleich viel Euro? Wie hoch ist dieser Betrag?

e) Überprüfen Sie das Ergebnis aus c) rechnerisch.

5. Lineare Funktionen

Basiswissen

Der Graph einer linearen Funktion ist eine **Gerade**.

Allgemeine Form → **Normalform**

$ax + by + c = 0$ → $y = mx + t$

m: Steigung
t: Achsenabschnitt

Basiswissen

Steigung m zwischen zwei Punkten:

$m = \frac{y_2 - y_1}{x_2 - x_1}$	$m = \tan \alpha$

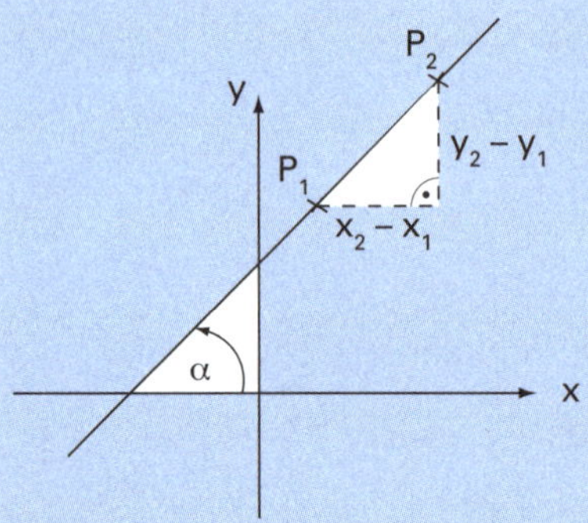

Punkt-Steigungsform

$y = m(x - x_1) + y_1$ $P_1 \in g$

Parallele Geraden

$g_1 \parallel g_2 \Leftrightarrow m_1 = m_2$

Senkrechte Geraden

$g_1 \perp g_2 \Leftrightarrow m_2 = -\frac{1}{m_2}$
bzw.
$m_1 \cdot m_2 = -1$

Typische Aufgabenstellung

A (-2 I 1), B (2 I 2), C (1,5 I -1), D (2 I -2,5), g_2: $x - 5y - 12 = 0$

Aufgabe 1

Bestimmen Sie die Gleichung der Geraden g_1, die durch die Punkte A und B verläuft.

Lösung

Zuerst wird die Steigung m berechnet:

$m = \frac{2 - 1}{2 + 2}$

$m = \frac{1}{4}$

g_1: $y = \frac{1}{4}x + t$

Jetzt wird einer der beiden Punkte A oder B eingesetzt:

$B \in g_1$: $2 = \frac{1}{4} \cdot 2 + t$

$2 = \frac{1}{2} + t$

$t = 1{,}5 \qquad \Rightarrow g_1\text{: } y = \frac{1}{4}x + 1{,}5$

Aufgabe 2

Zeichnen Sie A, B, C, g_1 und g_2 in ein Koordinatensystem.

Lösung

Zuerst muss die Normalform von g_2 bestimmt werden.

$x - 5y - 12 = 0 \quad | -x + 12$

$-5y = -x + 12 \quad | : (-5)$

g_2: $y = \frac{1}{5}x - 2{,}4$

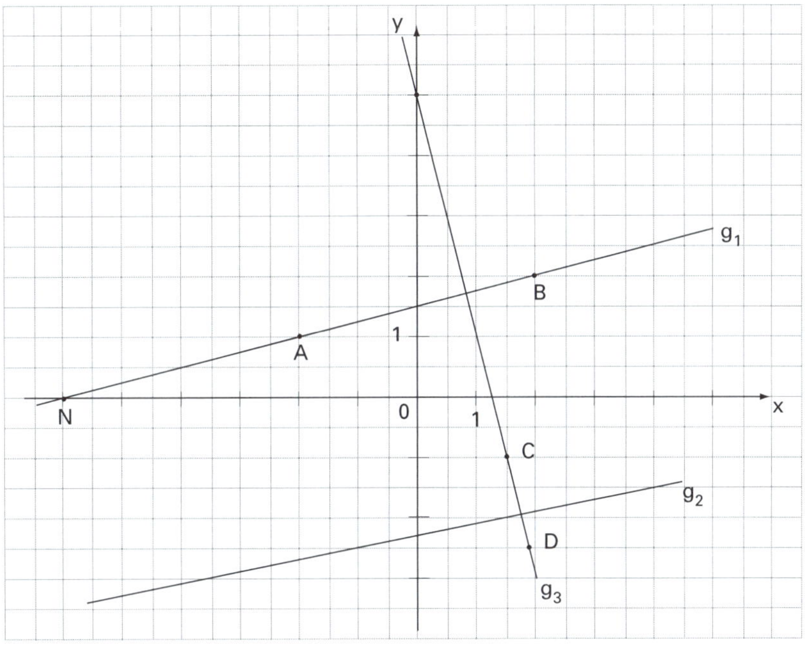

Aufgabe 3

Überprüfen Sie, ob g_2 parallel zu g_1 ist.

Lösung

$m_1 = \frac{1}{4}, \quad m_2 = \frac{1}{5} \quad \Rightarrow m_1 \neq m_2$

$\Rightarrow$ g_1 und g_2 sind nicht zueinander parallel.

Aufgabe 4

Bestimmen Sie die Gleichung von g_3, für die gilt:
$g_3 \perp g_1$ und $C \in g_3$. Zeichnen Sie g_3 in das Koordinatensystem.

Lösung

$m_{g_1} = \frac{1}{4} \quad \Rightarrow \quad m_{g_3} = -4$

g_3: $y = -4x + t$

C in g_3 eingesetzt:

$-1 = -4 \cdot 1{,}5 + t$

$t = 5 \quad \Rightarrow \quad g_3: y = -4x + 5$

Aufgabe 5

Überprüfen Sie durch Zeichnung und Rechnung, ob der Punkt D auf g_3 liegt.

Lösung

Durch Zeichnung ist es nicht eindeutig feststellbar. Die Koordinaten von D werden in die Geradengleichung von g_3 eingesetzt:

$-2{,}5 = -4 \cdot 2 + 5$
$-2{,}5 = -3 \quad \text{(f)} \quad \Rightarrow \quad D \notin g_3$

Aufgabe 6

Berechnen Sie den Schnittpunkt N der Geraden g_1 mit der x-Achse. Ergänzen Sie den Punkt N im Koordinatensystem.

Lösung

Der Schnittpunkt mit der x-Achse heißt **Nullstelle.**
Zur Berechnung setzt man y = 0!

$g_1\colon y = \frac{1}{4}x + 1{,}5 \quad \wedge \quad y = 0$

$\Rightarrow \frac{1}{4}x + 1{,}5 = 0 \qquad | -1{,}5$

$\frac{1}{4}x = -1{,}5 \qquad | \cdot 4$

$x = -6 \qquad \Rightarrow N(-6 \mid 0)$

Übungsaufgaben

Aufgabe 1

a) Bestimmen Sie die Gleichungen der drei Geraden g_1, g_2 und g_3.

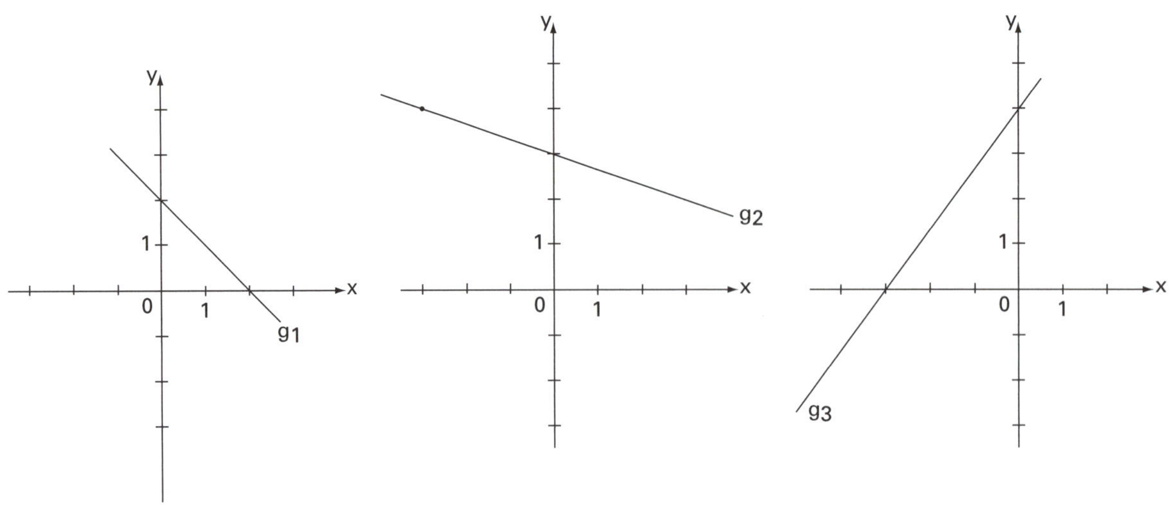

b) Zeichnen Sie die Geraden in das nebenstehende Koordinatensystem.

g_4: y = 0,2x + 2
g_5: y = -2
g_6: y = -0,75x – 1

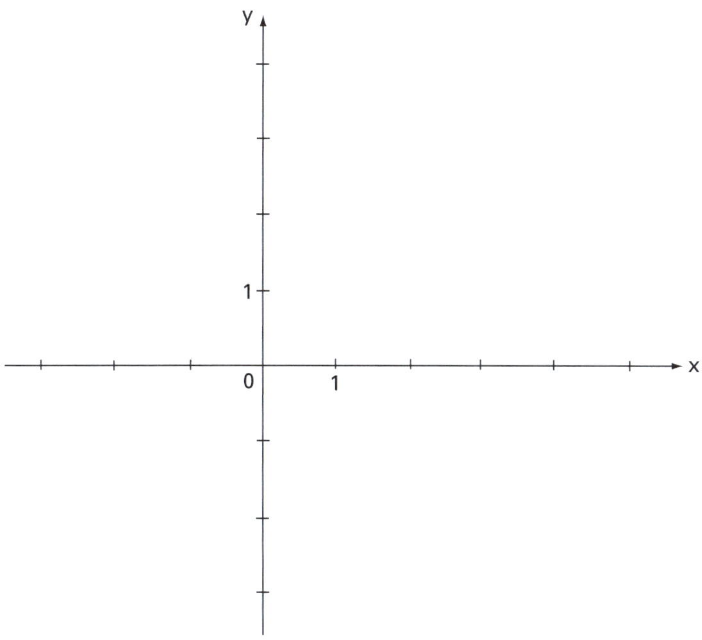

c) Geben Sie die Gleichung der Geraden g_7: 3x – 5y + 12 = 0 in der Normalform an.

Aufgabe 2

Berechnen Sie die Nullstellen der Geraden h_1: $\frac{1}{2}x - 0{,}5y + 6 = 0$ und h_2: $y = -\frac{4}{3}x - 2$.

Aufgabe 3

Bestimmen Sie die Steigung der Geraden durch die Punkte:

a) A (-4 I -1) B (1,5 I -4)

b) C (0,5 I -2) D (8 I -1,5)

Aufgabe 4

Eine Gerade g verläuft durch die Punkte P_1 (-4 I -1) und P_2 (1 I 0,5). Bestimmen Sie die Gleichung der Geraden g.

Aufgabe 5

g_1: $y = -\frac{3}{4}x + 1$, A (1 I 4), B (-1 I -3), C (3 I 2,5) g_2: $y = \frac{1}{4}x - 1$

a) Bestimmen Sie die Gleichung der Geraden h mit h II g_1 und $A \in h$.

b) Bestimmen Sie die Gleichung der Geraden l mit $l \perp g_1$ und $B \in l$.

c) Überprüfen Sie durch Rechnung, ob C auf h liegt.

d) Bestimmen Sie die Koordinaten des Schnittpunktes S der beiden Geraden g_1 und g_2.

e) Zeichnen Sie A, B, C, S, g_1, g_2, h und l in ein Koordinatensystem.

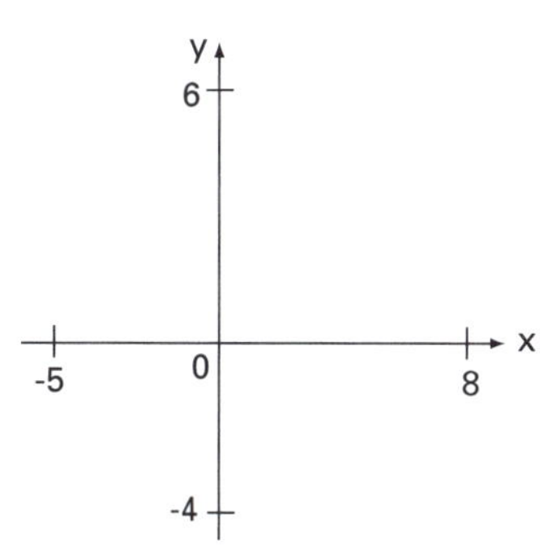

Aufgabe 6

Die beiden Freunde Tim und Jonas aus Hof wollen mit ihren Fahrrädern in den Frankenwald fahren. Tim startet um 9.00 Uhr und legt in der Stunde 12 km zurück. Jonas startet eine halbe Stunde später mit einer Durchschnittsgeschwindigkeit von 15 $\frac{\text{km}}{\text{h}}$.

Zu welcher Uhrzeit und nach wie vielen Kilometern holt Jonas Tim ein?

a) Lösen Sie zeichnerisch: x-Achse: 1 cm ≙ 15 min
y-Achse: 1 cm ≙ 4 km

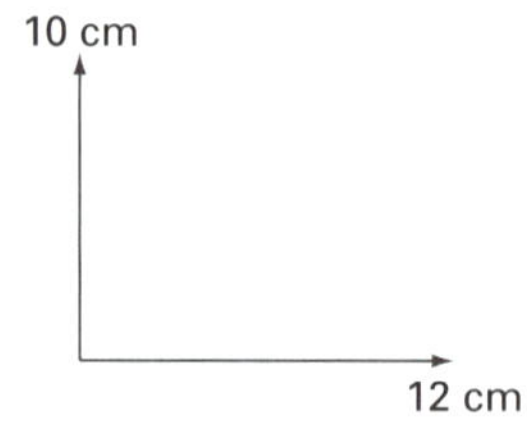

b) Überprüfen Sie das zeichnerische Ergebnis durch Rechnung.

6. Quadratische Funktionen

Basiswissen

Der Graph einer quadratischen Funktion ist eine **Parabel.**

Die Normalparabel

$y = x^2 + px + q$ bzw. $y = -x^2 + px + q$

Faktor (+1) ⇒ nach oben geöffnet

Faktor (-1) ⇒ nach unten geöffnet

$S\left(-\frac{p}{2} \mid q - \left(\frac{p}{2}\right)^2\right)$ Scheitelkoordinaten $S(x_S \mid y_S)$ $S\left(\frac{p}{2} \mid q + \left(\frac{p}{2}\right)^2\right)$

Neben der **Normalform** $y = \pm x^2 + px + q$ gibt es auch

⇓

die **Scheitelpunktform** $y = \pm (x - x_S)^2 + y_S$ mit $S(x_S \mid y_S)$.

Durch den Scheitel S verläuft die Symmetrieachse der Parabel.
⇒ Gleichung der Symmetrieachse: $x = x_S$

Basiswissen

Parabel und Gerade

Zwei Schnittpunkte	Ein Berührpunkt	Kein Schnittpunkt
$p \cap g = \{A; B\}$	$p \cap g = \{B\}$	$p \cap g = \{\,\}$
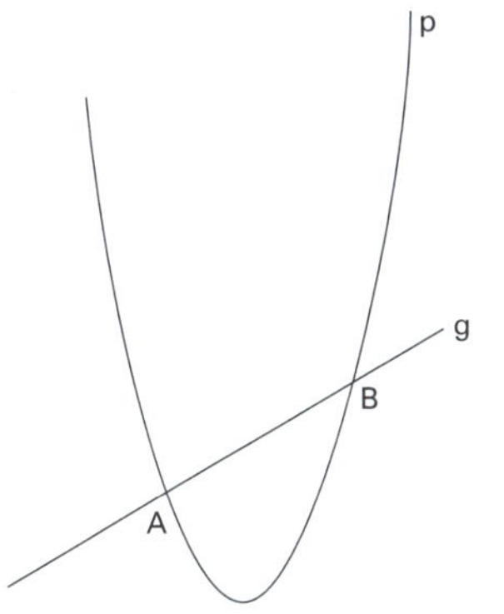	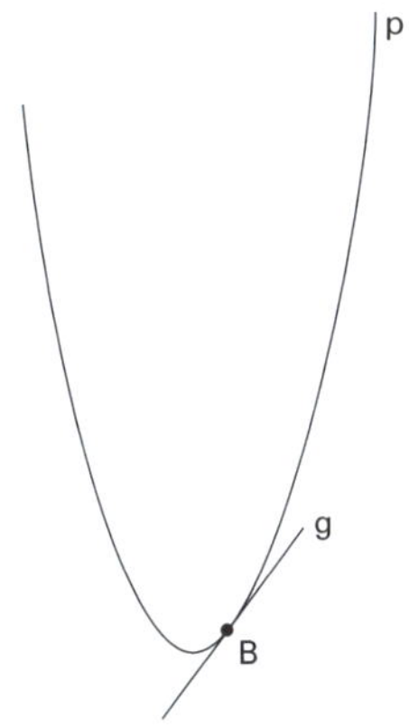	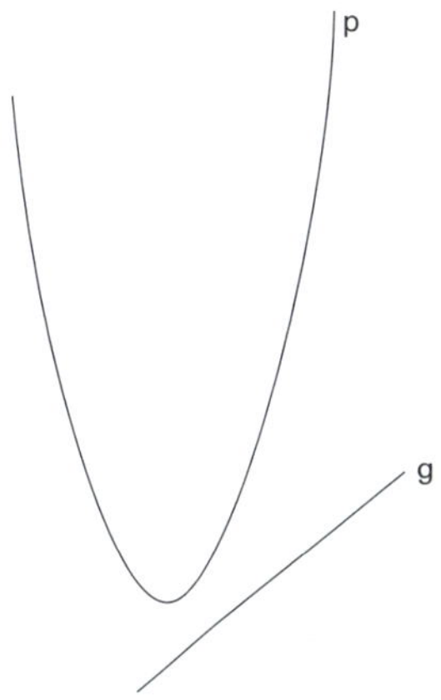
	Die zugehörige quadratische Gleichung* $x^2 + px + q = 0$ hat	
zwei Lösungen Diskriminante $D > 0$	eine Lösung Diskriminante $D = 0$	keine Lösung Diskriminante $D < 0$

* Siehe dazu auch Themenbereich „Gleichungen".

Die allgemeine Parabel

$y = ax^2 + c$ bzw. $y = ax^2 + bx + c$

Der Scheitel S liegt auf der y-Achse.

Der Scheitel S liegt beliebig im Koordinatensystem.

Scheitelkoordinaten
$S\,(x_S \mid y_S)$

$$S\left(-\frac{b}{2a} \mid c - \frac{b^2}{4a}\right)$$

Bedeutung von a:
$a > 0$: nach oben geöffnet
$a < 0$: nach unten geöffnet
$a > 1$ bzw. $a < -1$: steiler (enger) als Normalparabel
$0 < a < 1$ bzw. $-1 < a < 0$: flacher (breiter) als Normalparabel

Typische Aufgabenstellung

Aufgabe 1

Eine nach unten geöffnete Normalparabel p verläuft durch die Punkte A (-0,5 I -2,25) und B (3 I 3).
Die Gerade g: $y = -\frac{1}{2}x + 3{,}5$ schneidet die Parabel in den Punkten P_1 und P_2. Bestimmen Sie die Gleichung der Parabel p.

Lösung

Nach unten geöffnet $\Rightarrow$ Faktor bei x^2 ist -1!

p: $y = -x^2 + px + q$

A in p eingesetzt:

$$-2{,}25 = -(-0{,}5)^2 - 0{,}5p + q$$
$$-2{,}25 = -0{,}25 - 0{,}5p + q \qquad | + 0{,}25$$
$$\text{I:} \quad -2 = -0{,}5p + q$$

B in p eingesetzt:

$$3 = -3^2 + 3p + q$$
$$3 = -9 + 3p + q \qquad | + 9$$
$$\text{II:} \quad 12 = 3p + q$$

I: $-2 = -0{,}5p + q$ $\quad | \cdot (-1) \quad \Rightarrow$ III: $2 = 0{,}5p - q$

II: $12 = 3p + q$ $\qquad\qquad\qquad\quad$ II: $12 = 3p + q$

III + II: $14 = 3{,}5p \qquad | : 3{,}5$

IV: $p = 4$

IV in II:
$$12 = 3 \cdot 4 + q$$
$$12 = 12 + q \qquad | - 12$$
$$q = 0$$

$\Rightarrow$ p: $y = -x^2 + 4x$

Aufgabe 2

Bestimmen Sie die Scheitelkoordinaten S.

Lösung

I. Möglichkeit

Quadratische Ergänzung:

$y = -x^2 + 4x$ (Faktor bei x^2 ausklammern)

$y = -[x^2 - 4x]$ (quadratische Ergänzung)

$y = -[x^2 - 4x + 2^2 - 2^2]$ (Binom)

$y = -[(x - 2)^2 - 4]$ (eckige Klammer auflösen)

$y = -(x - 2)^2 + 4$

$\Rightarrow$ S (2 I 4)

II. Möglichkeit

Mit der Formel:

$y = -x^2 + 4x$

$p = 4 \quad q = 0 \quad \Rightarrow \quad S\left(\frac{p}{2} \mid q + \left(\frac{p}{2}\right)^2\right)$

S (2 I 4)

Aufgabe 3

Bestimmen Sie die Koordinaten der Schnittpunkte P_1 und P_2 der Parabel p mit der Geraden g.

Lösung

p: $y = -x^2 + 4x$

g: $y = -\frac{1}{2}x + 3,5$

$\Rightarrow \quad -x^2 + 4x = -\frac{1}{2}x + 3,5 \quad \mid + \frac{1}{2}x - 3,5$

$-x^2 + 4,5x - 3,5 = 0 \quad \mid \cdot (-1)$

$x^2 - 4,5x + 3,5 = 0$

$$x_{1/2} = -\frac{p}{2} \pm \sqrt{\left(\frac{p}{2}\right)^2 - q}$$

$x_{1/2} = 2,25 \pm \sqrt{(-2,25)^2 - 3,5}$

$x_{1/2} = 2,25 \pm 1,25$

$x_1 = 1 \qquad x_2 = 3,5$

x_1 und x_2 in g einsetzen:

$y_1 = -\frac{1}{2} \cdot 1 + 3,5 = 3 \qquad \Rightarrow P_1\,(1 \mid 3)$

$y_2 = -\frac{1}{2} \cdot 3,5 + 3,5 = 1,75 \qquad \Rightarrow P_2\,(3,5 \mid 1,75)$

Aufgabe 4

Zeichnen Sie p, g, A, B, P_1, P_2 in ein Koordinatensystem.

Lösung

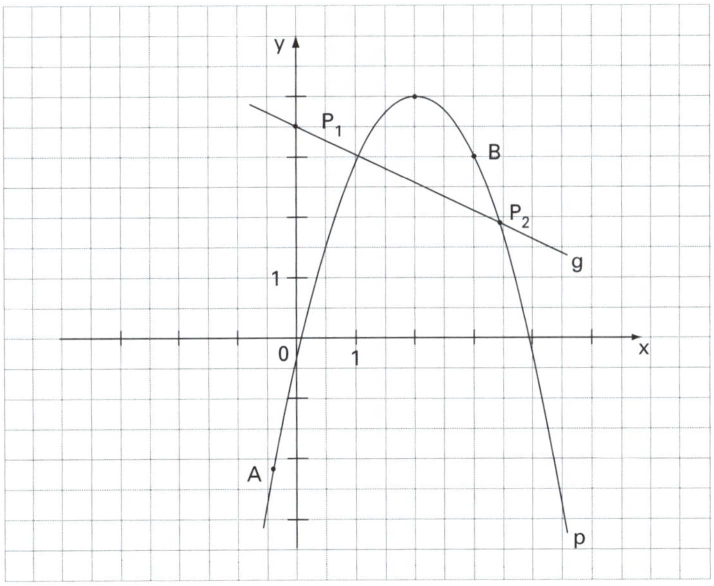

Übungsaufgaben

Aufgabe 1

Zu welchen Parabeln gehören welche Funktionsgleichungen?

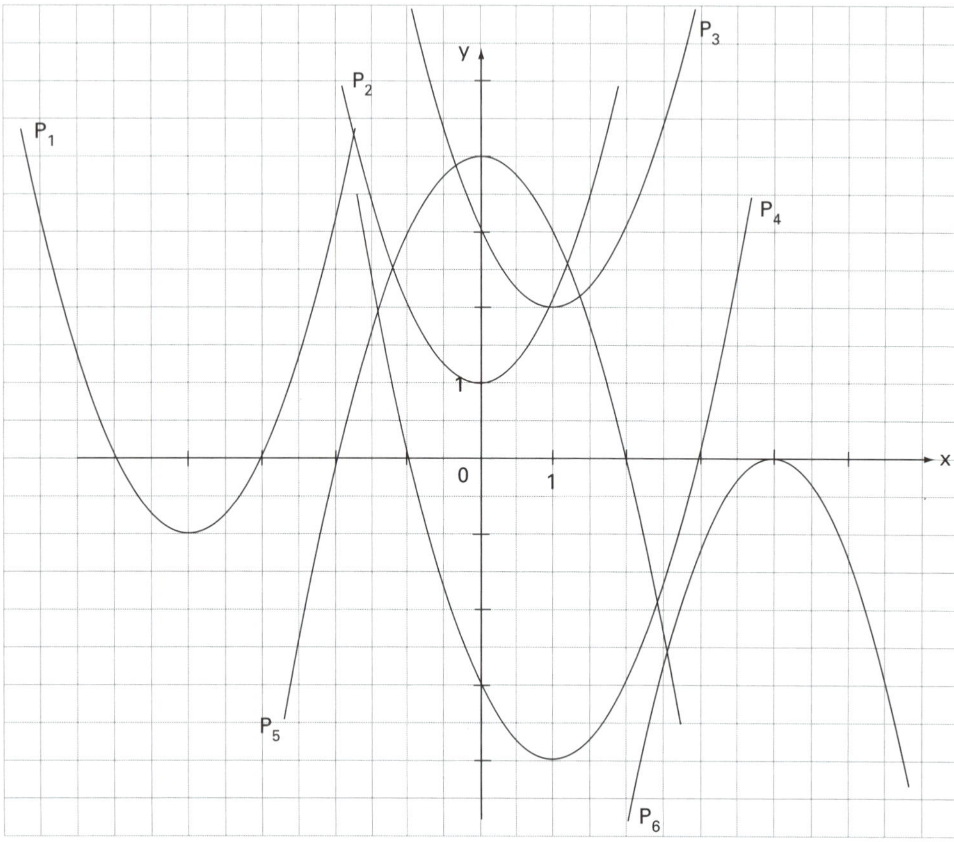

(A) $y = x^2 + 1$

(B) $y = -x^2 + 4$

(C) $y = (x + 4)^2 - 1$

(D) $y = (x - 4)^2 + 1$

(E) $y = (x - 1)^2 - 4$

(F) $y = -(x - 4)^2$

Aufgabe 2

Bestimmen Sie die Koordinaten der Scheitelpunkte.

a) $y = x^2 - 5x + 1$

b) $y = -x^2 + 2x - 6$

Aufgabe 3

a) Wie lautet die Gleichung der nach unten geöffneten Normalparabel durch die Punkte A (2 I 1) und B (-1 I -2)?

b) Die Parabel p: $y = x^2 + px + q$ hat die Symmetrieachse mit der Gleichung $x = 1$ und verläuft durch den Punkt C (-0,5 I -1,75). Bestimmen Sie die Gleichung der Parabel p. Geben Sie p in der Scheitelpunktform und Normalform an.

Aufgabe 4

Die Parabel p_1: $y = x^2 + 8x + 15$ wird an der x-Achse und y-Achse gespiegelt.
Bestimmen Sie die Gleichungen der gespiegelten Parabeln p_2 und p_3 in der Normalform und Scheitelpunktform. Veranschaulichen Sie auch im Koordinatensystem.

Aufgabe 5

a) Bestimmen Sie die Koordinaten der Schnittpunkte der Parabel p: $y = x^2 - 2x + 3$ mit der Geraden g: $y = x + 1$.

b) Bestimmen Sie die Koordinaten der Schnittpunkte der Parabeln p_1: $y = x^2 - 2x - 3$ und p_2: $y = -x^2 + 8x - 16$.

Aufgabe 6

a) Eine 9 m breite Lagerhalle hat als Dachkonstruktion drei gleich große parabelförmige Bogen der Form $y = -x^2 + px + q$ (siehe nicht maßstabsgetreue Skizze).
Berechnen Sie die Höhe der Lagerhalle bis zum Scheitel des Daches.

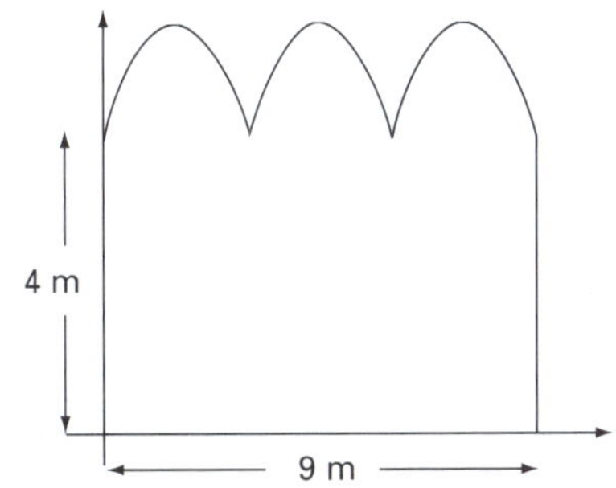

b) Das Glasdach eines Wintergartens hat die Form einer Parabel mit der Gleichung $y = ax^2 + c$ (siehe nicht maßstabsgetreue Skizze).
Berechnen Sie die Gleichung der Parabel.

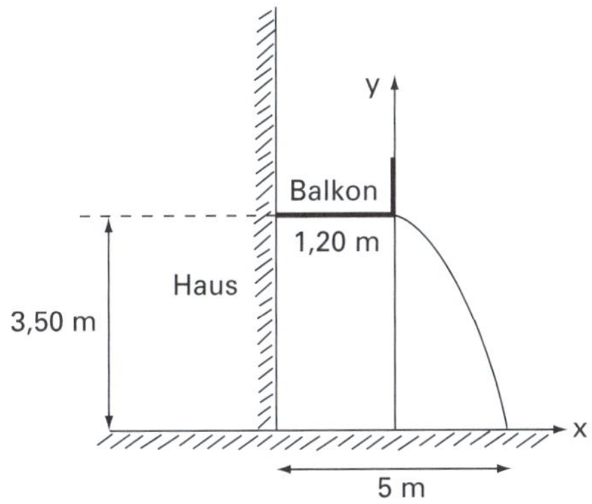

7. Berechnungen an Flächen

Basiswissen

Neben den Formeln zur Berechnung von Längen und Flächeninhalten von Dreiecken, Vierecken, Kreisen und Kreisteilen sind weiterhin wichtig:

Flächensätze am rechtwinkligen Dreieck

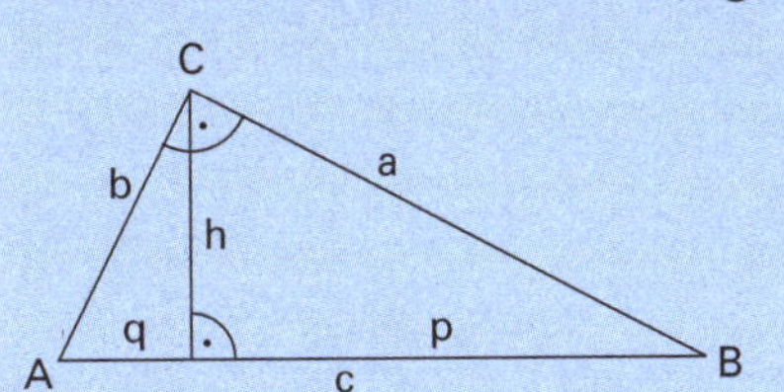

$a^2 + b^2 = c^2$	Satz des Pythagoras
$h^2 = p \cdot q$	Höhensatz
$a^2 = c \cdot p$ $b^2 = c \cdot q$	Kathetensatz

Zentrische Streckung

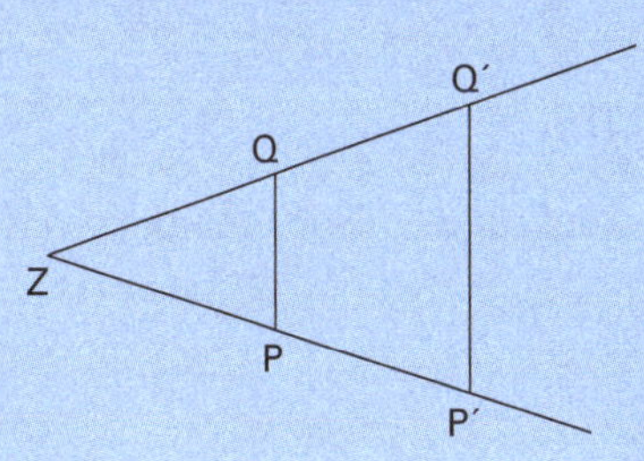

$\overline{ZP'} = k \cdot \overline{ZP}$

$\overline{P'Q'} = k \cdot \overline{PQ}$

Bei Flächeninhalten gilt:

$A' = k^2 \cdot A$

Basiswissen

Strahlensatz

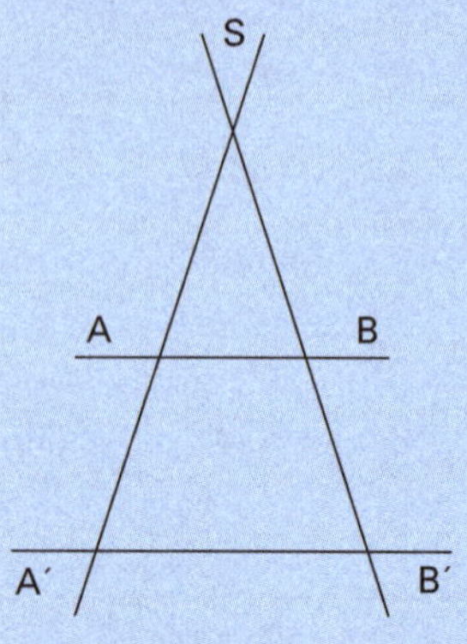

bzw.

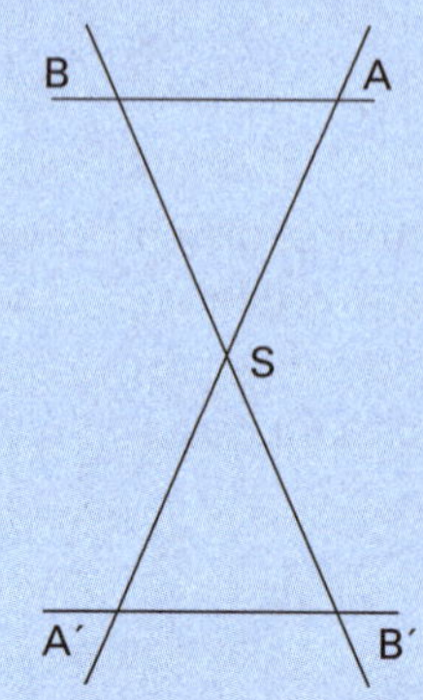

$[AB] \parallel [A'B']$

$\overline{SA} : \overline{SA'} = \overline{SB} : \overline{SB'}$ $\overline{SA} : \overline{AA'} = \overline{SB} : \overline{BB'}$

1. Strahlensatz

$\overline{SA} : \overline{SA'} = \overline{AB} : \overline{A'B'}$ $\overline{SB} : \overline{SB'} = \overline{AB} : \overline{A'B'}$

2. Strahlensatz

Trigonometrische Berechnungen am rechtwinkligen Dreieck

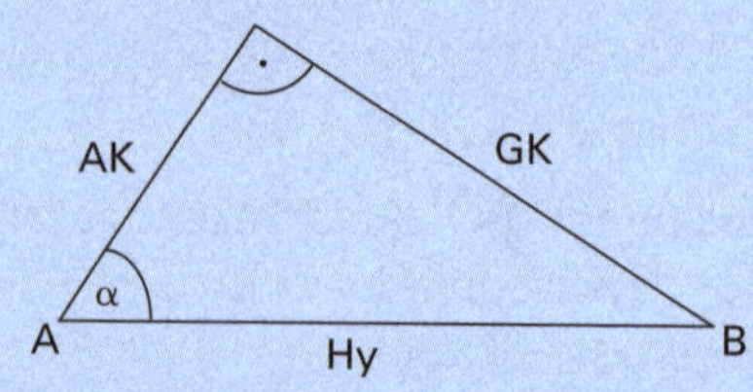

$$\sin\alpha = \frac{\text{Gegenkathete GK}}{\text{Hypotenuse Hy}}$$

$$\cos\alpha = \frac{\text{Ankathete AK}}{\text{Hypotenuse Hy}}$$

$$\tan\alpha = \frac{\text{Gegenkathete GK}}{\text{Ankathete AK}}$$

Typische Aufgabenstellung

Aufgabe 1

Berechnen Sie die Länge der Grundlinie c.

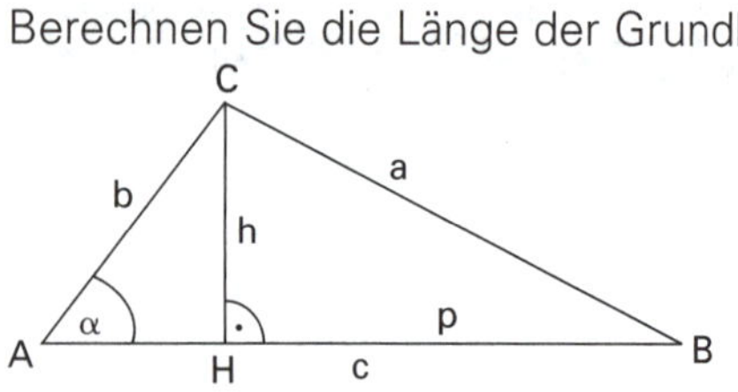

$A_\triangle = 13{,}6\ \text{cm}^2$
$h = \overline{CH} = 3{,}2\ \text{cm}$
$b = 4{,}8\ \text{cm}$

Lösung

Die Formel für den Flächeninhalt wird nach c aufgelöst:

$$A = \frac{1}{2} c \cdot h \qquad | \cdot 2$$

$$2A = c \cdot h \qquad | : h$$

$$c = \frac{2 \cdot A}{h}$$

$$c = \frac{2 \cdot 13{,}6\ \text{cm}^2}{3{,}2\ \text{cm}}$$

$$c = 8{,}5\ \text{cm}$$

Aufgabe 2

Berechnen Sie das Maß des Winkels α (2 Dezimalstellen).

Lösung

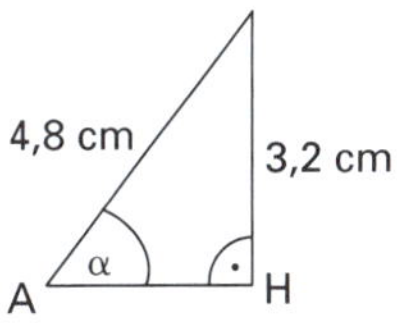

$$\sin \alpha = \frac{GK}{Hy}$$

$$\sin \alpha = \frac{3{,}2 \text{ cm}}{4{,}8 \text{ cm}}$$

$$\alpha = 41{,}81°$$

Übungsaufgaben

Aufgabe 1

$c = 12{,}8$ cm
$h_c = 4{,}2$ cm
$a = 8$ cm
Berechnen Sie h_a.

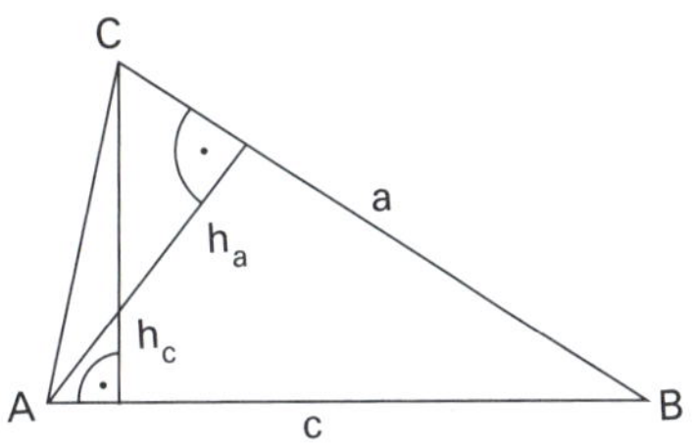

Aufgabe 2

△ ABC ist gleichschenklig mit der Basis $\overline{AB} = 12$ cm und der Schenkellänge $\overline{AC} = 15$ cm.
[DE] ist parallel zu [AB], $\overline{AD} = 2 \cdot \overline{DC}$.

a) Berechnen Sie $\overline{AD}$ und $\overline{DC}$.

b) Berechnen Sie $\overline{DE}$.

c) Berechnen Sie das Maß des Winkels α.

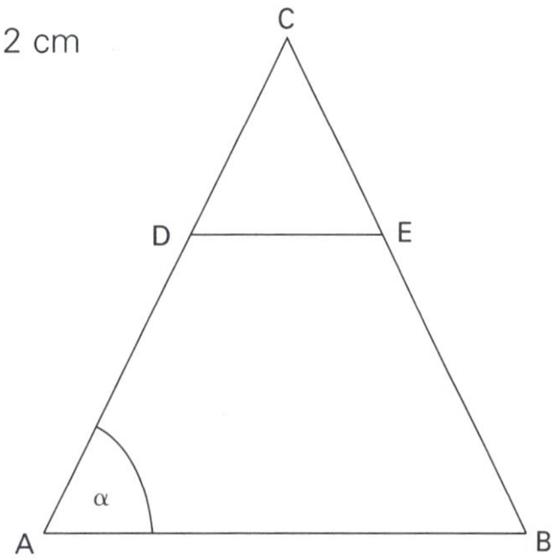

Aufgabe 3

Im Drachenviereck ABCD gilt:
$\overline{MB} = 6$ cm und ∢ BAC = 30° (siehe Skizze).

a) Berechnen Sie $\overline{AB}$.

b) Berechnen Sie $\overline{AC}$.

c) Berechnen Sie den Flächeninhalt.

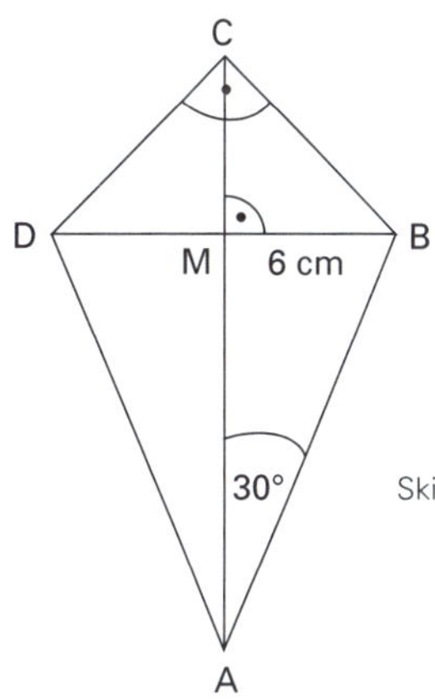

Skizze nicht maßstabsgetreu

Aufgabe 4

$\overline{P_1P_2} = 12$ cm $\quad \alpha = 114°$

a) Berechnen Sie den Radius $r = \overline{MP_1}$.

b) Berechnen Sie den Inhalt der gefärbten Fläche.

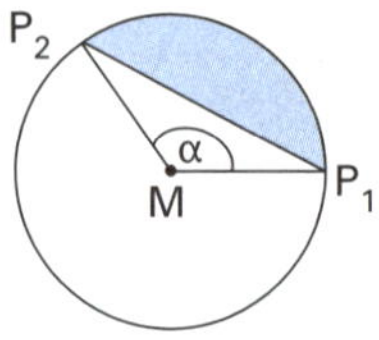

Aufgabe 5

A (-2 I 1), B (4 I -2), C (4 I 3).
P (0 I 0) und Q sind die Schnittpunkte von [AB] und [AC] mit der y-Achse. Eine Parallele p zur x-Achse durch den Punkt A schneidet [PQ] in M und [BC] in N.

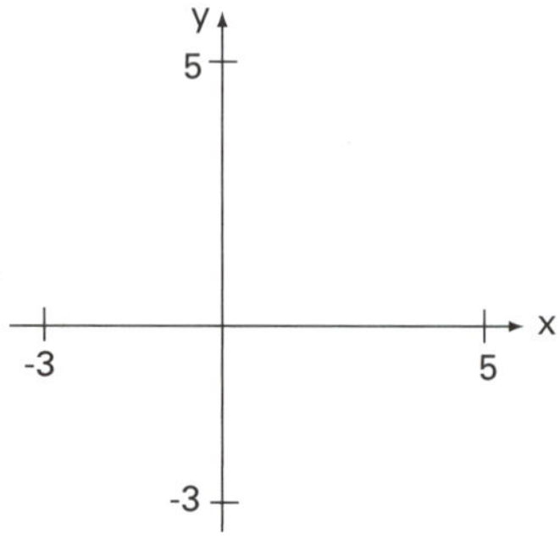

a) Zeichnen Sie das Dreieck ABC, die Parallele p und die Punkte P, Q, M, N in ein Koordinatensystem.

b) Geben Sie die Koordinaten von M und N an.

c) Berechnen Sie $\overline{PQ}$. Geben Sie das Ergebnis als Bruch an.

d) △ APQ wird durch zentrische Streckung mit dem Streckungszentrum A auf das △ ABC abgebildet. Berechnen Sie den Streckungsfaktor k.

e) Berechnen Sie den Flächeninhalt des Dreiecks ABC.

f) Berechnen Sie mithilfe des Ergebnisses aus e) den Flächeninhalt des Dreiecks APQ.

Aufgabe 6

Auf der Landesgartenschau sollen durch ein großes Blumenbeet genau in der Mitte Wege angelegt werden (siehe Skizze). Wie groß muss die Breite x des Weges sein, wenn noch 90% der Gesamtfläche des Blumenbeetes für die Anpflanzung der Blumen übrig bleiben?

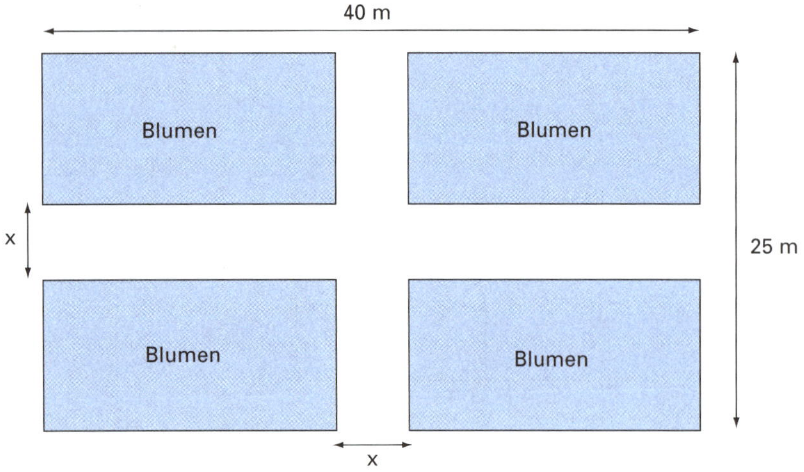

Skizze nicht maßstabsgetreu

8. Berechnungen an Körpern

Basiswissen

Neben den Formeln zur Berechnung von Längen, Rauminhalten, Oberflächeninhalten von Prismen, Pyramiden, Zylindern, Kegeln und Kugeln sind weiterhin wichtig: Flächensätze am rechtwinkligen Dreieck, zentrische Streckung, Strahlensatz und trigonometrische Berechnungen (siehe Themenbereich „Berechnungen an Flächen“).

Typische Aufgabenstellung

Aufgabe 1

Die Grundfläche der Pyramide ABCDS ist ein Quadrat mit der Seitenlänge $\overline{AB} = 6$ cm.
Weiterhin gilt: $h = \overline{MS} = 12$ cm
Berechnen Sie die Kantenlänge $\overline{BS}$.

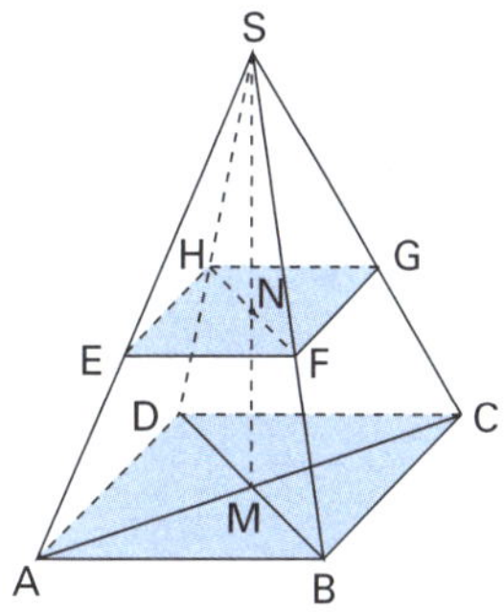

Die Aufgaben 1 – 4 beziehen sich auf diese nicht maßstabsgetreue Skizze.

(2)

Lösung

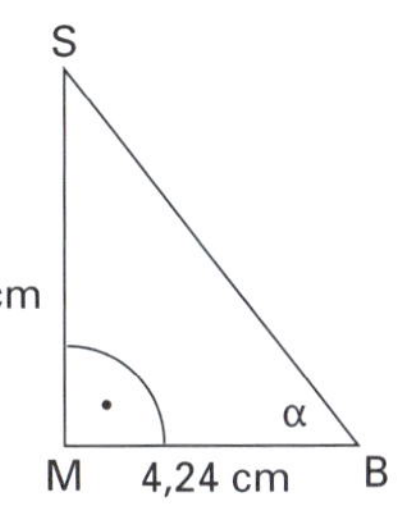

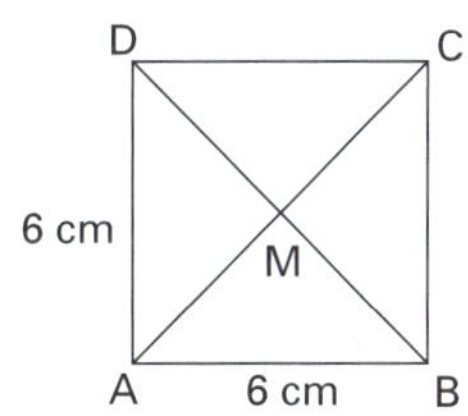

Diagonale:

$d = a\sqrt{2}$

Nach dem Satz des Pythagoras gilt:

$\overline{BS}^2 = (4{,}24 \text{ cm})^2 + (12 \text{ cm})^2$
$\overline{BS} = 12{,}73 \text{ cm}$

Länge der Diagonalen:

$\overline{BD} = 6\sqrt{2} \text{ cm}$
$\Rightarrow \overline{MB} = 3\sqrt{2} \text{ cm}$
$\overline{MB} = 4{,}24 \text{ cm}$

Aufgabe 2

Berechnen Sie den Neigungswinkel einer Seitenkante zur Grundfläche.

Lösung

Siehe Skizze zu Aufgabe 1:

$$\tan \alpha = \frac{12 \text{ cm}}{4{,}24 \text{ cm}}$$
$$\alpha = 70{,}54°$$

Aufgabe 3

Berechnen Sie $\overline{EF}$, wenn $\overline{MN} = 5$ cm.

Lösung

Nach dem Strahlensatz gilt:

$$\frac{\overline{EF}}{\overline{AB}} = \frac{\overline{SN}}{\overline{SM}} \quad | \cdot \overline{AB}$$

$$\overline{EF} = \frac{\overline{SN} \cdot \overline{AB}}{\overline{SM}}$$

$$\overline{SN} = 12\text{ cm} - 5\text{ cm}$$

$$\overline{SN} = 7\text{ cm}$$

$$\overline{EF} = \frac{7\text{ cm} \cdot 6\text{ cm}}{12\text{ cm}}$$

$$\overline{EF} = 3{,}5\text{ cm}$$

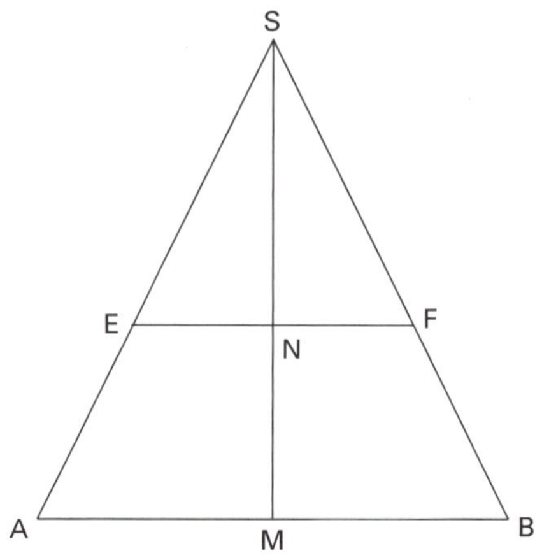

Aufgabe 4

Berechnen Sie das Volumen der Pyramide EFGHS.

Lösung

$$V = \frac{1}{3} G \cdot h$$

$G = 3{,}5\text{ cm} \cdot 3{,}5\text{ cm}$ $\quad h = 7$ cm

$G = 12{,}25\text{ cm}^2$

$$V = \frac{1}{3} \cdot 12{,}25\text{ cm}^2 \cdot 7\text{ cm}$$

$$V = 28{,}58\text{ cm}^3$$

Übungsaufgaben

Aufgabe 1

a) Ein Quader hat die Kantenlängen $a = 6{,}5$ cm, $b = 3{,}2$ cm und das Volumen $V = 56\text{ cm}^3$. Berechnen Sie die Länge der Kante C.

b) Die Mantelfläche eines Zylinders beträgt $M = 168\text{ cm}^2$, der Radius $r = 8{,}2$ cm. Berechnen Sie das Volumen des Zylinders.

c) Eine Pyramide hat als Grundfläche ein Quadrat mit der Seitenlänge $a = 3{,}2$ cm. Die Spitze S liegt senkrecht über dem Mittelpunkt M der Grundfläche, das Volumen beträgt 28 cm^3. Berechnen Sie den Oberflächeninhalt.

d) Kreuzen Sie die richtige(n) Aussage(n) an:

Werden bei einem Quader Länge, Breite und Höhe jeweils verdoppelt, so wird das Volumen 6-mal so groß.	
Werden bei einem Würfel die Kantenlängen halbiert, so beträgt der Oberflächeninhalt den 4. Teil des ursprünglichen Oberflächeninhalts.	
Werden bei einem Quader eine Kante verdoppelt und eine andere Kante halbiert, so bleibt das Volumen gleich.	
In einen Würfel mit der Kantenlänge 4 cm passen genau 16 Würfel mit der Kantenlänge 1 cm.	

Aufgabe 2

Eine zylinderförmige Regentonne hat einen Durchmesser von 64 cm und eine Höhe von 95 cm. Wie viele Liter Wasser kann die Regentonne fassen?

Aufgabe 3

Die Skizze zeigt den Axialschnitt eines Kegels.
Berechnen Sie das Volumen und den Inhalt der Mantelfläche.

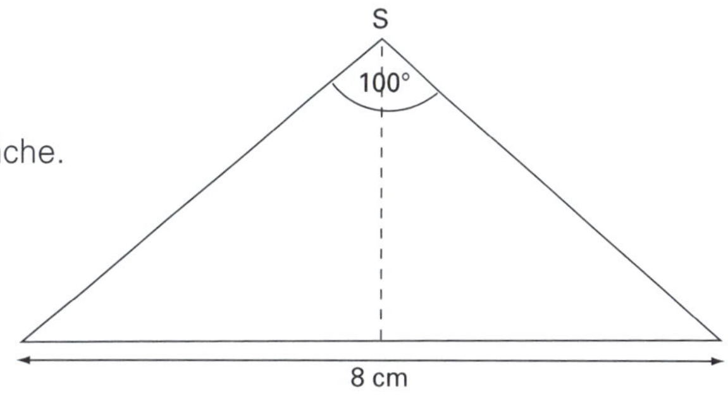

Aufgabe 4

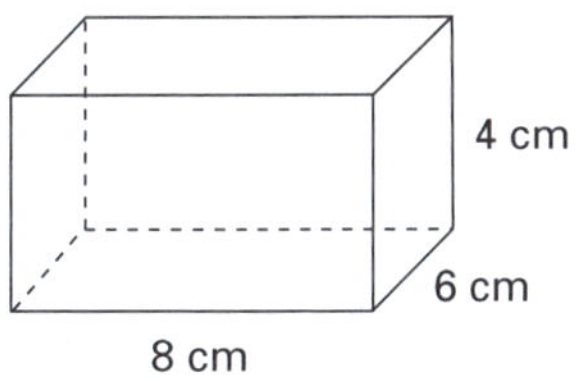

Das Kantenmodell des Quaders besteht aus Draht.

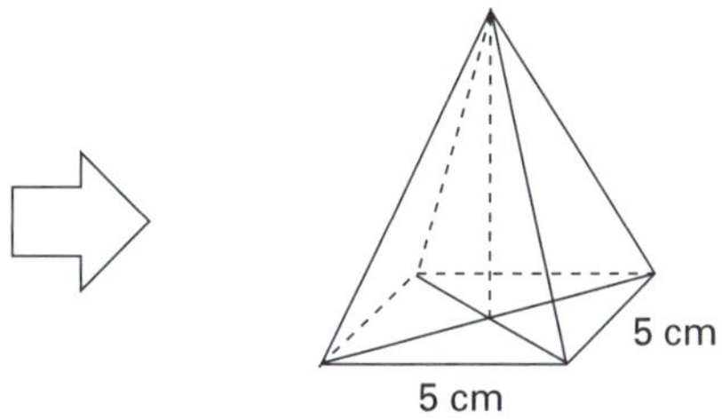

Mit dem Draht des Quaders soll ein Kantenmodell dieser Pyramide geformt werden.

a) Berechnen Sie die Höhe h der Pyramide.

b) Berechnen Sie das Maß des Neigungswinkels einer Seitenkante zur Grundfläche.

Aufgabe 5

Ein Schwimmbecken ist 20 m lang, 8 m breit und 3 m tief. Es ist zu 85% mit Wasser gefüllt.

a) Wie viele cm liegen zwischen Wasseroberfläche und dem oberen Beckenrand?

b) Das Wasser soll bis zum Beckenrand aufgefüllt werden. Wie lang dauert der Füllvorgang, wenn aus zwei Rohren insgesamt pro Sekunde 15 Liter Wasser eingefüllt werden?

Aufgabe 6

Die nicht maßstabsgetreue Skizze zeigt den Axialschnitt durch einen zusammengesetzten Rotationskörper.

a) Berechnen Sie das Volumen des Gesamtkörpers.

b) Berechnen Sie den Oberflächeninhalt des Gesamtkörpers.

c) Berechnen Sie das Maß des Öffnungswinkels des Kegels.

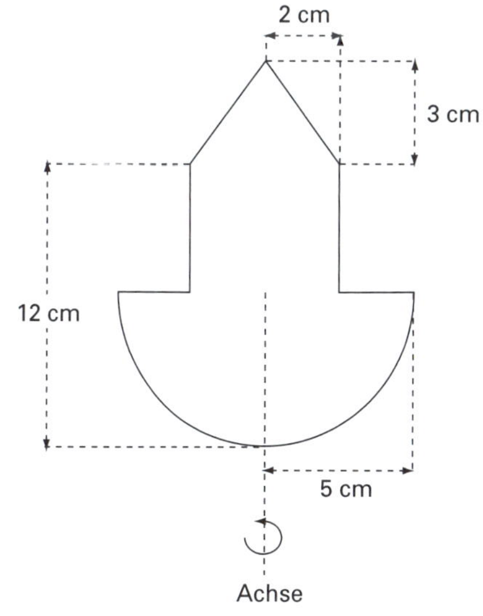

9. Wachstum und Zerfall

Basiswissen

Lineares Wachstum

In gleichen Zeiträumen nehmen die Werte um die gleiche Summe zu.
$y = mx + t$
(Lineare Funktion)
Der Graph ist eine Gerade.

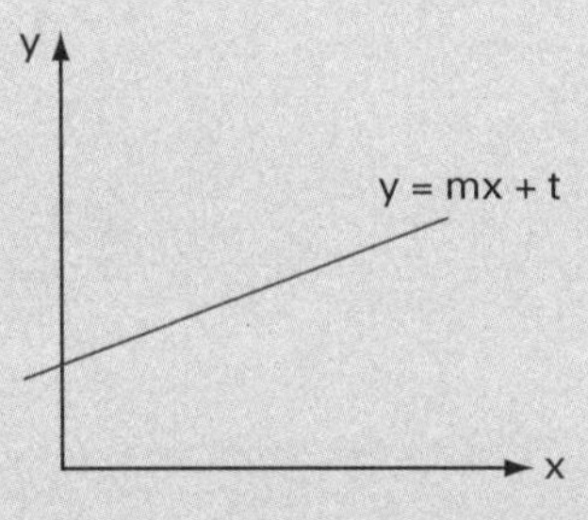

Exponentielles Wachstum

In gleichen Zeiträumen werden die Werte mit dem gleichen Faktor vervielfacht.
$y = n \cdot a^x$
(Exponentialfunktion)
Der Graph ist eine Kurve.

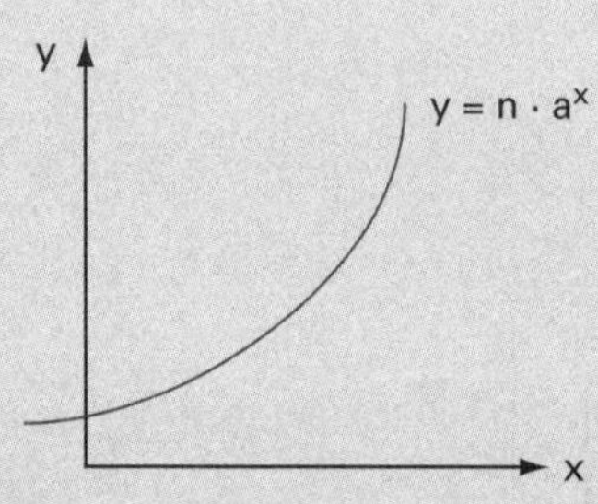

Bei einem negativen Wachstum spricht man von **Abnahme**, **Zerfall** oder **Verlust**.
Allgemein gilt beim exponentiellen Wachstum:

Wachstum

$$W_n = W_0 \left(1 + \frac{p}{100}\right)^n$$

$$W_n = W_0 \cdot q^n$$

$$q = 1 + \frac{p}{100}$$

$$q > 1$$

W_0: Anfangswert
W_n: Endwert
p: Wachstumsrate
q: Wachstumsfaktor
n: Anzahl der Zeiteinheiten

Zerfall

$$W_n = W_0 \cdot \left(1 - \frac{p}{100}\right)^n$$

$$W_n = W_0 \cdot q^n$$

$$q = 1 - \frac{p}{100}$$

$$0 < q < 1$$

Kapitalwachstum (mit „Zinseszins") wird mit folgender Formel berechnet:

Kapitalwachstum

$$K_n = K_0 \left(1 + \frac{p}{100}\right)^n$$

Aufgaben dazu siehe Themenbereich „Prozent- und Zinsrechnung".

Faustregel zur Kapitalverdopplung:

$$n = \frac{70}{p}$$

p: Zinssatz
n: Anzahl der Jahre

Basiswissen

Beim **radioaktiven Zerfall** spielt die „Halbwertszeit" (Zeit, in der die Hälfte der ursprünglichen Substanz zerfallen ist) eine große Rolle. Den Quotienten t (Zeit) durch T (Halbwertszeit) kann man „Anzahl der Halbwertszeiten" nennen.

$$N_t = N_0 \cdot 0{,}5^{\frac{t}{T}}$$

N_0: Ausgangsmenge
N_t: Endmenge nach Ablauf der Zeit t
t: Zeit
T: Halbwertszeit
$\frac{t}{T}$: Anzahl der Halbwertszeiten
0,5: Abnahmefaktor

(3)

Beim Lösen von Wachstums- und Zerfallsaufgaben werden folgende Grundkenntnisse verlangt: Rechnen mit Potenzen und Wurzeln (siehe Themenbereich „Grundlagen") und Rechnen mit Logarithmen.

$$a = b^n \quad \Leftrightarrow \quad n = \log_b a$$

$$\log_b (u \cdot v) = \log_b u + \log_b v$$

$$\log_b \left(\frac{u}{v}\right) = \log_b u - \log_b v$$

$$\log_b u^n = n \cdot \log_b u$$

Basisumrechnung:

$$\log_b a = \frac{\log a}{\log b}$$

Beachten Sie:
Bei Logarithmen zur Basis 10 wird die Basis nicht geschrieben.

$$\log_{10} = \log$$

Typische Aufgabenstellung

Auf einem Teich bedecken Seerosen eine Fläche von 3 m². Sie vermehren sich wöchentlich um 10%.

Aufgabe 1

Stellen Sie dieses Wachstum allgemein als Funktionsgleichung dar.

Lösung

$y = 3 \cdot \left(1 + \frac{10}{100}\right)^x$ bzw. $y = 3 \cdot 1{,}1^x$

Aufgabe 2

Fertigen Sie eine Wertetabelle für $x \in [0; 12]$ mit $\Delta x = 1$.

Lösung

x	0	1	2	3	4	5	6	7	8	9	10	11	12
y	3	3,3	3,6	4	4,4	4,8	5,3	5,8	6,4	7,1	7,8	8,6	9,4

Aufgabe 3

Zeichnen Sie den Graphen.

Lösung

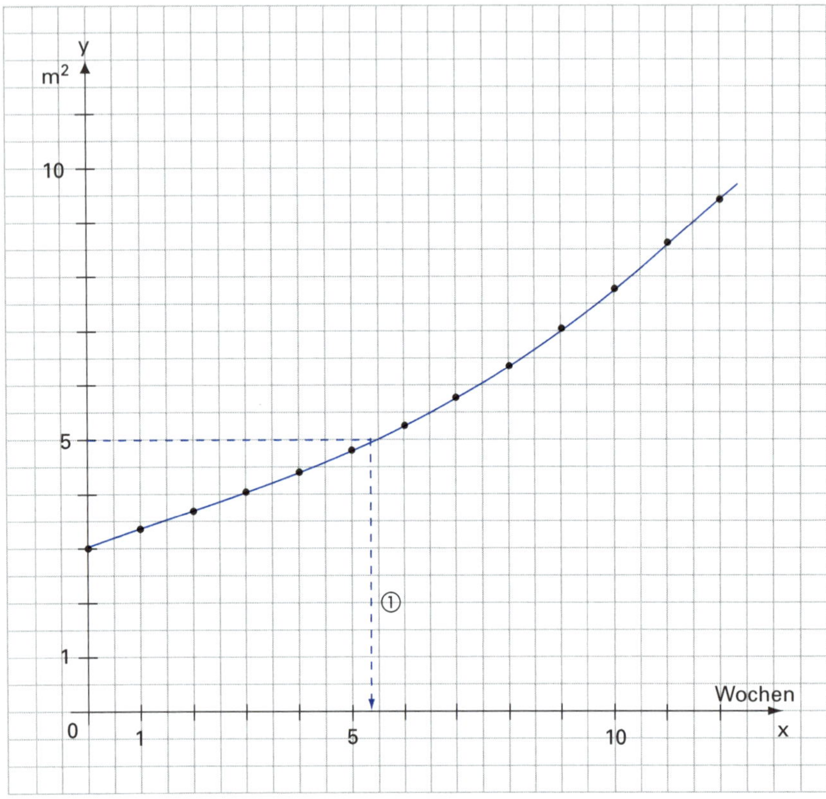

Aufgabe 4

Entnehmen Sie dem Graphen: Nach wie vielen Wochen haben die Seerosen eine Fläche von 5 m²? Überprüfen Sie das Ergebnis durch Rechnung.

Lösung

Aus dem Graphen: ① nach 5,4 Wochen

Rechnung:

$5 = 3 \cdot 1{,}1^x \qquad | : 3$

$\frac{5}{3} = 1{,}1^x$

$x = \log_{1{,}1} \frac{5}{3}$

$b^n = a \Rightarrow n = \log_b a$

$$x = \frac{\log \frac{5}{3}}{\log 1{,}1}$$

$x = 5{,}36$

Nach 5,36 Wochen bedecken die Seerosen eine Fläche von 5 m².

Aufgabe 5

Wie groß müsste das prozentuale Wachstum pro Woche sein, wenn nach 12 Wochen die Seerosen eine Fläche von 24 m^2 bedecken würden?

Lösung

$$24 = 3 \cdot \left(1 + \frac{p}{100}\right)^{12} \quad | : 3$$

$$8 = \left(1 + \frac{p}{100}\right)^{12} \quad | \sqrt[12]{\ }$$

$$\sqrt[12]{8} = 1 + \frac{p}{100}$$

$$8^{\frac{1}{12}} = 1 + \frac{p}{100} \quad | -1$$

$$8^{\frac{1}{12}} - 1 = \frac{p}{100} \quad | \cdot 100$$

$$p = 100\,(8^{\frac{1}{12}} - 1)$$

$$p = 18{,}92$$

$$\sqrt[n]{a} = a^{\frac{1}{n}}$$

Das prozentuale Wachstum müsste pro Woche 18,92% betragen.

Übungsaufgaben

Aufgabe 1

Berechnen Sie jeweils x.

a) $x^5 = 8$ b) $6^x = 110$ c) $\log_3 x = 5$ d) $2{,}5^{2x} = 20$

Aufgabe 2

Die Eltern möchten ihrem Sohn Max ab dem 6. Lebensjahr ein wöchentliches Taschengeld geben. Der Vater schlägt vor: Wir geben ihm pro Woche 5 € und nach jedem weiteren Lebensjahr 2 € mehr. Die Mutter schlägt vor: Anfangs 5 € sind zu viel. Wir geben ihm 1 € und jedes weitere Lebensjahr das Doppelte vom vorhergehenden Jahr.

a) Stellen Sie beide Vorschläge als Funktionsgleichung dar.

b) Fertigen Sie für beide Vorschläge eine Wertetabelle für $x \in [0; 5]$.

c) Zeichnen Sie beide Graphen. x-Achse: 1 cm $\triangleq$ 1 Jahr, y-Achse: 1 cm $\triangleq$ 4 €

d) Interpretieren Sie die beiden Graphen.

Aufgabe 3

Die Grafik zeigt den Verfall von zwei Produkten. Nach wie vielen Wochen ist bei beiden Produkten noch die gleiche Menge vorhanden? Wie groß ist diese Menge?

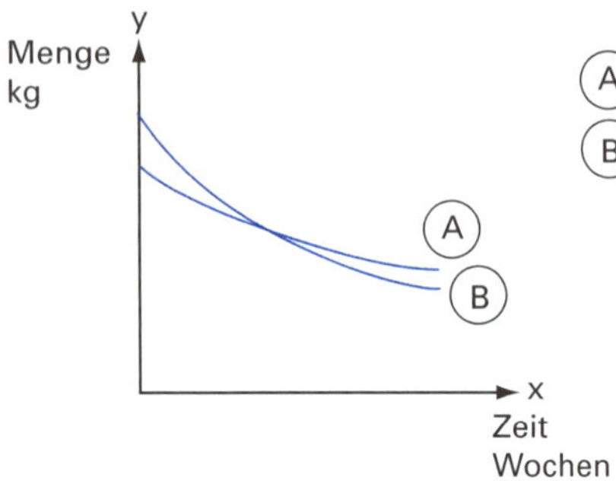

Ⓐ $y = 20 \cdot 0{,}92^x$

Ⓑ $y = 30 \cdot 0{,}90^x$

Aufgabe 4

Radon 220 hat eine Halbwertszeit von 55,6 Sekunden. Wie viele Gramm sind von $\frac{1}{8}$ kg nach zwei Minuten noch übrig?

Aufgabe 5

Ein Pkw hat heute noch einen Wert von 21 500 €. Seit dem Kauf vor vier Jahren ist er nur noch 55% des ehemaligen Kaufpreises wert. Berechnen Sie den durchschnittlichen jährlichen Wertverlust in %.

Aufgabe 6

Bevölkerung eines Landes	
Jahr	**Einwohnerzahl in 1000**
1956	
1976	79 209
1996	81 912
2006	

a) Die Bevölkerung hat von 1956 bis 1976 durchschnittlich im Jahr um 0,58% zugenommen. Berechnen Sie die Einwohnerzahl im Jahr 1956. Ergänzen Sie den Wert in der Tabelle und runden Sie auf Tausend.

b) Von 1976 bis 2006 hat die Bevölkerung jährlich durchschnittlich um 0,13% zugenommen. Berechnen Sie die Einwohnerzahl im Jahr 2006. Ergänzen Sie den Wert in der Tabelle und runden Sie auf Tausend.

c) Berechnen Sie die durchschnittliche prozentuale Zunahme pro Jahr von 1996 bis 2006.

d) Vergleichen Sie die prozentualen Zunahmen der Aufgaben a) bis c) miteinander. Zu welcher Schlussfolgerung kommen Sie?

10. Beschreibende Statistik und Wahrscheinlichkeit

Basiswissen

Prägen Sie sich folgende Begriffe gut ein:

Statistische Kenngrößen		
Absolute Häufigkeit:	Anzahl, wie oft ein bestimmter Wert auftritt	
Relative Häufigkeit:	$\frac{\text{Absolute Häufigkeit}}{\text{Gesamtzahl aller Werte}}$	
Rangliste:	Liste mit geordneten Daten	
Modalwert:	Wert, der am häufigsten vorkommt	
Arithmetisches Mittel:	$\frac{\text{Summe der Einzelwerte}}{\text{Anzahl der Einzelwerte}}$	
Zentralwert (Median):	ungerade Anzahl	gerade Anzahl
	von Daten einer Rangliste	
	Wert, der in der Mitte steht	arithmetisches Mittel aus den beiden in der Mitte stehenden Werten
Maximalwert und Minimalwert:	größter bzw. kleinster Wert	
Spannweite:	Bereich, in dem die Ergebnisse liegen (Differenz zwischen dem größten und kleinsten Wert)	
Wahrscheinlichkeit		
Ergebnis:	möglicher Ausgang eines Zufallsexperiments	
Ergebnismenge, Ergebnisraum Ω:	Menge aller möglichen Ergebnisse eines Zufallsexperiments	
Ereignis E:	beliebige Teilmenge der Ergebnismenge Ergebnisse, die eine bestimmte Eigenschaft erfüllen, nennt man Ereignisse.	
Gegenereignis $\overline{E}$:	Das Gegenereignis tritt ein, wenn das Ereignis nicht eintritt. Es gilt stets: $P(\overline{E}) = 1 - P(E)$	
Wahrscheinlichkeit P(E): (Laplace-Experiment)	Haben bei einem Zufallsexperiment alle Ergebnisse die gleiche Wahrscheinlichkeit P(E), dann gilt: $P(E) = \frac{\text{Anzahl der für E günstigen Ergebnisse}}{\text{Anzahl der möglichen Ergebnisse}}$ Es gilt stets: $0 \leqq P(E) \leqq 1$	

Basiswissen

Mehrstufiges Zufallsexperiment:
(Darstellung im Baumdiagramm)

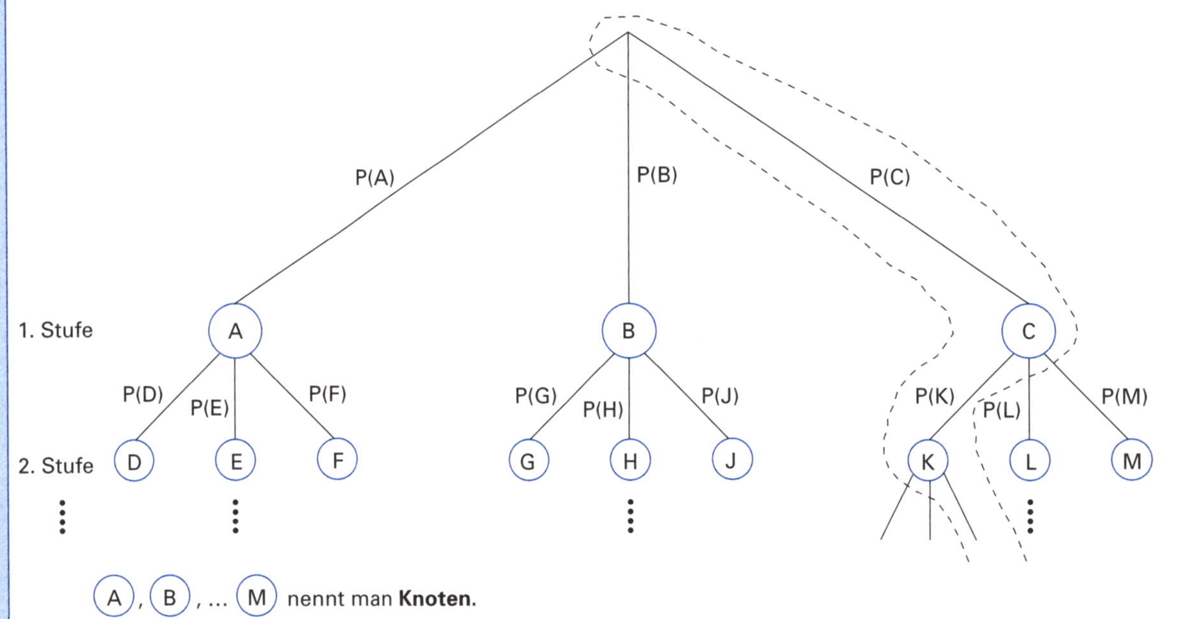

Knotenregel:	Die Summe der Wahrscheinlichkeiten aller Zweige, die von einem Knoten ausgehen, hat stets den Wert 1. Beispiel: P(G) + P(H) + P(J) = 1
1. Pfadregel: (Produktregel)	Die Wahrscheinlichkeit eines Ergebnisses ist das Produkt der Wahrscheinlichkeiten entlang eines Pfades. Beispiel: P(CK) = P(C) · P(K)
2. Pfadregel: (Summenregel)	Die Wahrscheinlichkeit eines Ereignisses ist die Summe der Ergebnisse der Pfade, die zu diesem Ereignis führen. Beispiel: P(AF, BG, CK) = P(AF) + P(BG) + P(CK)

Typische Aufgabenstellung

Aufgabe 1

In einer Urne sind 3 rote, 2 blaue und eine gelbe Kugel. In einem zweistufigen Zufallsversuch wird jeweils eine Kugel gezogen und nach dem Ziehen wieder zurückgelegt. Zeichnen Sie ein Baumdiagramm für den zweistufigen Versuch.

Lösung

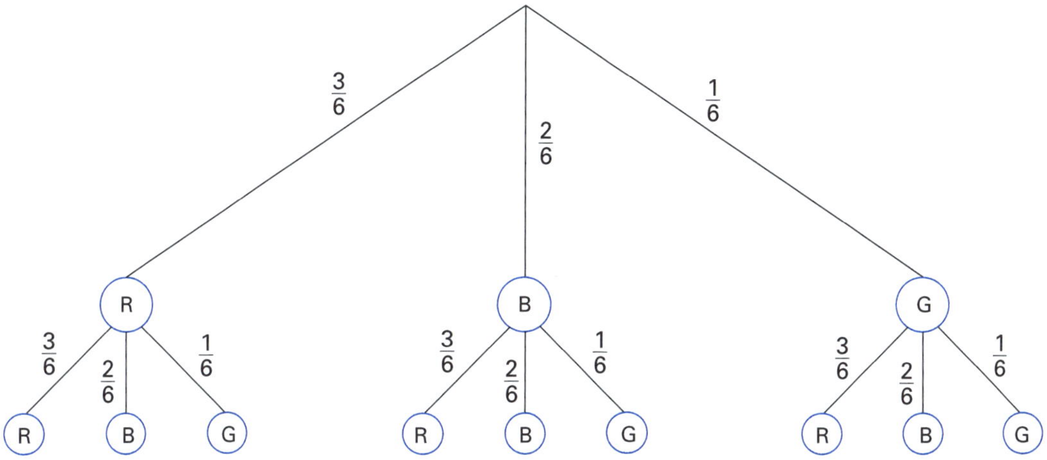

Aufgabe 2

Mit welcher Wahrscheinlichkeit erhält man zweimal eine blaue Kugel?

Lösung

$P(BB) = \frac{2}{6} \cdot \frac{2}{6} = \frac{4}{36} = \frac{1}{9}$

Aufgabe 3

Wie groß ist die Wahrscheinlichkeit, zwei gleichfarbige Kugeln zu ziehen?

Lösung

$$\begin{aligned} P(RR, BB, GG) &= P(RR) + P(BB) + P(GG) \\ &= \frac{3}{6} \cdot \frac{3}{6} + \frac{2}{6} \cdot \frac{2}{6} + \frac{1}{6} \cdot \frac{1}{6} \\ &= \frac{9}{36} + \frac{4}{36} + \frac{1}{36} \\ &= \frac{14}{36} = \frac{7}{18} \end{aligned}$$

Die Wahrscheinlichkeit $P = \frac{7}{18}$

$\frac{7}{18} = 0{,}3888\ldots$

$= \frac{39}{100}$ $\Rightarrow$ Die Wahrscheinlichkeit beträgt 39%.

Übungsaufgaben

Aufgabe 1

In der zweiten Schulaufgabe gab es folgende Ergebnisse:

Note	1	2	3	4	5	6
Anzahl	5	3	11	10	2	2

Berechnen Sie den Notendurchschnitt.

Aufgabe 2

Nach 15-maligem Würfeln wurden folgende Häufigkeiten notiert:

	Absolute Häufigkeit	**Relative Häufigkeit**		
		Bruch	**Dezimalzahl**	**Prozent**
⚀				0
⚁			0,2	
⚂	2			
⚃		$\frac{1}{3}$		
⚄	4			
⚅	1			

Berechnen Sie die fehlenden Werte in den Kästchen.

Aufgabe 3

Emma hat beim Erstellen einer Rangliste einen Wert vergessen.

12 15 ☐ 23 28 30 34 34 40

a) Berechnen Sie den Zentralwert.

b) Welche Werte $\in \mathbb{N}$ können im Platzhalter stehen?

c) Bestimmen Sie die Spannweite d.

d) Emma kann den arithmetischen Mittelwert nicht errechnen. Können Sie ihr helfen?

Aufgabe 4

Pauline würfelt, Vincent wirft eine Münze.

Vincent behauptet: „Es ist wahrscheinlicher, mit zweimaligem Werfen einer Münze zweimal ‚Zahl' zu erhalten, als mit einem Wurf mit dem Würfel eine ‚Sechs' zu würfeln."
Hat Vincent recht? Begründen Sie Ihre Entscheidung.

Aufgabe 5

Wie groß ist die Wahrscheinlichkeit, beim einmaligen Entnehmen einer Kugel eine Primzahl zu erhalten?

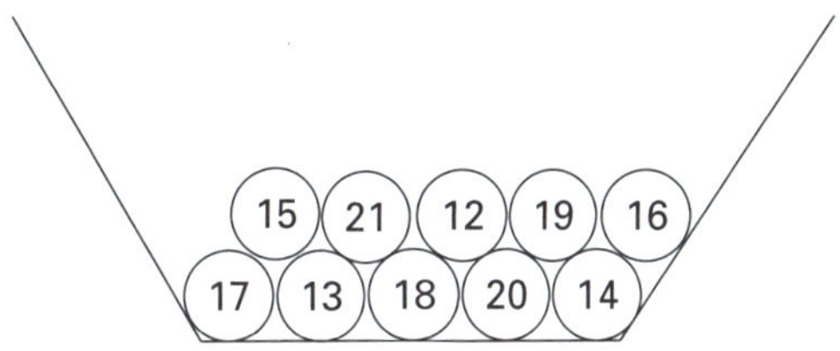

Aufgabe 6

In einer Lostrommel sind noch 3 Hauptgewinne (H), 2 Trostpreise (T) und 5 Nieten (N).
Leonard kauft zwei Lose. Wie groß ist die Wahrscheinlichkeit, dass er einen Hauptgewinn und einen Trostpreis zieht?

Aufgabengruppe I

Taschenrechner und Formelsammlung sind zugelassen.

Aufgabe 1

Die folgende Abbildung zeigt den Graphen der Geraden g_1:

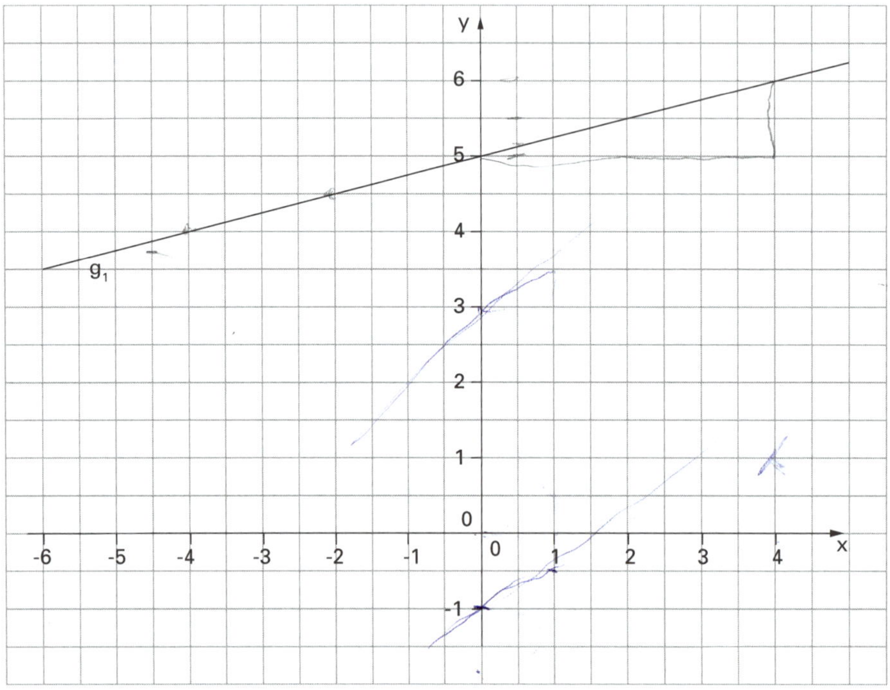

a) Geben Sie die Funktionsgleichung von g_1 an (siehe Abbildung).

b) Die Gerade g_2 durch den Ursprung ist parallel zur Geraden g_1.
Geben Sie die Funktionsgleichung von g_2 an.

c) Die Gerade g_4 verläuft durch den Punkt D (4 I 1) und ist parallel zur Geraden g_3: $y = 0{,}5x + 3$.
Bestimmen Sie rechnerisch die Funktionsgleichung von g_4.

d) Zeichnen Sie die Geraden g_3 und g_4 in ein Koordinatensystem mit der Längeneinheit 1 cm.
Hinweis zum Platzbedarf: x-Achse von -4 bis 6, y-Achse von -3 bis 5

e) Gegeben ist die Gerade g_5: $y = \frac{2}{3}x - 2$.
Berechnen Sie die Koordinaten des Schnittpunkts N von g_5 mit der x-Achse und geben Sie N an.

f) Weisen Sie nach, dass der Punkt A (-3 I -4) auf der Geraden g_5 liegt.

g) Die Gerade g_6 wird durch die Gleichung $4 = -2x - 2y$ bestimmt und schneidet die Gerade g_5 im Punkt C.
Berechnen Sie die Koordinaten des Schnittpunktes C und geben Sie diesen an.

h) Überprüfen Sie rechnerisch die folgende Aussage:
Die Geraden g_5 und g_6 stehen aufeinander senkrecht.

9 P

Aufgabe 2

Geben Sie die Definitionsmenge der folgenden Gleichung an und ermitteln Sie die Lösungsmenge rechnerisch:

$$\frac{x-4}{6}+\frac{4(x-11)}{x-6}=\frac{16-x}{2}$$ **4 P**

Aufgabe 3

a) Eine nach oben geöffnete Normalparabel p_1 verläuft durch die Punkte A (-4 I 6) und B (-2 I -2) .
Geben Sie die Funktionsgleichung von p_1 in der Normalform an.

b) Eine nach unten geöffnete Normalparabel p_2 hat den Scheitelpunkt S_2 (-1 I 2).
Ermitteln Sie rechnerisch die Funktionsgleichung von p_2 in der Normalform.

c) Zeichnen Sie die Parabeln p_1 und p_2 in ein Koordinatensystem mit der Längeneinheit 1 cm.
Hinweis zum Platzbedarf: x-Achse von -5 bis 3, y-Achse von -4 bis 7

d) Die Parabeln p_3 und p_4 sind durch folgende Funktionsgleichungen bestimmt:
p_3: $x^2 - 4x = y - 5$
p_4: $y = -x^2 + 4x - 1$
Berechnen Sie die Koordinaten der Schnittpunkte P und Q der Parabel p_3 mit der Parabel p_4 und geben Sie diese Punkte an.

e) Durch Spiegelung der Parabel p_3 an der x-Achse entsteht die Parabel p_5.
Geben Sie die Funktionsgleichung von p_5 in der Scheitelpunktform an. **8 P**

Aufgabe 4

Im Dreieck ABC hat die Strecke [BC] eine Länge von 4 cm und der Winkel α eine Größe von 53,13° (siehe Skizze).

Berechnen Sie den Flächeninhalt des Quadrats AEFG.

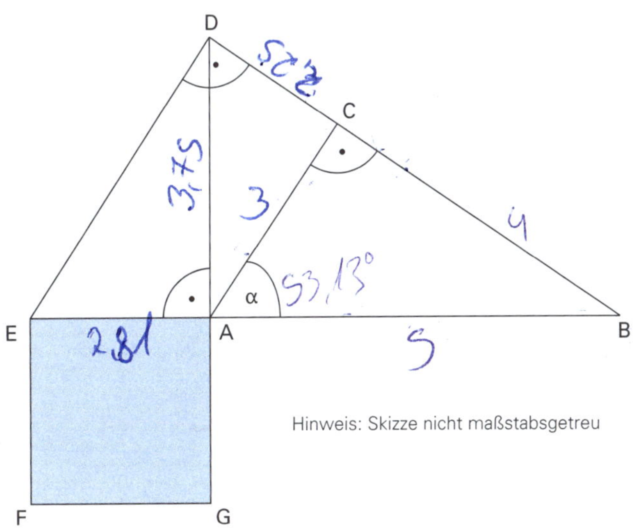

Hinweis: Skizze nicht maßstabsgetreu

4 P

Aufgabe 5

Aus einem Behälter wird zweimal nacheinander eine Kugel entnommen.
Das folgende Baumdiagramm stellt dieses Zufallsexperiment dar:

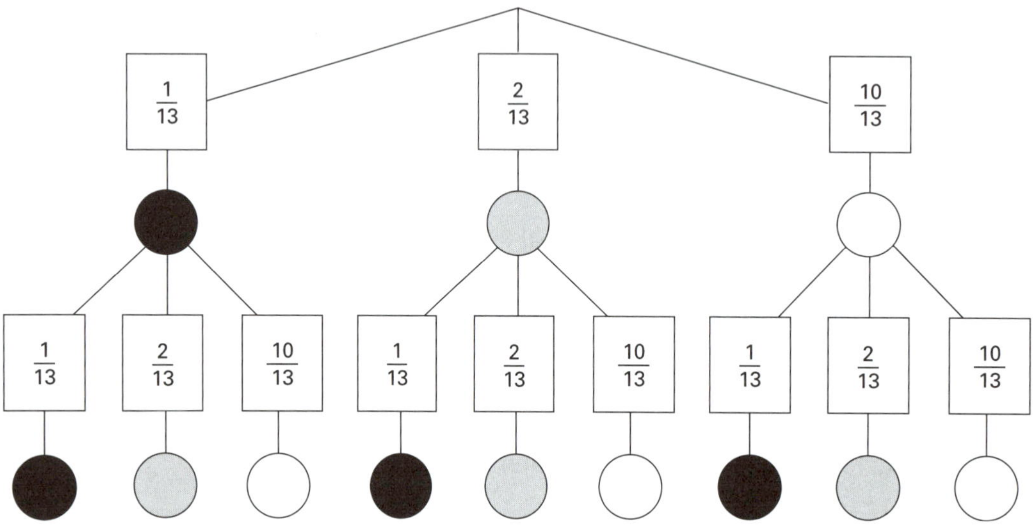

a) Notieren Sie auf Ihrem Lösungsblatt die Nummer des Behälters (siehe Abbildung unten), die zum dargestellten Baumdiagramm passt.

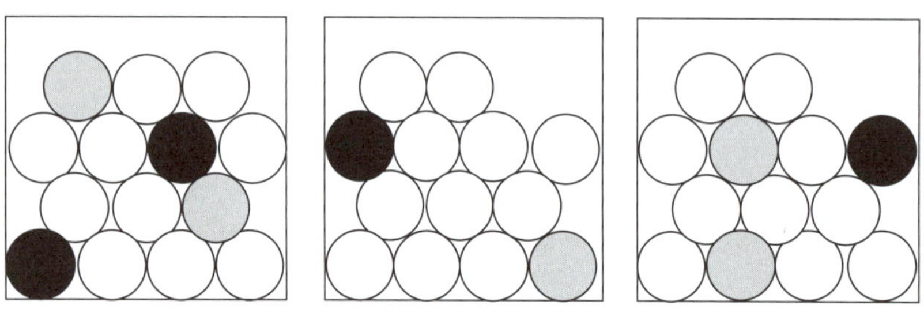

(1) (2) (3)

b) Berechnen Sie die Wahrscheinlichkeit, dass bei dem (im Baumdiagramm dargestellten) Vorgang mindestens eine der beiden entnommenen Kugeln weiß ist.

c) Das Zufallsexperiment wird wiederholt, ohne dass die beiden nacheinander entnommenen Kugeln zurückgelegt werden.
Berechnen Sie die Wahrscheinlichkeit, dass mindestens eine der entnommenen Kugeln weiß ist. **4 P**

Aufgabe 6

Die folgenden Gleichungen sind Anwendungen von Binomischen Formeln.
Ersetzen Sie jeweils den Platzhalter $\square$ durch den entsprechenden Term und schreiben Sie die mathematisch richtigen Gleichungen auf Ihr Lösungsblatt.

a) $(\square - 3z)^2 = 0{,}25x^4y^2 - \square + \square$

b) $(4\sqrt{z} + \square) \cdot (4\sqrt{z} - \square) = \square - 25x^2$ **3 P**

Aufgabe 7

Eine Eisenkugel mit der Masse m = 17,5 kg wurde in einen verformbaren Werkstoff gedrückt (siehe Skizze).
1 cm^3 Eisen wiegt 7,8 g.

Ermitteln Sie rechnerisch die Tiefe x, wenn gilt: s = 5 cm.

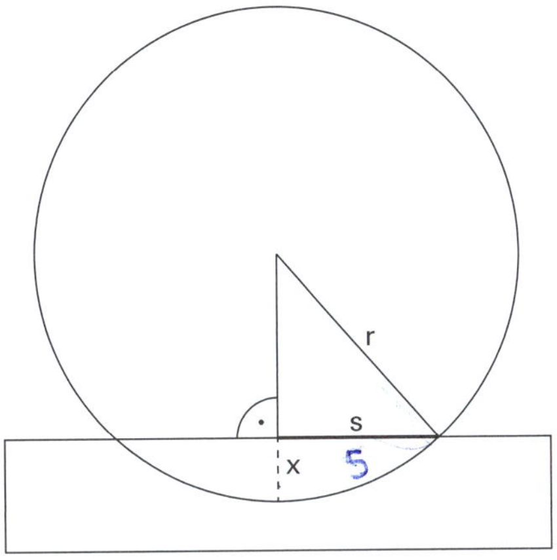

Hinweis: Skizze nicht maßstabsgetreu

4 P

Aufgabe 8

Frau Geiz will zum 1. Januar 2018 bei einer Onlinebank 3000 € anlegen.
Ihr Wunsch ist es, diesen Betrag in den nächsten 17 Jahren mit Zins und Zinseszins zu vervierfachen.

a) Notieren Sie auf Ihrem Lösungsblatt alle Gleichungen, die diesen Sachverhalt richtig darstellen.

- ▶ $12\,000 = q^{17} \cdot 3000$
- ▶ $q = \sqrt[17]{4}$
- ▶ $12\,000 = 4 \cdot q^{17} \cdot 3000$
- ▶ $q^{17} = \frac{1}{4}$

b) Die Bank gewährt Frau Geiz einen Zinssatz von 2,51 %.
Berechnen Sie, nach wie vielen Jahren sich das Kapital tatsächlich vervierfacht hätte.

c) Berechnen Sie die Höhe des Kapitals, das Frau Geiz anlegen müsste, damit sie bei einem Zinssatz von 2,51 % nach 17 Jahren einen Gesamtbetrag von 12 000 € zur Verfügung hätte. **4 P**

Aufgabe 9

Das Viereck ABCD wird durch zentrische Streckung mit dem Streckungsfaktor k = 3 auf das Viereck A´B´C´D´ abgebildet.
Begründen Sie, ob die jeweiligen Aussagen wahr oder falsch sind.

1. Die Strecken des Vierecks ABCD sind dreimal so lang wie die des Bildvierecks A´B´C´D´.
2. Der Flächeninhalt des Bildvierecks A´B´C´D´ ist neunmal so groß wie der Flächeninhalt des Vierecks ABCD.
3. Der Winkel α ist dreimal so groß wie der Winkel α´. **3 P**

Aufgabe 10

Vereinfachen Sie den folgenden Term so weit wie möglich.
Es gilt: x, y, z ≠ 0.

$$\frac{(3x^2 + 4x^2) \cdot x^3 \cdot y^5 \cdot 2z^{-4}}{x^4 \cdot y^5 \cdot y^{-3} \cdot 2z^2 \cdot z^{-6}}$$

2 P

Aufgabengruppe II

Taschenrechner und Formelsammlung sind zugelassen.

Aufgabe 1

Gegeben ist die Gerade g_1 mit der Funktionsgleichung g_1: $y = \frac{1}{3}x + 2$.

a) Berechnen Sie die Koordinaten des Schnittpunkts N von g_1 mit der x-Achse und geben Sie N an.

b) Die Gerade g_2 schneidet die y-Achse im Punkt P (0 I 7) und steht senkrecht auf der Geraden g_1.
Ermitteln Sie die Funktionsgleichung von g_2 rechnerisch.

c) Die Gerade g_3 verläuft durch die Punkte Q (-3 I -2) und R (6 I 1).
Bestimmen Sie die Funktionsgleichung von g_3 rechnerisch.

d) Zeichnen Sie die Geraden g_1 und g_2 in ein Koordinatensystem mit der Längeneinheit 1 cm.
Hinweis zum Platzbedarf: x-Achse von -7 bis 4, y-Achse von -1 bis 9

e) Die Gerade g_4 wird durch die Gleichung -2x = -y + 7 bestimmt. Sie schneidet die Gerade g_1 im Punkt S.
Ermitteln Sie rechnerisch die Koordinaten von S.

f) Berechnen Sie die Größe des spitzen Winkels α, den die Gerade g_1 mit der x-Achse einschließt.

g) Die Gerade g_5 durch den Punkt T (15 I -25) verläuft parallel zur x-Achse.
Geben Sie die Funktionsgleichung von g_5 an.

8 P

Aufgabe 2

In einem rechtwinkligen Dreieck ADC (siehe Skizze) hat die Strecke [CD] eine Länge von 5 cm, die Strecke [AD] eine Länge von 3 cm.
Die Größe des Winkels γ_1 beträgt 25°.

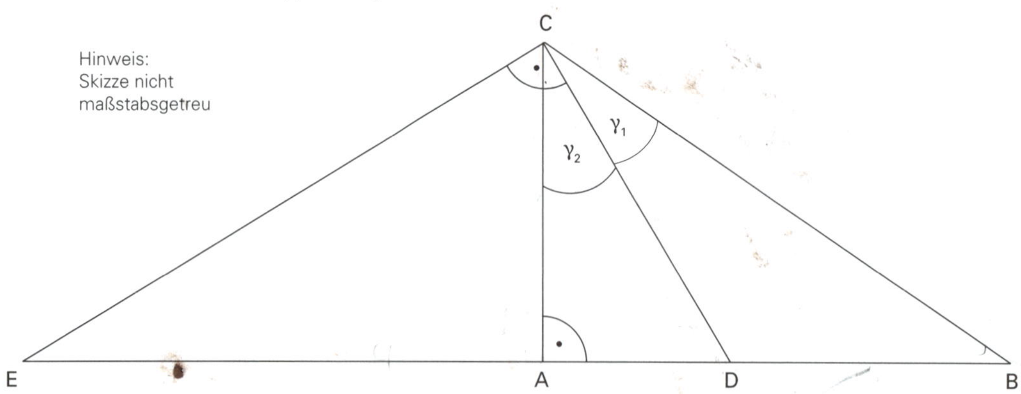

a) Bestimmen Sie rechnerisch den Flächeninhalt des Dreiecks EDC.

b) Berechnen Sie die Länge der Strecke [BD].

5 P

Aufgabe 3

Bei einer Schilddrüsenerkrankung verwendet man für Untersuchungen ein Kontrastmittel mit Iod-123. Dabei werden den Patienten pro Kilogramm Körpergewicht 0,5 g Iod-123 verabreicht. Iod-123 hat eine Halbwertszeit von 13 Stunden.

a) Bei einer solchen Untersuchung erhält eine 60 kg schwere Patientin die entsprechende Menge an Iod-123.
Berechnen Sie ausgehend davon die Menge an Iod-123, die nach 65 Stunden noch nicht zerfallen ist.

b) Ermitteln Sie rechnerisch die Zeitspanne, nach der noch ein Zehntel der verabreichten Menge Iod-123 vorhanden ist.

c) Berechnen Sie den stündlichen Abbau von Iod-123 in Prozent. **5 P**

Aufgabe 4

Beim „Zorbing" rollt eine Person im Inneren einer doppelwandigen, meist durchsichtigen Kugel einen Abhang hinunter (siehe Bild).
Vereinfacht betrachtet handelt es sich bei einer Zorbing-Kugel um eine äußere und innere Kugel mit gleichem Mittelpunkt (siehe Skizze). Der Einstiegstunnel wird bei den folgenden Aufgaben vernachlässigt.

Bild-Quelle: © travelview – stock.adobe.com

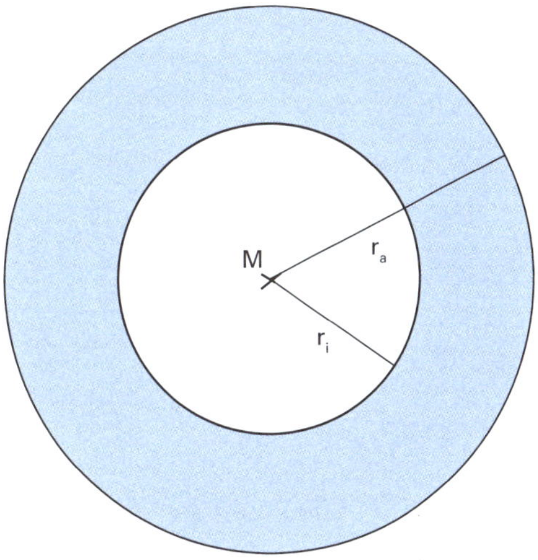

Der Radius r_a der äußeren Kugel ist um 70 cm größer als der Radius r_i der inneren Kugel.
Die äußere Kugel hat einen Durchmesser von 3,20 m.

a) Berechnen Sie das Volumen des Hohlraums zwischen der äußeren und der inneren Kugel in Liter.

b) Nach jeder Benutzung muss die Kugel außen gereinigt werden.
Berechnen Sie die zu reinigende Fläche. **4 P**

Aufgabe 5

a) Eine nach oben geöffnete Normalparabel p_1 verläuft durch die Punkte A (-2 I 3) und B (1 I 6). Berechnen Sie die Funktionsgleichung von p_1 in der Normalform.

b) Eine weitere Normalparabel hat die Funktionsgleichung p_2: $y = -x^2 + 2x + 3$. Berechnen Sie die Scheitelpunktform von p_2 und geben Sie den Scheitelpunkt S an.

c) Die Parabel p_2 schneidet die x-Achse in den Punkten N_1 und N_2. Berechnen Sie die x-Koordinaten dieser Punkte.

d) Die Parabel p_3: $y = x^2 - 1$ schneidet die Parabel p_2 in den Punkten C und D. Ermitteln Sie rechnerisch die Koordinaten dieser Schnittpunkte und geben Sie C und D an.

e) Zeichnen Sie die Parabeln p_2 und p_3 in ein Koordinatensystem mit der Längeneinheit 1 cm.
Hinweis zum Platzbedarf: x-Achse von -3 bis 4, y-Achse von -3 bis 5

f) Die Parabeln p_4 und p_5 sind durch folgende Funktionsgleichungen bestimmt:
p_4: $y = x^2 + 1$ p_5: $y = -x^2 - 1$
Wählen Sie eine der Parabeln p_4 oder p_5 aus und geben Sie die Anzahl ihrer Schnittpunkte mit der Parabel p_3 an.
Begründen Sie Ihre Antwort entweder anhand einer Skizze, mit eigenen Worten oder durch Rechnung. **8 P**

Aufgabe 6

Jede der folgenden vier Aussagen ist für a > 1 korrekt. Weisen Sie dies jeweils durch mathematische Umformungen nach.

a) $3\sqrt{9a^4} = 9a^2$

b) $\sqrt[3]{729a^8} \neq 9a^2$

c) $\frac{27a^{-2}}{3a^{-4}} = 9a^2$

d) $\frac{1}{6^{-1}} + 3a^2 \neq 9a^2$ **2 P**

Aufgabe 7

Geben Sie die Definitionsmenge der folgenden Gleichung an und ermitteln Sie die Lösungsmenge rechnerisch.

$$\frac{10}{x+3} + \frac{9(x-4)}{x+1} = \frac{5x}{x+3} - 6$$ **4 P**

Aufgabe 8

Notieren Sie auf Ihrem Lösungsblatt, ob die jeweilige Behauptung richtig (r) oder falsch (f) ist.

a) Der Sinus eines Winkels kann nie größer als 1 sein.

b) V_{Kugel} (mit Durchmesser d = 10 cm) < $V_{Würfel}$ (mit Kantenlänge a = 10 cm).

c) Eine Gerade hat mit einer Parabel immer zwei Schnittpunkte.

d) Die Wahrscheinlichkeit, dass Sie die korrekten Lösungen für die Teilaufgaben a), b) und c) erraten, beträgt 8^{-1}. **2 P**

Aufgabe 9

a) Schreiben Sie die folgenden Aussagen auf Ihr Lösungsblatt und ersetzen Sie jeweils den Platzhalter $\square$ so, dass die Beziehungen richtig wiedergegeben werden.

Es gilt: $a \parallel b \parallel c$

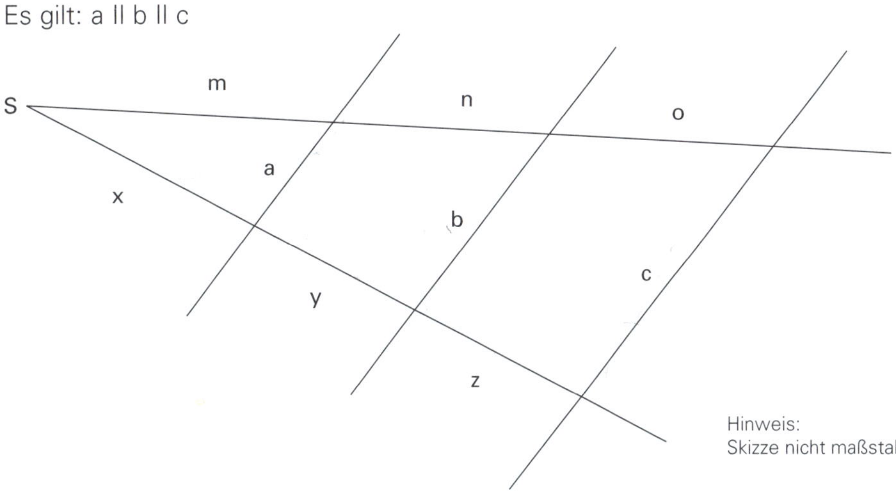

Hinweis:
Skizze nicht maßstabsgetreu

I) $\frac{c}{a} = \frac{\square}{x}$

II) $\square \cdot a = b \cdot m$

b) Die Länge der Strecke a beträgt 3,5 m. Sie wird durch eine zentrische Streckung mit dem Zentrum S auf die Strecke c mit der Länge 875 cm abgebildet.
Berechnen Sie den Streckungsfaktor k. **3 P**

Aufgabe 10

Bei einem Skirennen starten zwölf Läufer: Vier Deutsche, fünf Österreicher und drei Schweizer. Die Startreihenfolge wird ausgelost, indem die Namen der Läufer nacheinander und zufällig aus einer Lostrommel gezogen werden.

a) Erstellen Sie für die Vergabe der ersten zwei Startplätze ein Baumdiagramm, das nur die Nationalitäten der Läufer berücksichtigt.
Beschriften Sie die Äste mit der jeweiligen Wahrscheinlichkeit.

b) Ermitteln Sie rechnerisch die Wahrscheinlichkeit, dass sich unter den ersten beiden Startern keiner aus der Schweiz befindet.

c) Die Österreicher planen für ihr Training ein eigenes Rennen.
Berechnen Sie die Anzahl aller Möglichkeiten, in welcher Reihenfolge sich die fünf Läufer dabei platzieren können. Gehen Sie davon aus, dass alle Skifahrer mit unterschiedlichen Zeiten ins Ziel kommen. **4 P**

Bearbeitungstipps

Aufgabengruppe I

1. a) Steigung m und Achsenabschnitt t können aus der Abbildung abgelesen werden.

b) Für eine Ursprungsgerade gilt: $t = 0$.

c) Bestimmen Sie die Steigung und setzen Sie die Koordinaten von C in die Funktionsgleichung ein.

d) Achten Sie auf saubere und genaue Darstellung.

e) Setzen Sie $y = 0$.

f) Setzen Sie A in die Geradengeichung ein.

g) Geben Sie zuerst g_5 in der Normalform an und setzen Sie dann die y-Werte von g_5 und g_6 gleich.

h) Bilden Sie das Produkt der beiden Steigungen und entscheiden Sie dann.

2. Beachten Sie: Im Nenner darf niemals 0 stehen! Bestimmen Sie den Hauptnenner und lösen Sie dann nach Vorschrift.

3. a) Setzen Sie die Koordinaten der Punkte in die Parabelgleichung ein und Sie erhalten ein lineares Gleichungssystem mit zwei Variablen. Lösen Sie nach einem Verfahren Ihrer Wahl.

b) Stellen Sie die Scheitelform auf. Beachten Sie bei der anschließenden Umformung das Binom.

c) Achten Sie auf saubere und genaue Darstellung.

d) Sie erhalten eine quadratische Gleichung, die Sie mit der Formel lösen.

e) Achten Sie auf die Öffnungen der Parabeln.

4. Berechnen Sie zuerst mit dem Sinus die Länge der Strecke [AB]. Durch zweimalige Anwendung des Kathetensatzes können Sie $\overline{BD}$ und $\overline{EB}$ berechnen. Die Seitenlänge des Quadrats erhalten Sie dann als Differenz.

5. a) Achten Sie auf die Anzahl der weißen, grauen und schwarzen Kugeln.

b) Berechnen Sie schrittweise mit der Produktregel und anschließend mit der Summenregel.

c) Berechnen Sie wie beim Beispiel b).

6. Die binomischen Formeln müssen Sie beherrschen.

7. Geben Sie zuerst die Masse in Gramm an, um das Volumen zu berechnen. Nun kann der Radius r bestimmt werden. Um die Tiefe zu berechnen, brauchen Sie den Satz des Pythagoras.

8. a) Mithilfe der Formel für das Kapitalwachstum finden Sie die richtigen Gleichungen.

b) Bestimmen Sie zuerst den Wachstumsfaktor q. Durch logarithmische Berechnung können Sie die Anzahl der Jahre bestimmen.

c) Berechnen Sie mit der Wachstumsformel.

9. Beachten Sie die grundlegenden Zusammenhänge zwischen Urbild, Abbild und Streckungsfaktor.

10. Wenden Sie die Potenzgesetze an.

Aufgabengruppe II

1. a) Setzen Sie $y = 0$.

b) Beachten Sie den Zusammenhang der Steigungen.

c) Bestimmen Sie zuerst die Steigung. Setzen Sie dann in die Funktionsgleichung einen der beiden Punkte ein.

d) Achten Sie auf genaue und saubere Zeichnung.

e) Geben Sie g_4 in der Normalform an. Setzen Sie dann die y-Werte der Geraden g_1 und g_4 gleich.

f) Berechnen Sie mit dem Tangens.

g) Beachten Sie: g_5 hat die Steigung $m = 0$.

2. a) Berechnen Sie $\overline{ED}$ mit dem Kathetensatz, $\overline{AC}$ mit dem Satz des Pythagoras und anschließend den Flächeninhalt.

b) Berechnen Sie zuerst γ_2. Nun berechnen Sie im Dreieck ABC die Länge der Strecke [AB] mit dem Tangens. $\overline{BD}$ erhalten Sie als Differenz.

3. a) Berechnen Sie zuerst die Menge, die verabreicht werden muss und dann mit der Formel die gesuchte Menge.

b) Die Zeitspanne berechnen Sie logarithmisch.

c) Berechnen Sie zuerst, welche Menge abgebaut wurde und dann den Prozentsatz.

Bearbeitungstipps

4. a) Berechnen Sie die Rauminhalte der äußeren und inneren Kugel. Als Differenz erhalten Sie den Hohlraum. Verwandeln Sie das Volumen des Hohlraumes in dm^3, um die Liter anzugeben.

b) Berechnen Sie die Kugeloberfläche mit der Formel.

5. a) Setzen Sie die beiden Punkte in die Parabelgleichung ein und lösen Sie das lineare Gleichungssystem nach einem Verfahren Ihrer Wahl.

b) Bestimmen Sie durch quadratische Ergänzung.

c) Setzen Sie $y = 0$ und lösen Sie die quadratische Gleichung mit der Formel.

d) Beim Gleichsetzen der y-Werte entsteht wieder eine quadratische Gleichung.

e) Bestimmen Sie die Scheitelkoordinaten S_3 und achten Sie auf genaue und saubere Zeichnung.

f) Bestimmen Sie jeweils die Scheitelkoordinaten und achten Sie auf die Öffnung.

6. Bei allen Aufgaben müssen Sie das Rechnen mit Wurzeln und die Potenzgesetze beherrschen.

7. Beachten Sie: Im Nenner darf nicht 0 stehen. Bestimmen Sie den Hauptnenner und die zugehörigen Erweiterungsfaktoren. Lösen Sie die entstehende quadratische Gleichung mit der Formel.

8. Die Überprüfung dieser Behauptungen darf keine Schwierigkeiten bereiten.
Achten Sie bei d) auf den Zusammenhang $8^{-1} = \frac{1}{8^1}$.

9. a) Wenden Sie die Strahlensätze an.

b) Bestimmen Sie k mit der Formel.

10. a) Achten Sie darauf, dass die Summe der Wahrscheinlichkeiten, die von einem Knoten ausgehen, stets den Wert 1 hat.

b) Bestimmen Sie zuerst mit der Produktregel und dann mit der Summenregel.

c) Berechnen Sie mit n-Fakultät.

Aufgabengruppe I

Taschenrechner und Formelsammlung sind zugelassen.

Aufgabe 1

a) Eine nach oben geöffnete Normalparabel p_1 verläuft durch die Punkte D (1 I 6) und B (4 I 3). Berechnen Sie die Funktionsgleichung von p_1 in der Normalform.

b) Die nach unten geöffnete Normalparabel p_2 hat die Funktionsgleichung p_2: $y = -x^2 + x + 3{,}75$. Geben Sie die Scheitelpunktform dieser Parabel an.

c) Bestimmen Sie rechnerisch die Koordinaten der Schnittpunkte N_1 und N_2 der Parabel p_2 mit der x-Achse und geben Sie diese Punkte an.

d) Eine weitere nach unten geöffnete Normalparabel p_3 hat den Scheitelpunkt S_3 (4 I 7). Ermitteln Sie rechnerisch die Funktionsgleichung der Parabel p_3 in der Normalform.

e) Die Parabel p_4 hat die Funktionsgleichung p_4: $y = (x - 2)^2 + 3$. Geben Sie die Koordinaten des Scheitelpunkts S_4 von p_4 an.

f) Geben Sie die Koordinaten von zwei beliebigen Punkten G und H an, die auf der Parabel p_4 liegen.

g) Zeichnen Sie die Graphen der Parabeln p_3 und p_4 in ein Koordinatensystem mit der Längeneinheit 1 cm.
Hinweis zum Platzbedarf: x-Achse von -2 bis 8, y-Achse von -1 bis 10 **8 P**

Aufgabe 2

Folgende Gleichungen sind Anwendungen von Binomischen Formeln.

Ersetzen Sie jeweils den Platzhalter □ durch die entsprechenden Terme und schreiben Sie die vollständigen Gleichungen auf Ihr Lösungsblatt.

a) $\square + \square + \frac{1}{4}c^8 = (3ab^3 + \square)^2$ b) $6{,}25z^2 - 30yz + \square = (\square - \square)^2$ **3 P**

Aufgabe 3

In einer Figur (siehe Skizze) ist [AB] parallel zu [ED].
Es gilt $\overline{AC} = 2{,}5$ dm, $\overline{AF} = 1{,}25$ dm und $\overline{FG} = 1{,}5$ dm

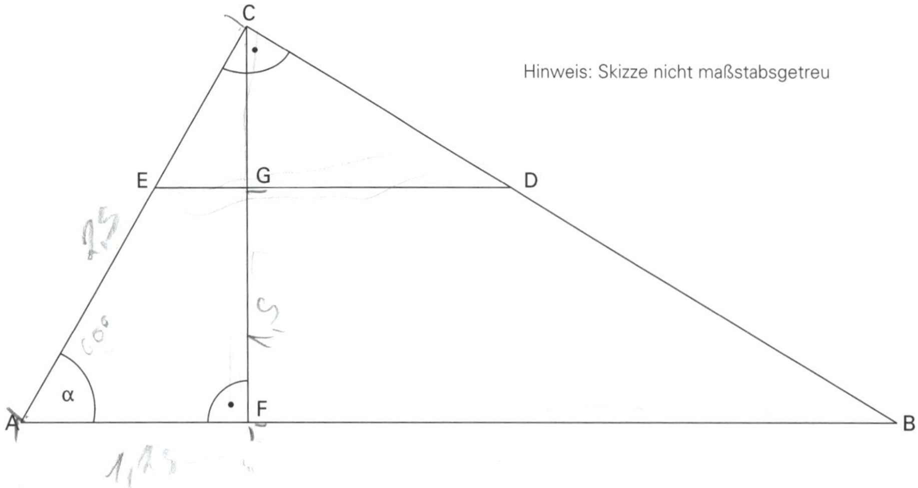

a) Bestimmen Sie die Größe des Winkels α rechnerisch.

b) Berechnen Sie jeweils die Länge der Strecken [ED] und [AB].

c) Ermitteln Sie rechnerisch den Flächeninhalt des Trapezes ABDE. **5 P**

Aufgabe 4

Folgende Wertepaare sind Punkte auf der Geraden g_1:

x	-10	-5	0	2,5
y	-4	-1	2	3,5

a) Bestimmen Sie die Funktionsgleichung von g_1 rechnerisch.

b) Die Gerade g_2 ist durch die Gleichung -x + 5y = 20 bestimmt.
Die Gerade g_3 steht senkrecht auf der Geraden g_2 und verläuft durch den Punkt A (-3 I 0).
Ermitteln Sie die Funktionsgleichung von g_3 rechnerisch.

c) Überprüfen Sie rechnerisch, ob die Gerade g_4: y = -5x – 5 die Gerade g_2 im Punkt B (5 I 5) schneidet.

d) Überprüfen Sie folgende Aussagen und begründen Sie Ihre Entscheidung:

(I) Die Gerade g_4 verläuft parallel zur Geraden g_5, die durch die Gleichung -5x + y = -3 bestimmt ist.

(II) Die Gerade g_4 steht senkrecht auf der Geraden g_6: y = 0,2x.

e) Zeichnen Sie die Graphen der Geraden g_1 und g_6 in ein Koordinatensystem mit der Einheit 1 cm.

Hinweis zum Platzbedarf: x-Achse von -6 bis 6, y-Achse von -3 bis 6 **8 P**

Aufgabe 5

In einem Spiel werden gleiche Würfel mit den Augenzahlen 1 bis 6 verwendet.

a) Zwei Würfel werden gleichzeitig geworfen.
Berechnen Sie die Wahrscheinlichkeit, die Augensumme 3 zu erreichen.

b) Ein Würfel wird dreimal nacheinander geworfen. Die Zahlen werden in der gewürfelten Reihenfolge notiert.
Ermitteln Sie rechnerisch die Anzahl der möglichen Ergebnisse.

c) Berechnen Sie die Wahrscheinlichkeit, dass sich bei dreimaligem Werfen eines Würfels die Kombination 4 / 4 / 4 ergibt. **3 P**

Aufgabe 6

Schreiben Sie die folgenden Aussagen auf Ihr Lösungsblatt und ersetzen Sie jeweils den Platzhalter □ so, dass die Streckenverhältnisse richtig wiedergegeben werden ($g_1 \parallel g_2 \parallel g_3 \parallel g_4$):

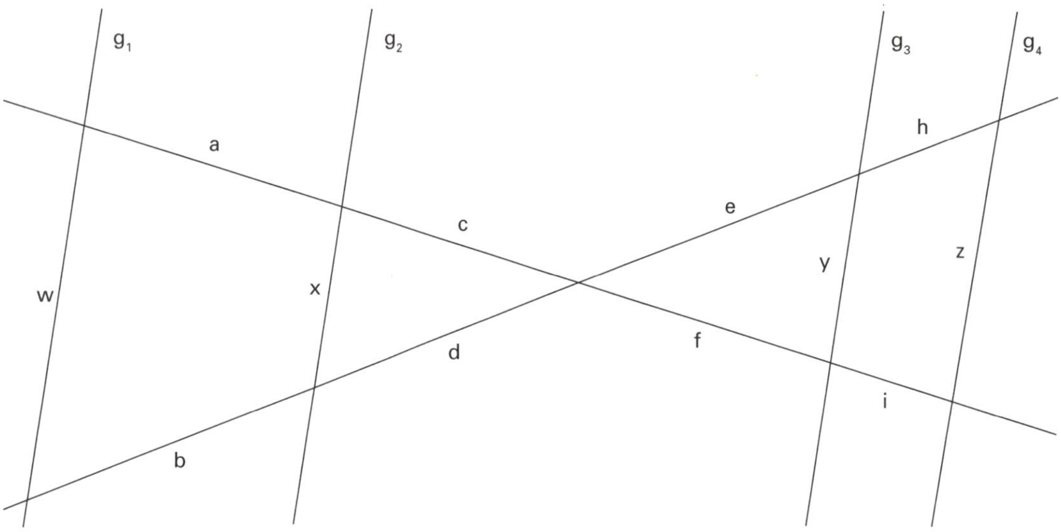

Hinweis: Skizze nicht maßstabsgetreu

a) $\frac{a+c}{f} = \frac{\square}{e}$ b) $\frac{w}{\square} = \frac{b+d}{d}$ c) $\frac{\square}{f} = \frac{x}{y}$ **3 P**

Aufgabe 7

Geben Sie die Definitionsmenge der folgenden Gleichung an und ermitteln Sie die Lösungsmenge rechnerisch:

$$\frac{8x+39}{4x-12} = x$$ **3 P**

Aufgabe 8

Am 31. Dezember 2007 hatte eine bayerische Stadt 133 539 Einwohner.
Am letzten Tag des Jahres 2016 waren es nur noch 124 698 Einwohner.

a) Berechnen Sie den durchschnittlichen jährlichen Bevölkerungsrückgang in Bezug auf das jeweilige Vorjahr in Prozent.

b) Ab dem 1. Januar 2017 möchte die Stadt einen durchschnittlichen jährlichen Bevölkerungszuwachs von 0,6% in Bezug auf das jeweilige Vorjahr erreichen.
Ermitteln Sie rechnerisch, in wie vielen Jahren die Einwohnerzahl auf 150 000 anwachsen würde.

c) Am 31. Dezember 2007 hatte ein Nachbarort 2205 Einwohner.
Dort stieg die Einwohnerzahl in den folgenden fünf Jahren um 0,7% im Vergleich zum jeweiligen Vorjahr. In den darauf folgenden vier Jahren erhöhte sie sich um jeweils 1,4% im Vergleich zum jeweiligen Vorjahr.
Bestimmen Sie rechnerisch die Einwohnerzahl des Nachbarortes am Ende des Jahres 2016. **5 P**

Aufgabe 9

In einem Würfel wird eine Kugel von zwei gespannten Schnüren gehalten, die jeweils eine Würfelecke mit der Kugeloberfläche verbinden (siehe Skizze).

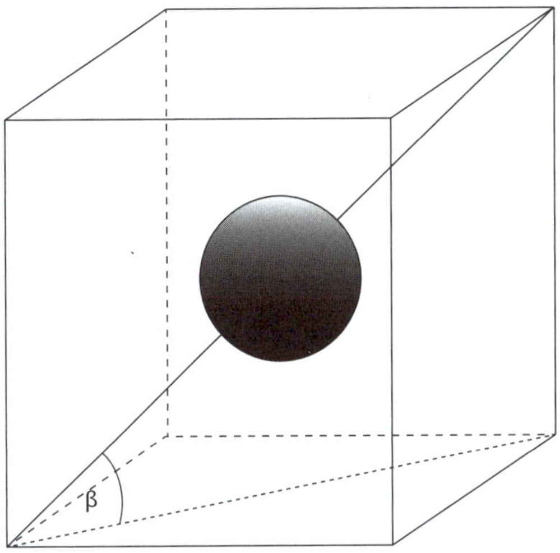

Hinweis: Skizze nicht maßstabsgetreu

Die jeweils 3,0 cm langen Schnüre verlaufen entlang der Raumdiagonalen, auf der sich auch der Mittelpunkt der Kugel befindet.
Die Kugel hat ein Volumen von 33,5 cm^3. Der Winkel β beträgt gerundet 35,27°.

Berechnen Sie das Volumen des Würfels. **4 P**

Aufgabe 10

Die Geschwister Lena und Patrick gehen mit ihren Eltern ins Theater. Der Eintritt kostet für alle zusammen 64 €. Die gleiche Vorstellung besucht auch Herr Stur mit seinen drei Kindern und zahlt insgesamt 60 €.

a) Eines der folgenden vier Gleichungssysteme A bis D stellt diesen Sachverhalt richtig dar:

A (I) $2x + 2y = 64$
(II) $3x + y = 64$

B (I) $2x + 2y = 4$
(II) $3x + y = 4$

C (I) $x + y = 32$
(II) $x + 3y = 60$

D (I) $x + y = 32$
(II) $x + 3y = 30$

Geben Sie dieses Gleichungssystem auf Ihrem Lösungsblatt an.

b) Ermitteln Sie rechnerisch den jeweiligen Eintrittspreis für ein Kind und eine erwachsene Person. **3 P**

Aufgabengruppe II

Taschenrechner und Formelsammlung sind zugelassen.

Aufgabe 1

Gegeben ist der Graph der linearen Funktion g_1.

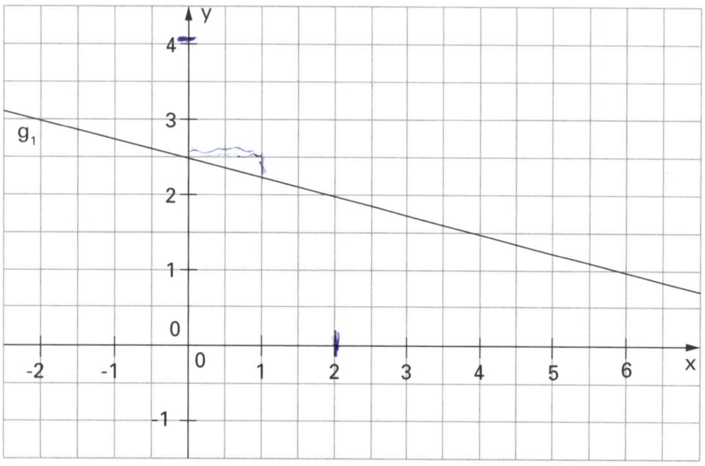

a) Bestimmen Sie die Funktionsgleichung der Geraden g_1.

b) Die Gerade g_2 hat die Funktionsgleichung g_2: $y = -2x - 3$.
Die Gerade g_3 verläuft parallel zu g_2 und durch den Punkt C (1 I 2) .
Ermitteln Sie die Funktionsgleichung von g_3 rechnerisch.

c) Bestimmen Sie die Koordinaten des Schnittpunkts N von g_2 mit der x-Achse und geben Sie N an.

d) Die Gerade g_2 wird an der x-Achse gespiegelt. Geben Sie die Funktionsgleichung der dadurch entstandenen Geraden g_4 an.

e) Der Punkt D (-16,5 I y_D) liegt auf der Geraden g_2.
Berechnen Sie die fehlende Koordinate von D.

f) Zeichnen Sie die Graphen der Geraden g_2 und g_3 in ein Koordinatensystem mit der Einheit 1 cm.

Hinweis zum Platzbedarf: x-Achse von -5 bis 5, y-Achse von -4 bis 7

g) Berechnen Sie den Abstand zwischen den Punkten A (2 I 0) und B (0 I 4). **8 P**

Aufgabe 2

Berechnen Sie die Längen der Strecken x_1, x_2 und x_3 (siehe Skizze).
Es gilt: $g_1 \parallel g_2 \parallel g_3$

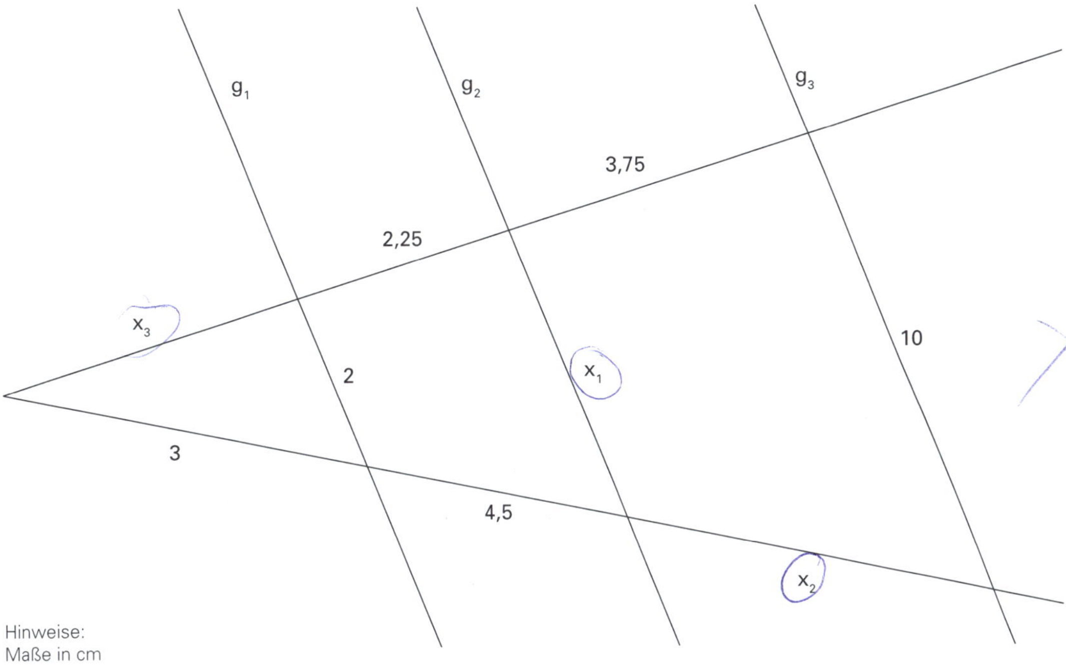

Hinweise:
Maße in cm
Skizze nicht maßstabsgetreu

3 P

Aufgabe 3

a) Die nach oben geöffnete Normalparabel p_1 hat den Scheitelpunkt S_1 (2 I -4).
Berechnen Sie die Funktionsgleichung der Parabel p_1 in der Normalform.

b) Die Punkte A (-4 I -5) und B (-1 I -2) liegen auf der nach unten geöffneten Normalparabel p_2.
Ermitteln Sie rechnerisch die Funktionsgleichung von p_2.

c) Die Normalparabel p_3 hat die Funktionsgleichung p_3: $y = x^2 - 6x + 5$.
Berechnen Sie die Koordinaten des Scheitelpunkts S_3 von p_3.

d) Ermitteln Sie rechnerisch die x-Koordinaten der Schnittpunkte N_1 und N_2 von p_3 mit der x-Achse.

e) Gegeben ist die Normalparabel p_4: $y = -x^2 - 4x - 9$. Begründen Sie mithilfe einer Rechnung, dass sich die Parabeln p_3 und p_4 nicht schneiden.

f) Durch Spiegelung der Parabel p_1 an der y-Achse entsteht die Parabel p_5.
Zeichnen Sie die Graphen der Parabeln p_1 und p_5 in ein Koordinatensystem mit der Längeneinheit 1 cm.

Hinweis zum Platzbedarf: x-Achse von -6 bis 6, y-Achse von -5 bis 6

8 P

Aufgabe 4

Das Trapez ABCD setzt sich aus mehreren Dreiecken zusammen (siehe Skizze).
Formulieren Sie jeweils eine Anwendung des Höhensatzes und des Kathetensatzes unter Verwendung der in der Skizze angegebenen Streckenbezeichnungen.

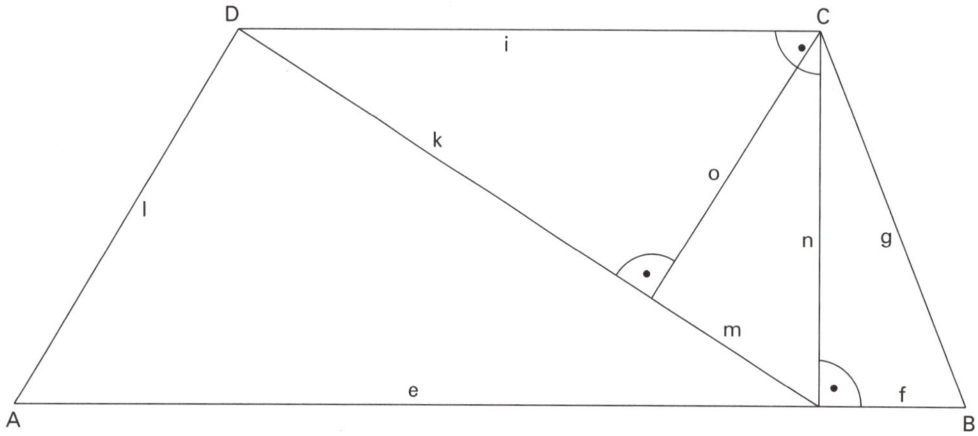

2 P

Aufgabe 5

Die Halbwertszeit des radioaktiven Elements Radium beträgt 1602 Jahre.

a) Berechnen Sie die Masse an Radium, die nach 400 Jahren von ursprünglich 5000 Gramm noch vorhanden ist.

b) Ermitteln Sie rechnerisch, nach wie vielen Jahren von ursprünglich 80 Gramm Radium noch 56,57 Gramm vorhanden sind.

Der Zerfall von 10 g radioaktivem Polonium-218 wird durch den folgenden Graphen dargestellt.

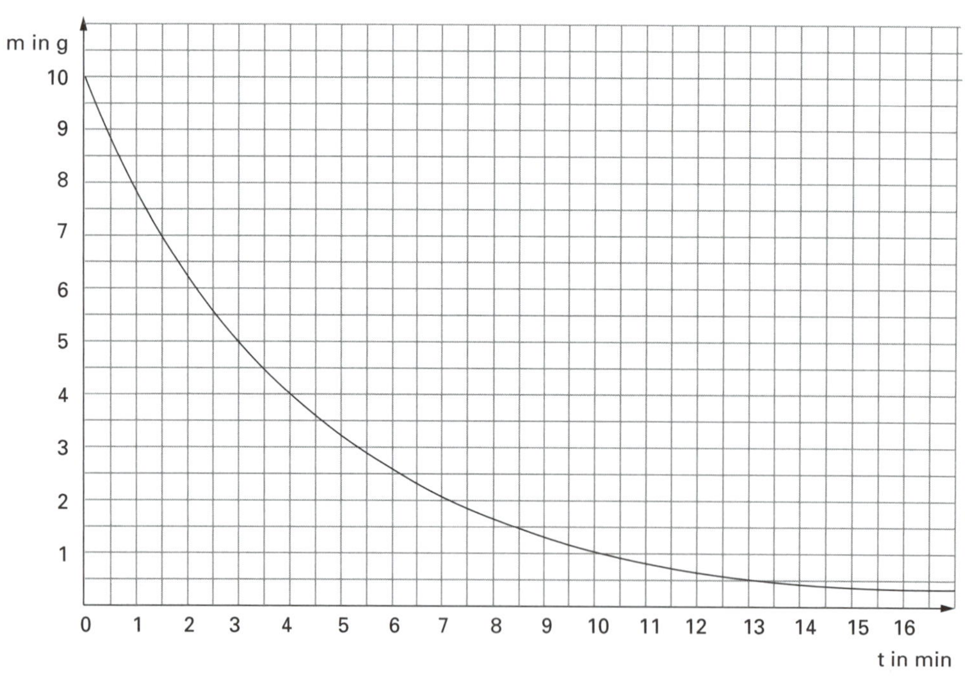

c) Bestimmen Sie die Halbwertszeit des Elements anhand des Graphen.

d) Geben Sie an, nach wie vielen Minuten von 10 g Polonium-218 nur noch 0,5 g vorhanden sind. **5 P**

Aufgabe 6

Geben Sie die Definitionsmenge der folgenden Gleichung an und ermitteln Sie die Lösungsmenge rechnerisch.

$$\frac{x}{2} + \frac{x}{x-3} = \frac{3}{x-3} - 2$$ **4 P**

Aufgabe 7

In einem Behälter befinden sich Kugeln in den Farben grau (g), weiß (w) und schwarz (s).
Bei einem Zufallsexperiment wird zweimal nacheinander jeweils eine Kugel gezogen.

Das folgende Baumdiagramm stellt die möglichen Ergebnisse dieses Zufallsexperiments dar.

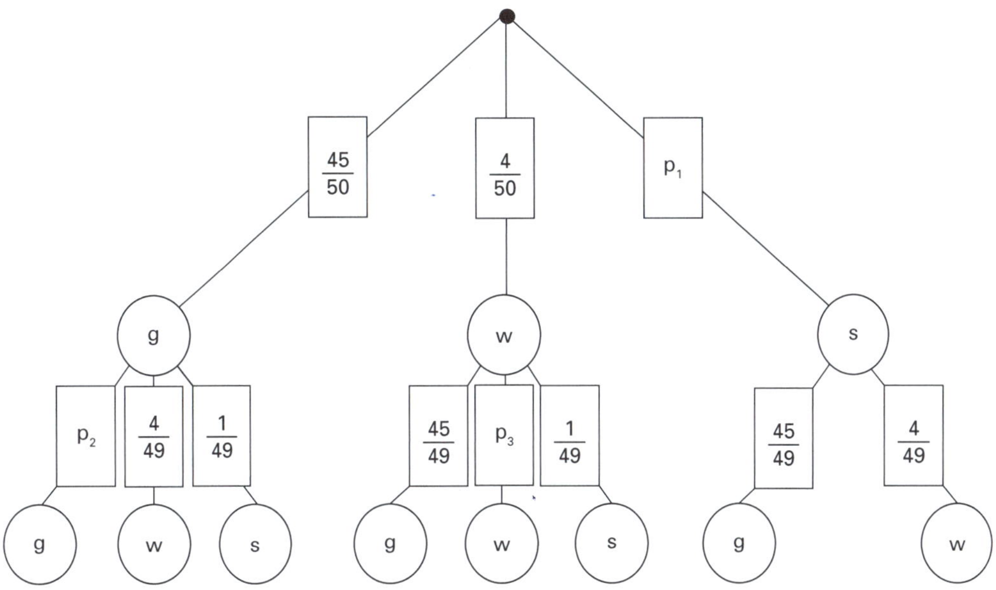

a) Begründen Sie anhand des Baumdiagramms, dass es sich um ein Zufallsexperiment ohne Zurücklegen handelt.

b) Notieren Sie auf Ihrem Lösungsblatt die Nummer des Behälters (siehe Abbildung unten), die zum dargestellten Baumdiagramm passt.

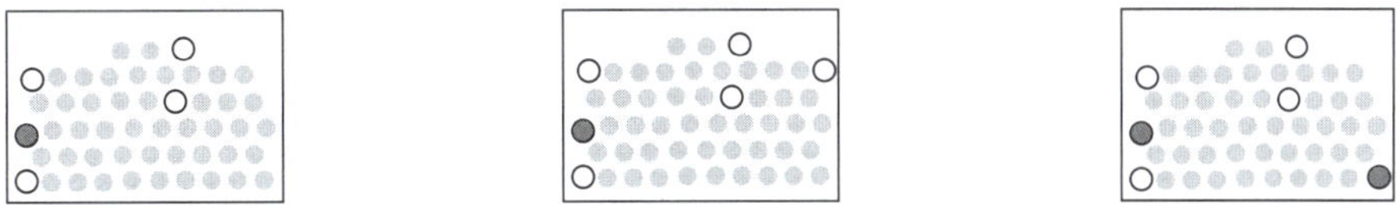

c) Geben Sie die im Baumdiagramm fehlenden Wahrscheinlichkeiten p_2 und p_3 in Bruchschreibweise an.

d) Berechnen Sie, wie hoch die Wahrscheinlichkeit ist, dass es sich bei den beiden gezogenen Kugeln um eine graue sowie um eine weiße handelt. **4 P**

Aufgabe 8

Folgende Gleichungen sind Anwendungen von Binomischen Formeln.

Ersetzen Sie jeweils den Platzhalter □ durch den entsprechenden Term und schreiben Sie die mathematisch richtigen Gleichungen auf Ihr Lösungsblatt.

a) $(\square + \square)^2 = \square + 2fc + 0{,}25c^2$

b) $(\square - 5m)^2 = 1{,}44e^2 - \square + \square$ **3 P**

Aufgabe 9

Berechnen Sie den Umfang des in der Skizze dargestellten stumpfwinkligen Dreiecks ABC.

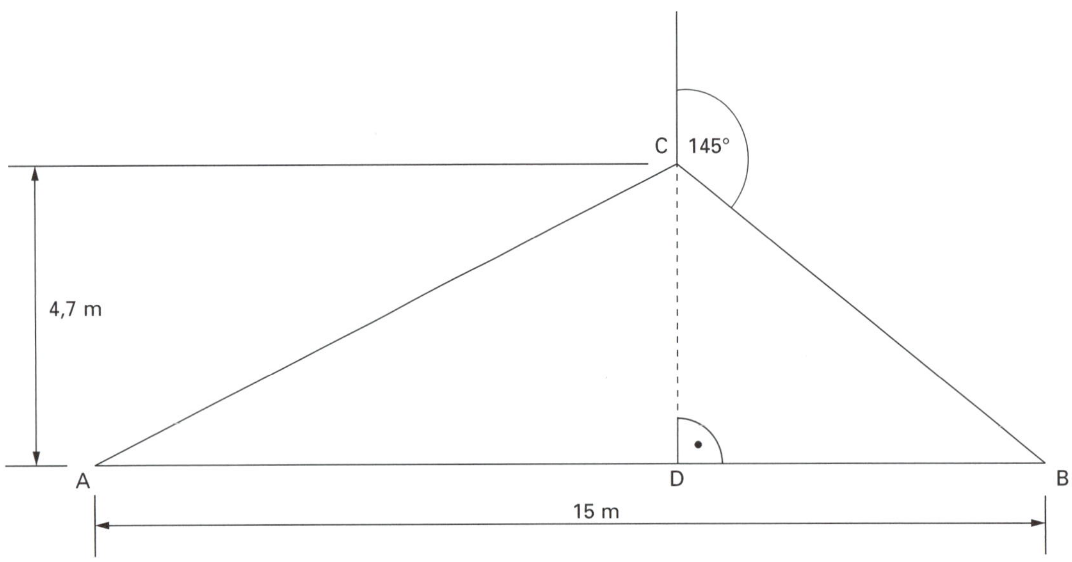

Hinweis: Skizze nicht maßstabsgetreu **4 P**

Aufgabe 10

Eine zylinderförmige Blumenvase hat ein Gesamtvolumen von 2,5 Litern. Sie ist zu $\frac{3}{4}$ mit Wasser gefüllt.

Es werden 60 farbige Deko-Glaskugeln hineingegeben, die vollständig untertauchen. Danach ist die Vase zu $\frac{4}{5}$ ihres Gesamtvolumens gefüllt.

Berechnen Sie den Durchmesser einer Glaskugel. **4 P**

Bearbeitungstipps

Aufgabengruppe I

1. a) Schreiben Sie zuerst die Normalform $y = x^2 + px + q$.
Setzen Sie dann die Koordinaten von B und D in die Gleichung ein. Sie erhalten zwei Gleichungen mit den Variablen p und q. Lösen Sie mit einem geeigneten Verfahren (z. B. Einsetzverfahren).

b) Lösen Sie mit der quadratischen Ergänzung. Beachten Sie, dass zuerst das Minuszeichen bei x^2 ausgeklammert werden muss.

c) Setzen Sie für y den Wert 0 und lösen Sie die quadratische Gleichung mit der Formel.

d) Beginnen Sie mit der Scheitelform. Beachten Sie bei der Berechnung das Binom.

e) Die Koordinaten können abgelesen werden.

f) Setzen Sie zwei beliebige x-Werte in die Parabelgleichung ein.

g) Achten Sie auf saubere und genaue Darstellung.

2. Sie müssen die binomischen Formeln beherrschen.

3. a) Berechnen Sie das Winkelmaß mit dem Kosinus.

b) Berechnen Sie zuerst $\overline{CF}$ mit dem Satz des Pythagoras und dann $\overline{AB}$ mit dem Kathetensatz. Jetzt können Sie $\overline{ED}$ mit dem Strahlensatz berechnen.

c) Berechnen Sie den Flächeninhalt mit der Formel.

4. a) I. Möglichkeit: Setzen Sie in die Gleichung $y = mx + t$ zwei beliebige Punkte aus der Wertetabelle ein und berechnen Sie mit einem geeigneten Verfahren m und t.

II. Möglichkeit: Bestimmen Sie zuerst die Steigung m mithilfe von zwei Punkten aus der Wertetabelle. Anschließend können Sie durch Einsetzen eines Punktes den Achsenabschnitt t berechnen.

b) Beachten Sie den Zusammenhang der Steigungen von zwei senkrechten Geraden.

c) Berechnen Sie den Schnittpunkt der beiden Geraden und entscheiden Sie dann.

d) Beachten Sie den Zusammenhang der Steigungen bei parallelen und senkrechten Geraden.

e) Achten Sie auf genaue und saubere Darstellung.

5. a) Zeichnen Sie ein Baumdiagramm und lösen Sie mit der Summenregel.

b) Beachten Sie: Bei jedem Wurf sind 6 Zahlen möglich.

c) Zeichnen Sie ein Baumdiagramm und berechnen Sie mit der Produktregel.

6. Den Strahlensatz müssen Sie beherrschen.

7. Beachten Sie, dass im Nenner niemals der Wert Null stehen darf. Multiplizieren Sie mit dem Nenner und lösen Sie die entstehende quadratische Gleichung mit der Formel.

8. a) Bestimmen Sie zuerst den Abnahmefaktor q und dann den Prozentsatz.

b) Bestimmen Sie zuerst den Wachstumsfaktor q und dann die Anzahl n der Jahre. Sie müssen logarithmisch berechnen.

c) Sie können in zwei Schritten berechnen: Zuerst die fünf Jahre und dann die folgenden vier Jahre. Sie können auch die Anzahl der Einwohner in einem Rechenschritt bestimmen.

9. Berechnen Sie zuerst den Kugelradius, dann die Raumdiagonale des Würfels. Berechnen Sie dann die Kantenlänge des Würfels mit dem Sinus. Jetzt können Sie das Volumen mit der Formel bestimmen.

10. a) Setzen Sie x für den Erwachsenenpreis und y für den Preis für ein Kind. Entscheiden Sie dann.

b) Lösen Sie das Gleichungssystem mithilfe eines geeigneten Verfahrens.

Bearbeitungstipps

Aufgabengruppe II

1. a) Bestimmen Sie m und t anhand der Zeichnung.

b) Achten Sie auf die Steigung bei parallelen Geraden. Setzen Sie dann die Koordinaten von C ein.

c) Setzen Sie $y = 0$.

d) Bestimmen Sie m_4 und z_4 mithilfe einer Skizze.

e) Setzen Sie den x-Wert in die Geradengleichung ein.

f) Achten Sie auf saubere und genaue Darstellung.

g) Fertigen Sie eine Skizze und berechnen Sie $\overline{AB}$ mit dem Satz des Pythagoras.

2. Die Zusammenhänge an der Strahlensatzfigur müssen Sie beherrschen.

3. a) Beginnen Sie mit der Scheitelform und geben Sie dann die Normalform an. Achten Sie auf das Binom.

b) Setzen Sie die Koordinaten der Punkte in die Parabelgleichung (nach unten geöffnet!) ein und lösen Sie das Gleichungssystem nach einem Verfahren Ihrer Wahl.

c) Berechnen Sie die Koordinaten mithilfe der quadratischen Ergänzung.

d) Setzen Sie $y = 0$ und lösen Sie die quadratische Gleichung.

e) Setzen Sie die y-Werte der beiden Parabeln gleich. Die Diskriminante D der quadratischen Gleichung muss negativ sein.

f) Bestimmen Sie zuerst die Scheitelkoordinaten S_6. Achten Sie auf saubere und genaue Darstellung.

4. Suchen Sie in der Figur ein geeignetes rechtwinkliges Dreieck. Beim Kathetensatz gibt es zwei Möglichkeiten.

5. a) Berechnen Sie mit der Formel.

b) Setzen Sie die Werte in die Formel $N_t = N_0 \cdot 0{,}5^{\frac{t}{T}}$ und bestimmen Sie t logarithmisch.

c) Lesen Sie den Wert an der x-Achse ab.

d) Lesen Sie den Wert an der x-Achse ab.

6. Bestimmen Sie zuerst die Definitionsmenge (der Nenner darf nicht 0 sein!). Multiplizieren Sie die Gleichung mit dem Hauptnenner. Die entstehende quadratische Gleichung lösen Sie mit der Formel.

7. a) Achten Sie auf die Nenner der Brüche.

b) Wegen der Kugelzahl 50 muss die Wahrscheinlichkeit $p_1 = \frac{1}{50}$ sein. Das bedeutet: 45 graue Kugeln, 4 weiße Kugeln und eine schwarze Kugel. Bestimmen Sie den richtigen Behälter.

c) Beachten Sie die Anzahl der noch vorhandenen Kugeln und die Anzahl der bereits gezogenen Kugeln.

d) Zeichnen Sie ein Baumdiagramm und berechnen Sie mithilfe der Summenregel.

8. Die binomischen Grundformeln gehören zum Grundwissen.

9. Berechnen Sie zuerst $\overline{BC}$ mit dem Kosinus, dann $\overline{DC}$ mit dem Satz des Pythagoras, dann können Sie $\overline{AD}$ bestimmen. Berechnen Sie nun $\overline{AC}$ mit dem Satz des Pythagoras und dann den Umfang.

10. Verwandeln Sie zuerst die Liter in Kubikzentimeter. Berechnen Sie dann das Wasservolumen ohne die 60 Kugeln, anschließend das Volumen mit den Kugeln. Die Differenz ergibt das Volumen aller 60 Kugeln. Nun können Sie den Durchmesser einer Kugel berechnen.

Aufgabengruppe I

Taschenrechner und Formelsammlung sind zugelassen.

Aufgabe 1

a) Schreiben Sie die Nummern der richtigen Aussagen auf Ihr Lösungsblatt.
   (1) Der Graph jeder beliebigen quadratischen Funktion schneidet die y-Achse.
   (2) Der Graph jeder beliebigen quadratischen Funktion schneidet die x-Achse.
   (3) Der Graph jeder beliebigen quadratischen Funktion besitzt einen Scheitelpunkt.
   (4) An der Funktionsgleichung jeder quadratischen Funktion kann der Schnittpunkt des Graphen mit der y-Achse ohne Berechnung direkt abgelesen werden.

b) Ermitteln Sie rechnerisch den Scheitelpunkt S_1 der nach oben geöffneten Normalparabel p_1: $y = x^2 - 7x + 10$.

c) Berechnen Sie die Koordinaten aller Schnittpunkte von p_1 mit der x-Achse und der y-Achse und geben Sie die Punkte an.

d) Die nach oben geöffnete Normalparabel p_2 mit der Funktionsgleichung p_2: $y = x^2 + 3x$ schneidet die Parabel p_1 im Punkt T.
Bestimmen Sie rechnerisch die Koordinaten von T und geben Sie den Punkt an.

e) Eine Parabel p_4 soll keinen gemeinsamen Punkt mit der nach unten geöffneten Normalparabel p_3 mit dem Scheitelpunkt $S_3(-2 \mid 1)$ haben. Geben Sie die Funktionsgleichung einer möglichen Parabel p_4 in Scheitelpunktform an.

f) Zeichnen Sie die Graphen von p_1 und p_2 in ein Koordinatensystem mit der Längeneinheit 1 cm. **8 P**

Aufgabe 2

Geben Sie die Definitionsmenge der folgenden Gleichung an und ermitteln Sie die Lösungsmenge rechnerisch.

$$\frac{x}{2x-2} - 0{,}25 = \frac{2}{4x-8}$$

4 P

Aufgabe 3

Die Einfassung eines Brunnens hat von oben betrachtet die Form eines regelmäßigen Fünfecks (siehe Skizze).
Berechnen Sie den Flächeninhalt der blauen Fläche ($s = 2$ m; $a = 3$ m; $a \parallel s$).

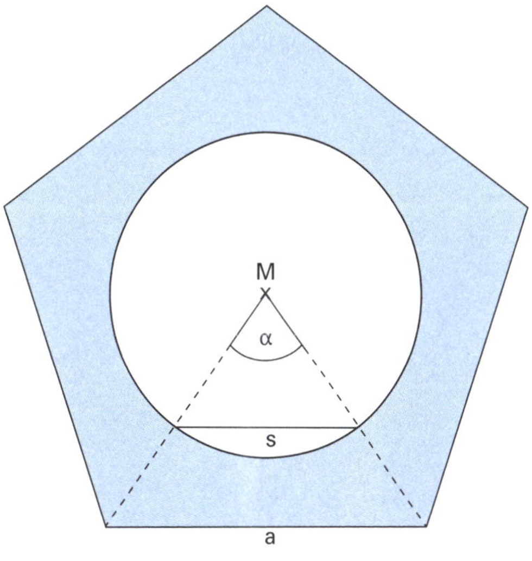

Hinweis: Skizze nicht maßstabsgetreu

5 P

Aufgabe 4

Die Gerade g_1 mit der Steigung $m_1 = 2$ verläuft durch den Punkt A (5 | 3).

a) Bestimmen Sie die Funktionsgleichung von g_1 rechnerisch.

b) Die Gerade g_2 verläuft durch den Ursprung und schneidet g_1 senkrecht.
Ermitteln Sie rechnerisch die Funktionsgleichung von g_2.

c) Zeichnen Sie die beiden Geraden g_1 und g_2 in ein Koordinatensystem mit der Längeneinheit 1 cm.

d) Berechnen Sie die Größe des spitzen Winkels α, den die Gerade g_1 mit der x-Achse einschließt.

e) Überprüfen Sie, ob die unten stehenden Geraden jeweils parallel zu g_1 sind.
Begründen Sie in beiden Fällen Ihre Entscheidung.

g_3: $4x + 2y = 8x + 3$

g_4: $-\frac{y}{2} = x + 1$

f) Auf der Geraden g_5 liegen die Punkte E (-2 | 4) und F (2 | -2).
Bestimmen Sie die Funktionsgleichung von g_5 rechnerisch. **8 P**

Aufgabe 5

Ein zylinderförmiges Gefäß mit einem Innendurchmesser von 10,0 cm ist zur Hälfte mit Wasser gefüllt.

a) Beim vollständigen Eintauchen eines Metallstücks mit einer Masse von 1050 g in den Zylinder steigt der Wasserstand um 1,5 cm an. Berechnen Sie die Masse von 1 cm^3 dieses Metalls.

b) Ein kugelförmiges Metallstück hat ein Volumen von 560 cm^3.
Weisen Sie rechnerisch nach, dass diese Kugel nicht in den vorgegebenen Zylinder eingetaucht werden kann. **4 P**

Aufgabe 6

Schreiben Sie die folgenden Aussagen auf Ihr Lösungsblatt und ersetzen Sie jeweils den Platzhalter □ so, dass die Streckenverhältnisse richtig wiedergegeben werden. Es gilt: $g_1 \parallel g_2 \parallel g_3$

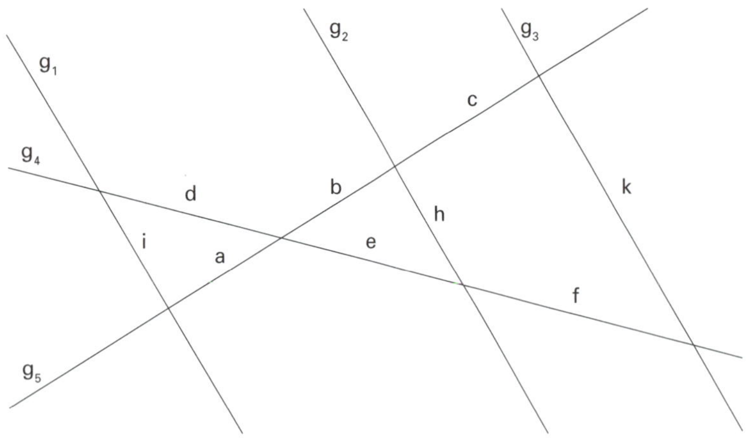

Hinweis: Skizze nicht maßstabsgetreu

a) $\frac{\square}{a} = \frac{k}{i}$ b) $\frac{e}{d} = \frac{\square}{a}$ c) $\frac{b + c}{k} = \frac{b}{\square}$ **3 P**

Aufgabe 7

Bei folgenden Aufgaben handelt es sich um Anwendungen der zentrischen Streckung:

a) Das Volumen eines Würfels wird um das 27-Fache verkleinert.
Ermitteln Sie den Streckungsfaktor k.

b) Der Radius eines Kreises wird um 6 cm verlängert. Dadurch vervierfacht sich der Flächeninhalt des Kreises.
Berechnen Sie den ursprünglichen Radius r und den neuen Radius r´. **3 P**

Aufgabe 8

Elektroautos erfreuen sich einer immer größeren Beliebtheit.

a) In den drei Jahren von 2003 bis 2006 stieg die Anzahl der zugelassenen Elektroautos in Deutschland durchschnittlich um 4% pro Jahr.
Im Jahr 2006 waren 1931 Fahrzeuge angemeldet.
Berechnen Sie die Zahl der zugelassenen Elektroautos für das Jahr 2003.

b) In den folgenden 12 Jahren bis zum Jahr 2018 stieg die Zahl der zugelassenen Elektroautos auf 34 022.
Ermitteln Sie rechnerisch die durchschnittliche jährliche Zunahme in Prozent.

c) Ab 2018 erhofft sich die Automobilindustrie eine durchschnittliche jährliche Zunahme von 31%.
Berechnen Sie, nach wie vielen Jahren sich unter dieser Annahme die Zahl der zugelassenen Elektroautos auf 131 255 erhöht. **4 P**

Aufgabe 9

Lösen Sie die Gleichungen für $x \in \mathbb{Z}$.
Stellen Sie Ihre Lösungswege nachvollziehbar dar.

a) $(2^2)^x = \frac{1}{64}$ b) $5^x : 5^{-2} = 5^3$ c) $(-2) \cdot (-2)^x = (-2)^{-4}$ **3 P**

Aufgabe 10

Aus einem Korb mit 8 gekochten und 2 rohen Eiern werden nacheinander 3 Eier entnommen und nicht wieder zurückgelegt.

a) Zeichnen Sie für diesen Ablauf ein Baumdiagramm und beschriften Sie dieses mit den jeweiligen Wahrscheinlichkeiten.

b) Berechnen Sie die Wahrscheinlichkeit, dass bei diesem Ablauf genau ein rohes Ei entnommen wird. **3 P**

Aufgabengruppe II

Taschenrechner und Formelsammlung sind zugelassen.

Aufgabe 1

a) Die Punkte A (1 I 2,5) und B (3 I -2,5) liegen auf der Geraden g_1.
Bestimmen Sie die Funktionsgleichung von g_1 rechnerisch.

b) Die Gerade g_2 hat die Funktionsgleichung g_2: $y = \frac{2}{4}x + 1$.
Bestimmen Sie die Koordinaten des Schnittpunkts N von g_2 mit der x-Achse und geben Sie N an.

c) Die Gerade g_3 mit der Funktionsgleichung $2y + 4 = 4x$ schneidet g_2 im Punkt T.
Berechnen Sie die Koordinaten von T und geben Sie den Punkt an.

d) Überprüfen Sie mithilfe einer Rechnung, ob der Punkt C (1 I -1) auf der Geraden g_3 liegt.

e) Zeichnen Sie die Graphen der Geraden g_2 und g_3 in ein Koordinatensystem mit der Einheit 1 cm.

f) Ermitteln Sie rechnerisch die Größe des spitzen Winkels α, den die Gerade g_2 mit der x-Achse einschließt. **8 P**

Aufgabe 2

Ein bayerischer Braumeister wanderte nach China aus. Im Jahr 2017 produzierte er dort 5000 Hektoliter alkoholfreies Bier. Er geht von einem durchschnittlichen jährlichen Anstieg seiner Produktion um 6% in Bezug auf das jeweilige Vorjahr aus.

a) Berechnen Sie die im Jahr 2022 produzierte Biermenge.

b) Ermitteln Sie rechnerisch, nach wie vielen Jahren er die Jahresmenge von 5000 Hektolitern verdoppeln kann, wenn man von einem gleichbleibenden Wachstumsfaktor ausgeht.

c) Berechnen Sie die prozentuale durchschnittliche jährliche Steigerung, wenn er seine Jahresmenge innerhalb der nächsten 10 Jahre verdoppeln will. **4 P**

Aufgabe 3

Geben Sie die Definitionsmenge der folgenden Gleichung an und ermitteln Sie die Lösungsmenge rechnerisch.

$$\frac{2\,(2 + x)}{6 - x} + 2 = \frac{6 + x}{x}$$ **4 P**

Aufgabe 4

Eine Kugel soll in einem würfelförmigen Karton mit der Kantenlänge a = 1 m so verpackt werden, dass sich der Kugelmittelpunkt M exakt in der Mitte des Kartons befindet. Dazu werden die Wände des Würfels mit Styroporplatten ausgekleidet.

Das Volumen der Kugel beträgt $\frac{1}{4}$ des Volumens des Würfels.

Berechnen Sie die Stärke x der Styroporplatten zwischen Kugel und Wand (siehe Skizze).

Mögliche Verformungen des Styropors sowie die Wandstärke des Kartons sollen vernachlässigt werden.

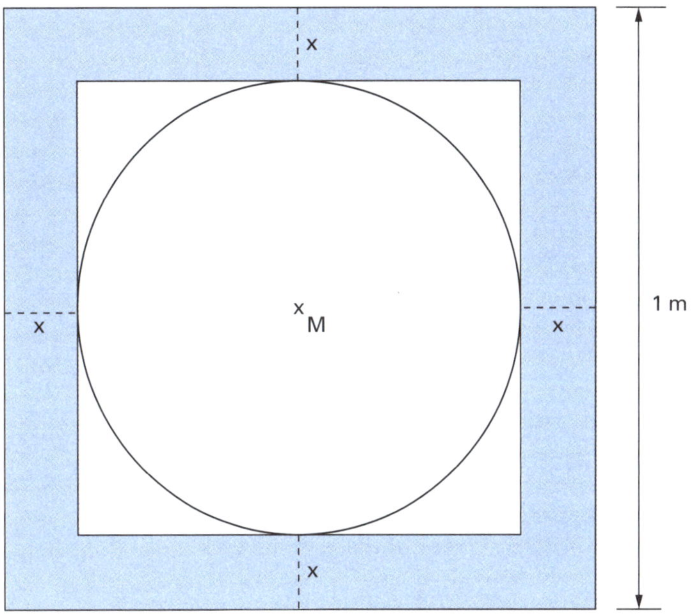

3 P

Aufgabe 5

Folgende Aufgaben sind Anwendungen von Binomischen Formeln:

a) Ersetzen Sie die Platzhalter jeweils durch den entsprechenden Term und schreiben Sie die mathematisch richtige Gleichung auf Ihr Lösungsblatt.

$(\diamond - 9d)^2 = 36a^2 - \square + 81d^2$

b) Zeigen Sie nachvollziehbar, dass sich der Term $\frac{(a+b)^2 \cdot (a-b)^2}{a^2 - b^2}$ in den Term $a^2 - b^2$ umformen lässt. Es gilt: $a^2 - b^2 \neq 0$. **3 P**

Aufgabe 6

a) Bestimmen Sie die Funktionsgleichung der Parabel p_1 in der Normalform (siehe Skizze).

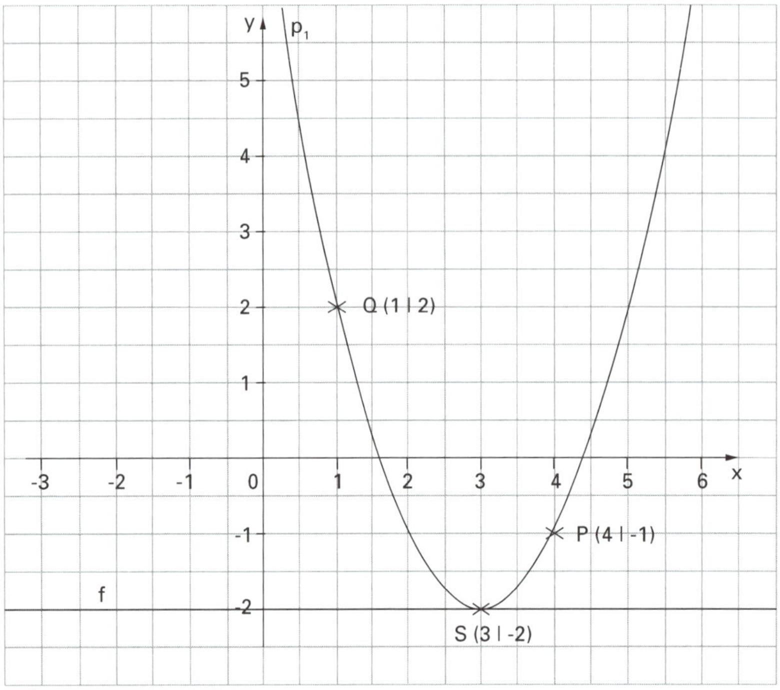

b) Bestimmen Sie rechnerisch die x-Koordinaten der Schnittpunkte N_1 und N_2 der Parabel p_2: $y = x^2 - 5x + 2{,}25$ mit der x-Achse.

c) Die Parabel p_3 mit der Funktionsgleichung $y = -x^2 + 5x - 8{,}25$ schneidet die Parabel p_2 in den Punkten R und T.
Ermitteln Sie rechnerisch die Koordinaten dieser Schnittpunkte und geben Sie R und T an.

d) Der Punkt W (-22,5 I y_w) liegt auf der Parabel p_3.
Ermitteln Sie rechnerisch die fehlende Koordinate y_w.

e) Eine nach unten geöffnete Normalparabel p_4 hat den Scheitelpunkt S_4 (-1 I 2).
Ermitteln Sie rechnerisch die Funktionsgleichung der Parabel p_4 in der Normalform.

f) Geben Sie die Funktionsgleichung der Geraden f (siehe Skizze) an. **8 P**

Aufgabe 7

Vereinfachen Sie die folgenden Terme so weit wie möglich.
Es gilt: a, b, c > 0

a) $\dfrac{3a^3 \cdot 4b^{-7} \cdot 3a^{-1} \cdot 3b^8}{9a^{-2} \cdot 15b}$

b) $\sqrt[5]{c^3} \cdot a^{-6} \cdot \sqrt[5]{c^2} \cdot a^{12}$ **2 P**

Aufgabe 8

Anja Schmid schützt den Zugang zu ihrem Computer mit einem vierstelligen Passwort, das aus einer Kombination aus Buchstaben und Ziffern bestehen kann. Sie wählt für die erste Stelle einen der 26 Buchstaben des Alphabets. Dabei wird zwischen Groß- und Kleinschreibung unterschieden. An der zweiten bis vierten Stelle folgt jeweils eine Ziffer.

a) Das richtige Passwort soll in zwei Versuchen erraten werden.
Zeichnen Sie dazu ein Baumdiagramm für die ersten beiden zufälligen Versuche und beschriften Sie die Äste mit den jeweiligen Wahrscheinlichkeiten. Die gleiche Kombination wird dabei kein zweites Mal eingegeben.

b) Ermitteln Sie rechnerisch die Wahrscheinlichkeit, das richtige Passwort in maximal zwei Versuchen zu erraten.

c) Berechnen Sie die Wahrscheinlichkeit, mit einem Versuch die richtige Kombination zu erraten, wenn gleichzeitig

- der Buchstabe ein A oder S in Großschreibung ist,
- die erste Ziffer eine 8 ist und
- keine Null und keine ungerade Ziffer vorkommt. **5 P**

Aufgabe 9

Eine Figur setzt sich ausschließlich aus rechtwinkligen Dreiecken zusammen, die zueinander ähnlich sind (siehe Skizze).
Es gilt: $\overline{AD} = 8$ cm, $\overline{DC} = 4$ cm, $\overline{FH} = 3$ cm, $\overline{GE} = 5{,}4$ cm

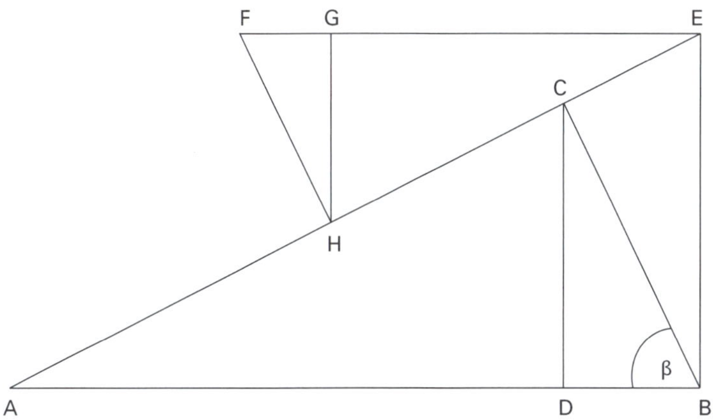

Hinweis: Skizze nicht maßstabsgetreu

a) Berechnen Sie die Länge der Strecke [DB].

b) Ermitteln Sie rechnerisch die Größe des Winkels β.

c) Berechnen Sie die Länge der Strecke [FG].

d) Formulieren Sie eine korrekte Anwendung eines Strahlensatzes, die auf die Figur zutrifft. **5 P**

Aufgabe 10

Ein Kopiergerät kann Bilder vergrößern und verkleinern. Dazu stellt man den entsprechenden Prozentsatz ein.
Beispielsweise werden bei der Einstellung 110% alle Längen um den Streckungsfaktor $k = 1{,}1$ verlängert, bei 90% dagegen um den Streckungsfaktor $k = 0{,}9$ verkürzt.

a) Ein Quadrat mit der Seitenlänge $a = 9$ cm wird mit der Einstellung 70% kopiert. Berechnen Sie die Seitenlänge a' des Bildquadrates.

b) Ein Dreieck mit einem Flächeninhalt $A = 12\ \text{cm}^2$ wird auf ein Dreieck mit einem Flächeninhalt von $A' = 17{,}28\ \text{cm}^2$ vergrößert.
Bestimmen Sie rechnerisch, welcher Prozentsatz eingestellt wurde.

c) Ein Rechteck ABCD mit den Seitenlängen $a = 6$ cm und $b = 3$ cm wird durch eine zentrische Streckung mit dem Streckungsfaktor $k = \frac{1}{3}$ auf das Bildrechteck A'B'C'D' abgebildet. Das Streckungszentrum ist der Punkt A.
Stellen Sie diese zentrische Streckung zeichnerisch dar. **3 P**

Bearbeitungstipps

Aufgabengruppe I

1. a) Überprüfen Sie die Aussagen durch geeignete Beispiele. Skizzen helfen.

b) Wandeln Sie die Gleichung der Normalparabel in die Scheitelpunktform um und lesen Sie die Koordinaten des Scheitelpunkts ab.

c) Sie müssen y = 0 in die Funktionsgleichung einsetzen, um die Schnittpunkte mit der x-Achse zu erhalten. Für die Schnittpunkte mit der y-Achse gilt: x = 0.

d) Den Schnittpunkt beider Parabeln erhält man durch Gleichsetzung der y-Werte.

e) Zum besseren Verständnis hilft eine Skizze.

f) Zum Zeichnen von p_2 empfiehlt es sich, den Scheitelpunkt S_2 zu berechnen.
Es ist aber auch möglich, über die Koordinaten einzelner Punkte die Parabel zu zeichnen.
Achten Sie auf eine genaue und saubere Darstellung.

2. Bestimmen Sie zunächst den Definitionsbereich (der Nenner darf nicht Null sein!).
Multiplizieren Sie die Gleichung mit dem Hauptnenner. Die entstehende quadratische Gleichung lösen Sie mit der Lösungsformel oder durch quadratische Ergänzung. Achten Sie auf korrekte Schreibweise der Lösungsmenge.

3. Berechnen Sie zunächst die Flächeninhalte von regelmäßigem Fünfeck und Kreis. Die Differenz beider Figuren ergibt den Flächeninhalt der blauen Fläche.

4. a) Bestimmen Sie den Achsenabschnitt durch Einsetzen des Steigungsfaktors und der Koordinaten des Punktes A in die Normalform der Geradengleichung und stellen Sie dann die Funktionsgleichung auf.

b) Sie können den Steigungsfaktor aufgrund der Eigenschaften von aufeinander senkrecht stehenden Geraden bestimmen. Beachten Sie, dass die Gerade durch den Ursprung verläuft.

c) Sie erhalten die Geraden durch die Koordinaten einzelner Punkte oder durch Einzeichnen eines Bestimmungsdreiecks. Achten Sie auf genaue und saubere Darstellung.

d) Sie können den Winkel mit dem Tangens bestimmen. Maße entnehmen Sie einer Skizze.

e) Bringen Sie die Gleichungen zunächst in die Normalform und untersuchen Sie dann den Steigungsfaktor m.

f) Bestimmen Sie zuerst die Steigung m mit der Formel. Setzen Sie dann die Koordinaten eines der Punkte E oder F ein und Sie erhalten den Achsenabschnitt t. Jetzt kann die Funktionsgleichung aufgestellt werden.

5. a) Die verdrängte Wassermenge entspricht dem Volumen eines Zylinders.

b) Berechnen Sie den Durchmesser der Kugel mit der Formel und vergleichen Sie ihn mit dem des Zylinders.

6. Achten Sie bei der Bestimmung der Platzhalter stets auf die entsprechenden Streckenlängen.

7. a) Beachten Sie bei der zentrischen Streckung die Formel bei Volumen mit k^3.

b) Berechnen Sie den ursprünglichen Radius mit einer quadratischen Gleichung. Achten Sie auf sinnvolle Lösungen.

8. a) Bestimmen Sie den Wachstumsfaktor q und lösen Sie mit der Formel.

b) Berechnen Sie mit der Formel den Faktor q und leiten Sie daraus den Prozentsatz ab.

c) Ermitteln Sie q und stellen Sie die Gleichung auf. Die Anzahl der Jahre erhalten Sie durch logarithmische Berechnung.

9. Formen Sie die Gleichungen unter Verwendung der Potenzgesetze um und berechnen Sie x.

10. a) Achten Sie darauf, dass die Summe aller Wahrscheinlichkeiten, die von einem Knoten ausgehen, stets den Wert 1 hat.

b) Bestimmen Sie zuerst mit der Produktregel und dann mit der Summenregel.

Bearbeitungstipps

Aufgabengruppe II

1. a) Bestimmen Sie Steigungsfaktor und Achsenabschnitt und stellen Sie die Funktionsgleichung auf.

b) Den Schnittpunkt der Geraden mit der x-Achse erhält man, wenn man für den y-Wert Null einsetzt und den x-Wert berechnet.

c) Bringen Sie zunächst die Gleichung von g_3 in die Normalform und berechnen Sie die Koordinaten von T durch Gleichsetzen von g_2 und g_3.

d) Durch Einsetzen von C (1 I 1) in die Funktionsgleichung von g_3 kann überprüft werden, ob beide Seiten der Gleichung denselben Wert besitzen.

e) Die Zeichnung der Geraden gelingt am einfachsten durch Bestimmung von Punkten auf der jeweiligen Geraden (z. B. N und T). Achten Sie auf genaue und saubere Darstellung.

f) Der Winkel kann über den Tangens berechnet werden. Maße entnehmen Sie dem Koordinatensystem.

2. a) Bestimmen Sie den Wachstumsfaktor q und lösen Sie mit der Formel.

b) Die Anzahl der Jahre erhält man durch logarithmische Berechnung.

c) Berechnen Sie mit der Wachstumsformel den Faktor q und leiten Sie daraus den Prozentsatz der jährlichen Steigerung ab.

3. Beim Definitionsbereich ist darauf zu achten, dass der Nenner nicht Null werden darf.
Der Hauptnenner ist das Produkt der Einzelnenner. Lösen Sie die Gleichung durch quadratische Ergänzung oder mit der Lösungsformel. Achten Sie bei der Lösungsmenge auf richtige Darstellung

4. Berechnen Sie die Volumen von Würfel und Kugel und leiten Sie daraus den Kugelradius ab. Jetzt kann die Stärke des Styropors berechnet werden.

5. Durch Anwendung der 3 binomischen Formeln lassen sich die Terme geeignet umformen, sodass sinnvoll gekürzt werden kann.

6. a) Die Funktionsgleichung lässt sich sowohl über den Scheitelpunkt als auch durch Einsetzen der gegebenen Punkte berechnen.

b) Setzen Sie $y = 0$ und lösen Sie die quadratische Gleichung.

c) Setzen Sie die y-Werte der beiden Parabeln gleich und lösen Sie die quadratische Gleichung. Die y-Koordinaten der Schnittpunkte bekommt man durch Einsetzen der x-Werte in eine der Parabelgleichungen.

d) Sie erhalten die y-Koordinate, indem Sie den x-Wert in die Parabelgleichung einsetzen.

e) Setzen Sie die Koordinaten des Scheitelpunkts in die Scheitelpunktgleichung ein und formen Sie diese in die Normalform um. Achten Sie auf das Minus vor der Klammer.

f) Die Gerade verläuft parallel zur x-Achse. Jedem der x-Werte wird also der y-Wert -2 zugeordnet.

7. Wenden Sie zur Umformung die Potenz- und Wurzelgesetze an und kürzen Sie so weit wie möglich.

8. a) Ermitteln Sie die Möglichkeiten für die jeweilige Stelle und wenden Sie die Produktregel an.
Zeichnen Sie nun ein Baumdiagramm für die ersten beiden Versuche.

b) Berechnen Sie mithilfe der Summenregel die Wahrscheinlichkeit.

c) Bestimmen Sie die Wahrscheinlichkeit mit der Produktregel.

9. Markieren Sie zur besseren Übersicht in der Skizze bekannte Strecken farbig.

a) Wenden Sie den Höhensatz im rechtwinkligen Dreieck an.

b) Der Winkel lässt sich mit dem Tangens bestimmen.

c) Wenden Sie den Kathetensatz an und ermitteln Sie die gesuchte Strecke über eine quadratische Gleichung.

d) Wenden Sie die Strahlensätze an.

10. Beachten Sie bei der zentrischen Streckung die beiden wichtigen Formeln.

a) $a' = k \cdot a$ bei Strecken

b) $A' = k^2 \cdot A$ bei Flächen

c) Ermitteln Sie die Bildstrecken mit dem Faktor $\frac{1}{3}$.
Achten Sie bei der Zeichnung auf eine genaue und saubere Darstellung.

Aufgabengruppe I

Taschenrechner und Formelsammlung sind zugelassen.

Aufgabe 1

a) Die nachfolgende Abbildung zeigt den Graphen einer Normalparabel p_1.
Ermitteln Sie rechnerisch die Funktionsgleichung von p_1 in der Normalform.

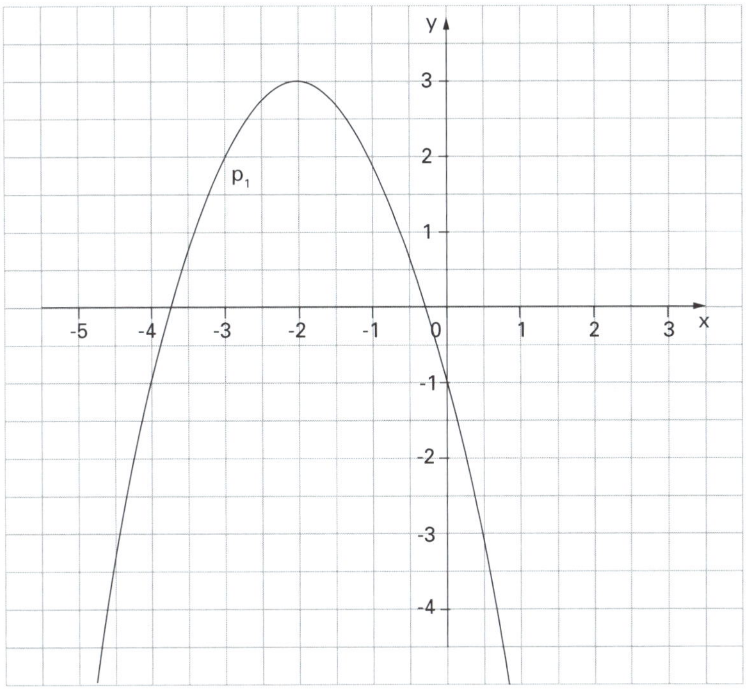

b) Überprüfen Sie durch Rechnung, ob die Punkte A (-1 I 2) und B (-3 I -1,5) auf der Normalparabel p_2 mit der Funktionsgleichung p_2: $y = x^2 + 4x + 1{,}5$ liegen.

c) Ermitteln Sie rechnerisch den Scheitelpunkt S_2 der Parabel p_2.

d) Die Gerade g mit der Funktionsgleichung $y = 2x + 0{,}5$ hat mit der Parabel p_2 den Punkt R gemeinsam.
Berechnen Sie die Koordinaten von R und geben Sie diesen Punkt an.

e) Zeichnen Sie die Graphen der Parabel p_2 und der Geraden g in ein Koordinatensystem mit der Längeneinheit 1 cm.

f) Eine nach unten geöffnete Normalparabel p_3 hat den Scheitelpunkt S_3 (-0,5 I 4).
Durch Spiegelung an der y-Achse entsteht p_4. Durch eine weitere Spiegelung von p_4 an der x-Achse entsteht p_5.
Geben Sie die Funktionsgleichung der Parabel p_5 in der Scheitelpunktform an und stellen Sie Ihren Lösungsweg nachvollziehbar dar. **7 P**

Aufgabe 2

Das radioaktive Element Kobalt-60 hat eine Halbwertszeit von fünf Jahren.

a) In einem Behälter befinden sich 3,675 kg Kobalt-60. Berechnen Sie, wie viele Kilogramm nach 13 Jahren von dieser Menge noch vorhanden sind.

b) Ermitteln Sie rechnerisch, nach wie vielen Jahren von den 3,675 kg Kobalt-60 nur noch 0,1 kg vorhanden sind.

c) Berechnen Sie die Ausgangsmenge des radioaktiven Elements Kobalt-60, von der nach 38 Jahren noch 0,742 kg vorhanden sind. **5 P**

Aufgabe 3

In der folgenden Skizze gilt:
$\overline{AF} = 4$ cm; $\overline{AD} = 5$ cm; $\overline{DF} : \overline{BC} = 1 : 3$; $\overline{DF} \parallel \overline{BC}$

Berechnen Sie die Länge der Strecke $\overline{CE}$ in cm.

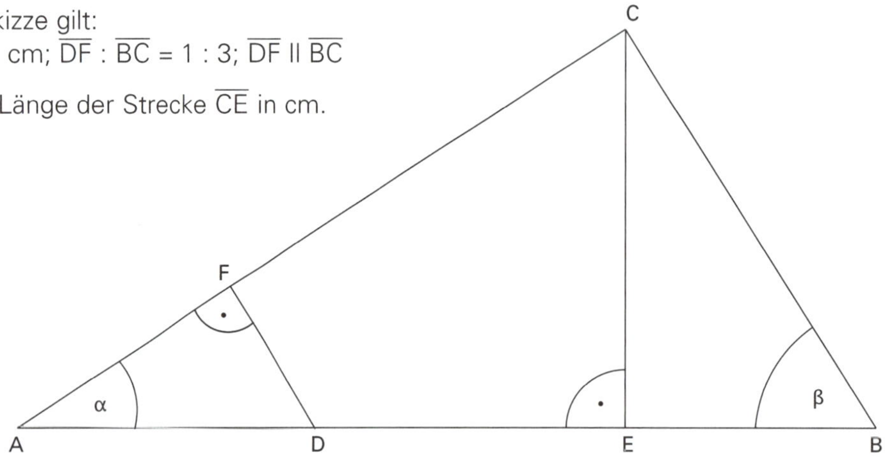

Hinweis: Skizze nicht maßstabsgetreu **4 P**

Aufgabe 4

Vereinfachen Sie den unten stehenden Term so weit wie möglich.
Es gilt: x,y > 0

$$\frac{2 \cdot x^5 \cdot 0{,}5 \cdot y^{-3} \cdot 4x^3 \cdot 2 \cdot y}{8 \cdot y^{-2} \cdot x^7} + \frac{x^{\frac{3}{2}}}{\sqrt{x}}$$ **2 P**

Aufgabe 5

a) Bestimmen Sie rechnerisch die Funktionsgleichung der Geraden g_1, die durch die Punkte C (6 I 2) und D (-3 I -1) verläuft.

b) Die Gerade g_3 verläuft durch den Punkt B (11 I -23) und steht senkrecht auf der Geraden g_2: y = x.
Bestimmen Sie rechnerisch die Funktionsgleichung der Geraden g_3.

c) Geben Sie eine mögliche Funktionsgleichung einer Geraden g_4 an, die parallel zur Geraden g_2: y = x verläuft und nicht auf g_2 liegt.

d) Der Punkt A (4 I -1) liegt auf der Geraden g_5: $y = m_5x - 4$.
Bestimmen Sie die Steigung m_5 rechnerisch.

e) Die Gerade g_6: $y = x - 2{,}5$ und die Gerade g_7 mit der Funktionsgleichung g_7: $2x = 3{,}5 - y$ schneiden sich im Punkt S.
Ermitteln Sie rechnerisch die Koordinaten des Schnittpunkts S und geben Sie diesen Punkt an.

f) Berechnen Sie die Koordinaten des Schnittpunkts N der Geraden g_7 mit der x-Achse und geben Sie diesen Punkt an.

g) Zeichnen Sie die Geraden g_5 und g_6 in ein Koordinatensystem mit der Längeneinheit 1 cm. **8 P**

Aufgabe 6

Lösen Sie die folgende Gleichung rechnerisch.
Geben Sie die Definitionsmenge und die Lösungsmenge an.

$$\frac{-x}{x+3} + 2 = 1 - \frac{3x}{4 \cdot (x-2)}$$ **4 P**

Aufgabe 7

Eine Metallkugel mit einem Durchmesser von 40 mm soll eingeschmolzen und zu sechs gleich großen Kugeln umgeformt werden.

Zeigen Sie durch Rechnung, dass die sechs kleineren Kugeln zusammen einen größeren Oberflächeninhalt haben als die ursprüngliche Kugel. **4 P**

Aufgabe 8

Es gilt $g_1 \parallel g_2 \parallel g_3$.

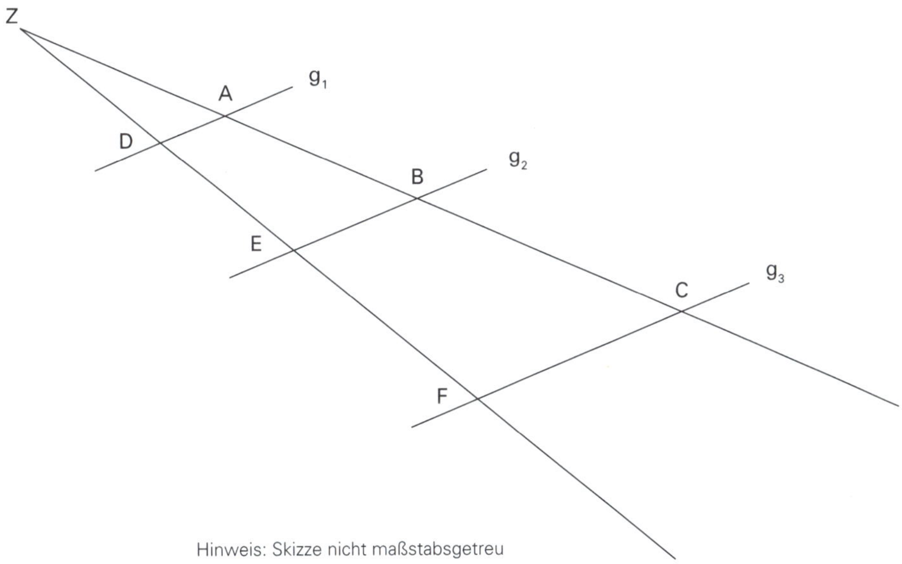

Hinweis: Skizze nicht maßstabsgetreu

a) Von den folgenden vier Aussagen geben zwei die Streckenverhältnisse richtig wieder. Schreiben Sie die Nummern der richtigen Aussagen auf Ihr Lösungsblatt.

(1) $\overline{ZA} : \overline{ZC} = \overline{ZD} : \overline{ZF}$
(2) $\overline{BZ} : \overline{AZ} = \overline{FZ} : \overline{EZ}$
(3) $\overline{FC} : \overline{ZC} = \overline{EB} : \overline{AB}$
(4) $\overline{ZD} : \overline{DA} = \overline{ZE} : \overline{EB}$

b) Berechnen Sie die Länge der Strecke $\overline{FC}$, wenn folgende Streckenlängen gegeben sind:
$\overline{ZC}$ = 21cm; $\overline{BC}$ = 7 cm; $\overline{EB}$ = 8 cm **3 P**

Aufgabe 9

Folgende Aufgaben sind Anwendungen von binomischen Formeln und quadratischen Gleichungen.

a) Ersetzen Sie die Symbole ■, ◆ und ● jeweils durch den entsprechenden Term und schreiben Sie die mathematisch richtige Gleichung auf Ihr Lösungsblatt.

(1) $(2a - ■)^2 = ◆ - ● + 4b^{16}$

(2) $\left(\frac{1}{5}c^3 + ■\right) \cdot \left(\frac{1}{5}c^3 - ■\right) = ● - \frac{4}{81}d^4$

b) Ersetzen Sie die Platzhalter der folgenden Gleichung so, dass eine quadratische Gleichung mit der Lösungsmenge $\mathbb{L} = \{-4; 3\}$ entsteht und schreiben Sie diese auf Ihr Lösungsblatt.

$(x + ■) \cdot (x - ◆) = 0$ **4 P**

Aufgabe 10

In einem Behälter befinden sich genau vier Kugeln.
Sie sind mit den Ziffern 1, 2, 3 und 4 durchnummeriert.

a) Mit den vier Kugeln kann man unterschiedliche Zahlen legen. Ermitteln Sie rechnerisch die Anzahl aller Kombinationsmöglichkeiten für eine vierstellige Zahl.

b) Es werden nacheinander zwei Kugeln gezogen und nicht mehr zurückgelegt. Aus beiden gezogenen Ziffern wird ein Bruch gebildet. Die zuerst gezogene Ziffer bildet den Zähler, die zweite den Nenner des Bruches.
Geben Sie die Ergebnismenge mit allen bei diesem Vorgang möglichen Brüchen an und bestimmen Sie die Wahrscheinlichkeit, dass der gebildete Bruch den Wert 0,5 hat.

c) Die Abbildung zeigt einen Ausschnitt aus einem Baumdiagramm zu einem weiteren Zufallsexperiment. Begründen Sie, dass das Experiment mit Zurücklegen der Kugeln durchgeführt wurde.

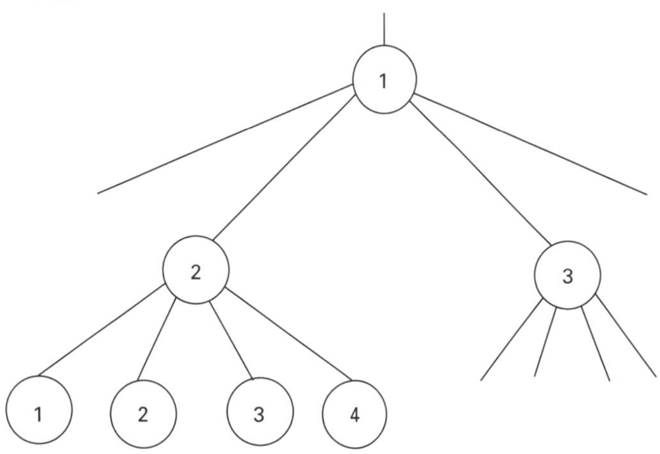

4 P

Aufgabengruppe II

Taschenrechner und Formelsammlung sind zugelassen.

Aufgabe 1

Gegeben ist der Graph der Funktion g_1.

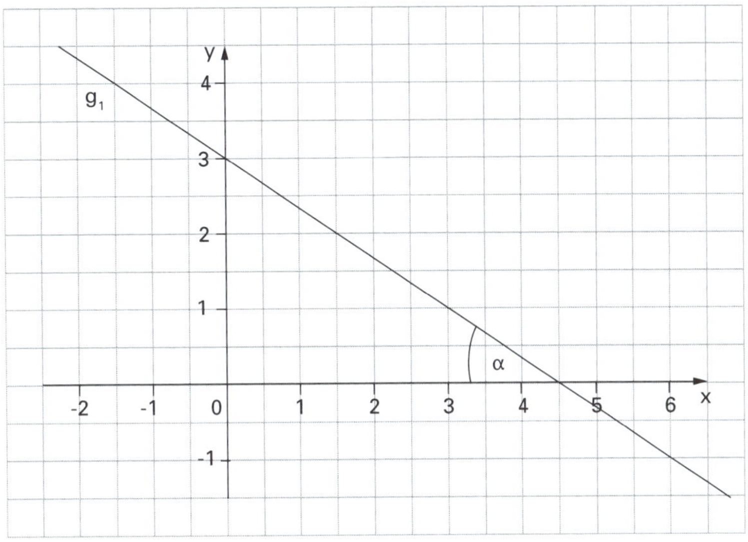

a) Geben Sie die Funktionsgleichung der Geraden g_1 an.

b) Die Gerade g_2 verläuft durch die Punkte A (6 I 3) und B (-2 I 5).
Bestimmen Sie die Funktionsgleichung der Geraden g_2 rechnerisch.

c) Die Gerade g_3: $y = -2x + 6$ schneidet die Gerade g_4: $y = 0{,}5x - 1{,}5$ im Punkt T.
Bestimmen Sie die Koordinaten dieses Schnittpunkts T rechnerisch und geben Sie den Punkt an.

d) Überprüfen Sie rechnerisch, ob der Punkt P (7,25 I 11,75) auf der Geraden g_3 liegt.

e) Zeichnen Sie die Geraden g_3 und g_4 in ein Koordinatensystem.

f) Bestimmen Sie rechnerisch die Koordinaten des Schnittpunkts N der Geraden g_5: $0 = -y - 4x + 0{,}5$ mit der x-Achse und geben Sie N an.

g) Erstellen Sie eine Wertetabelle mit 2 Wertepaaren zur Geraden g_5.
Es soll gelten: $x, y \neq 0$

x	x_1	x_2
y	y_1	y_2

h) Berechnen Sie den Winkel α (siehe Zeichnung). **8 P**

Aufgabe 2

Lösen Sie die folgende Gleichung rechnerisch.
Geben Sie die Definitionsmenge und die Lösungsmenge an.

$$\frac{8x + 7}{(x + 1) \cdot (x + 2)} = \frac{9}{x + 2} - \frac{2x}{x + 1}$$ **4 P**

Aufgabe 3

a) Familie Wegmann kauft ein neues Wohnmobil für 50 000 €.
Berechnen Sie den Wert dieses Wohnmobils nach sechs Jahren, wenn dieser in den ersten zwei Jahren um jeweils 9% und in den darauf folgenden vier Jahren um jeweils 8% abnimmt.

b) Familie Grün kauft sich ein zwölf Jahre altes Wohnmobil zu einem Preis von 19 500 €.
Bestimmen Sie den durchschnittlichen prozentualen Wertverlust pro Jahr, wenn der Neupreis des Wohnmobils 45 000 € betrug.

c) Ab einem Alter von zwölf Jahren beträgt der durchschnittliche jährliche Wertverlust von Wohnmobilen 6,6%.
Ermitteln Sie rechnerisch, nach wie vielen Jahren Familie Grün ihr Wohnmobil verkaufen müsste, um noch mindestens die Hälfte des Kaufpreises von 19 500 € zu erhalten. **4 P**

Aufgabe 4

In nachstehender Skizze gilt:
Es gilt: $\overline{AE} = 8$ cm, $\overline{DG} = 11$ cm, $\overline{BG} = 1$ cm

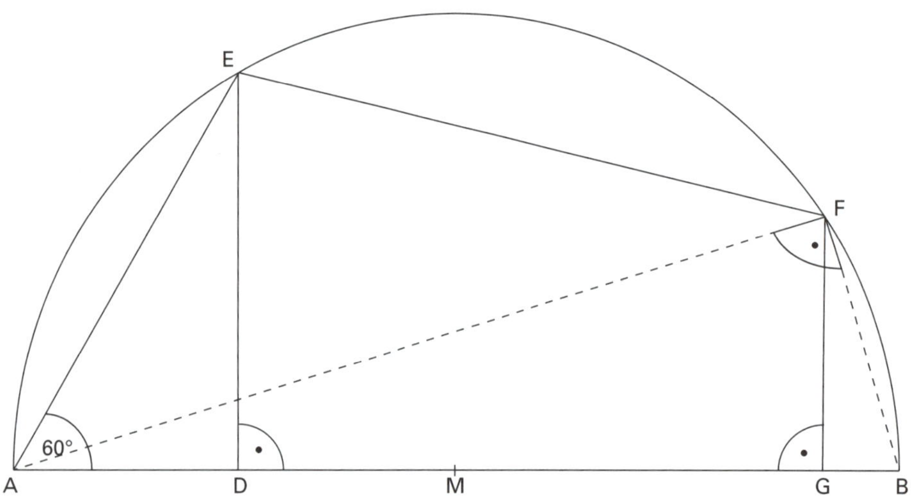

Hinweis: Skizze nicht maßstabsgetreu

a) Berechnen Sie den Flächeninhalt des Trapezes DGFE.

b) Bestimmen Sie rechnerisch den Umfang des Trapezes DGFE. **5 P**

Aufgabe 5

a) Die nach oben geöffnete Normalparabel p_1 hat den Scheitelpunkt S_1 (-1 I -6).
Ermitteln Sie die Funktionsgleichung von p_1 in der Normalform.

b) Die Normalparabel p_2 hat die Funktionsgleichung p_2: $y = -x^2 - 6x - 5$ und schneidet die x-Achse in den Punkten N_1 und N_2.
Berechnen Sie die x-Koordinaten dieser Nullstellen.

c) Bestimmen Sie rechnerisch die Koordinaten des Scheitelpunkts S_2 der Normalparabel p_2 und geben Sie diesen an.

d) Zeichnen Sie die Parabeln p_1 und p_2 in ein Koordinatensystem mit der Längeneinheit 1 cm.

e) Eine nach oben geöffnete Normalparabel p_3 verläuft durch die Punkte D (-1 I 2) und E (6 I -5).
Ermitteln Sie rechnerisch die Funktionsgleichung von p_3 in der Normalform.

f) Die Parabel p_4 hat die Funktionsgleichung p_4: $3y + 2x^2 = -(-36x + 24 + x^2)$.
Begründen Sie mithilfe einer Rechnung, dass die Parabel nach unten geöffnet ist. **7 P**

Aufgabe 6

Von einem Aussichtspunkt im Allgäu auf einer Höhe von 900 Meter über Normalnull (m ü. NN) aus betrachtet liegen die Gipfel der Berge Säuling und Zugspitze auf einer Geraden (siehe Skizze).

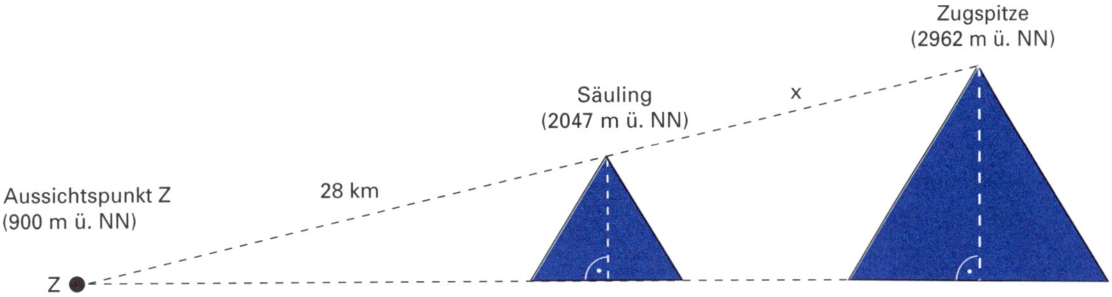

Hinweise: Skizze nicht maßstabsgetreu, Erdkrümmung vernachlässigt, Höhenangaben in „Meter über Normalnull".

a) Berechnen Sie den Abstand x der beiden Gipfel voneinander, wenn die Entfernung vom Aussichtspunkt zum Gipfel des Säulings 28 km beträgt.

b) Die Höhe des „Säuling-Dreiecks" könnte mit einer zentrischen Streckung auf die Höhe des „Zugspitze-Dreiecks" abgebildet werden (Streckungszentrum Z ist der Aussichtspunkt). Ermitteln Sie den entsprechenden Streckungsfaktor k. **3 P**

Aufgabe 7

Bei einer Gleichung zur Anwendung einer binomischen Formel ist nur noch das gemischte (lineare) Glied bekannt.
Stellen Sie eine mögliche vollständige Gleichung auf und notieren Sie diese auf Ihrem Lösungsblatt.

$\blacksquare - 120x^4y^3 + \blacklozenge = (\bullet - \bigstar)^2$ **2 P**

Aufgabe 8

Sarah erstellt 19 Karten mit je einem Buchstaben, aus denen sich das folgende Sprichwort legen lässt:

OHNE FLEISS KEIN PREIS

a) Sie wirft alle Karten in eine Urne und zieht zufällig eine heraus.
Berechnen Sie die Wahrscheinlichkeit, dass auf der Karte ein *N* steht.

b) Sarah benutzt erneut eine Urne mit allen 19 Buchstabenkarten und zieht zweimal eine Karte ohne Zurücklegen. Sie unterscheidet nur zwischen den zwei Ereignissen „S" und „kein S".
Erstellen Sie dazu ein Baumdiagramm, beschriften Sie die Äste mit den jeweiligen Wahrscheinlichkeiten und berechnen Sie, mit welcher Wahrscheinlichkeit Sarah mindestens ein *S* zieht.

c) Bei einem weiteren Zufallsexperiment verteilt Sarah die 19 Buchstabenkarten auf vier Urnen und gibt jedes Wort in eine eigene Urne. Sie wählt zufällig eine dieser Urnen aus und zieht daraus eine Karte.
Ermitteln Sie rechnerisch die Wahrscheinlichkeit, mit der sie ein *S* zieht.

d) Aus der Urne mit den Buchstaben des Wortes *PREIS* zieht Sarah nacheinander alle Karten und legt sie in der gezogenen Reihenfolge auf den Tisch.
Berechnen Sie die Anzahl aller möglichen verschiedenen Reihenfolgen der Buchstaben. **5 P**

Aufgabe 9

Vereinfachen Sie den folgenden Term so weit wie möglich.
Es gilt: $x \neq 0$

$$\frac{x^2 \cdot x \cdot (x^2)^{-3}}{x^{-6} \cdot x^2} + \frac{\sqrt[2]{x^4}}{(x^{0,5})^4}$$ **2 P**

Aufgabe 10

Eine Hohlkugel mit einem Außendurchmesser von 2 m soll als U-Boot verwendet werden. Diese Kugel besteht aus Metall und hat eine Wandstärke von 3,2 cm.

a) Die Kugel erhält außen einen Schutzanstrich.
Berechnen Sie den zu streichenden Flächeninhalt.

b) Die Kugel wird zu Testzwecken mithilfe eines Krans in ein Becken gehoben.
Ermitteln Sie rechnerisch die Masse in Tonnen, die der Kran mindestens heben muss, wenn 1 m^3 Metall die Masse 7870 kg hat.

c) Das U-Boot soll in einem zylinderförmigen Tauchbecken mit einem Durchmesser von 3 m vollständig untergetaucht werden. Vor dem Eintauchen der Kugel beträgt der Wasserstand im Becken bereits 3 m.
Berechnen Sie die Mindesthöhe des Tauchbeckens, damit das Wasser beim vollständigen Untertauchen des U-Boots nicht über den Beckenrand läuft. **5 P**

Bearbeitungstipps

Aufgabengruppe I

1. a) Lesen Sie die Koordinaten des Scheitelpunkts aus der Graphik ab und setzen Sie diese in die Scheitelpunktgleichung ein. Achten Sie auf das „–" vor der Klammer.
Formen Sie nun in die Normalform um.

b) Setzen Sie die Koordinaten der beiden Punkte jeweils in die Parabelgleichung ein und überprüfen Sie, ob linke und rechte Gleichungsseite denselben Wert ergeben.

c) Wandeln Sie die Gleichung der Normalparabel in die Scheitelpunktform um und lesen Sie die Koordinaten des Scheitelpunkts ab.

d) Den Schnittpunkt von Parabel und Gerade erhält man durch Gleichsetzung der y-Werte.

e) Zum Zeichnen der Parabel empfiehlt es sich, den Scheitelpunkt in das Koordinatensystem einzutragen. Beachten Sie, dass die Parabel nach oben geöffnet ist. Die Gerade wird durch den Schnittpunkt mit der Parabel und den Achsenabschnitt bestimmt.

f) Ein Skizze erleichtert die Darstellung der Spiegelungen. Nach der 2. Spiegelung ändert sich die Öffnung der Parabel. Lesen Sie die Koordinaten des neuen Scheitelpunkts ab und tragen Sie diese in die Scheitelpunktgleichung ein.

2. a) Bestimmen Sie die Anzahl der Halbwertszeiten und berechnen Sie mit der Wachstumsformel.

b) Der Exponent muss logarithmisch berechnet werden.

c) Stellen Sie die Wachstums- bzw. Zerfallsformel um und berechnen Sie die Ausgangsmenge.

3. Markieren Sie zur besseren Übersicht in der Skizze bekannte Strecken farbig. Arbeiten Sie mit Winkelfunktionen, Strahlensatz oder den Sätzen im rechtwinkligen Dreieck.

4. Vereinfachen Sie den Term durch geeignetes Kürzen und Anwendung der Potenz- und Wurzelgesetze.

5. a) Bestimmen Sie Steigungsfaktor und Achsenabschnitt nach dem bekannten Verfahren und stellen Sie dann die Funktionsgleichung auf.

b) Beachten Sie, welche Auswirkungen es auf den Steigungsfaktor m hat, wenn zwei Geraden aufeinander senkrecht stehen.

c) Parallele Geraden haben denselben Steigungsfaktor. Achten Sie bei der Angabe von möglichen Funktionsgleichungen darauf, dass die Geraden nicht identisch sind.

d) Durch Einsetzen der Koordinaten von A in die Geradengleichung kann m berechnet werden.

e) Den Schnittpunkt von Geraden erhält man durch Gleichsetzen der y-Werte.

f) Die Gerade schneidet die x-Achse in der „Nullstelle" (y = 0).

g) Zur Zeichnung verwendet man die beiden Achsenabschnitte sowie die Steigungsfaktoren mithilfe der Bestimmungsdreiecke $\left(m = \frac{y}{x}\right)$.

6. Bestimmen Sie zunächst den Definitionsbereich (bei Brüchen darf der Nenner nicht „0" sein!), multiplizieren Sie mit dem Hauptnenner und lösen Sie die quadratische Gleichung mit der Formel oder durch quadratische Ergänzung. Vergessen Sie nicht, die Lösungsmenge anzugeben.

7. Bestimmen Sie zunächst das Volumen einer kleinen Kugel ($V = \frac{1}{6}$ der großen Kugel) und berechnen Sie daraus deren Radius. Jetzt können die Oberflächen ermittelt und verglichen werden.

8. a) Überprüfen Sie die Aussagen unter Beachtung entsprechender Streckenverhältnisse in der Strahlensatzfigur.

b) Kennzeichnen Sie evtl. bekannte Strecken farbig und stellen Sie dann die Verhältnisgleichung auf, mit der die gesuchte Strecke berechnet werden kann.

9. a) Durch Anwendung der binomischen Formeln lassen sich die Platzhalter berechnen.

b) **Merke:** Ein Produkt ist dann „Null", wenn einer der beiden Faktoren „Null" ist (Vorzeichen beachten!).

10. a) Es gibt n! (n Fakultät) Möglichkeiten, die Kugeln anzuordnen.

b) Die Ergebnismenge enthält 12 Brüche (auch unechte!). Überprüfen Sie, welche den Wert 0,5 haben, und berechnen Sie die Wahrscheinlichkeit, dass genau diese gezogen werden.

c) Anhand des Baumdiagramms kann man begründen, dass die Kugeln zurückgelegt wurden (Anzahl gleicher Ziffern, Anzahl der Äste).

Bearbeitungstipps

Aufgabengruppe II

1. a) Entnehmen Sie aus dem Funktionsgraphen den Steigungsfaktor m (Steigungsdreieck; $m = \frac{y}{x}$) und den Achsenabschnitt t und stellen Sie dann die Funktionsgleichung auf. Beachten Sie, dass die Gerade fallend ist ($m < 0$).

b) Bestimmen Sie zunächst die Steigung m mit der bekannten Formel und dann den Achsenabschnitt durch Einsetzen eines Punktes in die Normalform.

c) Man erhält den Schnittpunkt durch Gleichsetzen der y-Werte.

d) Setzen Sie die Koordinaten von P in die Funktionsgleichung ein und überprüfen Sie, ob linke und rechte Gleichungsseite denselben Wert ergeben.

e) Verwenden Sie zur Zeichnung die beiden Achsenabschnitte sowie den gemeinsamen Schnittpunkt. Achten Sie auf genaue und saubere Darstellung.

f) Die Gerade schneidet die x-Achse in der „Nullstelle" ($y = 0$). Bedenken Sie, dass die Gleichung von g_5 erst umgeformt werden muss.

g) Berechnen Sie zu beliebigen x-Werten die dazugehörigen y-Werte. Beachten Sie: $x, y \neq 0$.

h) Der Winkel α kann mit dem Tangens berechnet werden. Maße entnehmen Sie dem Koordinatensystem.

2. Geben Sie zunächst den Definitionsbereich an (bei Brüchen gilt: Nenner ≠ 0!). Die Bruchgleichung wird durch Multiplikation mit dem Hauptnenner aufgelöst. Lösen Sie die quadratische Gleichung mit der Formel oder durch quadratisches Ergänzen und geben Sie die Lösungsmenge an.

3. a) Bestimmen Sie die beiden Abnahmefaktoren ($q < 1$) und berechnen Sie den Neuwert mit der Wachstumsformel.

b) Berechnen Sie den Abnahmefaktor und leiten Sie daraus den prozentualen Wertverlust ab.

c) Die Zeitspanne muss mit dem Logarithmus berechnet werden.

4. a) Die zur Berechnung der Trapezfläche erforderlichen Strecken lassen sich mithilfe der Winkelfunktionen und der Sätze im rechtwinkligen Dreieck bestimmen.

b) Zur Berechnung des Umfangs ist es notwendig, ein Hilfsdreieck in die Skizze zu zeichnen. Die fehlende Trapezseite erhält man durch Anwendung des Satzes von Pythagoras.

5. a) Setzen Sie die Koordinaten des Scheitelpunkts in die Scheitelpunktgleichung ein und formen Sie in die Normalform um.

b) Zur Bestimmung der x-Werte der Nullstellen setzen Sie $y = 0$. Beachten Sie das „Minus" vor dem quadratischen Glied.

c) Formen Sie in die Scheitelpunktform um. Achtung: (-1) ausklammern!

d) Zeichnen der Parabeln über die Scheitelpunkte. Achten Sie darauf, ob die Parabel nach oben oder nach unten geöffnet ist.

e) Setzen Sie die Koordinaten der beiden Punkte in die Normalform der Parabel ein und Sie erhalten zwei Gleichungen mit den Variablen p und q. Lösen Sie z. B. mit dem Einsetzverfahren.

f) Formen Sie die Gleichung so um, dass die Normalform einer Parabelgleichung entsteht. Eine Parabel ist dann nach unten geöffnet, wenn ein „–" vor dem quadratischen Glied steht.

6. a) Bestimmen Sie die Höhen der Dreiecke und berechnen Sie x mit dem 2. Strahlensatz.

b) Den Streckungsfaktor k erhält man durch Division von Bildstrecke durch Originalstrecke.

7. Es lassen sich beliebig viele Gleichungen aufstellen. Immer muss aber die 2. binomische Formel gelten: $a^2 - 2ab + b^2 = (a - b)^2$. Achten Sie auch auf Potenz- und Wurzelgesetze! Überprüfen Sie evtl. mit Probeberechnungen.

8. a) Überlegen Sie, wie oft die entsprechende Karte vorkommt, und bestimmen Sie dann die Wahrscheinlichkeit.

b) Erstellen Sie ein Baumdiagramm und berechnen Sie die Wahrscheinlichkeit mit der Produkt- bzw. Summenregel.

c) Berechnen Sie die Wahrscheinlichkeit zunächst mit der Produkt-, dann mit der Summenregel.

9. Wenden Sie zur Vereinfachung des Terms die Potenz- und Wurzelgesetze an.

10. a) Die Oberfläche der Kugel muss berechnet werden.

b) Man erhält das Volumen der Hohlkugel durch Subtraktion des Volumens der kleinen Kugel vom Volumen der großen Kugel. Jetzt kann die Masse der Hohlkugel bestimmt werden.

c) Volumen der großen Kugel und Wasservolumen im Zylinder ergeben zusammen das Gesamtvolumen des Tauchbeckens. Daraus kann nun die Mindesthöhe berechnet werden.

Aufgabengruppe I

Taschenrechner und Formelsammlung sind zugelassen.

Aufgabe 1

a) Formen Sie die Funktionsgleichung der Normalparabel p_1: $y = x^2 + 2x - 3$ in die Scheitelpunktform um und geben Sie den Scheitelpunkt S_1 an.

b) Überprüfen Sie durch Rechnung, ob die Punkte A (-2 I -3) und B (2 I 5) auf der Normalparabel p_1 liegen.

c) Die Normalparabel p_1 schneidet die x-Achse in den Punkten P und Q.
Ermitteln Sie rechnerisch die Koordinaten dieser beiden Punkte und geben Sie P und Q an.

d) Die nach unten geöffnete Normalparabel p_2 verläuft durch die Punkte C (1 I -6) und D (-4 I -1). Bestimmen Sie rechnerisch die Funktionsgleichung von p_2 in der Normalform.

e) Die nachfolgende Abbildung zeigt den Graphen einer Normalparabel p_3. Ermtteln Sie rechnerisch die Funktionsgleichung von p_3 in der Normalform.

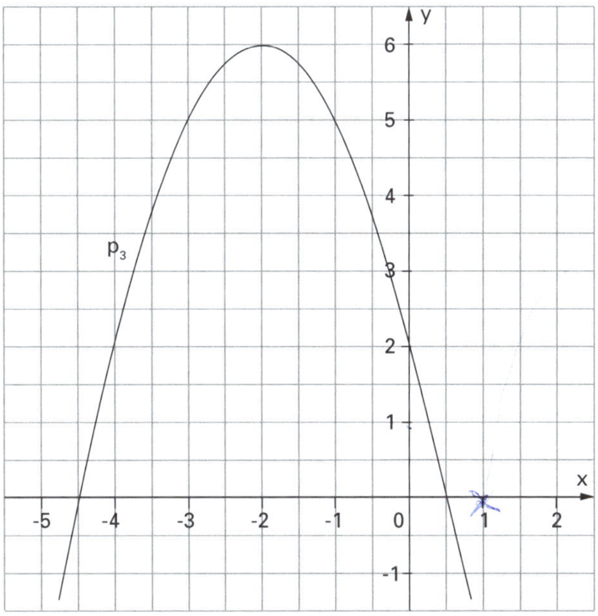

f) Berechnen Sie die Koordinaten der Schnittpunkte T und U der Normalparabel p_4: $y = x^2 - 2x + 1$ mit der Geraden g: $y = 2x - 2$ und geben Sie T und U an.

g) Zeichnen Sie die Graphen der Normalparabeln p_1 und p_2 in ein Koordinatensystem mit der Längeneinheit 1 cm. **9 P**

Aufgabe 2

In einer bayerischen Stadt waren am 01.01.2010 insgesamt 67 279 Menschen gemeldet.

a) Neun Jahre später waren es bereits 81 240 Menschen. Berechnen Sie für diesen Zeitraum das durchschnittliche jährliche Bevölkerungswachstum in Prozent.

b) Die Anzahl der unter 6-jährigen Kinder ging im Zeitraum von zwei Jahren um jährlich 1,3 % auf 3245 Personen zurück. Berechnen Sie die Anzahl der Personen dieser Altersgruppe zu Beginn dieser beiden Jahre.

c) Berechnen Sie, nach wie vielen Jahren sich die Zahl der Bewohner dieser Stadt verdoppeln würde, wenn man von einem durchschnittlichen jährlichen Zuwachs von 3,75 % ausgeht.
Runden Sie das Ergebnis auf volle Jahre. **4 P**

Aufgabe 3

In der folgenden Skizze gilt:
$\overline{AB} = 46$ cm; $\alpha = 28°$; $\beta = 140°$

Berechnen Sie die Länge der Strecke [AC] in cm.

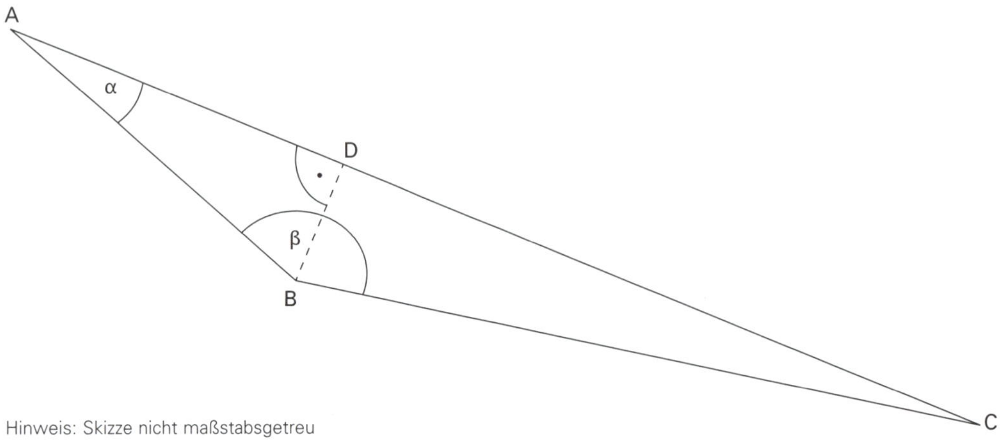

Hinweis: Skizze nicht maßstabsgetreu

4 P

Aufgabe 4

Vereinfachen Sie den unten stehenden Term so weit wie möglich.
Es gilt: $x, y, z \neq 0$

$$\frac{2 \cdot x^3 \cdot 6 \cdot y^{-4} \cdot 10 \cdot z^{-6} \cdot x^{-2} \cdot 2 \cdot y^8 \cdot z^2}{3 \cdot y^2 \cdot 10 \cdot x^{-3} \cdot 4 \cdot z^{-4}}$$

2 P

Aufgabe 5

a) Bestimmen Sie rechnerisch die Funktionsgleichung der Geraden g_1, die durch die Punkte A (4 I -1) und B (6 I 1) verläuft.

b) Die Gerade g_2 verläuft durch den Punkt C (2 I 4) und steht senkrecht auf der Geraden g_3: $\frac{y}{x} = 1$.
Ermitteln Sie rechnerisch die Funktionsgleichung der Geraden g_2.

c) Zeichnen Sie die Geraden g_1 und g_2 in ein Koordinatensystem mit der Längeneinheit 1 cm.

d) Geben Sie eine mögliche Funktionsgleichung einer Geraden g_4 an, die parallel zur x-Achse verläuft.

e) Der Punkt D (-3 I 3) liegt auf der Geraden g_5: $y = m_5x - 9$.
Bestimmen Sie die Steigung m_5 rechnerisch.

f) Die Geraden g_6: $y = 2x - 7$ und g_7: $y = -\frac{1}{2}x + 3$ schneiden sich im Punkt S.
Ermitteln Sie rechnerisch die Koordinaten des Schnittpunkts S und geben Sie S an.

g) Berechnen Sie die Koordinaten des Schnittpunkts N der Geraden g_7 mit der x-Achse und geben Sie N an.

8 P

Aufgabe 6

Lösen Sie die folgende Gleichung rechnerisch.
Geben Sie die Definitionsmenge und die Lösungsmenge an.

$$\frac{4}{x} + \frac{1}{3 + x} = \frac{7}{x - 2}$$

4 P

Aufgabe 7

Für die Herstellung eines goldenen, halbkugelförmigen Schmuckanhängers mit einem Durchmesser von 11 mm verwendet ein Goldschmied das Gold von acht kleineren Kugeln mit einem Durchmesser von jeweils 4,5 mm.
Anschließend stellt er aus dem überschüssigen Material eine Goldkugel für ein weiteres Schmuckstück her.

Berechnen Sie den Radius dieser neuen Goldkugel. **4 P**

Aufgabe 8

Es gilt $g_1 \parallel g_2 \parallel g_3$.

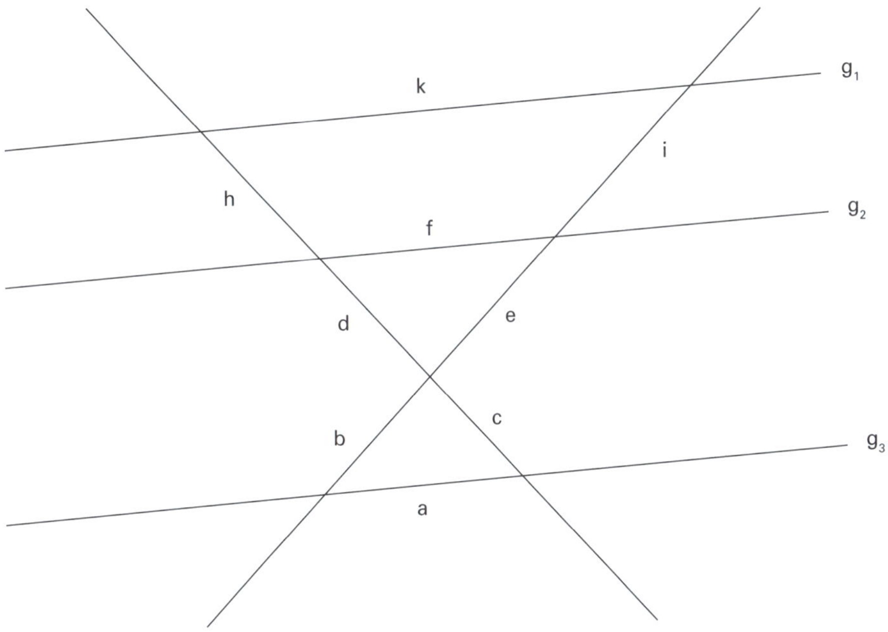

Hinweis: Skizze nicht maßstabsgetreu

Durch korrektes Ersetzen der Platzhalter □ sollen richtige Anwendungen der Strahlensätze entstehen.
Schreiben Sie die richtigen Gleichungen vollstandig auf Ihr Lösungsblatt.

(1) $\frac{i + e}{k} = \frac{e}{\square}$

(2) $\frac{\square}{e} = \frac{c}{\square}$

(3) $\frac{a}{k} = \frac{c}{\square}$ **3 P**

Aufgabe 9

Folgende Aufgaben sind Anwendungen von binomischen Formeln.

Ersetzen Sie die Platzhalter □ jeweils durch den entsprechenden Term und schreiben Sie die mathematisch richtige Gleichung auf Ihr Lösungsblatt.

(1) $(\sqrt{2}a + \square) \cdot (\sqrt{2}a - \square) = \square - 64b^2$

(2) $\frac{1}{16}a^2 b^4 - \square + \square = (\square - 2a)^2$ **3 P**

Aufgabe 10

In einem Behälter befinden sich sechs Kugeln, von denen eine Kugel schwarz, drei grün und zwei rot sind.
Zwei Mal nacheinander wird eine Kugel zufällig gezogen und nicht zurückgelegt.

a) Zeichnen Sie ein Baumdiagramm mit den möglichen Ergebnissen und beschriften Sie die Äste mit den entsprechenden Wahrscheinlichkeiten.

b) Die zweite gezogene Kugel soll schwarz sein.
Bestimmen Sie für dieses Ereignis die Wahrscheinlichkeit in Prozent.

c) Die höchstmögliche Wahrscheinlichkeit für eine bestimmte Farbkombination, ohne Beachtung der Reihenfolge, beträgt beim im Vortext beschriebenen Zufallsexperiment 40 Prozent.
Geben Sie an, für welche Farbkombination dies zutrifft, und begründen Sie Ihre Entscheidung mit Hilfe einer Rechnung. **4 P**

Aufgabengruppe II

Taschenrechner und Formelsammlung sind zugelassen.

Aufgabe 1

a) Die Gerade g_1 hat die Funktionsgleichung $y = -0{,}5x + 3$.
Berechnen Sie die Koordinaten des Schnittpunktes N von g_1 mit der x-Achse und geben Sie N an.

b) Übertragen Sie die Wertetabelle zur Geraden g_1 auf Ihr Lösungsblatt und ergänzen Sie die fehlenden Werte.

x	5	
y		21

c) Die Gerade g_2 verläuft durch den Punkt B (-2,5 I 0) und steht senkrecht auf der Geraden g_1.
Bestimmen Sie rechnerisch die Funktionsgleichung der Geraden g_2.

d) Zeichnen Sie die Geraden g_1 und g_2 in ein Koordinatensystem mit der Längeneinheit 1 cm.

e) Die Gerade g_3 verläuft durch die Punkte C (-1 I -1) und D (4 I 1).
Ermitteln Sie die Funktionsgleichung von g_3 rechnerisch.

f) Die Gerade g_4: $-0{,}5x = -5 - y$ schneidet die Gerade g_1 im Punkt T.
Bestimmen Sie durch Rechnung die Koordinaten dieses Schnittpunkts T und geben Sie T an.

g) Gegeben ist der Graph der Funktion g_5 (siehe Zeichnung).
Geben Sie die Funktionsgleichung der Geraden g_5 an.

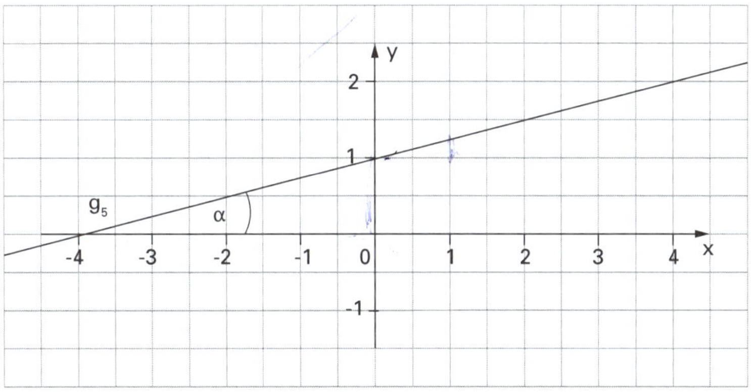

h) Berechnen Sie den Winkel α (siehe Zeichnung). **9 P**

Aufgabe 2

Lösen Sie die folgende Gleichung rechnerisch.
Geben Sie die Definitionsmenge und die Lösungsmenge an.

$$\frac{60}{x} - \frac{32}{x+1} = \frac{26}{x-2}$$ **4 P**

Aufgabe 3

Am 1. Januar 1998 hatte ein Sportverein in einer Großstadt 85 000 Mitglieder.

a) Die Mitgliederzahl sank bis zum 1. Januar 2017 auf 63 750 Mitglieder.
Bestimmen Sie die durchschnittliche prozentuale Abnahme pro Jahr.

b) Am 1. Januar 2019 hatte der Verein 67 800 Mitglieder. Die Vereinsführung erhoffte sich ab diesem Zeitpunkt ein jährliches Wachstum von 2,9 %.
Berechnen Sie, nach wie vielen Jahren der Verein in diesem Fall wieder den Mitgliederstand vom 1. Januar 1998 erreichen würde. Runden Sie das Ergebnis auf volle Jahre.

c) Berechnen Sie die Mitgliederzahl am 1. Januar 2030 im Falle einer gleichbleibenden jährlichen Steigerung um 3,3 % ab dem 1. Januar 2019. **4 P**

Aufgabe 4

In nachstehender Skizze gilt:
$\overline{AF} = 16$ dm, $\overline{ED} = 22$ dm, $\overline{DC} = 2$ dm

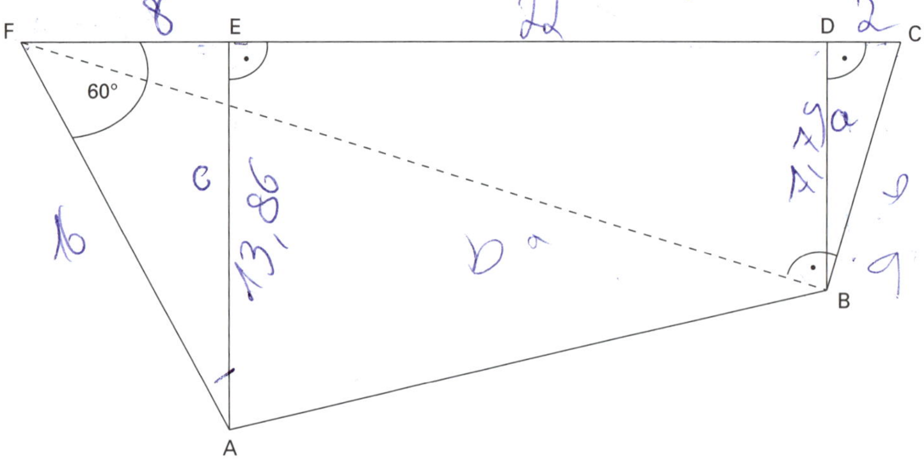

Hinweis: Skizze nicht maßstabsgetreu

a) Berechnen Sie den Flächeninhalt des Trapezes ABDE.

b) In der oben abgebildeten Skizze lässt sich der Kathetensatz anwenden.
Stellen Sie eine korrekte Anwendung dieses Satzes mit den entsprechenden Streckenbezeichnungen auf. **5 P**

Aufgabe 5

a) Eine nach oben geöffnete Normalparabel p_1 verläuft durch die Punkte A (-2 I -3) und B (2 I 5).
Ermitteln Sie rechnerisch die Funktionsgleichung von p_1 in der Normalform.

b) Eine weitere Normalparabel p_2 hat die Funktionsgleichung $y = x^2 - 5x + 2{,}25$.
Bestimmen Sie rechnerisch die Scheitelpunktform und geben Sie den Scheitelpunkt S_2 an.

c) Die Normalparabel p_2 schneidet die x-Achse in den Punkten N_1 und N_2.
Berechnen Sie die x-Koordinaten dieser Nullstellen.

d) Eine nach unten geöffnete Normalparabel p_3 hat den Scheitelpunkt S_3 (3 I 4).
Ermitteln Sie rechnerisch die Normalform der Funktionsgleichung von p_3.

e) Zeichnen Sie die Normalparabeln p_1 und p_3 in ein Koordinatensystem mit der Längeneinheit 1 cm.

f) Überprüfen Sie nachvollziehbar, ob folgende Aussage richtig oder falsch ist: Der Punkt D (0 | 1) ist ein gemeinsamer Punkt der Normalparabel p_4: $y = (x - 2)^2 - 3$ und der Geraden g: $y = x - 3$.

g) Die Normalparabel p_4 wird an der x-Achse gespiegelt.
Geben Sie die Scheitelpunktform der so entstandenen Normalparabel p_5 an. **8 P**

Aufgabe 6

a) Ersetzen Sie die Platzhalter □ in der folgenden Gleichung so, dass eine korrekte Anwendung einer binomischen Formel entsteht.
Schreiben Sie die korrekte Gleichung vollständig auf Ihr Lösungsblatt.

$25x^6y^2 + \square + 36z^8 = (\square + \square)^2$

b) Vereinfachen Sie die folgenden Terme so weit wie möglich.
Es gilt: $y \neq 0$.

(I) $\dfrac{0{,}5 \cdot (y^4)^{-2} \cdot 4y^3 \cdot 6y^6}{12y}$

(II) $\dfrac{(y^{12})^{0{,}5}}{\sqrt[4]{y^{16}}}$ **3 P**

Aufgabe 7

In folgender Skizze gilt:

$\overline{BD} = 4$ m; $\overline{B'C} = 6$ m; $\overline{EZ} = 1{,}2$ m; $\overline{BZ} = 56$ m.

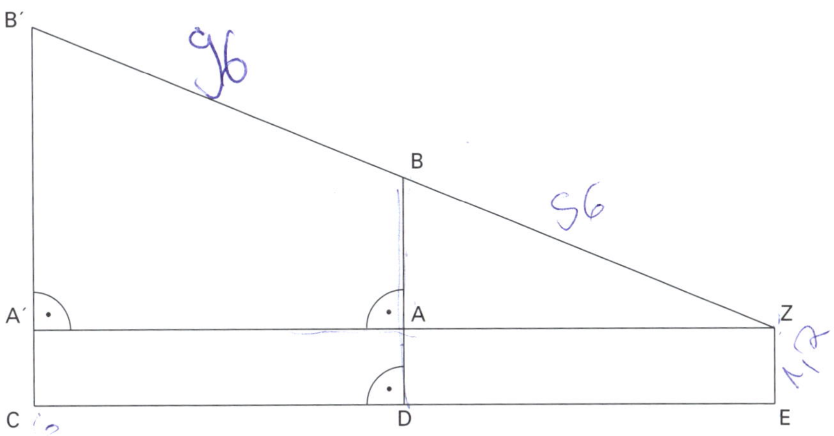

Hinweis: Skizze nicht maßstabsgetreu

a) Durch eine zentrische Streckung mit dem Zentrum Z wird die Strecke [AB] auf die Strecke [A´B´] abgebildet (siehe Skizze).
Ermitteln Sie den Streckungsfaktor k.

b) Berechnen Sie die Länge der Strecke [BB´]. **3 P**

Aufgabe 8

In einem Baumarkt gibt es unterschiedlich große Deko-Kugeln aus verschiedenen Materialien.

a) Bei einer Kugel mit dem Radius $r = 30$ cm ist die untere Halbkugel geschliffen und poliert.
Berechnen Sie die Oberfläche der unteren Halbkugel.

b) 1 cm^3 Granit wiegt 2,8 g.
Ermitteln Sie rechnerisch das Gewicht einer Granitkugel mit dem Durchmesser $d = 44$ cm in Kilogramm.

c) Eine andere Deko-Kugel wird in einem mit Wasser gefüllten Zylinder aus Glas vollständig untergetaucht. Dieser Zylinder hat einen Durchmesser von $d = 15$ cm. Der Wasserstand ist nach dem Eintauchen um 5 cm höher.
Berechnen Sie den Durchmesser dieser Deko-Kugel in cm. **5 P**

Aufgabe 9

Eine Lehrkraft bereitet für die Abschlussfeier 40 äußerlich identische Glückskekse vor. 24 davon enthalten je einen Wunsch für die Zukunft (W), zwölf enthalten ein jeweils unterschiedliches Sprichwort (S) und in den restlichen Keksen steckt jeweils ein Glückssymbol (G).

a) Alle Glückskekse befinden sich in einem Karton und sollen in zufälliger Reihenfolge einzeln herausgenommen werden.
Berechnen Sie die Wahrscheinlichkeit, dass der erste herausgenommene Keks ein Glückssymbol enthält.

b) Die Schülersprecherin darf als erste nacheinander zwei Kekse zufällig herausnehmen. Es wird nur zwischen den zwei Ereignissen „W" und „kein W" unterschieden.
Erstellen Sie dazu ein Baumdiagramm. Beschriften Sie die Äste mit den jeweiligen Wahrscheinlichkeiten und berechnen Sie, mit welcher Wahrscheinlichkeit die Schülersprecherin mindestens ein „W" zieht.

c) Nachdem alle 40 Kekse entnommen worden sind, werden die zwölf Sprichwörter nun laut vorgelesen.
Berechnen Sie die Anzahl aller möglichen Reihenfolgen, in denen die Sprichwörter vorgelesen werden können. **4 P**

Bearbeitungstipps

Aufgabengruppe I

1. a) Formen Sie die Funktionsgleichung durch quadratische Ergänzung um und lesen Sie die Koordinaten des Scheitelpunktes ab. Sie können den Scheitelpunkt auch mit Hilfe der Formel bestimmen.

b) Setzen Sie die Koordinaten der beiden Punkte jeweils in die Funktionsgleichung ein. Ein Punkt liegt auf der Parabel, wenn links und rechts vom Gleichheitszeichen derselbe Wert steht.

c) Sie müssen y = 0 in die Funktionsgleichung einsetzen, um die Schnittpunkte mit der x-Achse zu erhalten. Lösen Sie die entstehende quadratische Gleichung, z. B. durch quadratisches Ergänzen.

d) Setzen Sie die Koordinaten der Punkte in die Parabelgleichung ein und Sie erhalten 2 Gleichungen mit 2 Unbekannten. Lösen Sie dieses Gleichungssystem mit einem geeigneten Verfahren. Achten Sie auf das Minuszeichen vor dem quadratischen Glied.

e) Entnehmen Sie die Koordinaten des Scheitelpunktes aus der Zeichnung und setzen Sie diese in die Scheitelpunktgleichung ein (Achtung: Minus vor der Klammer!). Formen Sie nun in die Normalform um.

f) Setzen Sie die y-Werte von Parabel und Gerade gleich und lösen Sie die quadratische Gleichung. Die y-Koordinaten der Schnittpunkte erhält man durch Einsetzen der x-Werte in eine der Gleichungen.

g) Achten Sie auf eine genaue und saubere Darstellung. Evtl. kann der Scheitelpunkt von p_2 vorher berechnet werden.

2. a) Bestimmen Sie den Wachstumsfaktor q mithilfe der Wachstumsformel und leiten Sie daraus den Prozentsatz ab.

b) Bestimmen Sie den Abnahmefaktor q und berechnen Sie mit der Formel den ursprünglichen Wert.

c) Ermitteln Sie q und stellen Sie die Gleichung auf. Die Anzahl der Jahre erhält man durch logarithmische Berechnung.

3. Wenden Sie trigonometrische Beziehungen im rechtwinkligen Dreieck bzw. den Pythagoras geeignet an. Evtl. ist es hilfreich, bekannte Strecken und Winkel in der Skizze farbig zu markieren.

4. Schreiben Sie im Zähler und Nenner zuerst die Zahlen, dann die Potenzen. Kürzen Sie und vereinfachen Sie den Term weiter durch Anwendung der Potenzgesetze.

5. a) Bestimmen Sie zuerst die Steigung m mit der Formel. Setzen Sie dann die Koordinaten eines der beiden Punkte A oder B in die Geradengleichung ein und berechnen den Achsenabschnitt.

b) Bestimmen Sie zunächst den Steigungsfaktor m_3 durch Umformung der Geradengleichung und dann den Steigungsfaktor m_2 durch Anwendung der Beziehungen von aufeinander senkrecht stehenden Geraden. Zur Berechnung des Achsenabschnitts t werden die Koordinaten des Punkts C eingesetzt.

c) Für die Zeichnung bietet es sich an, bekannte Punkte ins Koordinatensystem einzutragen.

d) Jede Gerade, die parallel zur x-Achse verläuft, hat die Steigung m = 0.

e) Durch Einsetzen der Koordinaten von D in die Gleichung kann m_5 berechnet werden.

f) Den Schnittpunkt zweier Geraden erhält man durch Gleichsetzen der y-Werte.

g) Setzen Sie y = 0 und berechnen Sie durch Lösen der Gleichung den x-Wert.

6. Zur Bestimmung des Definitionsbereichs ist zu beachten, dass der Nenner eines Bruchs niemals „Null" werden darf. Multiplizieren Sie die Gleichung mit dem Hauptnenner und lösen Sie sie mit der Formel oder durch quadratische Ergänzung. Vergessen Sie nicht, die Lösungsmenge anzugeben.

7. Berechnen Sie zunächst das Volumen der 8 kleineren Kugeln, dann das Volumen der Halbkugel. Durch Subtraktion erhalten Sie das Restvolumen (= Volumen der neuen Goldkugel).
Durch Umformung der Volumenformel kann nun deren Radius bestimmt werden.

8. Beachten Sie bei der Verwendung der Strahlensätze stets die entsprechenden Streckenlängen.

9. Zur Lösung muss man die 2. und 3. binomische Formel beachten. Voraussetzung ist auch das Beherrschen der Potenz-und Wurzelgesetze.

10. a) Beachten Sie, dass die Summe der Wahrscheinlichkeiten, die von einem Knoten ausgehen, immer 1 ist.

b) Beachten Sie das Baumdiagramm und bestimmen Sie die Wahrscheinlichkeit mit der Summenregel.

c) Überlegen Sie, welche Farbkombination am häufigsten vorkommen kann und begründen Sie durch Berechnung, dass bei Anwendung der Summenregel die Wahrscheinlichkeit 40 % ($\frac{12}{30}$; 0,4) beträgt.

Bearbeitungstipps

Aufgabengruppe II

1. a) Eine Gerade schneidet die x-Achse immer bei y = 0.

b) Durch Einsetzen des x- bzw. y-Werts in die Gleichung wird der jeweilige andere Wert berechnet.

c) Bestimmen Sie zunächst die Steigung m_2 aufgrund der Beziehungen von aufeinander senkrecht stehenden Geraden und berechnen Sie dann den Achsenabschnitt t durch Einsetzen der Koordinaten von B.

d) g_1 ist durch N und den Achsenabschnitt t = 3 bestimmt. Von g_2 weiß man, dass sie senkrecht auf g_1 steht, den Achsenabschnitt t = 5 besitzt und durch den Punkt B verläuft.

e) Man bestimmt zunächst den Steigungsfaktor m mit der Formel, berechnet dann durch Einsetzen der Koordinaten eines Punktes den Achsenabschnitt und stellt schließlich die Gleichung auf.

f) Formen Sie die Gleichung von g_4 in die Normalform um, setzen Sie nun die y-Werte von g_1 und g_4 gleich und berechnen dann durch Lösen der Gleichung die Koordinaten des Schnittpunkts.

g) Aus der Zeichnung kann der Achsenabschnitt und mithilfe des Steigungsdreiecks der Steigungsfaktor abgelesen werden.

h) Der Winkel α kann mit dem Tangens berechnet werden.

2. Ein Bruch mit dem Nenner 0 ist nicht definiert. Daraus ergibt sich der Definitionsbereich. Man löst die Gleichung durch Multiplikation mit dem Hauptnenner und durch quadratisches Ergänzen bzw. mit der Formel. Geben Sie die Lösungsmenge unter Beachtung des Definitionsbereichs an.

3. a) Berechnen Sie den Abnahmefaktor q mit der bekannten Formel und leiten Sie daraus den Prozentsatz ab.

b) Zur Berechnung der Jahre muss der Logarithmus angewendet werden.

c) Der Endwert nach 11 Jahren wird mit der Wachstumsformel berechnet.

4. a) Zunächst müssen die zur Berechnung eines Trapezes notwendigen Strecken berechnet werden. Dabei helfen die Winkelfunktionen sowie die Sätze im rechtwinkligen Dreieck (Pythagoras, Höhensatz).

b) Damit der Kathetensatz angewendet werden kann, müssen Sie ein geeignetes rechtwinkliges Dreieck in der Zeichnung suchen.

5. a) Setzen Sie die Koordinaten der Punkte in die Parabelgleichung ein und Sie erhalten 2 Gleichungen mit 2 Unbekannten. Lösen Sie das Gleichungssystem mit einem geeigneten Verfahren.

b) Die Scheitelpunktform erhält man durch quadratisches Ergänzen der Normalform der Parabelgleichung. Anschließend können die Koordinaten des Scheitelpunkts abgelesen werden.

c) Setzen Sie y = 0 und lösen Sie die Gleichung z. B. mit der Formel.

d) Setzen Sie die Koordinaten des Scheitelpunkts in die Scheitelpunktform ein. Achten Sie darauf, dass die Parabel nach unten geöffnet ist („Minus" vor der Klammer!). Wandeln Sie nun in die Normalform um.

e) p_1 ist bestimmt durch die Punkte A und B, von p_3 ist der Scheitelpunkt bekannt. Damit lassen sich beide in ein Koordinatensystem zeichnen. Achten Sie auf genaue und saubere Darstellung.

f) Der Nachweis lässt sich durch genaue Betrachtung der Geradengleichung (Achsenabschnitt!), aber auch durch Zeichnung oder Berechnung führen.

g) Veranschaulichen Sie den Sachverhalt durch eine Skizze. Sie müssen eigentlich nur den Scheitelpunkt spiegeln. Beachten Sie, dass die gespiegelte Parabel nach unten geöffnet ist.

6. a) Sie sollten die binomischen Formeln sowie Potenz- und Wurzelgesetze beherrschen.

b) Ordnen Sie den Zähler nach Zahlen und Potenzen. Unter Beachtung der Potenzgesetze können die Terme vereinfacht werden (Kürzen!).

7. a) Beachten Sie die Formel, mit der bei einer zentrischen Streckung eine Strecke auf eine Bildstrecke abgebildet wird und berechnen Sie daraus den Streckungsfaktor.

b) Wenden Sie die Strahlensätze mit bekannten Strecken geeignet an. Markieren Sie bekannte Strecken evtl. in der Skizze.

8. a) Berechnen Sie die Oberfläche der Halbkugel mit der bekannten Formel.

b) Bestimmen Sie zunächst das Volumen und dann mit der Dichte das Gewicht der Kugel.

c) Bestimmen Sie das Volumen des verdrängten Wassers (Zylinder). Dieses Volumen entspricht dem Kugelvolumen. Mit der bekannten Formel kann nun der Durchmesser berechnet werden.

9. a) Bestimmen Sie zunächst die Anzahl der Kekse mit Glückssymbol und dann die Wahrscheinlichkeit, dass ein solcher gezogen wird.

b) Erstellen Sie ein Baumdiagramm, tragen Sie die Wahrscheinlichkeiten ein und berechnen Sie mit der Summenregel.

c) Berechnen Sie die 12-Fakultät.

Formelsammlung

Strahlensatz (Vierstreckensatz)

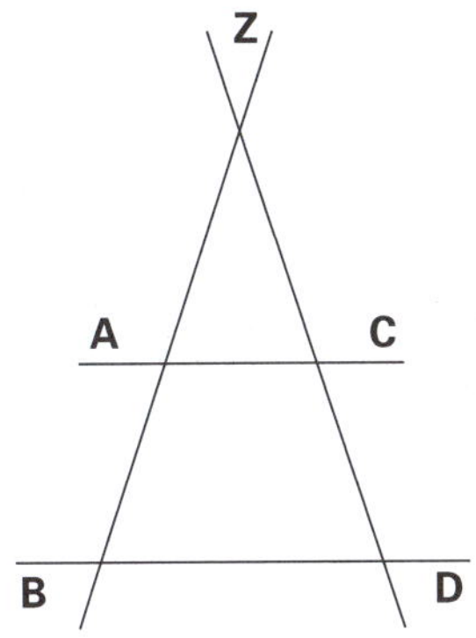

bzw.

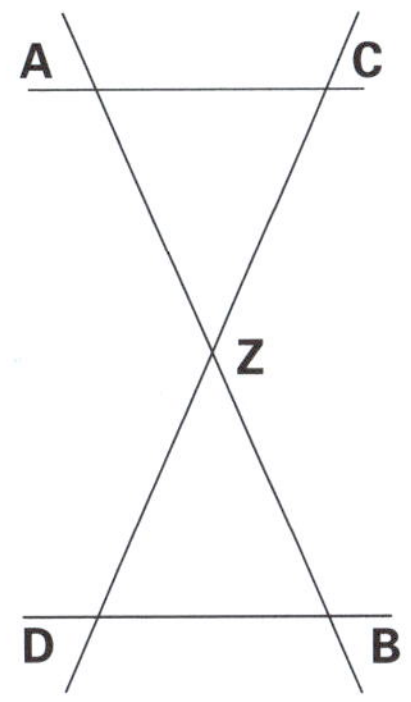

[AC] II [BD]

1. Strahlensatz

$\overline{ZA} : \overline{ZB} = \overline{ZC} : \overline{ZD}$

$\overline{ZA} : \overline{AB} = \overline{ZC} : \overline{CD}$

2. Strahlensatz

$\overline{ZA} : \overline{ZB} = \overline{AC} : \overline{BD}$

$\overline{ZC} : \overline{ZD} = \overline{AC} : \overline{BD}$

Prozentrechnen

GW = Grundwert   PW = Prozentwert   p = Prozentsatz

$GW = \frac{PW \cdot 100}{p}$ $PW = \frac{GW \cdot p}{100}$ $p = \frac{PW \cdot 100}{GW}$

Trigonometrische Berechnungen

Rechtwinkliges Dreieck

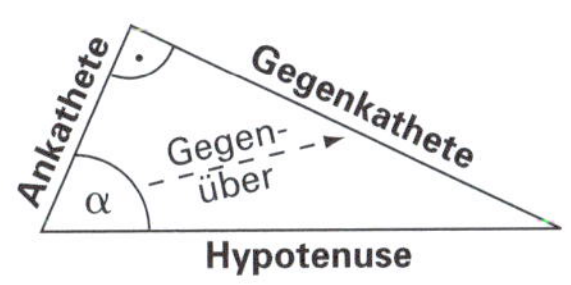

$\sin \alpha = \frac{\text{Gegenkathete}}{\text{Hypotenuse}}$ $\tan \alpha = \frac{\text{Gegenkathete}}{\text{Ankathete}}$

$\cos \alpha = \frac{\text{Ankathete}}{\text{Hypotenuse}}$

Potenzen und Wurzeln

$a^m \cdot a^n = a^{m+n}$ $\frac{a^n}{b^n} = \left(\frac{a}{b}\right)^n$ $a^0 = 1$

$a^m : a^n = a^{m-n}$ $(a^m)^n = a^{m \cdot n}$ $a^{\frac{1}{n}} = \sqrt[n]{a}$

$a^n \cdot b^n = (a \cdot b)^n$ $a^{-n} = \frac{1}{a^n}$ $a^{\frac{m}{n}} = \sqrt[n]{a^m}$

Quadratische Gleichungen

Allgemeine Form: $ax^2 + bx + c = 0$ $\xrightarrow{:a}$ Normalform: $x^2 + px + q = 0$

Lösungsformel

$$x_{1/2} = -\frac{p}{2} \pm \sqrt{\left(\frac{p}{2}\right)^2 - q}$$

Wachstum, Zerfall, Zinseszins

Wachstum: $W_n = W_0 \left(1 + \frac{p}{100}\right)^n$

Zerfall: $Z_n = Z_0 \left(1 - \frac{p}{100}\right)^n$

Zinseszins: $K_n = K_0 \left(1 + \frac{p}{100}\right)^n$

Wachstums- bzw. Zerfallsrate: $q = 1 \pm \frac{p}{100}$

n = Anzahl der Zeiteinheiten

p = Prozentsatz

W_0, Z_0, K_0 = Ausgangswert

W_n, Z_n, K_n = Wert nach n Zeiteinheiten

Erläuterungen für Abkürzungen

A: Flächeninhalt
V: Volumen
O: Oberflächeninhalt
M: Mantelflächeninhalt
M: Kreismitte
e, f: Länge der Flächendiagonalen
d: Länge der Raumdiagonale
s: Länge der Mantellinie
G: Grundfläche
h: Höhe
r: Radius
u: Umfang

Berechnungen an Dreiecken und Vierecken

Dreieck

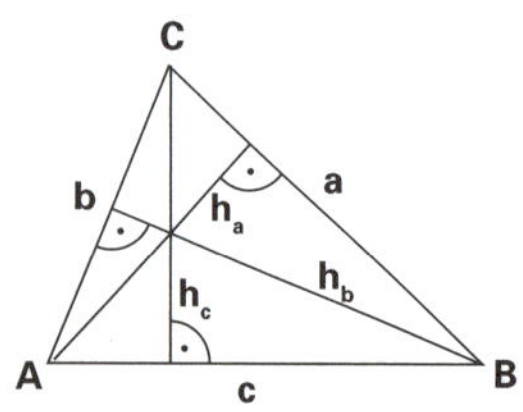

$A = \frac{1}{2} a \cdot h_a = \frac{1}{2} b \cdot h_b$
$= \frac{1}{2} c \cdot h_c$

Quadrat

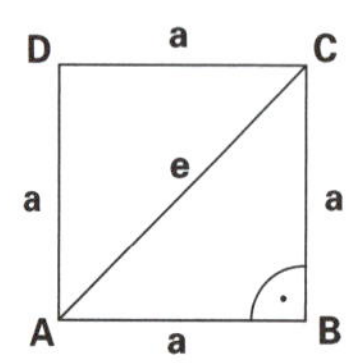

$A = a^2$
$e = a\sqrt{2}$

Rechteck

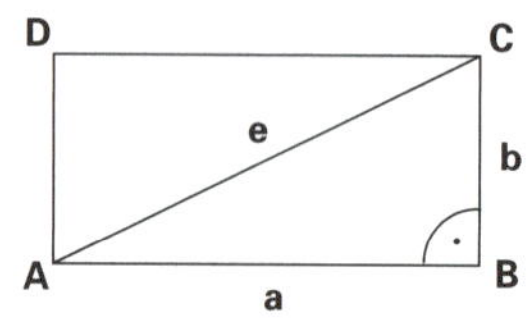

$A = a \cdot b$
$e = \sqrt{a^2 + b^2}$

Parallelogramm

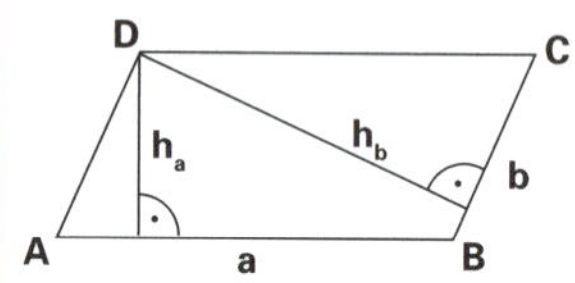

$A = a \cdot h_a = b \cdot h_b$

u = Summe aller Seiten

Raute

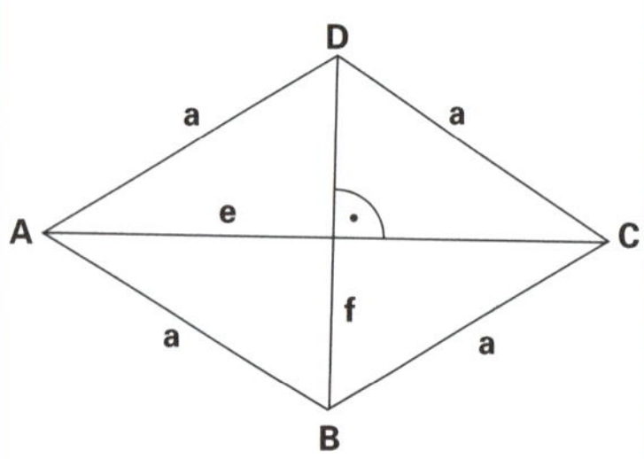

$A = \frac{1}{2} e \cdot f$

Drachen

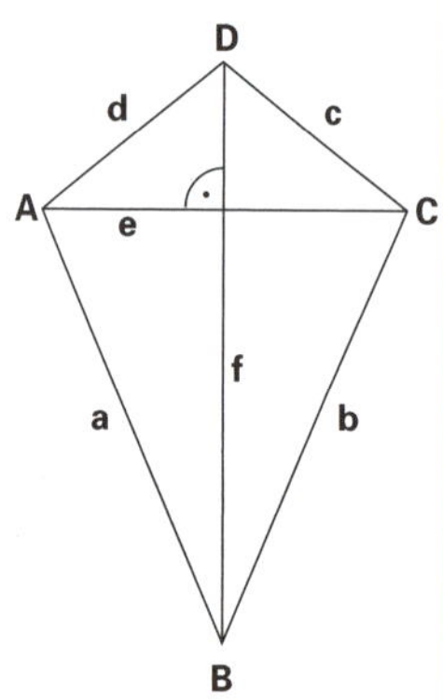

$A = \frac{1}{2} e \cdot f$

Trapez

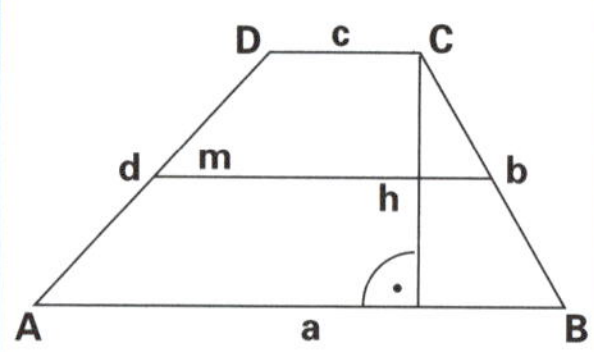

$m = \frac{a + c}{2}$

$a \parallel c$

$A = \frac{a + c}{2} \cdot h = m \cdot h$

u = Summe aller Seiten

Berechnungen am rechtwinkligen Dreieck

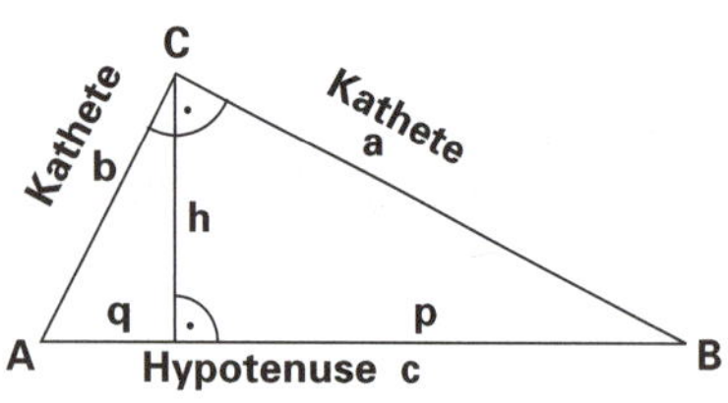

$c^2 = a^2 + b^2$ Satz des Pythagoras

$h^2 = p \cdot q$ Höhensatz

$a^2 = c \cdot p$
$b^2 = c \cdot q$ Kathetensatz

Berechnungen am Kreis

Kreisring

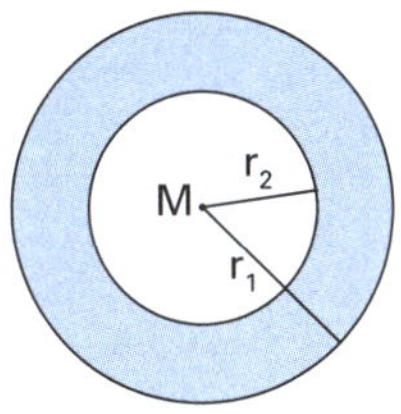

$A = (r_1^2 - r_2^2) \cdot \pi$

$u = 2\pi\,(r_1 + r_2)$

Kreissektor und Kreisbogenlänge

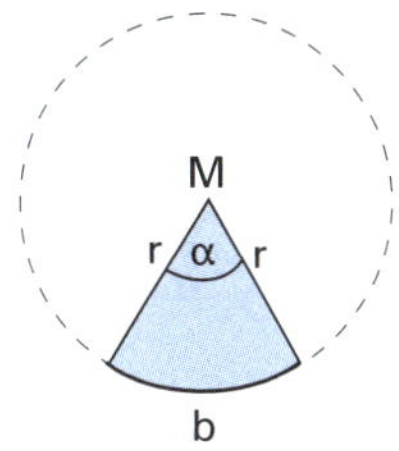

$b = \frac{\alpha}{360°} \cdot 2r\pi$

$A = \frac{\alpha}{360°} \cdot r^2\pi = \frac{b \cdot r}{2}$

$u = 2 \cdot r + b$

Kreis

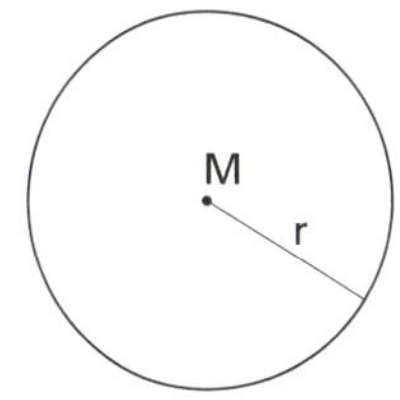

$A = r^2 \cdot \pi$

$u = 2 \cdot r \cdot \pi$

Berechnungen an Körpern

Würfel

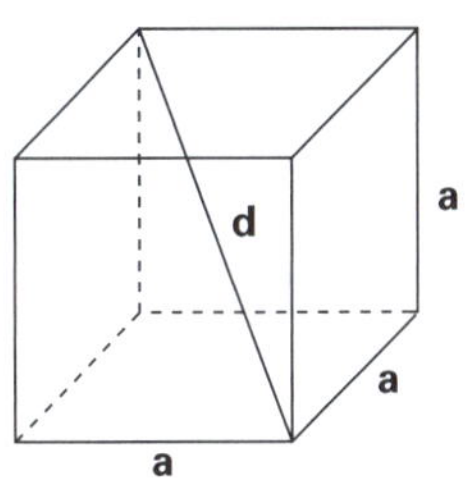

$O = 6 \cdot a^2$

$V = a^3$

$d = a\sqrt{3}$

Quader

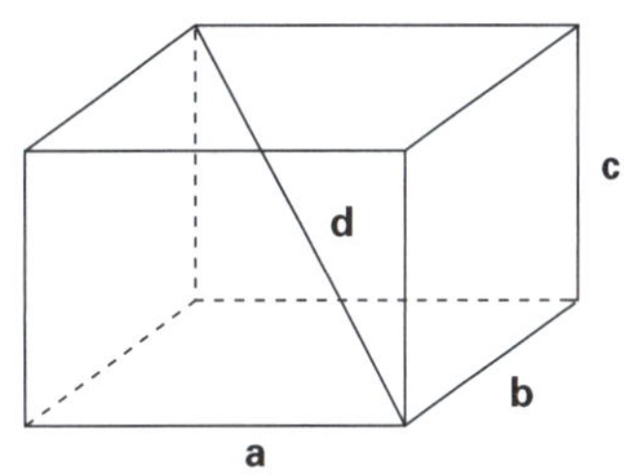

$O = 2 \cdot (ab + ac + bc)$

$V = a \cdot b \cdot c$

$d = \sqrt{a^2 + b^2 + c^2}$

Zylinder

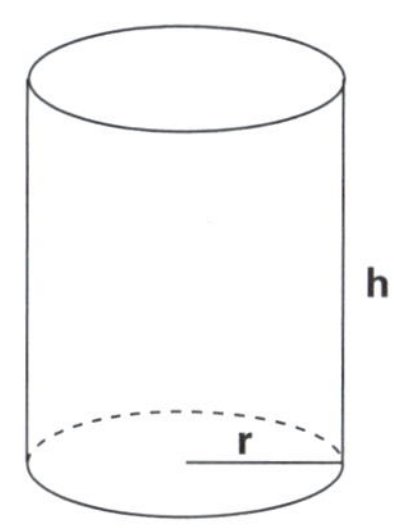

$O = 2 \cdot G + M$

$O = 2r\pi\,(r + h)$

$M = 2r\pi h$

$V = r^2\pi h$

Prisma (allgemein)

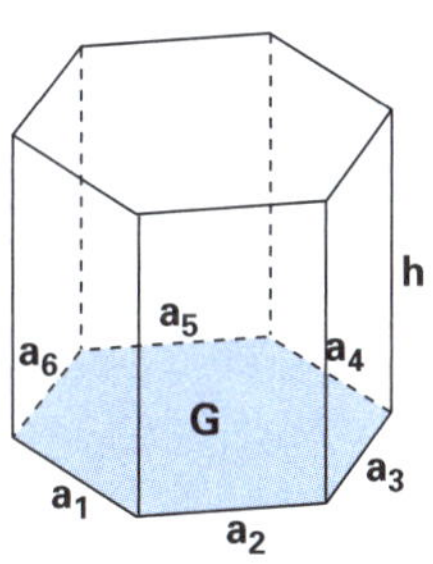

$O = 2 \cdot G + M$

$M = (a_1 + \ldots + a_6) \cdot h$

$V = G \cdot h$

Pyramide

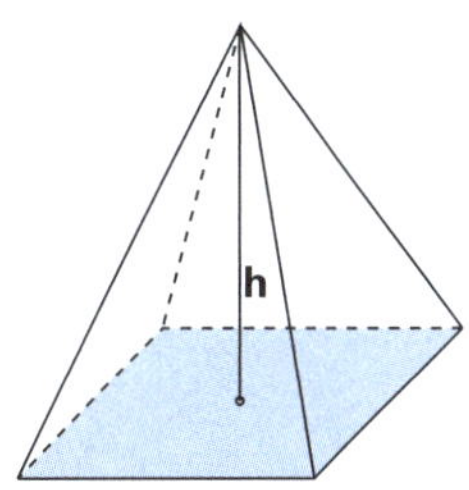

$O = G + M$

$V = \frac{1}{3} G \cdot h$

Kegel

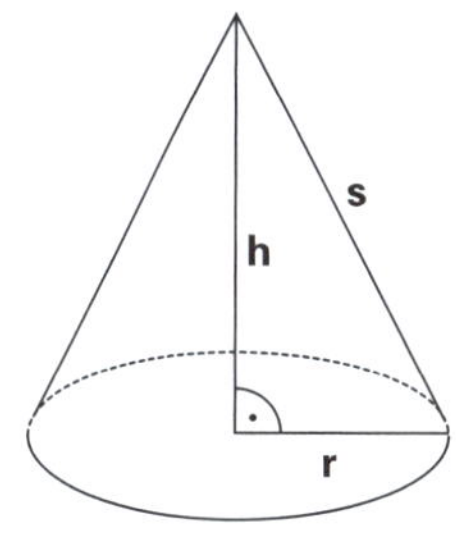

$O = r\pi\,(r + s)$

$s = \sqrt{r^2 + h^2}$

$M = r\pi s$

$V = \frac{1}{3} r^2\pi \cdot h$

Kugel

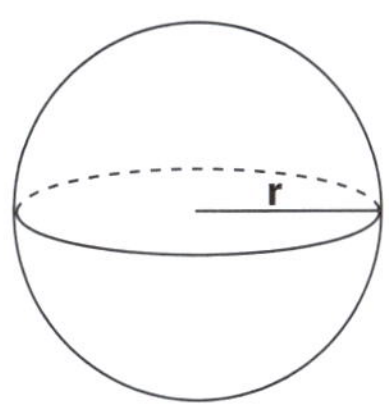

$O = 4r^2\pi$

$V = \frac{4}{3} r^3\pi$

Die Abschlussprüfung

Die schriftliche Prüfung für den Mittleren Schulabschluss in Englisch ist inhaltlich stets ähnlich. Für Ihre Vorbereitung ist es wichtig, dass Sie sich mit den typischen Aufgabenarten der einzelnen Prüfungsteile vertraut machen und immer wieder üben. In unserem Trainingsteil finden Sie hierfür viele Aufgaben, mit welchen Sie intensiv üben können.

Folgende Teile sind Bestandteil der Prüfung:

A. Listening Comprehension
In diesem Teil hören Sie einen kurzen Text zweimal an, anschließend gilt es, Fragen dazu zu beantworten.

B. Use of English
Es werden Ihre Grammatik- und Wortschatzkenntnisse sowie die Anwendung der Sprache in Alltagssituationen geprüft.

C. Reading Comprehension and Mediation
Im Teil Reading Comprehension geht es darum, einen Text zu lesen, Fragen dazu zu beantworten oder Übungen, wie die sinngemäße Erklärung von Worten, zu bearbeiten.
Im Bereich Mediation müssen Sie zum einen einen Text vom Englischen ins Deutsche übersetzen und zum anderen einen englischen Text sinngemäß auf Deutsch wiedergeben.

D. Text Production
Hier müssen Sie selbst einen kleinen Text verfassen. Sie können zwischen den Aufgabenbereichen Correspondence, Open-ended story, Keyword story oder Picture-based Story wählen.

A. Listening Comprehension

Erklärung

Die Vorbereitung
Die beste Vorbereitung auf diese Prüfung erreichen Sie durch intensives und wiederholtes Hören von englischen Texten. Sie können z. B. englische Fernsehprogramme anschauen oder beim Anhören Ihrer Lieblingssongs einmal versuchen, den Text wirklich zu verstehen. Oder schalten Sie doch einfach mal beim nächsten Film die Originalsprache ein. Zusätzlich können Sie sich auch die Untertitel auf Englisch zeigen lassen. So können Sie das Gehörte beim Lesen nachvollziehen.

In der Prüfung
Die Hörtexte der Prüfung variieren in Länge und Art, meist sind es kurze Gespräche, Interviews oder Durchsagen. Die Fragen dürfen Sie sich vorab schon durchlesen, hierbei sollten Sie darauf achten, dass Sie auch die Fragestellung genau lesen, damit Sie wissen, was zu tun ist. Keine Angst, wenn Sie beim ersten Hören nicht alle Wörter erfassen, meist können Sie den Sinn der Aussage trotzdem verstehen.
Zwischen dem ersten und zweiten Anhören bekommen Sie Zeit, die Aufgaben zu bearbeiten, lösen Sie hier erstmal nur das, was Sie genau wissen. Beim zweiten Hören können Sie sich dann nur noch auf die nicht gelösten Aufgaben konzentrieren. Sie sollten auf jeden Fall versuchen, alle Aufgaben zu lösen, auch wenn Sie nicht ganz sicher sind. Wenn Sie alles beantwortet haben und noch etwas Zeit übrig ist, lesen Sie auf jeden Fall noch einmal alle Ihre Antworten in Ruhe durch.

Typische Aufgabenstellung

Detailed understanding

You will hear a conversation. Mark the correct ending to the sentences with a cross.

Hörtext:

Plans for the future

At Johnson College finals are just around the corner and the big question among students is: what to do after school? Helen, Cathy and Jason are talking about their plans for the future as well.

Helen: After school I want to spend a year in South Africa, working at a school. This will surely help me later with my plans to become a teacher.

Cathy: That sounds exciting. Have you already inquired about getting such a position?

Helen: I applied at an agency who will take care of everything for me. They will provide me with a host family and a school at which I'll be able to work. And they will help me with any problems I might have to face.

Cathy: Aren't you afraid of going to a country as dangerous as South Africa?

Helen: No, not really, but I think my mum is a bit worried about me. If it works out you could come and visit me.

Jason: That would be cool. I want to travel around for a bit after school, see something of the world and meet lots of new people. Maybe my travels will lead me to South Africa as well.

Helen: What's your first stop?

Jason: Mallorca, I'm going to party a lot and enjoy the sun. Berry and Tyler will be coming, too. After that I'll backpack through Australia and then I'll decide spontaneously.

Cathy: My, my you've got it all planned out, haven't you. That's all too risky for me. I want to do something with animals.

Jason: Why don't you go to South America on a farm? Or to Ireland tending sheep?

Cathy: Why do I have to leave home at all? I'm not sure what I really want to do yet.

Helen: How about a volunteer's job at an animal shelter? There you can tend to and care for animals and see if it's something you might consider doing in your future.

Cathy: That's a really great idea, Helen. I'll try to find out tomorrow if there are any possibilities for me working.

As different as their interests were on one thing they all agreed. After school they surely want to stay in contact. After all the others should know what had happened to their future plans in the end.

Erläuterung

Bei dieser Art der Aufgabe gilt es, den angefangenen Satz richtig zu beenden. Da Sie vorab die Sätze durchlesen dürfen, wissen Sie schon, auf welche Informationen im Text Sie achten müssen.

Find the correct ending to each sentence from this list.

1. After school Helen wants to spend a year in South Africa …
- ☐ … travelling around.
- ☐ … working as an au-pair.
- ☐ … working at a school.

2. Jason wants to see something of the world …
- ☐ … and meet lots of new people.
- ☐ … and work a lot.
- ☐ … and will travel to New York.

3. Cathy wants to do something …
- ☐ … with children.
- ☐ … with older people.
- ☐ … with animals.

Lösung

1. After school Helen wants to spend a year in South Africa working at a school.

2. Jason wants to see something of the world and meet lots of new people.

3. Cathy wants to do something with animals.

Übungsaufgaben

Dialogue 1 – Shopping trip
(Audiotracks: QR-Code rechts / Hörtext S. 217)

(4)

I. Global understanding

Read the questions and then mark the correct answers with a cross.

a) For how long had they been at the shopping centre?
☐ one hour ☐ four hours ☐ more than two hours

b) Who did Jenny and Alex meet at the mall?
☐ Jenny's sister ☐ another young couple ☐ Alex's parents

II. Detailed understanding

1. Fill in the gaps.

a) Jenny wants the blouse she's trying on in a ______________ size.

b) Jenny tried on a _____________ pair of shoes.

c) Tim and Alex will _____________ to the café and will ______________ the girl's bags.

d) The boys felt like they had escaped a ___________________.

2. Cross out the incorrect word and write the correct one on the line.

a) In the end Jenny decided she liked the blouse. ________________________________

b) Alex is excited. ________________________________

c) Tim finds going to the café is a bad idea. ________________________________

Dialogue 2 – Who will be employed?
(Audiotracks: QR-Code oben / Hörtext S. 217)

I. Global understanding

Read the questions and then mark the correct answers with a cross.

a) What's the boys name in the first interview?
☐ Mark Witter ☐ Ben Carson ☐ Tom Drake

b) Which sport does Alan like?
☐ Baseball ☐ Cycling ☐ Football

II. Detailed understanding

1. Mark the correct ending with a cross.

a) Tom wants to become a TV technician because he …
☐ … likes to watch TV.
☐ … he's good at fixing things.
☐ … doesn't know what else to do.

b) Mr Green wants to know about the boy's …
☐ … parents. ☐ … homework. ☐ … subjects.

c) Alan's dad works at a …
☐ … car garage. ☐ … hospital. ☐ … electrical shop.

2. Fill in the gaps.

a) As subjects Tom likes ______________ and ______________ best.

b) Tom hasn't ______________ hobbies.

c) Alan should have left home ______________.

d) During his holidays Alan ______________ his dad to work.

3. Cross out the incorrect word and write the correct one on the line.

a) Tom is uninterested in becoming a TV-technician. ______________

b) Alan couldn't find the bus station straight away. ______________

c) Alan's father works in a tiny electrical shop. ______________

Text 3 – Four teenagers killed in car accident
(Audiotracks: QR-Code S. 197 / Hörtext S. 218)

I. Global understanding

Read the questions and then mark the correct answers with a cross.

a) When was the court's case?
☐ the day before yesterday ☐ yesterday ☐ last week

b) What did the girl admit?
☐ They had teased the driver.
☐ They had been very quiet in the car.
☐ They had distracted the driver.

II. Detailed understanding

1. Mark the correct ending with a cross.

a) The car crashed because …
☐ … the brakes weren't working.
☐ … the driver lost control.
☐ … it was raining heavily.

b) In the car crash …
☐ … five girls were killed.
☐ … one boy and three girls were killed.
☐ … two boys and two girls were killed.

c) Maggie B. was …
☐ … not yet able to be heard.
☐ … heard by the court, too.
☐ … killed in the car crash.

2. Fill in the gaps.

a) Four teenagers were killed in a ______________ car crash.

b) Mike the ______________ drove as ______________ as he could.

c) They had not asked for ______________ to leave school.

d) Alana felt ______________ for having caused the death of her ______________.

3. **Cross out the incorrect word and write the correct one on the line.**

a) The car crashed into a bridge. ______________________

b) The driver wanted to scare the girls. ______________________

c) The teenagers died because of his safe driving. ______________________

B. Use of English

Erklärung

Wortschatzübungen
Ihr Wortschatz wird zum Beispiel mit Lückentexten, Synonymfindungen oder Worterklärungen getestet. Sie sollen also zeigen, dass Sie im Laufe Ihrer Schulzeit viele Wörter und Redewendungen gelernt haben und dass Sie diese auch anwenden und schreiben können.

Grammatik
Zur Prüfung Ihrer Grammatikkenntnisse müssen Sie z. B. Sätze in die richtige Reihenfolge bringen, richtige Formen oder Zeiten in Lückentexte einfügen oder auch Personalpronomen oder Adjektive einsetzen.

In der Prüfung
Am besten fangen Sie immer mit den Aufgaben an, die Ihnen leichtfallen. Lesen Sie die Arbeitsanweisungen sorgfältig durch. Steht ein Beispiel bei den Aufgaben, lesen Sie auch dieses genau durch, weil Ihnen hier gezeigt wird, wie die Aufgabe gelöst wird.
Bei den Wortschatzübungen unterscheiden sich manche Wörter teilweise nur durch einen Buchstaben, z. B. „though" und „through". Sie bekommen dadurch aber eine ganz andere Bedeutung. Hier gilt es, besonders aufzupassen. Falls Ihnen ein Wort nicht gleich einfällt, überlegen Sie, ob Sie ein anderes wissen, das fast dasselbe bedeutet.
Bei Lückentexten sollten Sie zuerst den ganzen Text lesen, sodass Sie wissen, worum es geht. Dann fällt es Ihnen auch leichter, das entsprechende Wort einzusetzen. Beachten Sie auf jeden Fall die englische Satzstellung von Subjekt – Prädikat – Objekt, Prädikat und Objekt stehen immer zusammen.
Wie bei allen Aufgabenteilen der Prüfung sollten Sie auch hier versuchen, alle Aufgaben zu lösen, selbst wenn Sie nicht ganz sicher sind.

Typische Aufgabenstellung

1. **Write the opposites of the underlined words.**

a) The film I saw yesterday was not <u>interesting</u>, it was ______________.

b) My new jeans weren't <u>cheap</u>, they were ______________.

c) You enter the cinema through the <u>entrance</u> and leave through the ______________.

Erläuterung
Hier müssen Sie zeigen, dass Sie Ihre Vokabeln auch wirklich gelernt haben. Denn es gilt, das Gegenteil des unterstrichenen Wortes zu finden.

Lösung
a) The film I saw yesterday was not interesting, it was boring.
b) My new jeans weren't cheap, they were expensive.
c) You enter the cinema through the entrance and leave through the exit.

2. Fill in the verbs in the correct tense.

Last winter my family and I ____________ **< go >** on holiday. We ________ **< fly >** from Frankfurt to Miami. After we arrived at Miami airport, a taxi __________ **< bring >** us to the hotel. From the first moment we ________ **< to be >** fascinated by the white beaches. And overall we ________ **< to have >** a really great time.

Erläuterung
Mit dieser Grammatikaufgabe wird geprüft, ob Sie die angegebenen Wörter in die richtige Zeit bringen können.

Lösung
Last winter my family and I **went** on holiday. We **flew** from Frankfurt to Miami. After we arrived at Miami airport, a taxi **brought** us to the hotel. From the first moment we **were** fascinated by the white beaches. And overall we **had** a really great time.

Übungsaufgaben

1. Fill in the missing word in the right form.

1. My father ________________ **< to work >** as an engineer in a construction company.
2. I ________________ **< to be >** to London five times.
3. Do not disturb me! I ________________ **< to read >**.
4. It often ________________ **< to snow >** in the mountains in December.
5. Tomorrow I won't have time. I ________________ **< to repair >** my bike.
6. We ________________ **< to meet >** Carol yesterday.

2. Use the word given in brackets to form a word of the same word family.

The procedures for ________________ **< rent >** an apartment can differ widely, and thus knowing what ________________ **< expect >** can help you in your apartment search.
First of all, decide on the type of apartment you want to rent. How big should it be? How much money are you willing to spend? Figure out the exact costs for renting an apartment and determine your budget. Is public ________________ **< transport >** available nearby?
Secondly, many apartments ________________ **< advertisement >** in the local newspaper. These listings ________________ **< general >** describe the size, location, and amenities of the place.
Looking over these ads will give you a general idea of the types of apartments ________________ **< availability >**. Also ask people you know if they can ________________ **< recommendation >** any specific place to live.
Finally, be sure to carefully read and understand the terms of the rental agreement. Because once you sign, you will be bound ________________ **< upholding >** the terms of the contract. Ignorance is no excuse. Can you keep pets in the apartment? Is smoking allowed? How much notice do you need to give the landlord before you ________________ **< moving >** out? Better ask questions if you aren't sure.

3. Fill in the right form of the comparisons.

1. I am ___better___ **< good >** in English than in Maths.
2. This is the ___worst___ **< bad >** thing I have ever seen!
3. The Mont Blanc is the ___highest___ **< high >** mountain of the Alps.
4. Your bike was ___more expensive___ **< expensive >** than mine.
5. The more we know about a problem, the ___greater___ **< great >** is the chance to find a solution.
6. The journey to Wales was ______________ **< exciting >** of my life so far.

4. Fill in the right relative pronoun. Do not use "that".

1. On Saturday, I will go to the cinema with my best friend ___who___ really loves science fiction movies.
2. My aunt, ___who's___ garden is a little paradise, lives in Chester.
3. During our journey through the Scottish Highlands we saw many deep blue lakes ___which___ are called "loch" there, such as Loch Lomond.
4. There was a helpful old man ___who___ showed us the way to the theatre by accompanying us and explaining many details of the play on our way.
5. This is the recipe ___Which___ I told you about last week.
6. The most famous feature of the Houses of Parliament, ___which___ are also known as the Palace of Westminster, is its clock tower "Big Ben".

5. Fill in the right word in the right form, using the words from the box.

to be supposed to • to be used to • to have sth done • to make sb do sth • to let sb do sth

1. Lucy ______________ her friend ______________ **< to come >** with her to the theatre.
2. You ______________ be back at 11 pm.
3. Ben ______________ his homework ______________ **< to do >** before he went to his football training.
4. I ______________ getting up early.
5. Don't ______________ anyone ______________ **< to know >** that you have told her.

6. Fill in the missing prepositions. The box contains more prepositions than you need.

into • in • from • at • across • with • below • on • towards • for • between • through • after

Once we took our cat with us to our holiday home. When I was sitting ___in___ the train ___~~after~~ with___ my parents and my sister, suddenly the conductor came and asked: "Excuse me, is the cat ___on___ the end of the carriage yours?" We looked at each other and denied his question: "No. Our cat is sitting ___in___ his basket here ___on___ the seat." The conductor turned away. I had a look ___at___ the basket – it was empty! I jumped up ___from___ my seat and walked ___towards___ the end of the carriage. There Garfield sat ___between___ two big suitcases. He seemed to have been waiting ___for___ me already.

7. There are 7 mistakes in the text. Find them and write the correct word on the line.

You have reached the voicemail box of Dr. Miller's dental practice. Unfortunate, this week our practice is closed because Dr. Miller has fell ill. Next week our practice will be open as usual, that is on Monday, Tuesday and Thursday from 8am to 5pm, on Wednesday from 8am to 2pm and on Friday from 8am to 12 noon. For case of an emergency please contact the university dental clinic in Henry Street. The clinic's phone number is 1122887. If you want like to make an appointment with Dr. Miller for next week, please left your name, your phone number and your preferential time for the appointment before the beep. Thank you.

Corrections

(1) __________

(2) __________

(3) __________

(4) __________

(5) __________

(6) __________

(7) __________

8. Read the text and fill in the correct form: present perfect simple or progressive

1. "We __________ **< have been studying / have studied >** algebra for six weeks now. I really want to do something else again. We __________ **< have not been having / have not had >** a single geometry lesson this year."

2. "I __________ **< have not been having / have not had >** a chance yet to talk to Mr McAllister about the mark for my geography project work. This is the first time in three years he __________ **< has been giving / has given >** me a bad mark."

3. "I __________ **< have been trying / have tried >** to join Ms Potter's photography club for years, but so far I __________ **< have not been managing / have not managed >** to get in."

4. "I am so disappointed! For the last two weeks I __________ **< have been studying / have studied >** very hard for our chemistry test, and just now Mr Tucker __________ **< has been telling / has told >** us that we will not do the test until next week."

5. "I __________ **< have just been hearing / have just heard >** that there will not be a Halloween party at school this year. That is not fair! I __________ **< have been looking forward / have looked forward >** to that party since the beginning of the school year."

9. Fill in the correct form of the word: adjective or adverb?
There is an example at the beginning ⓿.

It is quite ⓿ *unusual* **< unusual >** for a pupil to be *extremely* **< extreme >** good at all school subjects at the same time. For example, if someone can solve problems in Maths, Physics and Chemistry ❶ __________ **< quick >**, they may need to study very ❷ __________ **< hard >** to speak foreign languages ❸ __________ **< relative >** ❹ __________ **< good >**. Moreover, there are students who are ❺ __________ **< excellent >** swimmers, footballers or tennis players but sing pretty ❻ __________ **< bad >**. Last but not least, even the best sportsmen or musicians may be ❼ __________ **< total >** unable to draw ❽ __________ **< beautiful >** pictures. Of course, every school has some pupils who are ❾ __________ **< unusual >** talented in ❿ __________ **< near >** every school subject. But this does not mean that these multi-talents are always more ⑪ ________________ **< successful >** in later life than 'normal' or even 'bad' pupils. For example, it is often said that Albert Einstein was not a particularly ⑫ ________________ **< good >** pupil as a teenager. Nevertheless he later became an ⑬ ________________ **< unbelievable >** well-known scientist. In summary, if you concentrate on what you can do ⑭ ________________ **< real >** ⑮ ________________ **< good >**, you will ⑯ ________________ **< probable >** have a ⑰ ________________ **< fair >** chance to find an ⑱ ________________ **< interesting >** job in the future.

10. Tick the correct definition of the verb.

1. The verb "to purchase" means
   ☐ to run ☑ to buy ☐ to allow
2. The verb "to admire" means
   ☐ to have a lot of respect for someone ☐ to say that someone has made a mistake
   ☐ to hate someone
3. The verb "to harm" means
   ☐ to be in harmony with ☐ to protect ☑ to injure
4. The verb "to refuse" means
   ☐ to throw away ☑ to say "no" ☐ to expect
5. The verb "to retire" means
   ☐ to be tired all the time ☐ to stop working because of your age
   ☐ to change the tires of a car
6. The verb "to assist" means
   ☐ to help ☐ to sit next to ☐ to learn

11. Find the plural form of these nouns.

1. tree **2.** century **3.** foot **4.** mouse **5.** tooth **6.** sheep

12. Find the corresponding nouns.

1. associate **2.** harmonise
3. symbolise **4.** furious
5. obsessed **6.** energetic

13. Tick the word that has almost the same meaning as the underlined word in the sentence.

1. I think you are a <u>brave</u> person.
   ☐ honest ☐ courageous ☐ nice ☐ intelligent
2. I am terribly sorry. I did not mean to <u>frighten</u> you.
   ☑ scare ☐ confuse ☐ wake ☐ hurt
3. Our neighbour is really <u>odd.</u>
   ☐ strange ☐ friendly ☐ strict ☐ old
4. I had a <u>brief</u> meeting with my head teacher yesterday.
   ☐ difficult ☐ short ☐ boring ☐ important
5. You are very <u>kind</u>.
   ☐ young ☐ terrible ☐ childish ☑ friendly

14. Look at the given words and complete the following sentences by filling in the correct word in the correct form.

environment • discovery • improve • repeat • similar • belongings • description allow • equipment • majority

1. All the things that you own are called your __________.
2. When a situation or a thing becomes better and better, it is __________.
3. When two things or two people are not very different from one another, they are __________.
4. All the plants, animals, fields, forests and rivers around us are part of the __________.
5. When you want to go mountain climbing, you need some good __________.
6. When you list all the details of what a person or a thing looks like, you give a __________ of that person or thing.
7. More than 50% is called the __________.
8. When you find or understand something for the first time, you have made a __________.
9. If something happens again and again, it is __________ itself.
10. Being given permission means you are __________ to do something.

15. Underline the correct future form of the verb.

1. I am quite sure you **< will enjoy / are going to enjoy >** the summer camp. Probably you **< make / will make >** a lot of new friends there.
2. I have made great plans for the summer holidays. I **< will spend / am going to spend >** July and August with my uncle in Los Angeles.
3. Tom looks so tired! I do not think he should drive home. He **< will fall asleep / is going to fall asleep >** in the car.
4. You should hurry up. The concert **< will begin / begins >** at 8pm and it is 7:30pm already.
5. Mary and I **< are watching / will watch >** the new Harry Potter movie at 9:30pm on Saturday. I already have the tickets because it might sell out quickly.
6. Wait! Do not carry that heavy box alone! I **< am going to help / will help >** you.
7. Paul is so excited! He **< is going to be / will be >** 18 next week.
8. We **< are moving / will move >** to Aberdeen next week. Organising this move has been a nightmare.
9. I think Robert and Jane **< will like / are going to like >** the new movie. They are really into romantic comedies.

16. Fill in the comparative or superlative forms.
The following is a transcript of an interview in which a famous Hollywood star talks about the movie she is making right now.

Journalist: Carly, first of all, thank you very much for taking the time for this interview. I am very happy about the chance to interview one of the __________ **< famous >** movie stars of all time.

Carly: My goodness! You cannot be serious. There are so many actors and actresses here in Hollywood who are much __________ **< talented >** than I am. But thank you for the compliment anyway.

Journalist: What our readers are probably ___interested___ **< interested >** in than anything else is the film you are making at the moment.

Carly: Well, it is a film directed by Kelsberg, who, by the way, I like a lot ___better___ **< good >** than most of the other directors in Hollywood. The movie is set in San Francisco and it is about a 15-year-old girl called Louise who is very unhappy with her life because she thinks that most of the girls around her are ___prettier___ **< pretty >**, ___more intelligent___ **< intelligent >** or ___more popular___ **< popular >** than she is. But there is one thing that she is very good at.

Journalist: And what would that be?

Carly: Louise has been taking private singing lessons since she was 12 years old. And now, at the age of 15, she can sing much ___more beautiful___ **< beautiful >** than any of the other girls at her school. But the problem is that her singing teacher is the only person who knows about Louise's talent. Louise has always been the ___Quiet___ **< quiet >** girl in her class, which is why she has never told anyone about her singing lessons. She always thought that her classmates would laugh at her because classical singing is not really the ___coolest___ **< cool >** hobby one can have as a teenager.

Journalist: And what part do you play in the movie?

Carly: I am Louise's singing teacher, a 60-year-old Russian woman called Lara who came to San Francisco 20 years ago. She left St. Petersburg because the situation in Russia was getting ___worse___ **< bad >** and ___worse___ **< bad >** in those days. When she left St. Petersburg, Lara was one of the ___most popular___ **< popular >** opera singers in the whole of Russia. But the problems in her country made her very sad, and she hoped she would be able to live ___happier___ **< happy >** in America.

Journalist: And did she find happiness in America after leaving Russia?

Carly: Yes and no. She got married to a nice American banker two years after coming to San Francisco, and they are still a happy couple now. But she never managed to continue her career as an opera singer. So singing, which had always been the __________ **< great >** love of her life, became one of her __________ **< sad >** memories. After a while she started giving singing lessons, but she never liked that very much. Until Louise came to her for the first time three years ago.

Journalist: Why? What did Lara find so special about Louise?

Carly: You know, most of the other singing students that Lara had had before Louise were not very talented or motivated, often because they were not very interested in music and were sent to the lessons by their parents. Lara understands right away that Louise is totally different because she is much ___more excited___ **< excited >** about singing than any other student Lara has ever had. And Lara has never heard any teenager sing ___more powerful___ **< powerful >** than Louise.

Journalist: How does the story between Louise and Lara go on?

Carly: Unfortunately, I cannot tell you any more about the movie. Otherwise the ___worst___ **< bad >** thing that can happen is that no one is going to go to the cinema to watch it any more.

Journalist: OK, that is understandable. I am sure that your movie will be one of the ___biggest___ **< big >** box-office hits when it comes out next year. Carly, thank you very much for this most interesting interview, it was really nice talking to you.

C. Reading Comprehension and Mediation

Reading Comprehension

Erklärung

Vorbereitung
Um das Lesen englischer Texte zu trainieren, können Sie Zeitschriften wie *Spotlight* oder *Read On* lesen. Diese sind zum Üben gut geeignet, da sie viele Artikel enthalten und für einzelne schwierige Wörter auch gleich die Übersetzung anbieten. Sie finden diese am Kiosk oder auch in einer gut sortierten Bücherei.

In der Prüfung
Lesen Sie den Text zuerst genau durch und unterstreichen Sie dabei Wörter, die Sie nicht kennen. Meist können Sie deren Bedeutung aus dem Zusammenhang heraus erschließen. Beim zweiten Lesen können Sie dann die Wörter nachschlagen, deren Bedeutung Sie selbst dann noch nicht kennen.
Achten Sie genau auf die Arbeitsanweisung. Denn hier steht z. B. manchmal, dass Sie gar nicht in ganzen Sätzen antworten müssen (give short answers). Oder dass Sie ganze Sätze schreiben sollen (write complete sentences).
Auf jeden Fall sollten Sie alle Fragen beantworten, auch wenn manche vielleicht erst einmal schwierig erscheinen. Lösen Sie erst die für Sie leichten Fragen und bearbeiten Sie dann in aller Ruhe die schwereren.
Achten Sie vor allem auf Ihre Rechtschreibung. Fehler können hier zu Punktabzug führen. Berücksichtigen Sie auch, dass Sie in der gleichen Zeitform antworten, in der die Frage gestellt wurde, z. B. in der Vergangenheit.

Typische Aufgabenstellung

Erläuterung
Sie bekommen einen längeren Text und dazugehörige Fragen. Es geht darum zu zeigen, dass Sie den Inhalt auch im Detail verstehen. Sie haben z. B. eine Aufgabenstellung, in der Sie das richtige Ende zu einem Satz finden sollen. Suchen Sie hierfür die jeweilige Textstelle und kreuzen Sie dann das passende Ende aus den angegebenen Satzteilen an.

Romance in the hills

The Narrows Escape Cottage Retreat nestling in verdant rainforest near Lake Baroon is the perfect place to rekindle your romance or just to get away for a while.
Each individually decorated cottage is luxurious, private and equipped with log fires, DVD player, hammock, barbecue and a fully equipped kitchen.
Italian marble-surrounded spas, pampering aromatherapy beauty products, 100% organic shampoos and conditioners and "Country Road" bath sheets and towels are provided.
The breakfast hampers contain homemade jams, eggs from property and organically grown fruit. Freshly baked croissants are delivered to your cottage each morning and guests can enjoy breakfast on the veranda while listening to the sounds of the rainforest.
All cottages are air-conditioned for summer comfort and there is a saltwater pool in a secluded part of the grounds for guest use.
Phone (07) 5478 5000 for more information on how to enjoy your romantic interlude.

1. True, false or not in the text?

	true	false	not in the text
a) The cottages are very luxurious.	x		
b) You can't cook for yourself in the cottages.		x	
c) You'll have to bring your own towels.		x	
d) Birds will serenade you every evening while sitting on your veranda.			x
e) You won't have to sweat there is air-condition in every cottage.	x		

2. Mark the correct ending with a cross.

a) The Retreat is beautifully situated …

☐ … near the ocean. ☐ … on a mountain. ☐ … in the rainforest.

b) All cottages are decorated …

☐ … luxuriously. ☐ … quite nicely. ☐ … terribly.

c) You can enjoy …

☐ … swimming in the lake. ☐ … swimming in a Jacuzzi. ☐ … swimming in a salt water pool.

Lösung

a) ☒ … in the rainforest.
b) ☒ … luxuriously.
c) ☒ … swimming in a salt water pool.

Übungsaufgaben

Text 1

My Great-Grandmother Margret

My great-grandmother Margret was born in 1914, the year of the beginning of the First World War. She lived in a small village with four brothers and sisters. Her oldest sister died of dysentery[1] at the age of 12. My great-grandmother was seven at the time. Every morning, she had to walk for an hour to get to school and the same again, home in the afternoon. The winters were very cold at that time, and most people didn't have warm clothes or shoes. During the summer, children never wore shoes. There were 45 girls in her class, all of different ages. The lessons were held by nuns. Education finished after eight years of school when the students were about fourteen.

During the holidays, she was sent to her grandparents to help on the farm. She loved her grandfather because sometimes he gave her cake which he had stolen from grandmother's pantry. There was no electric light and the only source of warmth was a big tiled stove in the living room of the farmhouse. After she left school, she stayed with her grandparents for two years helping on the farm.

At 16 she went to work on a big estate about 100 miles away from home. She had to look after two little boys and help in the household. She stayed there for three years. Then she left and started work in a hotel in a big city about 200 miles away from home. She had long working hours but for the first time in her life she had a tiny little room of her own.

That was the time she met my great-grandfather, Hans. They got married in 1934. They didn't have their own flat for the first two years of their marriage, but lived with my great-grandfather's parents in their flat. In 1939 at the age of 23, my great-grandfather had to join the army. It was the beginning of World War II. Margret, who was pregnant, moved back to her parents. When in 1940 her daughter was born, the baby almost didn't survive because of the bad living conditions. In 1942 my great-grandmother's mum died and Margret and the baby moved back to town. Shortly afterwards she got the news that her brothers and her husband had been killed in the war. Again she moved out of town to a little farm and helped there, in order to feed herself and the toddler.

After the war was over in 1945, she returned to town and found a job as a secretary for a businessman who had his office right opposite where they lived. She never remarried and lived alone with her daughter in a small house where she had a little garden and grew all sorts of vegetables and fruit. Selling those gave her a little extra income – which she put into a savings account, so she could travel around the world after retiring.

I like listening to her stories, and admire and love her. We all visit her as often as we can. She is 94 years old now and still lives on her own. If we are not fast enough to help her, she still climbs the ladder to take down her curtains!

[1] dysentery = Ruhr (Durchfallerkrankung mit oft tödlichem Ausgang)

1. **Match the headings (A – H) with the paragraphs (1 – 6). Write the letters in the boxes. Use each letter only once. There are two headings you do not need.**

A Away from home
B Single Mom
C At boarding school
D School years
E Her children
F Still independent
G Margret's grandparents
H War Years

paragraph 1 (lines 1 – 12)	
paragraph 2 (lines 13 – 19)	
paragraph 3 (lines 20 – 25)	
paragraph 4 (lines 26 – 39)	
paragraph 5 (lines 40 – 47)	
paragraph 6 (lines 48 – 51)	

2. **Answer the following questions on the text. Short answers are enough.**

1. How long was Margret's way to school?

____

2. What happened when the students were 14?

____

3. Since there was no electricity what did they use to stay warm in winter?

____

4. What did Margret do with 16?

____

5. Whom did Margret and Hans live with for two years?

____

6. What happened to Hans?

____

7. What did Margret do with the money she saved?

____

3. **Find a word or expression in the text which means the same as each of the words (1 – 7) below. The lines in which you can find the word or expression are indicated in brackets.**

1. diverse ____________ (l. 1 – 10)
2. Throughout ____________ (l. 13 – 19)
3. resource ____________ (l. 13 – 19)
4. property ____________ (l. 20 – 25)
5. small ____________ (l. 20 – 25)
6. apartment ____________ (l. 26 – 30)
7. Soon ____________ (l. 30 – 39)

Text 2

Malala – the youngest Nobel Peace Prize Winner

Malala Yousafzai, born on July 12, 1997, is only 18, but she has been fighting for girls' education for years. She has two younger brothers. Her father ran a local school and education has always been very important to the family.

When she was 11, she started blogging about the Taliban takeover of her hometown in northwestern Pakistan using the pseudonym of a heroine in a folk tale. Taliban members follow an extreme version of their religion. They believe girls should not go to school. So they banned education for women and destroyed hundreds of schools in the district. One of them was Malala's.

Malala spoke about her desire to go to school and wrote in her blog about her experience as a girl going to school under the Taliban. She also wrote about the fear she and the other girls at school felt, about the classrooms that became emptier as frightened girls stayed away from school, and how girls no longer wore school uniforms because they did not want to attract the attention of the Taliban. But Malala's blogger identity did not remain secret. Radio and TV stations broadcast documentaries about her and her fight for girls' education.

She became well-known for her views on education. On October 9, 2012, the Taliban tried to silence her. Some gunmen boarded her school bus and asked for Malala. No one answered, but the frightened girls' looks told them who Malala was. One of them shot her on the left side of her forehead. Malala survived. She was flown to the UK for treatment at the Queen Elizabeth Hospital in Birmingham. During her long recovery she showed great courage and optimism and became a symbol of the struggle for girls' rights all over the world.

News of the Taliban's attack on Malala spread around the world, and she and her campaign for girls' education became internationally famous. She has used her fame to carry on speaking out for her cause[1]. On her 16th birthday, she even spoke to the General Assembly of the UN in New York: "The extremists were, and they are, afraid of books and pens. They are afraid of women. Let us pick up our books and pens. They are our most powerful weapons." The UN made July 12 *Malala Day* to support the campaign for the right of children to get an education. In that year, she also released her book *I am Malala*, which tells the story of her life before and after the gunshot that nearly killed her. Her book even inspired a course about the importance of education for girls at an American university. But the greatest event happened on December 10, 2014, when Malala got the Nobel Peace Prize and became the youngest winner of this award. She shares it with the Indian activist Kailash Satyarthi, who also campaigns for children's rights. Malala is now a student in Birmingham, England. She continues to give a voice to the millions of children around the world who do not have the opportunity to go to school.

[1] cause = Anliegen, Sache

Adapted from: Read On (12/2014), Carl Ed. Schünemann KG, Bremen
Bild-Quelle: Russell Watkins / Department for International Development, https://www.flickr.com/photos/dfid/14714344864, lizenziert unter CC BY 2.0

1. True, false or not in the text?

	true	false	not in the text
a) Education played a big role in Malala's family.			
b) The Taliban were in favour of girls going to school.			
c) Malala taught herself how to write a blog.			
d) Her blog became well known and her identity as well.			
e) Malala survived an assault on her life by the Taliban.			
f) Malala traveled around the world to hold speeches at schools.			
g) No one before was so young when winning the Nobel Peace Prize.			

(1)

2. Mark the correct ending with a cross.

a) When writing her blog, Malala …
- ☐ … didn't use her real name.
- ☐ … praised the school system under the Taliban.
- ☐ … talked about her family.

b) After the attack Malala …
- ☐ … was brought to Pakistan's capital for treatment.
- ☐ … was brought to the USA for treatment.
- ☐ … was brought to Great Britain for treatment.

c) An American University …
- ☐ … invited her to take part in a course they held.
- ☐ … did a course because of her book.
- ☐ … presented her with a prize for her book.

**3. Explain the following words according to their meaning in the text.
Write complete sentences.**

a) views (line 23) ______________________

b) treatment (line 29) ______________________

c) release (line 50) ______________________

**4. The following words have more than one meaning.
Mark the meaning as used in the text with a cross.**

a) to run (line 3)	☐ to lead	☐ to walk fast
b) to recover (line 30)	☐ to find something again	☐ to get healthy again
c) to share (line 57)	☐ to split	☐ portion

Mediation

Erklärung

Die Vorbereitung
Suchen Sie sich authentische Materialien, um auf diesen Teil der Prüfung zu üben. Gut geeignet sind zum Beispiel Internetseiten, Veranstaltungsflyer, Klappentexte oder Gebrauchsanweisungen. Vielleicht haben Sie die Möglichkeit, mit jemandem Englisch sprechen zu üben: Mitschüler, Freunde oder ältere Geschwister. Versuchen Sie, den Inhalt der Texte wiederzugeben.

In der Prüfung
Denken Sie daran, dass Sie nicht alles wortwörtlich übersetzen müssen. Es geht vielmehr darum, die wichtigsten Informationen herauszufiltern und mit Ihren eigenen Worten wiederzugeben. Nehmen Sie einen Stift zur Hand und unterstreichen Sie Schlüsselwörter im Text. Notieren Sie Stichpunkte. Versuchen Sie, unbekannte Wörter zu umschreiben – manchmal kann Ihnen der Zusammenhang den notwendigen Hinweis auf ein neues Wort geben. Falls es für den Inhalt nicht relevant ist, können Sie es auch ignorieren.

Typische Aufgabenstellung

Erläuterung
Sie bekommen einen Text und zum Beispiel die Aufgabe, diesen sinngemäß wiederzugeben. Sie sollen also zeigen, dass Sie den Sinn und die wesentlichen Informationen eines Textes verstehen. Denn oft wird es im späteren Leben so sein, dass Sie zwar die Hauptaussagen eines Gesprächs verstehen müssen, eine wörtliche Übersetzung aber gar nicht nötig ist.

Geben Sie folgenden Text sinngemäß in ganzen Sätzen <u>auf Deutsch</u> wieder:
"Living in Los Angeles everyone likes to mould you and change you. I don't care about fame, I don't care about being a celebrity. I know that's part of the job, but I don't feed into anyone's idea of who I should be."

Lösung
„In Los Angeles will einen jeder formen und ändern. Ruhm ist mir egal, mir ist es egal, dass ich berühmt bin. Ich weiß, es ist Teil des Jobs, aber ich richte mich nicht nach den Vorstellungen anderer Menschen."

Übungsaufgaben

1. Sie schreiben für die Schülerzeitung einen Artikel über Couchsurfing. Dazu finden Sie interessante Informationen auf einer Website.
Tragen Sie stichpunktartig auf Deutsch die für Ihren Artikel wichtigen Informationen in untenstehende Tabelle ein. Drei stehen bereits in der Tabelle. Lesen Sie dazu den Text.

What is Couchsurfing?

Couchsurfing is an international network that connects travelers with local people in over 230 countries around the world. Basically, it is a group of people who open their homes/couches/beds/floors to other travelers for free. It is the largest online hospitality community with over 2.2 million members in 237 countries.

Tips for successful Couchsurfing

Create a complete profile: It is the only way to present yourself to others. You're not going to get a lot of responses from a partially completed profile. Fill it out honestly and make sure it is up-to-date.

Don't send mass requests: Hosts hate it when you simply send out an impersonal copy-and-pasted mass email to a lot of hosts. Carefully read each host's profile and send them a personal email asking if you can spend one or two nights at their place. In fact, look for hosts with the same interest as you. Also, give them the specific dates of when you're travelling.

Hosts have lives: Remember that the hosts have lives, too. Sometimes something comes up and they have to cancel. This is a risk you take as a couchsurfer so always have a plan B.

Bring a gift: Don't give your host money but it is nice if you give them a small present like a bottle of wine, some fruit or a souvenir from your hometown.

Don't overstay your welcome: A lot of couchsurfers abuse their stay by staying too long. Many hosts are too nice to tell them to leave. Try to limit your stay to one or two nights.

Clean and cook: Always clean up after yourself. Take out the trash. Fold up your bedding and make sure you keep your bags out of the way. Cook your own food. Don't forget to clean the kitchen afterwards. Offer the host whatever you're making. They may decline but it is a nice gesture.

Adapted from: http://thesavvybackpacker.com/couchsurfing-tips-for-being-a-sucessful-couchsurfer, 13.08.2013

(2)

Was ist Couchsurfing?	▶ **internationales Netzwerk für Reisende in über 230 Ländern** ▶ ______ ▶ ______
Profil und Anfrage	▶ **Möglichkeit sich zu präsentieren** ▶ ______ ▶ ______ ▶ ______
Verhalten während des Aufenthalts	▶ **kleines Geschenk mitbringen** ▶ ______ ▶ ______ ▶ ______

2. **Geben Sie die folgenden Sätze über Couchsurfing sinngemäß in ganzen Sätzen auf Deutsch wieder.**

As a couchsurfer you share your life and your home. You get to know new people and share your experiences with them. It is about being generous and about sharing without expecting something back.

______

______

______

______

3. **Sie sollen ein Referat über Onlinekriminalität halten. Dazu finden Sie interessante Informationen in einem Web-Chat.**
Tragen Sie stichpunktartig auf Deutsch die für Ihr Referat wichtigen Informationen in untenstehende Tabelle ein. Zwei stehen bereits in der Tabelle. Lesen Sie dazu den Web-Chat.

Web-Chat

Maya, pupil, Boston

> > The other day someone explained to me exactly what identity theft actually is, because I wasn't completely sure. They told me it is the theft of personally identifying information. They steal for example a person's name, date of birth, social security number, bank account numbers, PIN numbers, passwords. This information can then be used to access a person's financial resources.

Scott, journalist, Los Angeles

> > I did an article about this and found out that many people still fall for phishing websites – mostly because those sites get more professional every day. They present themselves as for example a legitimate bank website – complete with logo, address etc. – and ask you to fill in your user name, PIN, and maybe even a TAN so that they are then able to do transactions from your account.

Hugh, employee, London

> > Last week I received many e-mails from my friends asking why I had sent them a link about some sort of new online game. When I checked my account I saw that there were 197 e-mails in my sent-folder – someone had hacked into my account. Which happens very often because people like myself use passwords that are way too easily hacked, like for example 12345. I informed myself then and now created a new password. Good passwords consist of capital letters, small letters, numbers and special characters[1] and are relatively long, mine has now 11 characters.

Shannon, teacher, Dublin

> > To my embarrassment I have to admit that I fell for one of those e-mails where a company tells you the attached invoice is due. I couldn't remember if I had actually ordered something so I clicked on the invoice and that is when it must have happened. Because before shutting down my computer I started my anti-virus for a scan and it suddenly popped up with a bright red sign telling me the computer was infected by a Trojan horse. Thank god it was able to quarantine it and nothing bad happened, but from now on I will not click on any unknown attachments anymore and always keep my anti-virus up-to-date.

[1] special character = Sonderzeichen

Identitätsdiebstahl	▶ __________ ▶ __________ ▶ __________
Phishing-Webseiten	▶ **werden immer professioneller** ▶ __________
Passwörter	▶ __________ ▶ __________
E-Mail-Anhang	▶ **E-Mail, in der eine Firma sagt, Rechnung im Anhang ist fällig** ▶ __________ ▶ __________

4. Geben Sie den folgenden Satz über Datenschutz sinngemäß in ganzen Sätzen auf Deutsch wieder.

Many teens do actually use privacy settings for their online accounts, but they could be doing a lot more to protect their data and privacy.

____

____

____

5. Geben Sie die folgenden Sätze über Social Media sinngemäß in ganzen Sätzen auf Deutsch wieder.

Studies showed that using too much social media may be harmful to your emotional well-being. That does not mean that you have to stop using them though, just change your behavior. Take more breaks, read a book, meet your friends not just online.

____

____

____

D. Text Production

Erklärung

Letter

Beim Briefschreiben bekommen Sie in der Arbeitsanweisung genau gesagt, an wen Sie warum schreiben oder wem Sie worauf antworten. Immer sind auch entsprechende Anhaltspunkte gegeben, was Ihr Schreiben oder Ihre Antwort enthalten soll. Daran sollten Sie sich beim Schreiben halten und es hilft Ihnen auch, da Sie sich so nicht erst alles selbst ausdenken müssen. Vor allem können Sie sich so auch auf die äußere Form konzentrieren.

Bei allen Briefen ist es wichtig, dass Sie sich höflich ausdrücken, die richtige Anrede und einen passenden Schluss finden. Im Unterricht lernen Sie wichtige Redewendungen, die in jedem Brief vorkommen. Lernen Sie diese auf jeden Fall noch einmal gründlich. Die vorgegebenen Stichpunkte müssen Sie nicht alle komplett abarbeiten, lassen Sie jedoch auch nicht zu viele davon weg.

Lassen Sie Ihrer Fantasie freien Lauf, stellen Sie gute und interessante Fragen und bringen Sie, wo es passt, auch etwas über sich selbst ein. Bei einem Antwortschreiben sollten Sie zuerst gründlich die Vorlage durchlesen, damit Sie in Ihrer Antwort auf alle Fragen und Stichpunkte eingehen und nichts vergessen. Nachdem Sie alle Fragen beantwortet haben, können Sie auch selbst noch weitere Fragen stellen oder Vorschläge einfließen lassen.

Lesen Sie am Schluss auf jeden Fall noch einmal alles durch und achten Sie darauf, dass Sie alle Punkte bearbeitet, Anrede, Schlussformel und Unterschrift nicht vergessen haben und dass Sie sich wirklich höflich und deutlich ausgedrückt haben.

Open-ended Story, Keyword Story, Picture-based Story

Entscheiden Sie sich für die Bildergeschichte, schauen Sie sich diese erst einmal genau an. Sie sollten jedoch keine Bildbeschreibung machen, sondern das Bild nur als Vorlage für Ihre eigene Geschichte verwenden.

Bei der keyword story gilt es, darauf zu achten, dass Sie die vorgegebenen Stichworte in Ihrer Geschichte „verteilen" und nicht alle zum Beispiel gleich am Anfang verwenden.

Die open-ended story gibt Ihnen den genauen Anfang der Geschichte vor, Sie müssen also genau dort weiterschreiben, wo der andere Autor aufgehört hat.

Achten Sie bei allen Arten des Storyschreibens darauf, dass Ihr Erzählstil lebendig ist und flüssig bleibt. Es ist nicht schön, wenn Sie einfach nur Sätze aneinanderreihen. Die Übergänge und der Erzählverlauf sollten fließend sein. Auch sollten Sie Ihren Text in Abschnitte gliedern und mit Zeitangaben die Reihenfolge zum Ausdruck bringen.

Formales

Sowohl bei „Correspondence" als auch bei „Story writing" ist eine Mindestanzahl an Worten angegeben, die Sie erfüllen müssen. Achten Sie auch auf Ihre Rechtschreibung, Fehler können zu Punktabzug führen. Lesen Sie am Schluss noch einmal Ihren gesamten Text sorgfältig durch.

Typische Aufgabenstellung

Use a separate sheet of paper and write at least 120 words.

Sie sind in den Ferien in einem Freizeitlager und haben von Ihrer Mutter einen Brief bekommen, in dem sie nachfragt, wie es Ihnen geht und was Sie machen. Sie schreiben ihr zurück.

Folgende Punkte sollte Ihr Brief enthalten:

- wie es Ihnen im Camp gefällt
- was Sie den ganzen Tag über machen
- ob Sie schon Freunde gefunden haben
- wie das Essen ist

Lösung

Dear Ma

Thanks for your letter. The camp is really great; I'm truly enjoying myself here. During the day we often play football or go for a walk in the surrounding hills. Yesterday evening we went to the cinema and tonight we said we'll play cards together. The other people here are very nice, we all get along quite well and I even made some friends here whom I'm sure I'll meet again when we're back home. The meals we have are pretty good, so I'm not starving.
Greetings to everyone.

Yours
Kevin

Übungsaufgaben

1. **Letter**

Use a separate sheet of paper and write at least 120 words.

Sie möchten Ihre Ferien in Italien verbringen. In einer Zeitschrift sehen Sie folgende Anzeige:

Hotel Torcolo

- Housed in an 18th-century palace, this hotel is situated in the historical centre of Verona
- The 27 air-conditioned guestrooms are richly decorated and have antique furnishings; all have minibars and Internet access

Phone us under
0039-0321-456789
or write to us for more information:
Hotel Torcolo, Via Garibaldi, I-37122 Verona

Schreiben Sie an das Hotel, über das Sie gelesen haben.
Folgende Punkte sollte Ihr Brief enthalten:
- Sagen Sie, wie lange und in welchem Zeitraum Sie bleiben möchten.
- Fragen Sie, ob sie für diese Dauer Zimmer frei haben.
- Fragen Sie nach Angeboten.
- Fragen Sie nach einer Anfahrtsbeschreibung.

2. **Keyword Story**

Look at the keywords. Use at least six of the words and write a story. Don't forget to give your story a good title. Use a separate sheet of paper and write at least 120 words.

long weekend – friends – grill – steak – salads – drinks – CDs – lake

3. **Open-ended Story**

Continue the story and find a suitable title for it. Use a separate sheet of paper and write at least 120 words.

It was a warm Saturday evening and I was on my way to meet with my friends. Since I lived on the outskirts of the next bigger town it took me a while to get to our meeting place in the centre. First I had to take the bus and then the tube. All was going according to plan, when suddenly the tube stopped …

4. Letter

Use a separate sheet of paper and write at least 120 words.

Sie verbringen ein Austauschjahr in Dallas, USA, und möchten den Sommer über gerne eine ehrenamtliche Tätigkeit ausüben. Folgende Anzeige haben Sie gefunden:

Community Center is looking for summer volunteers

Organization: Community Center
Contact: Andy Sachs
Address: 907 Street, Dallas, TX 75223
Date: Mon Jun 17, 2019 09:00 am – Fri Aug 09, 2019 12:00 pm
Minimum Age: 14
Volunteers Needed: 25

Description: We need volunteers who would like to come work with our kids during the week. Summer Camp begins June 17 and runs for 8 weeks through August 9. Volunteers will play outside with children, work on education enrichment and reading, as well as "specials" on certain days.

It is a great way to get involved in this Southeast Dallas community and so much fun!

If you are interested in joining us write to Andy and get more information today.

Schreiben Sie an die Organisation und bitten Sie um weitere Informationen.
Folgende Punkte sollte Ihr Brief enthalten:

- Informationen über Sie selbst (Alter, Name etc.)
- Austauschschüler/in
- warum Sie ehrenamtlich arbeiten möchten
- ob Sie schon Erfahrung mit Kindern haben
- fragen Sie, ob man auch kürzer als 8 Wochen mitarbeiten kann

(3)

5. Keyword Story

Look at the keywords. Use at least six of the words and write a story. Don't forget to give your story a good title. Use a separate sheet of paper and write at least 120 words.

exchange student – school – family – hobbies – dancing –
homework – weekend – disco – language course – afternoon

6. Open-ended Story

Continue the story and find a title for it. Use a separate sheet of paper, write at least 120 words.

Let me tell you a story about our last school outing. After having arrived at our destination in Gstadt am Chiemsee we were all told that we should under no circumstances wander off alone, rather we should build small groups. So on our first free afternoon Peter, Anna, Tobias, Marie and I went into town. Once there we wondered what to do, when suddenly Anna said "Where's Peter? Has anyone seen Peter?" …

7. Picture-based Story?

Look at the picture and write a story. Don't forget to give your story a good title.
Use a separate sheet of paper and write at least 120 words.

LCT-Texte

(4)

Text 1: Shopping trip

(Audiotracks: QR-Code rechts / Aufgaben S. 197)

Jenny had convinced her boyfriend Alex to come to the shopping centre with her. I just want to have a quick look, she had promised him. But now they had been there for more than two hours. Alex's mood was sinking. He felt like Jenny's assistant.

Jenny: Could you hold that for a moment? Oh and could you get me this blouse in the smaller size? This one is too big.

Alex went over to the hangers and searched for it. In the end Jenny decided she didn't like the blouse at all and so they went to find some shoes instead. Jenny tried a dozen pairs but couldn't decide which ones she liked best. Alex was bored.

Alex: Just take one pair and then let's get out of here. I'm really not in the mood anymore.
Jenny: I'm nearly done, Alex. Just one more minute.

While Jenny was still trying on shoes Alex glanced around the shop and watched another couple for a while then turned around.

Alex: Jenny, isn't that Kelly over there?
Jenny: Oh right that's her. And that guy must be her new boyfriend. Hi Kelly!
Kelly: Jenny, hi. You're on a shopping tour as well? As always I can't decide what to buy, there are always so many nice things.
Jenny: Yeah, I know what you mean.

In the meantime Kelly's boyfriend had come to stand beside them and had introduced himself to Alex. Their eyes met and they both had the same thought.

Alex: Girls why don't you two head off and do some more of your shopping. Tim and I will go over to the café and watch your bags.
Tim: That's a great idea. Later you can come join us and we can all have a drink together.
Jenny: Are you sure you don't mind waiting for us?
Kelly: You could come with us.
Tim: No, no don't worry, that's quite alright.
Alex: Have fun girls.

Kelly and Jenny linked arms and disappeared into the crowd. Alex and Tim went over to the little café sat down heavily and sighed. They felt as if they had just escaped a nightmare and although they had just met they understood each other right from the start. Finally they could talk about other things than the latest fashions and the different colours of shoes.

Text 2: Who will be employed?

(Audiotracks: QR-Code oben / Aufgaben S. 197)

Interview 1

Mr Green: Good morning. Do take a seat. You are Tom Drake, aren't you?
Tom: Yeah!
Mr Green: Which school do you attend?
Tom: Mm mm … High.
Mr Green: Sorry I did not get it? Did you say Hatfield High?
Tom: No, Luton!
Mr Green: Well, tell me something about the subjects you take. Which one do you like best?
Tom: I took baseball and woodwork, but except for those two, I really don't like any subjects.
Mr Green: What are your hobbies?
Tom: I really haven't got any.
Mr Green: What do you do in your free time?
Tom: Watch TV! That's why I am interested in becoming a TV-technician.
Mr Green: Would you like to ask me something?
Tom: How much money will I earn?

Interview 2

Alan:	Good afternoon, Mr Green. Sorry I'm late. I did not find your office building straight away. I should have left home earlier.
Mr Green:	Please sit down, Alan! Which school are you from?
Alan:	I am from Hatfield Boys School.
Mr Green:	Can you tell me something about your favourite subjects?
Alan:	I like physics and maths, but I do well in sports, too.
Mr Green:	What kind of sports are you going in for?
Alan:	I go swimming and love inline-skating and cycling in summer. In winter I play ice-hockey.
Mr Green:	Well, that sounds interesting, but why do you want to become a TV-technician?
Alan:	My father works in a big electrical shop. During my holidays I am allowed to accompany him. There is a workshop for minor repairs on radios or televisions. I like watching the technicians and recently I was allowed to help a little.
Mr Green:	Well, thank you, Alan.

Text 3: Four teenagers killed in car accident

(Audiotracks: QR-Code S. 217 / Aufgaben S. 198)

Four teenagers had been killed in a terrible crash. The court case was yesterday. Alana S., one of the girls who survived, told the court that she and her girlfriend Maggie, who had survived too, had told Mike the driver to drive as fast as he could. They had not asked their boarding school teachers for permission to leave school; therefore they wanted to be back for supper so that no one would notice.

Mike drove too fast and lost control in a bend. The overloaded car with its six passengers crashed into a tree. The driver, his friend Tim and two girls on the rear seats were killed instantly. The court heard from Alana that Mike had tried to show off. He wanted to impress the girls. He had accelerated and braked to throw the passengers around.

The girl admitted that they all had teased Mike except Tim. They had laughed and joked about his driving, so that Mike had gone on driving foolishly. Tim had told him to stop being so silly, but the girls had gone on teasing him and Mike had continued to drive dangerously. Four teenagers had to die because of this reckless driving. Alana admitted that she had teased Mike as well and felt guilty of having caused the death of her classmates. Maggie B. was not yet able to be heard by the court. She has not yet recovered from her major injuries. The trial will continue next week.

A. Listening Comprehension

(5)

No dictionary allowed

There are three parts to the test. You'll hear each part twice. At the end of each part you'll have some time to complete the tasks.

Part 1

(Audiotracks: QR-Code rechts / Hörtext S. 277)

Task 1

Daniel, a student from Germany, is visiting his Irish exchange partner Ian. Today they have been on a sightseeing tour by bus through Dublin. While listening, read Daniel's email to his English teacher and fill in the missing information. There is an example (0) at the beginning.

Dear Mrs Schmidt,

Today Ian and I have been on a sightseeing tour through Dublin. First we saw Dublin Castle, which was built in the ⓪ **13th century** . In the past the castle was also used as a military base, a prison, courts of law and ① ______________ offices. A meeting of the European Council took place here in ② ______________. Because I'm not really into old castles, I wanted to ③ ______________ the bus tour rather than visiting the castle. So we went on to St. Patrick's Cathedral, the ④ ______________ in Ireland. Unfortunately, we got stuck in a ⑤ ______________ because lots of Dubliners were on their way to the ⑥ ______________ in the hurling championship. Ian thought it might be dangerous for me to get out of the bus because my jacket was in the ⑦ ______________ of Dublin's rival team in the match. Do you know hurling? Apparently, hurling is a ⑧ ______________ of lots of sports like hockey, rugby and football. I hope to go to a match and see for myself.

Kind regards,

Daniel

8 p

Part 2

(Audiotracks: QR-Code oben / Hörtext S. 277)

Task 2

Ian and Daniel are listening to the Dublin hurling player Connor O'Brian on the audio guide. While listening, tick (✓) the correct box. There is an example (0) at the beginning.

0. Irish sports: Hurling …
- ☐ ist the oldest individual sport in Ireland.
- ☐ is played all over the world.
- ☑ **is similar to a sport in Scotland.**
- ☐ is the same as a sport in Wales.

1. Legend: Hurling matches …
- ☐ stopped arguments.
- ☐ caused family fights.
- ☐ started disagreements between villages.
- ☐ were part of village festivals.

2. History: Hurling ...
- ☐ started in the 19th century.
- ☐ is mentioned all through Irish history.
- ☐ has been a national sport since its beginning.
- ☐ is the oldest national sport in the world.

3. Equipment: The hurley ...
- ☐ is exactly like a hockey stick.
- ☐ has a flat end.
- ☐ is used like a big hand.
- ☐ has a curved end like a spoon.

4. Rules: Players can ...
- ☐ hit the ball only on the ground.
- ☐ touch the ball only with their hurley.
- ☐ get points by carrying the ball into the goal.
- ☐ carry the ball in their hands only for four steps.

5. In the National League ...
- ☐ 34 teams play against each other.
- ☐ 34 players represent their division.
- ☐ the season lasts from January till May.
- ☐ divisions play against each other only in May.

6. The All-Ireland Senior Championship ...
- ☐ is held on St. Patrick's Day.
- ☐ is held in one of the best counties.
- ☐ starts at the beginning of August.
- ☐ ends at the beginning of September.

7. Hurling players ...
- ☐ need only basic skills.
- ☐ must be tall and well-built.
- ☐ must be good runners.
- ☐ need safety glasses.

7 p

Part 3

(Audiotracks: QR-Code S. 219 / Hörtext S. 278)

Task 3

In the evening Ian and Daniel are talking to Ian's sister about her boyfriend Sean. Listen to the conversation and tick (✓) the <u>FIVE</u> sentences which have correct information about Sean. There is an example (0) at the beginning.

0	***said that he would visit the final hurling match.***	✓
1	is a member of the Wexford County team.	
2	started playing hurling at an early age.	
3	is a professional hurling player.	
4	sometimes practises only once a week.	
5	scored a lot of points last season.	
6	will play in the next match.	
7	hurt one of his shoulders.	
8	will be asked to organise some tickets.	

5 p

B. Use of English

No dictionary allowed

1. Read the information about the Rose of Tralee International Festival and fill in the gaps with only <u>ONE</u> suitable word. There is an example (0) at the beginning.

The Rose of Tralee

Rose of Tralee International Festival is one of Ireland's largest and ⓿ ___**longest**___ running festivals. The heart of the festival is the beauty competition and the selection of the "Rose of Tralee", which ❶ ___attract___ young women with Irish ancestors from around the world to the island.

The festival takes ❷ ___place___ in the town of Tralee in beautiful County Kerry ❸ ___Where___ women come together to celebrate their Irish roots. At the end of the festival one of ❹ ___these___ women is crowned "The Rose".
When the festival started in 1959 it was only a local beauty competition, but in the late 1960's with TV broadcasting "The Rose of Tralee" ❺ ___was___ one of the most important events in Ireland. The parade of the Roses of Tralee through the streets is watched by more ❻ ___than___ a million people on TV and it is followed by open air concerts in the town's squares and local pubs.
In the ❼ ___past___ the event has always attracted well known musicians and actors. The festival is based on the love song "The Rose of Tralee" ❽ ___by___ William Mulchinock. The story behind the famous song is of a wealthy 19th century storekeeper ❾ ___who___ fell in love with Mary O'Connor from Tralee but because of the ❿ ___differences___ in social class between the two families, their love was forbidden. William was broken-hearted and expressed his love in the song "The Rose of Tralee".

10 p

2. Read the brochure about Blarney Castle in Ireland. Fill in the gaps using the suitable form of the words in brackets. <u>DO NOT CHANGE THE TEXT</u>. There is an example ⓪ at the beginning.

Blarney Castle – Kiss the Stone of Eloquence[1]
Blarney Castle is one of the ⓪ ___**well known**___ **< know >** buildings in Ireland.
The castle the visitor ❶ ___saw___ **< see >** today has changed very little since it ❷ ___has been built___ **< build >** by the King of Munster in 1446.
The Stone of Eloquence, which most visitors want to kiss, is one of the stones positioned high up in the castle wall. It ❸ ___was said___ **< say >** that the prophet Jeremiah brought this stone to Ireland from the Holy Land. Other tales say that it came from Scotland, where it was ❹ ___originally___ **< original >** a part of St. Columba's deathbed.
The legend says that kissing the Blarney Stone brings you the gift of eloquence. There was a time when visitors ❺ ___were held___ **< hold >** by their feet and lowered over the wall with their head first.

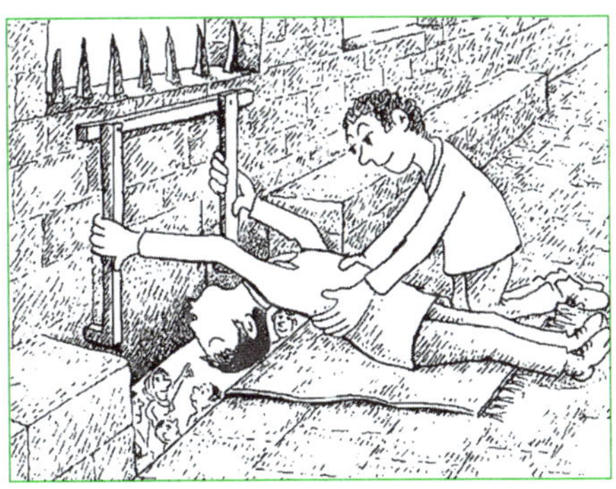

Today, the stone is still set there and to kiss it, you have to lean backwards carefully ❻ ___holding___ **< hold >** on to an iron railing for your safety.
The ❼ ___stone's___ **< stone >** powers are unquestioned, but its story is not clear. One tale says that the king had a legal argument in court. A goddess told him to kiss the first stone he found on the way to court.
He did, and his eloquence won the case for him. The next day the king himself ❽ ___built___ **< build >** the stone into the wall of his castle.

Another ⑨ attraction < **attract** > at Blarney Castle is the famous garden where you will find the magnificent 204-inch-high Dicksonia Antarctica plant, the ⑩ tallest < **tall** > of its kind in Ireland. This plant is not only tall but also very old.

So, if you visit Ireland, a trip to Blarney Castle is a must! **10 p**

[1] eloquence – Redegewandtheit

C. Reading Comprehension and Mediation

Dictionary allowed

Reading Comprehension (see text on page 225)

1. Match the headings (A – H) with the paragraphs (1 – 6). Write the letters in the boxes. <u>Use each letter only once</u>. There are two headings you do not need. One heading (A) is already matched.

- **A A mystical island**
- **B** A life of isolation
- **C** Limits to tourism
- **D** Monks nowadays
- **E** A compromise
- **F** International interest
- **G** Puffin-breeding program
- **H** A risk for wildlife

paragraph 1 (lines 1 – 11)	**A**
paragraph 2 (lines 12 – 30)	
paragraph 3 (lines 31 – 43)	
paragraph 4 (lines 44 – 61)	
paragraph 5 (lines 62 – 74)	
paragraph 6 (lines 75 – 86)	

5 p

2. Answer the following questions according to the text on page 232. Short answers are enough. There is an example (0) at the beginning.

0. Where was „The Force Awakens" shown for the first time in Ireland?

in Dublin

1. How far is Skellig Michael away from the Irish mainland?

______

2. What did the monks have to do to get their fish?

______

3. Why can more North American tourists now afford to come to Ireland?

______

4. When is the visiting season for Skellig Michael?

______

5. What is a possible threat to the breeding birds besides the tourists?

______

6. What are the exact weather conditions that allow visitors to see Skellig Michael from the Ring of Kerry?

______ **6 p**

3. **Which person could have said this? Answer this question according to the text on page 232. Write the correct letter in the box. There is an example (0) at the beginning.**

A Bob Harris	**B** Claire O'Halloran	**C** Gerard Keith	**D** Brenda Thompson

0. "Tourism is booming in Ireland."	**D**
1. "We are losing a lot of money!"	
2. "The monastery with its huts has not changed much!"	
3. "We should stop promoting Skellig Michael!"	
4. "We can't take you to Skellig Michael but we can bring you close!"	

4 p

4. **The following words have various meanings. Which of the meanings below is the one used in the text on page 232? Write the correct number in the box. There is an example (0) at the beginning.**

0. *sight (line 3)*

sight *Verb* [2]
1 sichten
sight *Nomen*
2 Anblick
3 Ansehen
4 Augenlicht

1. rise (line 5)

rise *Verb* [ ]
1 aufgehen
2 aufragen, sich erheben
3 steigen, aufsteigen
rise *Nomen*
4 Aufstieg

2. tip (line 9)

tip *Verb* [ ]
1 umkippen
tip *Nomen*
2 Ratschlag, Wink
3 Trinkgeld
4 Spitze

3. reach (line 51)

reach *Verb* [ ]
1 erzielen
2 reichen
3 erreichen
4 eintreffen
reach *Nomen*
5 Reichweite

4. face (line 70)

face *Nomen* [ ]
1 Gesicht
2 Vorderseite
face *Verb*
3 ansehen
4 begegnen
5 gegenüberstehen

5. concern (line 75)

concern *Verb* [ ]
1 betreffen
concern *Nomen*
2 Unternehmen
3 Teilnahme
4 Sorge

5 p

Mediation

1. **Sie planen mit Freunden einen Irlandurlaub und lesen dazu den "Ireland Adventures" Blog, in dem Sie Informationen zu verschiedenen Tagestouren finden** **(siehe Seite 233)****. Ihre Freunde sprechen kaum Englisch. Geben Sie ihnen einen Überblick <u>auf Deutsch</u> über jede Tour. Vervollständigen Sie die Tabelle stichpunktartig. Einige Angaben stehen bereits in der Tabelle.**

Informationen zur …	Skelligs Tour	Moher Tour	Killarney Tour
Tierwelt	▶ ______	▶ große Vielfalt an Tieren ▶ 30 000 Vögel, 29 Arten	▶ ______
Geschichte	▶ ______	▶ ______	▶ ______
Landschaft	▶ ______	▶ ______ ▶ ______	▶ klare Seen ▶ Mischwälder ▶ zahlreiche Berggipfel

8 p

2. **Beantworten Sie folgende Fragen auf Deutsch.**

2.1 Welche Tour können Sie ihren sportlichen Freunden für ein Wochenende vorschlagen? Begründen Sie.

______

______

______

2.2 Welchen Ausflug sollten Sie unbedingt jetzt schon buchen und warum?

______

______

______ **2 p**

C. Reading Text

From tiny Irish island to tourist hotspot

When the movie "Star Wars: The Force Awakens" premiered in Dublin, the room broke out in applause at the sight of the Irish island Skellig Michael. During an important film scene the audience is taken to an isolated, mystical island that rises majestically from the blue sea. But this island isn't on some galaxy far, far away. The island Skellig Michael is very real. You don't need a spaceship to get there, you just need a boat to cross the choppy seven miles of open sea off the southwest tip of Ireland. The island is a UNESCO World Heritage site that hosts the remains of a sixth century Christian monastery.

The site has long been a refuge where people went to connect with God. When you land, you are greeted by Bob Harris, a local tourist guide. He will tell you all about a small group of adventurous, deeply religious Christian monks who founded the monastery there. Generations of monks stayed there for over 600 years. They ate birds' eggs and dried fish, they grew vegetables, kept a few sheep and goats for milk and may have received an occasional bag of grain from the mainland. They would go down the steps to the sea early every morning and fish for their first meal. They would spend most of the day praying in the church, tending to their gardens and studying. Their huts, which were round on the outside and rectangular on the inside, were carefully built so that no drop of rain ever entered between the stones. To this day the monks' huts, chapel, and graveyard have remained almost exactly the same. "The magical thing to me is the fact when you look into these dark huts and doorways today you feel exactly what 6th-century men might have felt," Harris said.

However, Skellig Michael has not been such a popular tourist attraction over the centuries because it's hard to get there from the mainland. That will change now because of the movie connection. Gerard Keith, owner of the Lighthouse Guesthouse in Portmagee on the mainland across from Skellig Michael, said, "The movie is generating an enormous amount of interest and bookings – we will have people coming from across the world this summer, from Australia to America." Brenda Thompson, an official from Tourist Ireland said, "Tourist numbers are rising in Ireland because of the fall of the euro against the dollar. That's the reason why trips to Ireland from North America have risen about 15 percent compared to the same period last year."

This increase in the number of visitors is good for the Irish economy. The problem is that the expectation has been created that people will be able to reach the island. "We cannot allow too many tourists on such a tiny place – just 180 a day – and so a lot of them will be disappointed", added Gerard Keith. "The boat tours are already more or less sold out for the short May-to-September season." He complained that these restrictions had already cost him and his colleagues £1.8 million in possible earnings. "That's why we are asking for a longer visiting season for Skellig Michael: from April to the beginning of November."

Not everybody is delighted with the idea of ferrying more tourists onto the island. Conservationist Claire O'Halloran complains that Skellig Michael's ecological treasures are being endangered by an aggressive marketing campaign advertising the island. She points out that the eco-system on the island is "extremely fragile" and that it needs a recreational break from the tourists. "These advertisements for the famous Hollywood movie are the biggest threats the island has faced in the last century." One of the major worries among ecologists is the negative effect on protected bird species such as puffins. An increasing number of boats might accidentally bring rats onto the island, which would then endanger birds and their chicks.

In view of these concerns, Tourism Ireland wants to limit the number of visitors. Many tour operators are now changing their programmes to give visitors a flavour of this rocky island in the middle of the Atlantic Ocean even if they cannot set foot on it. Several boat operators are offering boat trips which also take visitors to places where they get a good chance of watching dolphins and whales. "Others provide a number of bus tours that take people out to the Ring of Kerry where on a cloud-free day they can see Skellig Island", said Brenda Thompson. "So although many tourists are not allowed onto the island itself they are able to get near this mystical place in the Atlantic Ocean."

C. Mediation Texts

The "Ireland Adventures" Blog

Claire, Manchester, GB:

Hi everybody, I went on the Skellig Islands Boat Tour yesterday. We sailed round these two pyramid rocks in the Atlantic Ocean, a small one and a big one, and I got a close look at them. But unfortunately we didn't have the chance to get off the boat to climb on the islands. So I was a little disappointed. For most tourists this boat tour is very popular, so it is advisable to book well in advance! If you are looking for a challenge I think you should sign up for the Killarney National Park trip! It is an extremely ambitious cycling and hiking tour. If you need a rest, stop off in Killarney, the shops and cafés are fantastic!

Tom, Perth, Australia:

Hey Ireland fans, the Towers of Moher aren't worth it! One tower is a large pointed rock in the ocean near the coast, the other is just a ruin, but they didn't impress me much. What was more interesting to me was the large variety of animals living there along the steep cliffs, most of them birds: Imagine – 30.000 birds of 29 different species! I'm not really into history but, while on the Skelligs boat tour, I found out that the islands were dedicated to St. Michael in 1044 and they became a UNESCO World Heritage Site in 1996. Isn't that amazing?

David, Chicago, USA:

For those who have an appetite for history, I'd suggest the Cliffs of Moher. There's a square stone ruin which they say is the remains of a watchtower built during Napoleon's reign in Europe, Unfortunately, this bus tour is on Mondays and Fridays only. Ireland's first national park "Killarney NP" was a great experience for me. The clear water of its lakes, the mixed woodlands and numerous mountain peaks were my personal highlights of this tour. Really beautiful! And in this park I caught a sight of the only native herd of red deer, which thrilled me even more.

Ela, Mumbai, India:

Hi explorers, the tour to Killarney takes you to a mansion with 65 rooms which was designed and built in 1843. The original owner later sold it to a wealthy Californian whose family gave it to the Irish nation in 1932. How cool! A fantastic sight in the Atlantic Ocean are the 120-meter-high Cliffs of Moher. From the top of the cliffs you can see the surfers below playing in the big waves along this fabulous coastline and, if you are brave enough, you can try it for yourself at Lahinch Surf School. If you are interested in large populations of breeding sea birds, the Skelligs Boat Tour is a must!

D. Text Production

Dictionary allowed

1. **Express your own ideas.**

   Äußern Sie Ihre Meinung zu nachfolgender Aussage und begründen Sie diese mit DREI Argumenten. Verfassen Sie einen Text von mindestens 60 Wörtern auf Englisch.

   Work experience abroad is useful in a number of ways.

   ____

   ____

   ____

   ____

   ______________________________ **6 p**

2. **You can choose either**
   Correspondence: E-MAIL
   or
   Creative Writing: PICTURE-BASED WRITING

   E-MAIL

   Während der Planung der Abschlussfahrt nach Irland haben Sie in einem Prospekt für Schulfahrten eine Anzeige der Filmstudios in Dublin gesehen. Ihre Klasse ist interessiert an einem Besuch, deshalb wenden Sie sich an:

   studios@filmworld-dublin.ie

   Geben Sie den Zeitpunkt des Besuchs sowie die Anzahl der Teilnehmer an.

   Beschreiben Sie ausführlich, woran die Klasse interessiert ist:
   - Führung durch die Studios mit Blick hinter die Kulissen
   - Anwesenheit bei einer Produktion, z. B. eines Filmes oder Castings
   - Möglichkeit einer Autogrammstunde
   - Dreh einer eigenen Filmsequenz
   - Einblick in die Technik, z. B. Kamera, Beleuchtung

   Bitten Sie um zusätzliche Informationen, z. B. zu Stuntshows, zum 3D-Kino, zu Restaurants bzw. zum Studioshop.

   Schreiben Sie eine E-Mail von mindestens 150 Wörtern und verwenden Sie ein gesondertes Blatt.

PICTURE-BASED WRITING

Sie waren auf einem Schüleraustausch in Irland. Für die Homepage der Austauschschule verfassen Sie einen Beitrag auf Englisch, in dem Sie von Ihrem Aufenthalt erzählen. Verwenden Sie dazu alle vier Bilder. Sie müssen nicht alle Bilddetails berücksichtigen. Bewerten Sie Ihre Erlebnisse während des Schüleraustausches.

Beginnen Sie wie folgt:

The Exchange Visit at St. Patrick's School
Last month ...

Schreiben Sie einen Beitrag von mindestens 150 Wörtern und verwenden Sie ein gesondertes Blatt. **24 p**

A. Listening Comprehension

No dictionary allowed

(6)

There are three parts to the test. You'll hear each part twice. At the end of each part you'll have some time to complete the tasks.

Part 1

(Audiotracks: QR-Code rechts / Hörtext S. 279)

Task 1

Listen to the pilot's announcements on flight NZ325 before landing. Answer the following questions. Short answers are enough. There is an example (0) at the beginning.

0. **What's the current altitude of the plane?**

   ______22,000 feet______.

1. What's the local time in Auckland?

   ____.

2. What's the weather like in Auckland? (two facts)

   ____.

3. Why does the plane have to cruise over Auckland?

   ____.

4. How late will the flight land?

   ____.

5. At which gate at the airport will NZ325 arrive?

   ____.

6. Why will NZ325 passengers be able to catch flight NZ312?

   ____.

7. To save time, what should transit passengers have ready? (two facts)

   ____. **7 p**

Part 2

(Audiotracks: QR-Code S. 229 / Hörtext S. 279)

Task 2

On the plane to Auckland, Emily and Jacob are talking to Harry about their holidays. While listening, fill in the gaps with information from the text you hear using 1 to 2 words or numbers. There is an example (0) at the beginning.

(0)
Auckland airport ist **<u>large</u>** and **<u>busy</u>**.

(1)
Hamilton is ________________ south of Auckland.

(2)
Harry sees his family in the USA ________________ a year.

(3)
Emily and Jacob are in New Zealand for the ________________ time.

(4)
Emily's and Jacob's New Zealand vacation will last ________________.

(5)
Emily and Jacob love sports like ________________ and ________________.

(6)
Harry says that they should see the ________________ landscapes in the north.

(7)
Emily and Jacob get Harry's ________________.

Bild-Quelle: NordNordWest, GNU-Lizenz für freie Dokumentation, Version 1.2

7 p

Part 3

(Audiotracks: QR-Code S. 229 / Hörtext S. 280)

Task 3

At the airport Emily and Jacob are talking to a car-rental agent. While listening, tick (✓) the correct ending for each sentence. There is an example (0) at the beginning.

0. The GNC deluxe pick-up truck also has ...

- ☐ air-conditioning.
- ☐ four-wheel drive.
- ☑ **a camping booth.**
- ☐ an emergency generator.

1. Emily and Jacob will travel in a ...

- ☐ station-wagon.
- ☐ pick-up truck.
- ☐ sardine can.
- ☐ campervan.

2. The vehicle they booked offers ...

- ☐ single bed and toilet.
- ☐ water closet and mixer.
- ☐ double bed, toilet and shower.
- ☐ navigation system and airbed.

3. The car-rental agent still needs Jacob's ...

- ☐ passport.
- ☐ driving license.
- ☐ credit card.
- ☐ insurance card.

4. The NZ Traffic Guide contains ...

- ☐ traffic rules and car-rental offices.
- ☐ road signs and leaflets.
- ☐ traffic and parking rules.
- ☐ road maps and parking areas.

5. Since 2011 . . .

- ☐ free camping has been forbidden.
- ☐ free camping is allowed at designated sites.
- ☐ there have been only 500 official camping sites.
- ☐ free camping rules have been relaxed.

6. A list of all free camping locations is provided ...

- ☐ on a free map.
- ☐ in a cheap app.
- ☐ by freecamping.nz.com.
- ☐ by freecamping.nz.org.

6 p

B. Use of English

No dictionary allowed

1. Read the text about New Zealand's National Wizard. There are 10 mistakes in the text. Find them and write the correct word(s) on the numbered line. DO NOT CHANGE THE TEXT. There is an example (0) at the beginning.

New Zealand's National Wizard

Did you know that New Zealand has an officially Wizard? In 1990 a document, signed by the country's Prime Minister, made Ian Brackenbury Channell New Zealand's first Wizard.

But what exact are the duties of a national Wizard? Well, that's also written in the document. The Wizard is supposed to protect the government, perform rain dances, cheer up the population and, much importantly, to turn the Earth on its head in order to put New Zealand "on top of the world". He also has a special car, the Wizardmobile, what is constructed from the front halves of two cars.

But what is this wizard? Ian Brackenbury Channell used to work as a teacher and musician. His life as a wizard began in 1969 when he were made Wizard of the University of New South Wales. He began his new career, dressing in a long black coat and with a wizard's hat and staff, by giving speeches in the local Cathedral Square.

In the beginning, people wondered over this strange man but now he becomes a tourist attraction.

In 1995 he organised a wizards' meeting where he and his colleagues built a wizard's nest on top of the university library tower. On one occasion the Wizard used his magic power at a rugby game to make safe that his favourite team won.

Nowadays the Wizard is loved by almost anybody and his story is certainly another thing which makes New Zealand so special.

Corrections

(0) official

(1) exactly

(2) most

(3) which

(4) who

(5) was

(6) dressed

(7) about

(8) became

(9) sure

(10) everybody

10 p

2. Read the text about Sir Edmund Hillary. Complete the text using the correct word or words from the box. There are some extra words in the box. There is an example ⓿ at the beginning.

above • an • any • ~~because~~ • ~~born~~ • ~~each~~ • either • ~~had failed~~ • had hated • had taken • has been born • has hated • hated • have failed • ~~have taken~~ • is able • ~~many~~ • much • must • ~~over~~ • should • take • though • took • was able • ~~was born~~ • while • would

On top of the world

Sir Edmund Hillary, one of the most famous New Zealanders, was ⓿ ___***an***___ explorer and mountain climber. Together with Sherpa Tenzing Norgay, he was the first to climb to the top of Mount Everest, the highest mountain in the world.

Edmund Hillary ❶ *___born___ *was in Auckland on July 20, 1919. While in secondary school, Hillary became interested in mountaineering. But it was not until he was 20 that he ❷ ______________ to climb his first big mountain. In 1953 the British were given permission to climb Mount Everest by the government of Nepal. The government ❸ ___would___ only allow one expedition a year, so this was a rare chance.

When climbing a mountain as high as Mount Everest, a large group of people are needed. There were ❹ ___over___ 400 members of the expedition. They had to climb the mountain in stages and at ❺ ___each___ stage fewer people would continue to climb. One of the two teams chosen to climb to the summit* was Edmund Hillary and Tenzing Norgay.

After the other team ❻ ___had failed___ to make it to the top, Hillary and Norgay ❼ ___have taken___ their chance.

On May 28, 1953, they became the first people to stand on the top of the world!

But ❽ ___because___ the air was so thin, they only stayed there for a short time before returning to tell the world of their success.

Hillary climbed ❾ ___many___ other summits in the Himalayas over the following years. Hillary said that from the beginning of his climbing career he ❿ ______________ the danger part of climbing and that it was great to come down again because it was safe.

* summit: Gipfel

10 p

C. Reading Comprehension and Mediation

Dictionary allowed

Reading Comprehension (see text on pages 237 – 238)

**1. Six sentences are missing in the text on pages 237 – 238.
Read the sentences (A – I) and match them with the gaps (1 – 6) in the text.
There are two extra sentences. There is an example (0) at the beginning.**

A No wonder New Zealand ranks so high in international work-life surveys.
B So there's plenty of elbow room and no noisy neighbours.
C You can be confident of the quality the school system has to offer.
D To find out more see the box at the end.
E And less strain means a cleaner natural world.
F These are all good reasons for families to choose New Zealand.
G It's highly populated.
H We're a long and narrow country.
I There are large cities with widely spread suburban areas.

(0)	(1)	(2)	(3)	(4)	(5)	(6)
D						

6 p

**2. Read the text and tick (✓) the correct ending according to the text on pages 237 – 238.
There is an example (0) at the beginning.**

0. New Zealand's population ...

a)	is only three quarters the size of Germany's population.	☐
b)	can be mostly found on the South Island.	☐
c)	**lives mainly in cities or their suburbs.**	✓
d)	causes a lot of pressure on the environment.	☐

1. Having a job in New Zealand means ...

a)	earning less money than in Europe.	☐
b)	an above-average income.	☐
c)	that you don't spend all your time at work.	☐
d)	less free time.	☐

2. New Zealand has ...

a)	breathtaking landscapes.	☐
b)	only stony sea shores.	☐
c)	relatively wet summers and cold winters.	☐
d)	only densely wooded mountains.	☐

3. Having a home in New Zealand means …

a)	living in a small stand-alone house.	☐
b)	a smart flat with a fantastic view over the sea.	☐
c)	a cabin in the countryside on a large plot of land.	☐
d)	sharing a large house in the heart of a city.	☐

4. Children in New Zealand …

a)	will grow up in suburban areas with green parks.	☐
b)	are able to learn in a school system which is in the world's top 10.	☐
c)	have limited recreational opportunities.	☐
d)	can rely on high quality medical care.	☐

4 p

3. Find the sentence in the text on page 237 – 238 which corresponds to each statement (1 – 6) below. There is an example (0) at the beginning.

(0) It's not really difficult to get in contact with people in New Zealand.

People are friendly and easy to get along with.

(1) People take work seriously.

____

____

(2) New Zealand's landscape varies widely.

____

____

(3) It takes an hour maximum to get to the ocean.

____

____

(4) In New Zealand you'll hardly see any large apartment buildings.

____

____

(5) The standard of living in New Zealand is comparable to that in Germany.

____

____

(6) New Zealand's pupils achieve good results in world-wide tests.

____

____

6 p

4. Four of the statements 1 – 7 are correct according to the information table on page 238. Tick (✓) the box at the end of each correct statement. There is an example (0) at the beginning.

(0)	**You need some money when you want to apply for a visa in NZ.**	✓
(1)	Your working time is unlimited.	☐
(2)	There are different ways to get a visa.	☐
(3)	You can go back to Germany as often as you wish.	☐
(4)	You can only apply for temporary work.	☐
(5)	If you bring your family, each member needs a valid visa.	☐
(6)	There is an age limit for people applying for a Working Holiday Visa.	☐
(7)	The times allowed for working, studying or training are the same.	☐

4 p

Mediation

1. **Sie planen mit Ihren Freunden eine Neuseelandrundreise mit dem Wohnmobil und lesen dazu den *New Zealand RV Travel Chat* (Seite 239). Ergänzen Sie den Handzettel mit jeweils ZWEI wichtigen Tipps zu jedem der angegebenen Bereiche. Schreiben Sie stichpunktartig auf Deutsch.**

Wichtige Tipps für unterwegs:

zum Linksverkehr

- rechts einsteigen, da Lenkrad rechts
- ____________________
- ____________________

zu den wetterabhängigen Straßenbedingungen

- ____________________
- ____________________

zum Übernachten im Wohnmobil

- ____________________
- ____________________

zur Vermeidung von Übermüdung

- ____________________
- ____________________

8 p

2. Beantworten Sie nachfolgende Aufgaben mithilfe der Informationen aus dem Text auf Seite 239. Formulieren Sie Ihre Antworten auf Deutsch.

(1) Warum sollte man sich in Neuseeland nicht nur auf Straßenkarten verlassen?

____

____

(2) Erklären Sie die Bedeutung des Straßenschilds auf Seite 239.

____

____ **2 p**

C. Reading Text

Moving to New Zealand

Many people who move to New Zealand from Germany are looking for a relaxed pace of life and wide open spaces where the environment is still largely unspoiled. People are friendly and easy to get along with. We in New Zealand are different and all you need to do is to get a visa. ___________**(0)**

Wide open spaces
New Zealand consists of a large number of islands. The two main islands, which are much larger than the rest, are North Island and the less populated South Island. When we exclude the relatively small urban areas where most of the population lives, there are vast areas of country where there are fewer than nine people per square kilometre. ___________(1)

How living in New Zealand compares
Sure, we're a developed, western-style country with a modern infrastructure and buzzing cities. But we're only 4.5 million people spread across a country three-quarters the size of Germany. A low density of population means there is not so much pressure on the environment. ___________(2) That's just one of the great things New Zealand is proud of.

The famous New Zealand lifestyle
New Zealanders have a great work ethic. We like to get ahead as much as anyone else. But we also believe there's much more to life than work. New Zealanders make sure they have plenty of free time. How you use that time is up to you – whether it's getting sweaty running bush tracks or mountain biking, or just chilling with your friends on the beach or in your garden. ___________(3)

Gentler climate, diverse scenery
Our climate is technically described as 'temperate'; we generally enjoy warm, dry summers and relatively mild, wet winters. But, whereas many areas of Germany have a continental climate, we have a maritime one. So, we do not suffer such extremely hot summers and bitterly cold winters.
Scenically, New Zealand is very diverse. Of course, Germany has many beautiful spots too. The mountains and lakes of New Zealand are similar to what you can find in southern Germany, but here it's on a bigger scale.
New Zealand's scenery will impress you. It has sweeping subtropical beaches, mysterious forests, dramatic volcanoes, steaming geothermal wells, beautiful rivers, fjords and more. ___________(4) You're never more than 60 minutes away from the coast.

Lifestyle options
New Zealand offers the following housing options: suburban living – in a spacious stand-alone home with a garden and plenty of room for children and pets; semi-rural living – in a farmhouse on a larger plot of land in the countryside, possibly with larger animals; seaside living – in a smart urban apartment with a breathtaking view. These are all possible in New Zealand.
One thing you won't find here are rows and rows of tower blocks. You'll have no trouble choosing the lifestyle you're used to. You'll also have the opportunity to try something different for yourself or your family.

Educational standards

Do you want to study at a university? Do you have children of school age?__________(5) Expat[1] families agree: over 90% of them say the quality of the school system is "very good". Students perform successfully in international tests. A degree obtained in New Zealand is recognized all over the world. The 2015 OECD[2] report ranked New Zealand in the world's top 20 countries regarding the educational system.

Great choice

Why emigrate to New Zealand? Your children will grow up in a clean and green country and with all sorts of exciting sport and recreational opportunities. You and your family will be able to choose a home with room for you all to develop freely, and you'll benefit from excellent healthcare and public facilities. Nearly 70% of expats say their children are more self-confident and open-minded as a result of living in New Zealand. __________(6)

[1] expat: Auswanderer
[2] OECD: Organisation for Economic Co-operation and Development

Germany Working Holiday Visa

This visa helps young people from Germany to visit New Zealand.
You can apply for this visa
- if you're a citizen of the Federal Republic of Germany and
- if you have at least NZ $4,200 to live on during your stay.

While you're here, you can study and work as you enjoy your holiday.

Overview	With this visa you can ...
Duration: 12 months Age range: 18 – 30 years Quota: unlimited Validity: 12 months	▶ work in New Zealand for up to 12 months. ▶ study for up to 6 months. ▶ train for up to 6 months.

Things to note

- You can only apply for a Working Holiday Visa online.
- You can't accept a permanent job.
- You can't bring your children with you on the working holiday. If they want to come to New Zealand, they'll need to apply for their own visa.
- You must have a valid passport at the time you apply for this visa.
- After you arrive in New Zealand, you can come and go from New Zealand as many times as you like before your visa expires.

C. Mediation Texts

New Zealand RV Travel Chat

Piri, Budapest, Hungary:

Hi everybody, we went to NZ in July. It was a great RV holiday, but driving on the lefthand side of the road was a real challenge for us in the beginning. Many roads were also quite narrow and went over hilly terrain, and when we were driving on South Island, we were glad to have snow chains with us. Although we knew July was winter in NZ and December was summer, we couldn't imagine that it would be so cold. Snow is always a possibility from April until September on South Island.

Buck, New Orleans, USA:

Hey Piri, we travelled there last year and I've never driven on so many gravel roads in any other country before! Having the steering wheel on the right-hand side of the car was strange at first, but it's the most practical position for driving and overtaking. We always had to remember to keep to the left, particularly when turning out of junctions and when the roads were empty. Finding free campsites was hard depending on the region. Most areas were private property and we had to respect that. Talking about respect, we came across some unusual road signs like this one:

Daliah, Accra, Ghana:

You're right! We think the easiest way is to camp at official RV camping sites. Often they have dump stations, drinking water, electricity and free Wi-Fi. Last year we stayed at the first camping site for two days because we had to recover from jet lag and needed to get enough quality sleep. Well, driving in NZ can often take much longer than expected due to the winding roads. Maps don't show how narrow and twisty the roads can be. Another thing that surprised us was that we started our day off with a blue sky and sunshine, but arrived at our destination in rain and hail. The following days we always checked the weather forecast before departing.

Lachlin, Sydney, Australia:

We came to NZ in our own RV and we were also suffering from fatigue. So, we shared the driving and had rests every two hours. We also avoided large meals, so we didn't get tired.

@Daliah: Not only the winding roads but also the long distances between petrol stations or food stores in the countryside were a reason for using a Distance Calculator. And a word about roundabouts: Kiwis love them – they keep the traffic moving – so don't try going round the wrong way! They get VERY annoyed!

Bild-Quelle: ©lantapix – stock.adobe.com

D. Text Production

Dictionary allowed

1. **Express your own ideas.**

   Äußern Sie Ihre Meinung zu nachfolgender Frage und begründen Sie diese mit DREI Argumenten. Verfassen Sie einen Text von mindestens 60 Wörtern auf Englisch.

   Would you prefer a holiday on the beach or in a city?

   ____

   ____

   ____

   ____

   ____ **6 p**

2. **You can choose either**
   Correspondence: E-MAIL
   or
   Creative Writing: PICTURE AND KEYWORDS

   E-MAIL

   Sie wollen ein halbes Jahr durch Neuseeland reisen. Um Ihre Reise zu finanzieren, möchten Sie dort auch arbeiten. Deshalb haben Sie im Internet nachfolgende dreitägige Informationsveranstaltung für Rucksacktouristen gebucht. Vor Ort bemerken Sie, dass die Leistungen nicht dem Angebot entsprechen. Deshalb beschweren Sie sich am zweiten Tag beim Anbieter.

WORK-TRAVEL-FUN NEW ZEALAND

▶ HOME ▶ WORK ▶ TRAVEL ▶ FUN ▶ ABOUT ▶ CONTACT

Kiwi Information Days

After arriving in Auckland, we will provide:

BOOK NOW

✔ transfer from airport
✔ accommodation in hostel
✔ free Wi-Fi
✔ 3-day ticket for public transport
✔ sightseeing tour
✔ advice for organising work & travel
✔ 24-hour emergency hotline

Sie wenden sich an: info@worktravelfun.nz

- Stellen Sie sich kurz vor und erläutern Sie den Grund Ihres Schreibens.
- Beschweren Sie sich über drei nicht erbrachte Leistungen und erklären Sie ausführlich, warum Sie nicht zufrieden waren.
- Machen Sie Entschädigungsvorschläge.
- Bitten Sie deswegen zeitnah um ein Gespräch.

Schreiben Sie eine E-Mail von mindestens 150 Wörtern und verwenden Sie ein gesondertes Blatt.

PICTURE AND KEYWORDS

Verfassen Sie zu dem nachfolgenden Bild eine Geschichte. Gehen Sie dabei auf den Bildinhalt ein und verwenden Sie mindestens FÜNF der vorgegebenen Schlüsselwörter.
Sie müssen nicht alle Bilddetails berücksichtigen.

Beginnen Sie wie folgt:

An outdoor weekend in New Zealand
Last weekend, Sam and his friend Pat ...

park ranger – cook – mountains – camping – solitude – penalty – sign – mobile phone

Schreiben Sie eine Geschichte von mindestens 150 Wörtern und verwenden Sie ein gesondertes Blatt. **24 p**

A. Listening Comprehension

(7)

No dictionary allowed

There are three parts to the test. You'll hear each part twice. At the end of each part you'll have some time to complete the tasks.

Part 1

(Audiotracks: QR-Code rechts / Hörtext S. 281)

Task 1

Ben Gladstone, an exchange student from abroad, is staying in Tywyn, a little town in Wales. He and his friend Llew are talking about a special Welsh event called *Race the Train*.
Listen to the conversation. While listening, tick (✓) the correct answer. There is an example (0) at the beginning.

0. ***The Race the Train steam engine is ...***
   - ☐ 9 years old.
   - ☐ 19 years old.
   - ☑ **90 years old.**
   - ☐ 99 years old.

1. Nowadays the railway transports ...
   - ☐ wood.
   - ☐ slate.
   - ☐ people.
   - ☐ sheep.

2. On the way up the valley the athletes have to ...
   - ☐ stop at each train station.
   - ☐ register at the stations.
   - ☐ run near the train track.
   - ☐ stay on the old train track.

3. The second half of the course is ...
   - ☐ easier.
   - ☐ harder.
   - ☐ shorter.
   - ☐ longer.

4. To beat the train, the athletes have to run ...
   - ☐ 4 miles in 48 min.
   - ☐ 4 miles in less than 1 hr 48min.
   - ☐ 14 miles in 40 min.
   - ☐ 14 miles in less than 1 hr 48min.

5. In 1984 the number of participants was ...
   - ☐ 38.
   - ☐ 48.
   - ☐ 58.
   - ☐ 84.

6. *Race the Train* also ...
   - ☐ sponsors young runners.
   - ☐ funds other competitions.
   - ☐ raises money for charity.
   - ☐ collects money for local events.

6 p

Part 2

(Audiotracks: QR-Code S. 242 / Hörtext S. 281)

Task 2

Ben and Llew meet Mr Nimble at the sports centre. They talk about *Race the Train*. While listening, tick (✓) the name that is the answer to the question. There is an example (0) at the beginning.

	Who ...	**Gareth Nimble**	**Llew**	**Ben**
0.	***has his own personal trainer?***		✓	
1.	has competed in *Race the Train* for a long time?			
2.	visited the USA a short time ago?			
3.	taught someone else how to surf?			
4.	has never beaten the train?			
5.	lost something in the mud near Dolgoch?			
6.	plays football?			
7.	should start doing his warm-up exercises?			

7 p

Part 3

(Audiotracks: QR-Code S. 242 / Hörtext S. 282)

Task 3

It is the day of the race. Listen to the *Radio Tywyn* broadcast about *Race the Train*. While listening, complete the tasks below according to the text.

1. **Fill in the gaps.**

   One of the race organisers is Tegwyn Owen. His ❶ ______________ hopes to be the fastest runner in the men's over 60s category this year. The race record will not be broken this time because of the ❷ ______________ weather and the slippery paths. The train and the runners have now crossed the ❸ ______________.

   All in all, ❹ ______________ runners have beaten the train this year.

2. **Write short answers.**

5 What happened to Gareth when he fell during the race?

____

6 Why was Gareth able to continue the race?

____

7 How can you inform yourself about the results of the race?

______________________________ **7 p**

B. Use of English

No dictionary allowed

1. **Read the text about the *Ugly House,* a little cottage in Wales. There are EIGHT mistakes in the text. Find the mistake and write the correct word on the numbered line. There is an example (0) at the beginning.**

The Ugly House

The Ugly House, Tŷ Hyll in Welsh, is a little cottage **situate** in a national park in the northwest of Wales and one of the country's main tourist attraction. But far from being ugly, the cottage is unusually, but lovely. So why was it ever called ugly? Maybe it's the big rocks who gave the house its name – the word 'hyll' in Welsh can mean stony or ugly. No one really knows who built the house. It is said that it is built by giants, or constructed hurriedly in a single day – both of which may explain the choice of so massive stones to build the cottage. According to an old law in the area, if you built a house in one day, with walls, a roof and a fireplace, you were then allowed to calling the house and its land your own.

The first person known to have lived in Tŷ Hyll was the shepherd John Roberts in 1900. Then the Riley family lived there in 1928 to 1961.

For 1988 it has been taken care of by the Snowdonia Society that keeps the Ugly House as a little piece of Wales' human history.

Corrections
(0) *situated*
(1) exept
(2) unusual
(3) which
(4) was
(5) them
(6) call
(7) from
(8) since

8 p

2. **Read the text about Roald Dahl and fill in the gaps using the words in brackets in the correct form. There is an example (0) at the beginning.**

The Chocolate Man

Roald Dahl (1916 – 1990) , the Welsh author of children's books (0) ***worked*** (WORK) on his books in a tiny house and, since Dahl (1) has been (BE) nearly six foot six tall, he must (2) have looked (LOOK) like a giant there.

Dahl's "writing hut" is now one of Wales' main tourist spots. Young visitors often ask for (3) permition (PERMIT) to hold the ball of chocolate-bar papers that Dahl made as a young man; after (4) eating (EAT) his daily lunchtime sweet, he added a new paper to the ball each day. Now hard and (5) surprisely (SURPRISE) heavy, it looks like a small cannonball. But what seems to be the most exciting subject for the children is the paperback (6) collection (COLLECT) of Dahl's own work.

Six of his books have been made into movies, and the best known of these is *Charlie and the Chocolate Factory*. Dahl's own childhood had a lovely, rather (7) magical (MAGIC) side. Each summer, his mother took Roald on holiday to Norway, where he heard stories about mythical creatures and ate ice cream with little bits of toffee (8) mixed (MIX) into it. Every now and again, "a plain grey box (9) given (GIVE) to me," Dahl writes in his biography. Inside there were new types of chocolate, and Dahl's job was to test them.

This was the first time that he saw chocolate as something scientifically made. Later he recalled this moment when he invented his own crazy factory. One of the excited young visitors said that because he (10) read (READ) *Charlie and the Chocolate Factory* he (11) could (CAN) never look at a chocolate bar in the same way again.

No doubt Dahl's lasting popularity (12) influences (INFLUENCE) generations of chocolate-eating children for years to come. **12 p**

C. Reading Comprehension and Mediation

Dictionary allowed

Reading Comprehension (see text on page 249)

1. **Answer the following questions according to the text on page 249. Write short answers. There is an example (0) at the beginning.**

   (0) What kind of event is the National Eisteddfod?

   folk festival

   (1) How long does the National Eisteddfod last each year?

   ____

   (2) What is a very rare triumph in the history of the festival?

   ____

(3) Why is the festival mostly held in villages?

____

(4) Where can you take Welsh lessons?

____

(5) How much additional financial income does the festival bring to the region?

____ 5 p

2. **Give the line(s) in the text on page 249 where you find the following information. There is an example (0) at the beginning.**

	line(s)
0. Thousands of people attend the festival.	**9 – 10**
(1) All the candidates' presentations must be in Welsh.	
(2) The very first winner was allowed to sit with the nobleman.	
(3) A signal calls spectators to the final event.	
(4) Something is left at each festival location as a remembrance.	
(5) Numerous products from Wales can be purchased.	
(6) Every visitor to the festival will find something they can enjoy.	

6 p

3. **Find the time information in the text on page 249 that corresponds with the notes below.**
There is an example (0) at the beginning.

NOTES	TIME INFORMATION
(0) The time the festival is scheduled each year:	**August**
(1) the original poetry and music competition took place:	
(2) The festival society was founded:	
(3) The winner is declared:	
(4) The period of time between the first stone laying and the start of festival:	

4 p

4. The following words have various meanings. Which of the meanings below is the one used in the text on page 249? Write the correct number in the box. There is an example (0) at the beginning.

0. *prizes (line 4)*

prize[1] *Verb* [5]
1 schätzen *(Wertgegenstand)*
2 würdigen
prize[2] *Noun*
3 Gewinn *(Lotterie)*
4 Beute
5 Preis *(Sieg)*

1. display (line 16)

display[1] *Verb* [ ]
1 zeigen *(Geschick)*
2 auslegen *(Waren)*
3 anzeigen *(Monitor)*
display[2] *Noun*
4 *Kunststücke:* Vorführung
5 *von Waren:* Ausstellung
6 *Computer:* Display

2. decline (line 27)

decline[1] *Verb* [ ]
1 zurückgehen *(Umsatz)*
2 abnehmen *(Bevölkerung)*
3 ablehnen *(Einladung)*
decline[2] *Noun*
4 Rückgang
5 Niedergang
6 Ablehnung

3. highlight (line 37)

highlight[1] *Verb* [ ]
1 betonen
2 hervorheben
3 beleuchten
highlight[2] *Noun*
4 Höhepunkt
5 *Pl.* Zusammenfassung

4. experience (line 71)

experience[1] *Verb* [ ]
1 erleiden *(Schmerz)*
2 durchmachen *(Krise)*
3 erleben
experience[2] *Noun*
4 Erfahrung
5 Erlebnis

5. boost (line 85)

boost[1] *Verb* [ ]
1 in die Höhe treiben *(Preise)*
2 ankurbeln *(Produktion)*
3 verstärken *(elektr. Spannung)*
boost[2] *Noun*
4 Erhöhung
5 Aufschwung

5 p

Mediation

1. **Ihre Eltern planen Ferien in Wales und möchten ein Häuschen mieten. Da sie nur sehr wenig Englisch verstehen, bitten sie um Ihre Unterstützung.**
   Lesen Sie die englischen Katalogbeschreibungen und notieren Sie daraus die genauen Angaben über die einzelnen Cottages. Tragen Sie diese stichpunktartig auf Deutsch in untenstehende Tabelle ein. Zwei Angaben stehen bereits in der Tabelle. Lesen Sie dazu die Texte auf Seite 250.

	Dipper's cottage	Merchant's House	Oast Farm
Lage			*Tal mit Wald und Seen*
Innenausstattung	*voll ausgestattete Eichenküche*		
Außenbereich			

7 p

2. **Geben Sie folgende Sätze aus dem Reisekatalog sinngemäß in ganzen Sätzen auf Deutsch wieder.**

   Our company "Rent a Cottage" is a family-run business based in Cardiff aiming to help local owners advertising their holiday properties.
   Our extensive knowledge of the area will help you to find the perfect cottage.

3 p

Prüfungen

C. Reading Text

The National Eisteddfod – Keeping Welsh Culture Alive

Have you ever heard of a competition where the winners are awarded a crown and a chair? You probably have not, but an event like this does indeed exist. A chair and a crown are the prizes at the National Eisteddfod, the biggest folk festival in Europe, which takes place in a small country located in the west of the UK – Wales.

The National Eisteddfod, the highlight of the Welsh cultural calendar and the largest European festival of this kind, attracts approximately 6,000 performers and up to 160,000 visitors each summer. It is unique throughout Europe as each year it takes place at a different location, alternating between a venue in North Wales one year and a venue in South Wales the next. Held at the beginning of August, it keeps Welsh culture alive by providing Welsh musicians, poets and craftsmen with an opportunity to compete and display their artistic talents and skills. Even though it takes place in a different part of the country each year, it never loses its most important characteristic: during its eight-day run all of the competitions and performances are held only, and entirely, in the Welsh language.

The history of the Eisteddfod can be traced back to the year 1176 when a Welsh lord held a grand gathering to which he invited poets and musicians from all over the country. A chair at the lord's table was awarded to the best poet and musician, a tradition that continues today in the modern festival. Soon many similar festivals began to be held throughout Wales. After a decline in popularity in the 18th century, the tradition was revived in the early years of the 19th. In 1880 the National Eisteddfod Association was formed and since then the Eisteddfod has been held every year, except for 1914 and 1940.

Eisteddfod literally means a 'sitting' (eistedd = to sit), perhaps a reference to the handcarved chair that is traditionally awarded to the best poet of the competition in a ceremony called 'The Chairing of the Bard'. A bard used to be a professional poet, storyteller and music composer. This chairing ceremony is the highlight of the Eisteddfod week and always takes place on Friday afternoon. On that occasion a trumpet announces the beginning of the ceremony, at which members of the jury in medieval, ceremonial dress reveal the name of the winner. This year's bard then stands up, is led to the stage and is presented with the prize, a specially designed chair. In another poetry contest the champion is rewarded with an exclusive crown. Winning the 'Double', that is the chair and the crown at the same festival, is a success that has only been achieved a handful of times in the history of the event.

A year and a day before the festival starts twelve big stone blocks are put up in a circle with a flat stone in the middle to announce the arrival of the festival in that particular location. The following summer hundreds of tents, pavilions and booths are erected in an open area nearby. The stone circle remains standing after the festival to honour the town where the event took place. As a lot of space is needed not only for the festival ground itself but also for car parking and camp sites, the Eisteddfod is rarely held in a city or town.

The real eye-catcher, though, is the large pink pavilion which is home to all the important competitions. This is where, at the end of the week, the country's best musicians and poets are announced. There is also a literature tent and a very popular live-music tent where modern Welsh rock groups perform. The learners' tent is for teachers and students of the Welsh language. All around the pavilion there is a whole world of activity. It is called *maes yr Eisteddfod*, the Eisteddfod field. Here one can meet old friends, listen to music, or simply experience the wealth of the country's culture. There are hundreds of stands that sell Welsh books, music, arts, crafts and goods made of Welsh coal, slate or wool. Of course you can also buy food and drink of all kinds. A mix of old and new, the traditional and the modern, the

Eisteddfod is a celebration of Wales, its language and culture. Combining ceremonial and official activities with a dynamic, young-spirited and welcoming festival, it offers something for everyone – whatever their ages and interests.

In addition to its cultural importance, the Eisteddfod is also a big financial factor for the host area: many surrounding towns benefit from the festival by offering evening events such as concerts and plays. And the pubs for miles around are usually overflowing because there is no alcohol served on the *maes*. Of course, this is a boost for the local tourist trade because visitors to the Eisteddfod spend up to £2.5 million there.

Whether you are interested in Celtic rites, poetry and music or just want to learn more about Welsh culture, the National Eisteddfod is a great place to be.

C. Mediation Texts

COTTAGES FOR RENT

Dipper's Cottage

Dipper's Cottage sits on the outskirts of a typical Welsh village. An hour's drive away lies some of the most beautiful wild moorland with extensive views in all directions. The moorland is especially popular among birdwatchers. After an exhausting day on the moor, you can relax next to a lively little waterway running through the grounds of the cottage. If you come home hungry after a day's hiking you'll find an oak finished place with all the things you need to prepare a tasty meal for your family or friends.

Merchant's House

The Merchant's House is a late 15th-century house, recently renovated to recreate the atmosphere of family life in Tudor times. It is located near the harbour and is characteristic of medieval architecture. The house has a selection of Tudor costumes for children to try on. Although the house dates from medieval times, you will always stay cosy and warm thanks to our modern heating system installed under the floor. There is also a small garden dedicated to the cultivation of herbs which were common during Tudor times.

Oast Farm

Oast Farm is the perfect stone cottage tucked away in a pretty valley with woodland and lakes. It is an idyllic romantic retreat. The covered veranda with its sunny and shady spots is an ideal place to sit and while away the days in absolute peace and quiet. The cosy log fire in the living room makes Oast Farm the perfect spot for a short romantic break or a relaxing week's holiday at any time of the year.

D. Text Production

Dictionary allowed

1. **Express your own ideas.**

   Beantworten Sie nachfolgende Frage und begründen Sie Ihre Meinung mit DREI Argumenten. Verfassen Sie einen Text von mindestens 60 Wörtern auf Englisch.

   Youth hostel or guest family – what do you prefer?

   ____

   ____

   ____

   ____

   ____ **6 p**

2. **You can choose either**
   Correspondence: E-MAIL
   or
   Creative Writing: PICTURE-BASED WRITING

   E-MAIL

   Sie haben bei einer Firma in Wales zwei weiße Schaffelle (je 25 €) bestellt.
   Aus Versehen wurden Ihnen 20 Schaffelle in unterschiedlichen Farben geliefert.
   Schreiben Sie eine E-Mail an die Firma *Sheepfarm* und gehen Sie dabei auf folgende Aspekte ein:

   - Bedanken Sie sich für den Erhalt der Schaffelle und den aktuellen Prospekt.
   - Gehen Sie auf Ihre ursprüngliche Bestellung *(Fleece Order No. 32452)* ein.
   - Schildern Sie, was Sie tatsächlich erhalten haben.
   - Äußern Sie Ihre Begeisterung über die bunten Felle und sagen Sie, dass Sie
     - eines der weißen Felle gerne behalten und
     - das zweite Fell in ein gefärbtes umtauschen würden.
   - Fragen Sie
     - nach der Anschrift für die Rücksendung.
     - nach der Vorgehensweise bezüglich der Rücksendung der übrigen Schaffelle.
     - nach der Verpackung, da die Originalverpackung unbrauchbar ist.
     - nach der Übernahme der Rücksendekosten.
     - ob Sie Ihre Versandkosten vom Rechnungsbetrag abziehen dürfen.
   - Bitten Sie um eine schnelle Bearbeitung Ihres Anliegens.

   Schreiben Sie eine E-Mail von ungefähr 150 Wörtern und verwenden Sie ein gesondertes Blatt.

PICTURE-BASED WRITING

Verfassen Sie einen Beitrag auf Englisch für die Schülerzeitung Ihrer Partnerschule, in dem Sie von Ihrer Reise durch Wales erzählen. Verwenden Sie dazu alle drei abgebildeten Reisestationen. Sie müssen nicht alle Bilddetails berücksichtigen.
Bewerten Sie Ihren Aufenthalt in den einzelnen Orten.

Beginnen Sie wie folgt:

My trip to Wales

Last summer I took the ferry to Dover and . . .

Schreiben Sie einen Beitrag von ungefähr 150 Wörtern und verwenden Sie ein gesondertes Blatt.

24 p

A. Listening Comprehension

(8)

No dictionary allowed

There are three parts to the test. You'll hear each part twice. At the end of each part you'll have some time to complete the tasks.

Part 1

(Audiotracks: QR-Code rechts / Hörtext S. 283)

Task 1

Fred and Lisa, a young English couple on a trip to the USA, are making a video call home to Lisa's mother and father.
Listen to the conversation. While listening, tick (✓) the correct ending for each sentence. There is an example (0) at the beginning.

0. ***Fred and Lisa arrived from ...***

☐ San Francisco.
☑ ***New York.***
☐ California.
☐ Texas.

1. During the flight Fred ...

☐ slept well.
☐ was cold.
☐ got tired.
☐ fell ill.

2. Fred and Lisa are staying in a flat for ...

☐ one week for $200.
☐ one week for $220.
☐ two weeks for $200.
☐ two weeks for $220.

3. Berkeley is on the ...

☐ Pacific raincoast.
☐ San Francisco peninsula.
☐ main island in the bay.
☐ mainland side of the bay.

4. Fred thinks San Francisco is ...

☐ dangerous, but amusing.
☐ great, but exhausting.
☐ special, but expensive.
☐ interesting, but crowded.

5. In the Cable Car Museum Fred and Lisa want to ...
- ☐ work on a cable car.
- ☐ take a virtual cable-car ride.
- ☐ see a cable-car model work.
- ☐ learn how cable cars function.

6. In Golden Gate Park Fred and Lisa want to ...
- ☐ make a film of the park.
- ☐ relax on a park bench.
- ☐ visit a special part of the park.
- ☐ see all the park's attractions.

7. Fred and Lisa's plans for the second week depend on whether they ...
- ☐ find a camper for hire.
- ☐ expect good weather for hiking.
- ☐ have good conditions for surfing.
- ☐ still have enough money available.

7 p

Part 2

(Audiotracks: QR-Code S. 253 / Hörtext S. 283)

Task 2

One week later, Fred and Lisa are at a surf camp in Santa Cruz. They have booked a beginner's surf course. They are listening to Riley, the surf instructor.
While listening, fill in the gaps with information from the text by using 1 – 3 words only. There is an example ⓪ at the beginning.

Riley promises a ⓪ ___***safe***___ and awesome surfing experience. He says that people who go surfing need to be in ❶ ______________ and they must be good swimmers so that they can get back to the beach alone if they lose their board. But, before starting to surf, everyone should do some warm-up exercises and ❷ ______________ just to minimize the danger of muscle injury or cramp. Riley explains that he has plenty of ❸ ______________ available for the course participants including surfboards and wet suits for them to wear. He stresses that a surfer's primary concern should always be ❹ ______________ and he provides some essential advice for them.
Never surf alone. Always keep an eye on other surfers and swimmers. Don't go surfing immediately after you've had a ❺ ______________. Use a good ❻ ______________ to protect yourself. And, last but not least, surfers' etiquette: a wave 'belongs' to the surfer ❼ ______________ to its top, it's HIS wave and you have to wait for the next one!

7 p

Part 3

(Audiotracks: QR-Code S. 253 / Hörtext S. 283)

Task 3

At the end of their trip Fred and Lisa visit the film studios in Hollywood. They are standing at the entrance and are talking to a local.
Listen to the conversation and answer the following questions. Short answers are enough. There is an example (0) at the beginning.

(0) When does the park open?

at 9 o'clock

(1) How much earlier can visitors go in with an Early-Entrance Ticket?

____

(2) Where did Lisa read about the Early-Entrance Ticket?

____

(3) When did Fred book the Early-Entrance Ticket?

____

(4) Where did Fred print out the map of the park?

____

(5) Who does Fred think Lisa wants to phone?

____

(6) What advantage does the app offer besides a digital map?

____ **6 p**

B. Use of English

No dictionary allowed

1. **Read the text about the history of Sausalito, a small town north of San Francisco.**
   There are <u>TEN</u> mistakes in the text. Find each mistake and write the correct word on the numbered line.
   <u>DO NOT CHANGE THE TEXT.</u>
   There is an example (0) at the beginning.

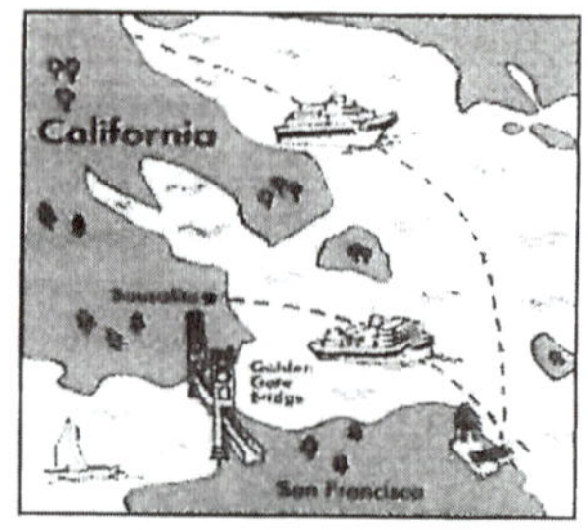

Sausalito's History

For over 3,000 ***year***, before white settlers arrived in the region of Sausalito, Native Americans, knowing as the *Coast Miwok*, occupied this area. The Miwoks were peacefully people and some of their families still live in and about Sausalito today. Spanish sailors originally gave the town the name Saucito because of the little willow trees grow next to the river there. The name later became Saucelito and, finally, Sausalito. With the arriving of the first European explorers in 1775 the Miwoks' quiet way of life changed forever and Sausalito grew into an important harbor.

In 1838, William Richardson, an English seaman, settled in Sausalito. He founded several of the much successful shipping supply companies in this area. But he ran into financial difficulties and must to sell most of his companies. When the railroad came to the Pacific coast, Sausalito became a key ferry port. The Golden Gate Bridge was a blow to the ferry business and to Sausalito. In the quieter years that followed, Sausalito's beauty attracts artists and writers. With the return from passenger ferries in 1970, Sausalito became a popular tourist destination. Sausalito will always be a place with a promising future, when its luck continues.

Corrections

(0) ***years***
(1) known
(2) had been
(3) out of
(4) grown
(5) ______
(6) many
(7) had
(8) attracted
(9) has become
(10) if

10 p

Adapted from: http://www.sausalitohistoricalsociety.com/sausalito-history

Aus lizenzrechtlichen Gründen wurde der folgende Text durch ein gleichwertiges Muster ersetzt.

2. Read the text about the 'Walk Across the Brooklyn Bridge'.
Fill in the gaps using the words in brackets in the correct form.
<u>DO NOT CHANGE THE TEXT.</u>
There is an example ⓪ at the beginning.

Walk Across the Brooklyn Bridge

The pedestrian walkway across the Brooklyn Bridge in New York City is a bit longer than 1.1 miles and ⓪ ***offers*** (OFFER) spectacular views and tours of ① __________ (VARIETY) focusing depending on what you are interested in.
Walk across this ② well (GOOD) known bridge with scenic views of New York City.
The bridge, which was the first bridge to use steel as material for cable wire, ③ __________ (THINK) by many to be an essential landmark of New York City.
The bridge has got a total ④ length (LONG) of 1.134 miles. At the time of its opening, it was the longest suspension bridge in the world.
The Brooklyn Bridge was opened to the public on May 24, 1883. The construction was originally ⑤ meant (MEAN) to be called the 'New York and Brooklyn Bridge' or the 'East River Bridge', but was officially renamed the Brooklyn Bridge in 1915. Due to its huge dimensions, it offers good ⑥ visibilities (VISIBLE) even from far away. Its deck is located 127 feet above the water, with the two towers ⑦ risen (RISE) up to 278 feet above sea level.
The bridge cost $15 million ⑧ construction (CONSTRUCT), which is more than $320 million in today's dollars. All in all, the ⑨ curved (CURVE) bridge is a real masterpiece of 19th century engineering and even a work of art.
Thus, the 'Walk Across the Brooklyn Bridge' is a must-see attraction, whether you are just a ⑩ visitor (VISIT) or a New York City local. **10 p**

C. Reading Comprehension and Mediation

Dictionary allowed

Reading Comprehension (see text on page 261)

1. Match the headings (A – H) with the paragraphs (1 – 7). Write the letters in the boxes. <u>Use each letter only once.</u> There is one heading you do not need. One heading (F) is already matched.

A Keeping 'old Mary' alive
B New life as a tourist attraction
C Unknown future
D A ship full of amenities
E Construction and purpose
F A new role change
G On a civil and military mission
H Recycling the ship

paragraph 1 (lines 1 – 14)	
paragraph 2 (lines 15 – 26)	
paragraph 3 (lines 27 – 39)	
paragraph 4 (lines 40 – 52)	
paragraph 5 (lines 53 – 69)	
paragraph 6 (lines 70 – 77)	***F***
paragraph 7 (lines 78 – 84)	

6 p

2. Answer the following questions according to the text on page 261. Write short answers. There is an example (0) at the beginning.

(0) How much money was needed to fix essential parts of the Queen Mary?

<u>US$23 million</u>

(1) Where was the Queen Mary built?

____

(2) Why was it called the 'Grey Ghost'?

____

(3) How could the passengers stay in contact with their families at home?

____

(4) What was taken out when the ship was rebuilt? Give **<u>ONE</u>** example.

____

4 p

3. **Give the line(s) in the text where you find the following information.**
There is an example (0) at the beginning.

	line(s)
0. The Queen Mary is an impressive ship in a league of its own.	***11 – 14***
(1) Lots of people doubted that such a ship could be constructed.	
(2) The Queen Mary was faster than any other ship at that time.	
(3) The space for preparing meals was enormous.	
(4) You can get married on 'the Mary'.	
(5) In contrast to another well-known ship, the Queen Mary still seems to be keeping its 'head above water'.	

5 p

4. **The following words have various meanings. Which of the meanings below is the one used in the text on page 261 Write the correct number in the box.**
There is an example (0) at the beginning.

0. ***draw (line 4)***

draw[1] *Verb* [1]
1 zeichnen
2 zuziehen (Vorhang)
3 anlocken
draw[2] *Noun*
4 Unentschieden
5 Kassenschlager
6 Verlosung

1. service (line 22)

service[1] *Verb* [ ]
1 warten (Maschine, Auto)
2 bedienen
service[2] *Noun*
3 Bedienung
4 Dienstleistung
5 Betrieb

2. fire (line 38)

fire[1] *Verb* [ ]
1 entlassen (Angestellte)
2 beschießen (Kanone)
3 begeistern (Person)
fire[2] *Noun*
4 Feuer
5 Ofen

3. cover (line 48)

cover[1] *Verb* [ ]
1 bedecken
2 sich erstrecken über
3 einbeziehen
cover[2] *Noun*
4 Einband
5 Schutz

4. house (line 71)	
house[1] *Verb*	☐
1 Unterschlupf gewähren	
2 einbauen	
3 beherbergen	
house[2] *Noun*	
4 Haus	
5 Publikum	

5. guess (line 81)	
guess[1] *Verb*	☐
1 ahnen	
2 raten	
3 glauben	
guess[2] *Noun*	
4 Vermutung	
5 Schätzung	

5 p

Mediation

1. **Sie helfen einem Freund bei seinem Deutschreferat über das Leben in Kalifornien. Dazu lesen Sie verschiedene Beiträge in einem Internetforum.**
   Ihr Freund hat bereits einige Aspekte festgelegt. Ergänzen Sie die bereits begonnene Gliederung stichpunktartig <u>auf Deutsch</u> in der Tabelle.
   Lesen Sie dazu die Texte auf Seite 262.

ASPEKTE	NOTIZEN
	VORTEILE
Klima	▶ ***mediterranes Klima an der Küste*** ▶ ***kontinentales Klima mit heißen Sommern und kalten Wintern im Inland***
Sportangebot	(1) ______ (2) ______
Landschaft	(3) ______
Arbeitsmarkt	(4) ______ (5) ______
	NACHTEILE
Soziale Absicherung	(6) ______
Natur und Umwelt	▶ ***Naturkatastrophen, z. B. Erdbeben, Schlammlawinen, Waldbrände, Tsunamis*** (7) ______
Lebensunterhalt	(8) ______
Schule	(9) ______ (10) ______

10 p

C. Reading Text

Royal Lady – the Queen Mary reigns in California

In 2017 the City of Long Beach, California, United States, issued a report on a royal resident in the harbor of Long Beach which seemed to be in a very bad condition. The endangered Royal mentioned in this report is the RMS Queen Mary, a retired British ocean liner that had sailed mostly across the North Atlantic Ocean. The report said that not only the hull but also the exhibition area within the ship were corroding, and that the ship's condition left areas such as the engine room vulnerable to flooding. Long Beach put US$23 million into repairing the most necessary parts. The Queen Mary may no longer cross the oceans. There can be no doubt that it is the most majestic ocean liner ever built and it is, quite rightly, listed in the National Register of Historic Places.

When the plans for the ship were first drawn up in the late 1920s, many people thought it would be impossible to build. The Queen Mary was constructed for the Cunard cruise company in the shipyards of Scotland. It took 40 months to build and cost 3.5 million Pounds Sterling to complete. The Cunard company wanted the Queen Mary, along with its sister ship RMS Queen Elizabeth, for the service between Southampton, Cherbourg and New York. Able to accommodate a total of 2,139 passengers, the Queen Mary was the flagship of the Cunard fleet from May 1936 until October 1946 when this role was taken over by the Queen Elizabeth. The Queen Mary sailed on its maiden voyage on 27 May 1936 and it made the transatlantic crossing in just under 4 days – a world record it held for 14 years. It could sail at a speed of about 38 knots, equivalent to a speed on land of about 58 kmph. Following the outbreak of the Second World War, it was used by the Allied commanders for transporting Australian and New Zealand soldiers, and later American soldiers, across to the UK. For this purpose, the ship was painted navy grey. This grey camouflage, in combination with the ship's exceptional speed, led to its wartime nickname: the "Grey Ghost". However, it never encountered a single U-boat and was never fired on with bullets or bombs.

After the war, the Queen Mary was refitted for passenger service. It had two indoor swimming pools, beauty salons, libraries and children's nurseries, a music studio and a lecture hall, outdoor tennis courts and dog kennels. The Queen Mary was one of the first ocean liners where you could telephone around the world. One of the largest rooms on board was the first-class dining room, which could seat up to 800 people. The section of the ship that made up the kitchens covered an area of almost half a hectare and the first-class swimming pool covered two decks in height. In 1947, alongside its sister ship, the Queen Elizabeth, it resumed the transatlantic passenger service for which the two ships had originally been built.

After a long and distinguished career in which it crossed the Atlantic over 1,000 times, the Queen Mary was officially retired from service in 1967. It left Southampton for the last time on 31 October 1967 and sailed to the port of Long Beach, California, United States, where it has remained to this day serving as an attractive sight and an event location. A lot of the machinery, three of the four propellers, and all of the boilers were removed. Most of the cabins were converted into hotel rooms and the main lounges into dining rooms. On Promenade Deck, a restaurant and café named Lord Nelson's and Lady Hamilton's were built; the whole ship was decorated in the style of early 19th-century sailing ships. The elegant Observation Bar was redecorated as a western-themed bar. The original wedding chapel, which can hold up to 200 guests, was maintained. So the ship still takes its 'passengers' on a journey through history with all its romance and adventure.

On 8 May 1971 the Queen Mary lowered its gangway once again. It now houses two restaurants, a hotel, a museum and offers guided tours. Many people believe that the Queen Mary is haunted, so the ship recently introduced a 'Ghosts and Legends' tour. This is an interactive, modern, special-effects attraction that blurs the line between what is real and what is not, and it dramatizes actual paranormal and historic events reported over the past 60 years.

The Titanic may be the most famous ship in history, but the majestic Queen Mary is, in fact, an even bigger ship and it is still afloat! It has had a long and fascinating history. Will this be the final chapter? It is anyone's guess. But, given the good luck the 'Mary' has enjoyed over the last eight decades or more, it just might have a few more surprises in store.

C. Mediation Texts

Tom	Hi folks, I'd love to live in California and need some first-hand information. Can you help?
Susan	Hi Tom. I'd say that California is the right place for everyone who likes to live in a Mediterranean-type climate. But this is the case only along the coast. The Californian inland has a more continental climate with hotter summers and cold winters. If you are afraid of natural disasters, I would not recommend California. Are you interested in modern music? The music scene here has everything for everyone, from Rap to Punk.
Alan	No matter what your interests are, California provides numerous amusement parks, busy cities like Los Angeles and, of course, a breathtaking coastline. This draws a lot of people and so it's a bit crowded here but the people are very sociable and make California a wonderful place to live – but, be warned, it is rated as one of the most expensive US states.
Ellen	The educational system in California consists of public and private schools. Sadly, 75% of public schools are in urgent need of renovation and modernization!
Ruby	If you are looking for a job – you are in luck; the state recently created thousands of new jobs. But, despite the efforts of the previous government, the state still hasn't created a universal health care system for everyone.
Jake	If you are ambitious and flexible, you can change jobs more easily here – whether you have the qualifications or not. You must remember, though, that you have to organize health insurance for yourself. Parents should also bear in mind that private schools, like my daughter's, offer expensive academic programs and so school fees here can be high.
Jim	When I moved to California, the first thing I noticed was the smog; pollution is a real problem here. On the other hand, there are some great national parks, e.g. Yosemite Park, which also make it a great place to live if you enjoy climbing.
Mary	There are some real dangers here: regular earthquakes, mudslides, forest fires and also a high risk of tsunamis along the gold coast. These facts frighten me, but the perfect surfing waves and dazzling sunshine all day long convinced me to come to live here.

D. Text Production

Dictionary allowed

1. **Express your own ideas.**

   Beantworten Sie nachfolgende Frage und geben Sie DREI Gründe an.
   Verfassen Sie einen Text von mindestens 60 Wörtern auf Englisch.

   Would you like to be famous?

   ____
   ____
   ____
   ____
   ____
   ____
   ____ **6 p**

2. **You can choose either**
Correspondence: E-MAIL
or
Creative Writing: PICTURE AND KEYWORDS

E-MAIL

Sie planen mit Ihrer Familie eine Reise nach Kalifornien. Sie wollen dort auch ein Filmstudio besuchen. Im Internet stoßen Sie auf folgende Anzeige, die Ihr Interesse weckt.

CINEMA PRODUCTIONS CALIFORNIA: Want a career as an actor?			
ABOUT US	**STUDIO TOURS**	**EXTRAS**	**CONTACT**
Looking for volunteers as extras in various film productions			
Have you ever wanted to … ▶ meet TV and film celebrities? ▶ act in front of a film camera? We are always looking for young people aged 15 to 18 from all over the world to volunteer as extras in film reproductions.		For further information, click here: **What extras need to do** Send your application to: Ms Ellen Carlington staff@cinemaproductions.com	

Sie wenden sich mit einem ausführlichen Anschreiben auf Englisch an die zuständige Person:

- Äußern Sie Ihr Interesse und beschreiben Sie Ihre Eignung dafür.
- Erklären Sie, in welchen Filmarten Sie gerne mitspielen würden.
- Informieren Sie das Studio, wann und wie lange Sie in einem Film mitwirken könnten.
- Fragen Sie nach Drehort, Arbeitszeit sowie der Notwendigkeit einer Einverständniserklärung der Eltern.

Schreiben Sie eine E-Mail von ungefähr 150 Wörtern und verwenden Sie dazu ein gesondertes Blatt.

PICTURE AND KEYWORDS

Verfassen Sie zu dem nachfolgenden Bild eine Geschichte. Gehen Sie dabei auf den Bildinhalt ein und verwenden Sie mindestens FÜNF der vorgegebenen Schlüsselwörter. Sie müssen nicht alle Bilddetails berücksichtigen.

Beginnen Sie wie folgt:

Filming a scene in the streets of San Francisco

Last year ...

act instruct damage accident expensive crowd shout relax

Schreiben Sie eine Geschichte von ungefähr 150 Wörtern und verwenden Sie dazu ein gesondertes Blatt.

24 p

A. Listening Comprehension

(9)

No dictionary allowed

There are three parts to the test. You'll hear each part twice. At the end of each part you'll have some time to complete the tasks.

Part 1

(Audiotrack: QR-Code rechts / Hörtext S. 285)

Task 1

Isabella, Samira, Harry and Jack are talking about the London Food Festival.
While listening, fill in the gaps according to the text using one or two words only. There is an example (0) at the beginning.

(0) There were ___***more than***___ fifty different stalls selling food.

(1) Isabella's Chicken Curry was really spicy and ______________________________.

(2) Harry had an ______________________________.

(3) Jack ______________________________ a lot of strawberry-cheesecake ice cream.

(4) All the dishes had the same ______________________________.

(5) A popular cook showed people how to prepare ______________________________ in different ways.

(6) After the cooking show people were invited to ______________________________ the dishes. **6 p**

Part 2

(Audiotrack: QR-Code S. 265 / Hörtext S. 285)

Task 2

Now the four friends want to book a Street Food Tour. They listen to a podcast on a food blog to get more information.
While listening, fill in the gaps with information from the text. There is an example (0) at the beginning.

STREET FOOD TOURS LONDON			
We offer a wide **(0)** ***variety*** of different kinds of dishes and take you to rarely visited places in London.			
TOUR	**LONDON BRIDGE FOOD TOUR**	**INDIAN FOOD TOUR**	**CARIBBEAN STREET FOOD TOUR**
Things to taste	national dishes, fish and chips, (1) ______________, British dessert with fresh tea	hot and spicy food, (3) ______________ and curries	food with a green-herb-and-oil marinade
Things to see	Victorian tea shops, (2) food ______________		centuries-old (5) ______________
Special aspects	change your mind about English food, learn about true English culture	an (4) ______________ experience	gives you something to (6) ______________ for a while
ALL TOURS			
Prices: £39 per adult £21 per child, aged 5 – 14 £5 for an additional (7) ______________			

7 p

Part 3

(Audiotrack: QR-Code S. 265 / Hörtext S. 286)

Task 3

On the food blog there is also an interview with Lucy, who reports how food has changed her life.
Answer the following questions according to the text. Short answers are enough. There is an example (0) at the beginning.

(0) When did Lucy and her husband first have the food-business idea?

one year ago

(1) What sort of fast food do Lucy and her husband miss in London?

____

(2) What is Lucy's reason for changing her working life?

____

(3) What is her final business idea?

____

(4) How long will a professional cook be working with her?

____

(5) What experience does Lucy's husband have that is useful to her business?

____

(6) Which mealtime does Lucy's business focus on?

____

(7) What official permission does Lucy need? (Give **one** example.)

____ **7 p**

B. Use of English

No dictionary allowed

1. **Read the text about the Great Fire of London.**
 Fill in the gaps using the words in brackets in the correct form.
 DO NOT CHANGE THE TEXT.
 There is an example ⓪ at the beginning.

The Great Fire of London

The Great Fire of London in 1666 ⓪ ***lasted*** (LAST) for almost five days; it destroyed one ❶ third (THREE) of the city and made about 100,000 people homeless.

The fire started in a bakery in Pudding Lane, an area of warehouses full of flammable goods. The fire spread very ❷ quickly (QUICK) because there ❸ was (BE) a strong wind blowing.

Londoners tried to save their ❹ valued (VALUE) belongings and ran from the fire to the river Thames or outside the city walls. There was no fire brigade then, so Londoners pulled down houses to make a gap between buildings to stop the fire from ❺ spreading (SPREAD). But this strategy was not successful; the fire only died down when the wind dropped. In ❻ celebrations (CELEBRATE) of the city's rebuilding, a monument was set up near the place where the fire began. Even in archaeological discoveries that ❼ made (MAKE) in the area in the past few years one can still find signs of the Great Fire.

Rebuilding the city, the Londoners created new streets with ❽ paves (PAVE) and some of the old streets ❾ wider (WIDEN). One Londoner then said proudly that the city was the ❿ most modern (MODERN) in the world. This is a title that many Londoners would like to think their city still has today.

10 p

2. Read the text about London Bridge. Complete the gaps with a suitable word starting with the given letter.
There is an example ⓪ at the beginning.

The bridge that crossed an ocean

How ⓪ ___*did*___ London Bridge come to be a top tourist ① **a**__ttraction__ in Arizona, second only to the Grand Canyon? Was it the ② **r**____________ of a trick ③ **p**____________ on an American businessman or was it a fantastic deal? London Bridge in England marks the spot ④ **w**__here__________ the city of London began. It was strategically the ⑤ **b**__iggest__________ point on the river for a bridge. This is what led the Romans to build a settlement there. There have been several London Bridges in the city's ⑥ **h**____________. The 12th century 'Old London Bridge' was the first to be made of stone.
In the 19th century, a new London Bridge was ⑦ **b**__uilt__________ but it was soon too narrow and was also sinking slowly into the river.
Ivan Luckin, a journalist, came up with the idea of selling the old bridge. People thought Luckin was crazy, but it ⑧ **w**__ould__________ not be the first time someone had bought a building and rebuilt it elsewhere.
By chance, an American businessman Robert P. McCulloch was in London at the time and thought London Bridge would be a spectacular landmark for his ⑨ **n**__eal__________founded city at Lake Havasu in Arizona.
So he decided to buy the bridge, take it to pieces, ship it to America and rebuild it.
People say that Mr McCulloch was tricked into the deal because the London Council let ⑩ **h**__im__________ believe he had bought the Tower Bridge.
But a photo of McCulloch on London Bridge with Tower Bridge in the background proves he knew what he was doing.
Today his London Bridge draws millions of visitors from all over the world, which is proof of McCulloch's visionary business instinct. **10 p**

C. Reading Comprehension and Mediation

Dictionary allowed

Reading Comprehension (see text on page 273)

1. **Match the headings (A – H) with the paragraphs (1 – 7). Write the letters in the boxes.**
   <u>Use each letter only once.</u> There is one heading you do not need.
   One heading (E) is already matched.

- **A** Building a barrier
- **B** A commitment spreads
- **C** From the beginnings to nowadays
- **D** Whatever happens – the festival goes on
- ***E*** ***Organisational issues***
- **F** The final festival
- **G** One festival – many locations
- **H** Getting rid of the rubbish

paragraph 1 (lines 1 – 15)	C
paragraph 2 (lines 16 – 32)	G
paragraph 3 (lines 33 – 44)	B
paragraph 4 (lines 45 – 55)	***E***
paragraph 5 (lines 56 – 66)	D
paragraph 6 (lines 67 – 79)	H
paragraph 7 (lines 80 – 88)	A

6 p

2. **Give the lines of the full sentences in the text where you find the following information. There is an example (0) at the beginning.**

	lines
0. From a small event to a huge festival	***9 – 11***
(1) A place where children and adults swap roles	26 – 28
(2) Free entrance to the festival	45 – 47
(3) Statistically more rain than sunshine	56 – 58
(4) Drinking water without causing litter	76 – 79
(5) Giving money to good causes	83 – 86

5 p

3. **Answer the following questions according to the text on page 273. Write short answers. There is an example (0) at the beginning.**

   (0) Who founded the festival?
   Michael Eavis

   (1) Why does the festival take a break regularly?
   To allow the land, locals and organizers to rest and recover.

   (2) What was the 'Other Stage' initially for?
   ____

   (3) What prevented the festival from being cancelled by the authorities?
   ____

(4) How did the fans react to the heavy rain?

____

(5) What are festivalgoers obliged to do when buying a ticket? (**ONE** obligation)

____ **5 p**

4. The following words have various meanings. Which of the meanings below is the one used in the text on page 273. Write the correct number in the box. There is an example (0) at the beginning.

0. *place (line 5)*

place *Noun* [2]
1 Rang
2 Platz, Ort
3 Rolle
place *Verb*
4 setzen
5 stellen

1. stage (line 18)

stage *Noun* [3]
1 Phase
2 Stadium
3 Bühne
stage *Verb*
4 inszenieren
5 veranstalten

2. ride (line 25)

ride *Verb* [5]
1 reiten
2 fahren mit
ride *Noun*
3 Fahrt
4 Reitweg
5 Fahrgeschäft

3. prove (line 61)

prove *Verb* [3]
1 bekunden
2 beweisen
3 sich erweisen
prove *Noun*
4 Beweis
5 Schätzung

4. dot (line 70)

dot *Verb* [1]
1 verteilen
2 sprenkeln
3 punktieren
dot *Noun*
4 Fleck
5 Punkt

4 p

Mediation

Die Arbeitsgemeinschaft Schülerzeitung schreibt verschiedene Beiträge zum Thema Stand-up-Paddeln (SUP). Ihr Team ist für die Aspekte Gesundheit und Sicherheit verantwortlich.
Lesen Sie dazu den Sportblog auf Seite 274. Verfassen Sie einen zusammenhängenden Text mit allen Informationen zu den Gesundheits- und Sicherheitsaspekten aus dem Blog.
Formulieren Sie ganze Sätze auf Deutsch.

Stand-up-Paddeln (SUP)
– Gesundheit und Sicherheit –

10 p

C. Reading Text

Glastonbury Festival

The legendary five-day Glastonbury Festival has been bringing millions of fans to the southern English countryside ever since 1970 when Michael Eavis, a farmer, decided to host an open-air event at his dairy farm for an audience of 1,500 people. Nowadays Glastonbury is the place to be during festival season in England. Not only are leading pop and rock stars invited to perform, but also other, lesser-known artists.

What began as a blues music festival has developed into a major cultural event offering contemporary music, dance, comedy, theatre, circus, cabaret, and much more. Glastonbury festival has been held almost every year since 1981, but once every five years it takes a year off, as it did in 2018, to allow the land, the locals and the organisers to rest and recover.

Glastonbury is now considered to be the largest greenfield music festival in the world with performances on a number of different stages. The main 'Pyramid Stage' is still one of the most recognisable with its tent-like roof; the second main stage is simply named the 'Other Stage' because this was where dance music was introduced to a wider audience for the first time. There are further performance areas such as the 'Green Fields', where visitors can view the whole festival area and enjoy the beauty of the countryside, and the 'Unfairground', where there are sideshows and rides for visitors. And there is the magical 'Kidzfield' where, once families come through the entrance archway, the kids can tell the adults what to do. Tony Cordy, the creator of Kidzfield, believes that parents "come here to rediscover their inner child" and the Kidzfield storyteller, John Row, is convinced "there is so much to do that children can't be bored!"

The number of festivalgoers has also rocketed. It was not uncommon in the earlier years to find 'fence jumpers', who were so numerous that some years there were twice as many visitors as were legally allowed. Finally the local council refused to give Glastonbury another licence until the fence-jumping problem had been sorted. The organisers installed a 'super-fence' which reduced unauthorised entry dramatically. When the tickets went on sale that year, they sold out within a day. The highly effective super-fence meant that fans were desperate to buy tickets, as this was now the only way in. Recently, tickets for the festival have been personalised, in an attempt to stop ticket fraud.

The price for a ticket in the first year was only £1. The following year the show became the Glastonbury Free Festival and, as the name suggests, it didn't cost a penny. The event was paid for by sponsors, so that the 12,000 people could watch the most popular bands and singers. But tickets were re-introduced again later and prices have risen steadily over the years. As it is a five-day festival, the ticket price also includes access to the camping fields, where fans can pitch their tents anywhere they like. In future, festivalgoers will also have the option of renting a pre-pitched tent instead of bringing their own.

Glastonbury is also well-known for its dramatic weather, and at least one downpour during the festival has almost become a tradition! Fiona, a festival regular from Scotland, remembers, "We had nowhere to go where we could stay dry. We just continued dancing through the mud. Leaving the site proved almost impossible and it took us half a day just to get out!" In recent years the weather has been very 'festival-friendly'. In 2017 temperatures reached close to 30 degrees. The chance of having a dry, sunny festival is about 20%, and of having a wet and muddy one is about 45%, so visitors should come suitably prepared.

When Glastonbury was founded, it was long before people became worried about the environment. These days everyone is aware of the need for sustainability. Nevertheless, despite the 40,000 garbage bins dotted around the site, extensive tidying-up work is necessary after the festival is over. In fact the organisers have gone so far as to expect ticket buyers to sign up to a 'Love the farm, leave no trace' pledge, in which they promise to cause as little damage to the site and local environment as possible. Another measure recently introduced is a plastic-bottle ban. The organisers have installed free water taps around the site so that visitors can refill their water containers and thus reduce plastic waste.

The organisers' determination to protect the environment – to use its resources responsibly and to reduce the ecological footprint – also extends beyond the physical boundaries of the festival. Over the last few decades, the organisers have donated millions of pounds to leading environmental groups which all do invaluable work to meet the urgent needs of our planet. Michael Eavis and his team are working towards a more sustainable future and, as we know, we ALL have a vital role to play in achieving that.

C. Mediation Texts

The British SUP Sports Blog **4 comments**

Jake, London, England

Hi everybody, for me the Grand Union Canal in London is the best place to train my balancing skills. By the way, did you know that stand-up-paddling (SUP) originated in Hawaii? Well, the Hawaiians surely didn't think about their overall fitness then.

Charlie, Corwen, Wales

Yes, Jake, in the early 1900s, Hawaiian surf instructors took paddles and stood on their boards to get a better view of the surfers in the water and of incoming swells. Last year I was lucky that a surfer found me in the water. I forgot to wear the leash and got swept off my board by a giant wave. The leash is useful to stay connected to the board.

Sam, Cornwall, England

Last summer, when I paddled on the Atlantic near Cornwall, I was totally thoughtless. I didn't check the weather forecast and tide times. I was so exhausted by paddling and realized that I wasn't as fit as I thought. Now, after half a year's paddling three times a week, my back muscles have developed.

Beth, Isle of Colonsay, Scotland

I sit in the office the whole day and I look forward to getting out on the board for a bit of physical relaxation. For me stand-up-paddleboard yoga is the best stress relief. But once I put myself under stress. The wind changed and I had to struggle to get back to the shore. None of my friends knew where I was and I didn't even take a waterproof communication device. I was lucky to get out of that disaster on my own.

D. Text Production

Dictionary allowed

1. **Express your own ideas.**

   Beantworten Sie die nachfolgende Frage und geben Sie DREI Gründe an. Verfassen Sie einen Text von mindestens 60 Wörtern auf Englisch.

   Eating out or cooking at home – what do you prefer?

   ____

   ____

   ____

   ____

   ____

   ____

   ____ **6 p**

2. You can choose either
Correspondence: E-MAIL
or
Creative Writing: PICTURE-BASED WRITING

E-MAIL

Letzten Sommer hat Ihre Schule an einem Sportcamp Ihrer Partnerschule in England teilgenommen. Diesen Sommer veranstaltet Ihre Schule das Sportcamp. Dazu laden Sie die englische Schule ein.

Wenden Sie sich mit einer ausführlichen E-Mail an Herrn Carl Tiller, den Sportbeauftragten der Partnerschule.

Gehen Sie dabei auf nachfolgende Punkte ein:

Informieren Sie über das Sportcamp:
- Austragungsort
- Zeitraum und Dauer
- Sportarten
- Übernachtungsmöglichkeiten
- Verpflegung
- Freizeitprogramm

Erfragen Sie Informationen zu:
- Teilnehmer und Begleitpersonen
- Anreise
- besondere Verpflegungswünsche

Schreiben Sie eine E-Mail von ungefähr 150 Wörtern und verwenden Sie dazu ein gesondertes Blatt.

PICTURE-BASED WRITING

Ihre Klasse verbrachte die Abschlussfahrt in England. Zum Programm gehörte auch eine Fahrradtour mit Übernachtung in einem Zeltlager sowie die Teilnahme am Käserennen, einer typisch englischen Veranstaltung.
Sie verfassen nun für die Schülerzeitung Ihrer englischen Partnerschule einen Beitrag. Verwenden Sie dazu die Bilderfolge. Sie müssen nicht alle Bilddetails berücksichtigen. Bewerten Sie das Erlebnis.

Beginnen Sie wie folgt:

Cheese-rolling competition

Last May ...

Schreiben Sie einen Text von ungefähr 150 Wörtern und verwenden Sie dazu ein gesondertes Blatt. **24 p**

LCT 2017

Part 1

(Audiotrack: QR-Code rechts / Aufgaben S. 219)

(5)

Audio Guide: In a couple of minutes we will pass Dublin Castle.
The castle was built in the 13th century at a place where there was a 'black pool' and the name for this in the Gaelic language was 'Dubh Linn'. This is how the city of Dublin got its name. Since the 13th century the castle has been a military base, a prison, courts of law and government offices.

Ian: Daniel, look to your left, you can see the castle there.

Daniel: Wow, it is huge.

Audio Guide: Today Dublin Castle is used for the Inauguration of the Irish presidents and for important state events. Even the European Council met here in 2004.

Ian: Would you like to visit the castle? I've been there several times and know it quite well, so we don't need to go on a guided tour.

Daniel: I'm not really into old castles. Let's finish the bus tour first.

Ian: That's the idea of a Hop-on, Hop-off tour; you can stop wherever you want and finish it later.

Audio Guide: And now on your right-hand side you can see St. Patrick's Cathedral, founded in 1191. It is the largest church in Ireland and one of Dublin's two cathedrals.

Daniel: I can't see the Cathedral. Is it on this side?

Ian: No, it is a bit further up the street. We're stuck in a traffic jam. Would you like to visit the Cathedral?

Daniel: Well, it might be good to get off and walk around a bit.
Look, there're a lot of people walking down the street waving blue scarves. Is there a football match on today?

Ian: Oh, I forgot about that, it's the final in the hurling championship today. That's why there's a traffic jam. Perhaps we should stay on the bus; you don't really want to go out there with your black and orange jacket, do you?

Daniel: Why not, what's wrong with my jacket?

Ian: It's the colours of the Kilkenny team, Dublin's rivals in the final today.

Daniel: And what is hurling? Is it a kind of Irish football?

Ian: No, no. It's a traditional Gaelic sport – a combination of lots of sports; a bit of hockey, with some elements of rugby and football. It's a very fast, physical game, and it's an Irish national sport.

Daniel: Well, there should be something in the guide about it, then. Let's have a look .... Perhaps here "Dubliners explain their home town". Let's try that.

Ian: Yes, that's it. Now press on the link to Connor O'Brian, he's a famous Irish hurling player. Yes, what does it say ... ? Let's listen to ...

Part 2

(Audiotrack: QR-Code oben / Aufgaben S. 219)

Daniel: Yes, that's it: "Dubliner Connor O' Brian explains the tradition of the Irish sport of hurling."

Ian: OK. Let's listen to what Connor says.

Connor O' Brian on Audio Guide: Hurling is a very old game and one of the national sports of Ireland. It is not played outside Ireland although there are sports in Scotland, Wales and the Isle of Man which are rather like it. According to the legend, many centuries ago, hurling matches were a way to end disagreements, sometimes between families and sometimes complete villages fought against each other. There are references to hurling all through Irish history and, since the end of the 19th century, it has been a national sport. It is believed to be the oldest team-sport in the world.
Hurling is played between two teams of 15 players. The game is played with a hurley, a stick like a hockey stick but with a flat end which is a bit bigger than your hand and a ball which is about the size of a tennis ball, but much harder.
Players can use the hurley to hit the ball on the ground or in the air. They can catch the ball with their hand, but are not allowed to run with it for more than four steps unless they carry or balance the ball on the stick. They get points by hitting the ball into the bottom part of the H-shaped goal or between the two posts of the top part. The field can be up to 145 metres long and 90 metres wide.

Hurling is a truly amateur sport and it is played in most counties of Ireland. There is a national league competition held between February and May in which 34 teams compete against each other in six divisions.
Between May and September the best players represent their counties in the All-Ireland Senior Championship, the main event on the hurling calendar. The highlight of the year is the Irish Championship Final at the beginning of September, a day almost as important as St. Patrick's Day.
Without a doubt, it is one of the most skilful sports played today; players need to be fit, brave, strong, and fast, and they must have excellent hand-eye coordination. It is the fastest game played on grass.
If you have a chance to see a match, don't miss it whatever you do! It's first-hand experience of Irish life and I am sure you will really enjoy it ....

Part 3

(Audiotrack: QR-Code S. 277 / Aufgaben S. 220)

Daniel: That was a very interesting day. Thanks, Ian. There are a lot of things to see in Dublin and the Hop-on, Hop-off bus tour was a good idea.
Ian: Well, as long as you don't get stuck in a traffic jam! We would have seen a lot more if it hadn't been for the hurling championship.
Ian's sister: My boyfriend Sean said he was going to the game today.
Daniel: Is he a hurling fan?
Ian's sister: More than a fan, he plays for the Wexford county team.
Daniel: He must be quite a good player then.
Ian's sister: He certainly is. He has been playing since he was a child and he plays every weekend in the county league.
Daniel: And is it true that even the top players are all amateurs?
Ian's sister: Yes, that's right.
Daniel: So they don't earn any money at all and they all have normal everyday jobs?
Ian's sister: Well, Sean has a regular job in a bank and he trains twice a week or sometimes even more before the really important games.
Ian: Oh yes, when I first met him he was wearing a smart banker's suit and tie, I couldn't imagine him as a tough hurling player.
Ian's sister: He can run very fast and he is a good shot. He was the top scorer in the championship last season. Why don't you come along to the next match? I could get free tickets.
Daniel: Can you? Yes, I'd like to see a game and see Sean play, of course.
Ian's sister: Probably he won't play in the next match; he was injured last week.
Ian: Really? What happened?
Ian's sister: He crashed into another player and damaged his left shoulder. The team doctor says he can't play for a while.
Daniel: Do players often get hurt?
Ian's sister: No, not often in comparison to football or other sports like ice hockey or rugby. Hurling is a tough game, of course, but unfair behaviour and bad language are not allowed. But it happens, obviously.
Daniel: I'd still like to see a game whether he is playing or not.
Ian's sister: OK. I'll ask Sean to get us some tickets. Would you like to come too, Ian?
Ian: Of course. I won't miss that. I'm really looking forward to see ....

LCT 2018

Part 1

(Audiotrack: QR-Code rechts / Aufgaben S. 229)

(6)

Captain: Good afternoon ladies and gentlemen on flight NZ325 from San Francisco to Auckland. We are currently cruising at an altitude of 22,000 feet and a groundspeed of 280 miles per hour. The local time in Auckland is 3:25 pm. We are expecting to land in Auckland in about 45 minutes. The weather is clear and sunny, with a temperature of 19 degrees Celsius, that's about 66 degrees Fahrenheit. You will get a great view of the city as we descend.
For your safety and comfort, please remain seated with your seat belt fastened. Enjoy the rest of our flight.

Flight NZ325, Auckland Tower speaking. Your landing slot is ...

Ladies and gentlemen, this is your captain again. Because of heavy traffic at Auckland Airport we have not yet been given permission to land. We'll probably have a delay of about 30 minutes, which means we have to cruise a little bit over Auckland. But there is no need to worry, we have plenty of fuel! So, enjoy the beautiful view over the coast of New Zealand.
I would also like to tell you that our arrival gate has been changed from 24B to 30B. All passengers with a connecting domestic flight will be at Auckland Airport in time to catch their flights. New Zealand Airways flight 312 from Auckland to Wellington at 4:30 pm also has a delay, so passengers booked on this flight won't have any problems either. If you are transferring to another international flight, you'll need to go to the transit area on the ground floor. There will be a security and immigration check before you can board your next flight. To save time, you should have your passport, your ticket and your completed passenger arrival card ready.
We are very sorry for the inconvenience. On behalf of New Zealand Airways and the entire crew, we thank you for joining us on this trip and we look forward to seeing you on board again in the near future. Have a nice day.

Part 2

(Audiotrack: QR-Code oben / Aufgaben S. 230)

Emily: Oh my God, I can't sit any longer. It was such a long flight and now we have to wait even longer?
Jacob: Come on, Emily, you'll survive a few more minutes. It's not going to kill you!
Harry: This happens quite often. Auckland is a very large and busy airport. Where're you from?
Jacob: We're from San Francisco. Are you a New Zealander?
Harry: Yes, I live in Hamilton, that's about 120 km south of Auckland. I've been visiting my daughter in San Francisco. She lives there with her American husband and her two kids.
Emily: Oh great, so you've been able to spend some time with your family.
Harry: Yes, I don't see them very often, only twice a year. But now I'm retired I can stay for a few weeks with them. Are you coming to New Zealand for a holiday?
Jacob: Yes, we're on vacation. It's our first visit here.
Emily: We're going to take an RV and travel around New Zealand for four weeks on our own. Organized holidays don't really give us enough flexibility.
Harry: Well, that's a good way to explore New Zealand. What exactly do you want to see?
Emily: Oh, there are lots of great national parks here and we both like outdoor holidays. We'd love to do some kayak tours or go hiking and surfing.
Harry: Well, then you shouldn't miss Milford Sound. That's a fantastic fjord located on South Island. The area is still a real wilderness.
Jacob: Yes, we've heard about it. We'll probably spend some time there.
Harry: And if you are down there, you should go to Queenstown, a really beautiful city.
Emily: What's so special about it?
Harry: Oh, it's a nice town and it's the centre of adventure-sport tourism. I think that's the perfect place for you. But there are also interesting places on North Island. The volcanic landscapes are very impressive. You should spend some time up north, too.
Emily: Yes, but first of all, we want to stay a few days in Auckland.

Harry: Well, why don't you visit me in Hamilton after Auckland? It's on your way south. It would be my pleasure to show you a little bit of my hometown. And then you can go on to Hell's Gate, a spectacular place which is certainly worth a visit.

Jacob: That would be very nice. We'll think about it.

Harry: Well, here's my phone number, you can text me if you like.

Emily: Thank you, Harry, that's very kind of you.

Part 3

(Audiotrack: QR-Code S. 279 / Aufgaben S. 231)

Jacob: Hello, my name is Jacob Matthewson. I've booked an RV.

Agent: Hello, sir. I'm sorry, I didn't catch your name.

Emily: Matthewson, Jacob Matthewson, and ...

Jacob: Yes, just like Matthew and son together. I made a booking for an RV and we'd like to pick up the van now.

Agent: OK, I see. Just a moment. Yes, here it is. A GNC deluxe pick-up truck, camping booth included.

Emily: Oh no, Jacob. I told you I didn't want to travel around New Zealand like a sardine in a can. Why didn't you book a comfortable RV?

Jacob: I did. I ordered a nice campervan. Something must be wrong. Sorry, could you check the details again.

Agent: Hhmm. Just a moment. ... Oh, I'm sorry, we have two bookings for the name Matthewson. The pick-up is for JASON Matthewson, and not JACOB Matthewson. I just got it mixed up, sorry. Your booking is for a Navigator with double bed, toilet and shower.

Emily: Ah, that's a relief.

Agent: Fine, Mr Matthewson, the rental charge including insurance will be booked to your credit card number and I already have a copy of your passport. Now I just need to fill in the details in this form. Can I see your driving license, please?

Jacob: Yes, here you are. Is there anything special we should know about driving in New Zealand?

Agent: Well, first of all, we drive on the other side! All the traffic and parking rules are in this NZ Traffic Guide, which is also available as a free app. I will also give you our special leaflet showing all our road signs; some of them may be unfamiliar. And here is a road map of New Zealand showing all our Kiwi Car offices on it.

Emily: The rules for free camping in New Zealand were changed in 2011, weren't they? Is free camping forbidden now?

Agent: No, it is not, but there are stricter rules now. It would be best to stay only at official camping sites or at one of the 500 designated free camping locations. I can sell you a map that shows the locations. But there is also a free app available from *freecamping.nz.com*.

Jacob: Thank you for the information, that's good to know.

Agent: OK, Mr Matthewson, here are the keys and the documents. The plate number is ZI 731. It's in the car park just across the street. Have a nice stay here in New Zealand, bye.

Emily: Thank you, and goodbye.

LCT 2019

Part 1

(Audiotrack: QR-Code rechts / Aufgaben S. 242)

(7)

Ben: Now, Llew tell me more about this special running event on August 15th.

Llew: It's a competition between cross-country runners and the 90-year-old steam engine which used to carry slate from the Welsh mountains down to the coast. Our train in Tywyn is the world's first preserved railway and in fact it was the inspiration for the children's *Thomas the Tank Engine* stories. Nowadays, the train carries passengers along this route from the coast in Tywyn up to the top of the valley at Abergynolwyn and back.

Ben: Okay, but why is it called *Race the Train*? Do the athletes have to run on the old train track?

Llew: No, that would be too dangerous because the train is on the track and it has to stop at the stations on its way up and down the valley. But the runners' route is as close to the track as possible, at least on the way up the valley.

Ben: So, the runners take a different route down the valley?

Llew: Yes, that's right and they say that the second half of the course is more difficult than the first.

Ben: But it must be all downhill on the second half of the course.

Llew: Well, not really, the route down the valley goes up and down and across the side of the hills on narrow tracks as well as through streams and deep boggy areas.

Ben: I see. And what distance do the runners have to cover?

Llew: To beat the train, they have to run the 14 miles faster than the 1 hr 48 min the train takes for the same distance.

Ben: Wow, that's not so easy. I don't think I can do that. Is this a popular event in Wales?

Llew: It has become very popular all over Britain and even in the running communities abroad. At the first race in 1984 there were only 48 runners on the start line. Thirty years on, there are about 1,100 participants. And guess what, this year I am one of them.

Ben: Really? Are you fit enough for such a race?

Llew: We will see. I've been training hard. But it is not just a running competition, you know, *Race the Train* is Tywyn's biggest fund-raising event and it has collected thousands of pounds for charity over the years. Would you like to sponsor me?

Ben: Yes, sure. I'll pay your entry fee if you beat the train ....

Part 2

(Audiotrack: QR-Code oben / Aufgaben S. 243)

Llew: Ben, may I introduce you to my private coach, Mr Nimble? He has been my trainer for the last six months and he is also, well, let's say a *Race the Train* veteran.

Ben: Hello, Mr Nimble. Nice to meet you. I'm Ben from California. I'm living with my friend Llew and his family at the moment. I'm an exchange student.

Mr Nimble: Hi Ben. Oh, you're the guy Llew recently stayed with in the USA. It must have been an impressive experience for him. When he came back he couldn't stop talking about California, you know, Hollywood, white, sandy beaches and, of course, Californian girls.

Ben: Yes, we had a fantastic time. I think what Llew enjoyed most was the surfing course I gave him. But, tell me, why did Llew introduce you as a *Race the Train* veteran?

Llew: Well, that's because Mr Nimble, ahmm I mean Gareth has been taking part in *Race the Train* from the very beginning.

Ben: Oh really? For how many years?

Mr Nimble: Hmmm, it must be over 30 years now.

Llew: In all those years Gareth has always finished the course, but he has never managed to beat the steam train.

Mr Nimble: Yeah, but last year everything went well during the race and I was ahead of the train, until we got to the muddy stretch at Dolgoch. First I lost one of my shoes in the mud and dropped back a lot and then during the last one-and-a-half miles I felt some pain in my left leg. From step to step it got worse and I had to limp the last quarter of a mile to the end.

Ben: That was bad luck for you, Mr Nimble. What was wrong with your leg?

Mr Nimble:	Oh, nothing serious, it was just a cramp in the calf or as an American would call it a "charley horse". Maybe you know this severe pain you get in the leg muscles when you're doing sports activities like hiking or running.
Ben:	Oh, I know that from playing football.
Mr Nimble:	Well, come on then. That's enough chat. It's time to get going. Llew, get your muscles warmed up, do some bending and stretching. What about you Ben? Would you like to join Llew with his training programme?

Part 3

(Audiotrack: QR-Code S. 281 / Aufgaben S. 243)

Reporter:	Well, here we are at Tywyn for this year's *Race the Train* event and the first runners are approaching the finish. I am joined by Tegwyn Owen, one of the organisers, who can tell us something about the race. Hello, Tegwyn.
Organiser:	Hello, Ann.
Reporter:	How many people usually manage to beat the train?
Organiser:	Well, it depends on the participants, of course, but we have some very good international runners taking part and usually about 10 or 15 percent of the competitors manage to beat the train.
Reporter:	But I have seen some quite elderly people among the participants; they don't have much of a chance really, do they?
Organiser:	You never know. My uncle is taking part today and, of course, he wants to beat the train, but he is also hoping to get the prize for the fastest runner in the men's over 60s category.
Reporter:	He must be very fit, then!
Organiser:	Oh, Gareth certainly is. He's lived in these hills all his life.
Reporter:	Well, the first runners must now be approaching the finishing line so let's go and see. No one is going to break the record this year because the rainy weather has made the course very slippery and difficult.
Reporter:	Well, some 20 or 30 runners have clearly beaten the train this year but the excitement is growing because we can hear the train's whistle and see the steam as the train now approaches the finish line.
Organiser:	Look, there's Gareth coming. I think he is going to manage it.
Reporter:	And yes, he has, Gareth has just crossed the line about 10 seconds before the train.
Organiser:	Well done, Gareth.
Mr Nimble:	Phew, that was close, wasn't it? But I did it.
Reporter:	Congratulations Gareth. You were the last of the 115 competitors who managed to beat the train this year.
Mr Nimble:	Yes, the train didn't catch me on the way up, and the train needs ten minutes at Abergynolwyn to turn round, so I knew I had some time in reserve.
Organiser:	So, everything went well, this year?
Mr Nimble:	Well, not really. I slipped on the narrow track above Brynglas and cut my knee badly. It was a good job Llew was there. He patched me up and helped me to get going again. But on the last section the pain was terrible and I really had to push myself to keep up with Llew, but we made it. I'm so happy.
Reporter:	So, there we are, an exhausted, but happy, Gareth. And that's it from Tywyn. If you want this year's results in full, check the *Race the Train* website and if you want to take part yourself next year, now is the time to start to train for the race in which you "race the train". Goodbye from Tywyn, and back to the studio.

LCT 2020

(8)

Part 1

(Audiotrack: QR-Code rechts / Aufgaben S. 253)

Lisa: Hello Mum, it's Lisa here.
Lisa's mother: Oh hi, Lisa, how are you both getting on? Where are you?
Lisa: We're OK. We're in San Francisco. We flew here from New York three days ago. California is really fantastic. I can understand why people want to come here. The weather is great, sunshine all day long.
Lisa's mother: Is Fred OK now? He wasn't feeling very well when you left.
Fred: Yes, I'm much better now, thanks. I was just over-tired. I had a really good sleep on the flight over here. I'm fine now.
Lisa's mother: And have you got somewhere to stay?
Lisa: Yes, we were lucky. We found a students' flat in Berkeley for a week for only $220.
Lisa's father: I thought you wanted to stay in San Francisco!
Lisa: Berkeley is on the mainland side of the bay and looks across to the San Francisco peninsula and the Pacific. It's only twenty minutes away by bus.
Lisa's father: And have you been sightseeing? Have you seen the Golden Gate Bridge?
Lisa: Well, we haven't been across it yet, but we see it from the flat window! The flat has a fantastic view.
Lisa's mother: And what about San Francisco?
Fred: Well, the city itself is fantastic, but walking up and down hills all the time is not so amusing.
Lisa's father: I thought they'd got special trams, what are they called ...?
Lisa: They call them cable cars here, and we WILL use them tomorrow and also go to the Cable Car Museum. We want to find out about its history and how cable cars work.
Lisa's mother: Oh, interesting.
Lisa: After the museum we want to visit Golden Gate Park. There are a lot of attractions.
We'd like to do a tour of the Japanese Tea Garden.
Fred: Afterwards a nice and relaxing picnic in the park would be great.
Lisa's father: And what are you going to do in the second week?
Fred: We were going to hire a camper and visit Yosemite National Park. But now we are thinking of going surfing instead, but it is a bit more expensive. It will all depend on how much money we have left.
Lisa's mother: Well, keep us updated and enjoy yourselves.
Lisa: We'll be fine, mum. We'll call again in a few days.
Lisa & Fred: Bye.
Lisa's parents: Goodbye. Enjoy your day ...

Part 2

(Audiotrack: QR-Code oben / Aufgaben S. 254)

Riley: Hi guys, welcome to Sunny Beach Surf Camp, Santa Cruz.
My name is Riley and I will be your surfing instructor this week.
We love to have you here. Guys, do you feel great?
Yeeaahhh …!
I promise you, you'll have the time of your life in Sunny Beach Surf Camp. We take you to the best spots, and give you a safe and awesome experience.
But before you catch your first wave, I'd like to give you some basic information about surfing and everything you need to know to get the most out of your first surfing experience.
Surfing is a physically demanding sport, so it's important to be in good shape.
You must also have good swimming skills. You need to be able to swim back to shore if you lose your board at the end of an exhausting session. But of course, as with every sport, you should have a quick warm-up and stretch before entering the surf. This will reduce the risk of muscle injury or cramp while you're surfing.
The right equipment is very important, too. There are lots of different types of surfboards and wet suits, but we

have everything you'll need as a beginner even special beginner's boards. So, don't worry about that. We'll find something for you.

But before we think about the right equipment for each one of you, let's talk about the dos and don'ts of surfing. Here are some basic rules. Safety should always be a top priority. For example, you should never go surfing alone. You never know what might go wrong even on the smallest of waves. But also pay attention to other surfers and swimmers.

Don't go surfing straight after a meal. Wait at least half an hour before going out.

Protect your body and skin by always wearing a good waterproof sun blocker. If you go out for a few hours' surfing in the sun without it you'll find out how important this is.

Always make sure that you are not taking anyone else's wave. Remember that the surfer closest to the breaking wave has priority. If you see someone already on a wave, then you'll have to wait for the next one.

But ... most of all ... surfing is a lot of fun, surfing is a lifestyle.

Now ... are you ready for your first surfing lesson? ... I'm sure you can't wait to get on the surfboard and feel that magic moment.

Part 3

(Audiotrack: QR-Code S. 283 / Aufgaben S. 255)

Lisa: Excuse me, do you know where the nearest ticket office is?

a local: Yeah, you must go around the corner to the main entrance. You'll find a lot of ticket counters there. It's just two minutes' walk, but there's no need to hurry because they won't open before 9.

Lisa: Are you sure? Look, the doors are open and the first visitors are already going in.

a local: Yeah right, but this entrance is only open for visitors who've booked an Early-Entrance Ticket. Guests who buy this ticket or a Preferred Hotel Package online can get early admission, 30 minutes before the theme park's normal opening time.

Lisa: Freeeeeeed! I told you yesterday that I'd read something about an early-bird ticket on their website, but you thought it would be early enough to be here at about half past eight. Now we have to wait.

Fred: Cool down, Lisa. We have plenty of time to explore the whole Universal Studios. Come on, let's walk in ...

Lisa: But Fred, we don't have a ...

Fred: We do, yes, we do. I was only teasing you. I knew about the Early-Entrance Ticket and booked online before we came to California.

Lisa: Oh Fred ... . Come on then, let's go. What should we look at first?

Fred: Arrrgh, I can't believe it. Where is that stupid paper? I thought I put it in my rucksack before we left the hotel.

Lisa: Come on, you can't stand here emptying out your bag. What's wrong? What are you looking for?

Fred: Yesterday evening after you'd gone to bed, I printed out a map of the park on the hotel computer in the lobby, but I must have forgotten to put it in my rucksack. The park is really huge. Without a map we're lost.

Lisa: Oh, poor little Fred. There's no need to get so excited. Look!

Fred: Lisa, why you're looking at your phone? Do you want to phone a guide? That's not necessary. Put it away. Hhhmm, maybe I put the map in one of my pockets ...

Lisa: Here Fred, look! I downloaded the Universal Studios app this morning. It has a digital map of the park and, much more helpful, it tells you the actual waiting times for each of the attractions. So, we can decide which things to go to without having to wait in endless queues.

Fred: Oh, Lisa, I love you. You saved the day. So, Universal Studios here we come ... .
Let's see where we go first. Look at that roller coaster over there ...

LCT 2021

(9)

Part 1

(Audiotrack: QR-Code rechts / Aufgabe S. 265)

Samira: It's such a pity you couldn't join us yesterday, Harry. The food festival was really cool. We had a lot of fun.

Harry: Yeah, I'm sorry about yesterday. I was so sick, I couldn't crawl out of my bed. Today I'm a lot better, ... so ... tell me all about it; what was so great?

Isabella: Well, there was something for everyone, no matter what age. I think there were more than fifty food stalls, selling all kinds of dishes from all around the world. They had Afro-Caribbean and Indian food, Italian pizza, Spanish tapas, Chinese, Greek, Mexican dishes … I had an Indian chicken curry first. It was fantastic. It's so spicy and hot.

Jack: Harry, you really missed something there, Isabella's face turned all kinds of red as she gasped for air ...

Isabella: Rubbish, Jack. The Indian chicken was really delicious.

Harry: Oh, that wouldn't have been the right thing for my upset stomach. Weren't there any stalls selling sweet dishes as well?

Samira: Yes, of course, there were. Jack and I bought some superb ice-cream from an Italian stall. I had chocolate with chilli and salted toffee, it was so yummy, and Jack took four spoonfuls of strawberry cheesecake ....

Harry: Mmmmmh, that sounds good. I prefer sweets to all that meaty stuff. And did you all spend a lot of money?

Jack: Aaahh, not me. I didn't spend any money, but I still had enough to eat.

Harry: What do you mean?

Jack: Well, you could always have a bite of the food first, before you decided what to choose. So, I tasted this and I tasted that, walking from one stall to the other and, in the end, I was so full, I didn't need to buy anything. Ha ha ...

Isabella: Yeah, Jack, you're so cheap. But it really wasn't expensive at all. All meals had a fixed price of four pounds. Children's portions were two pounds fifty. But I still managed to spend about twenty-five pounds. I couldn't resist some of the things. I really stuffed myself.

Harry: Oookkkaaayyy ...

Samira: And, do you know what the highlight was? Celebrity chef John Nathan also had a stall and was showing people how to prepare and cook different kinds of seafood. He is so cool ...

Jack: Yeah, very interesting. She made us stay there for half an hour watching him. It was so boring. But at least when he had finished he offered us the food to taste.

Harry: Yes, and I bet you were at the front of the queue, weren't you?

Samira: Aaahhh, Jack was a real pain, all he was interested in was stuffing himself for free!

Harry: Hhmm, now I'm feeling hungry, too. I need something to eat. Let's go and get some ...

Part 2

(Audiotrack: QR-Code oben / Aufgabe S. 266)

Podcast: You want to learn more about London's street food? Then join one of our street-food tours in London. Come and taste what different eateries and street-food stands have to offer. Try a wide variety of foods, ranging from our national dishes right through to snacks and drinks from different foreign countries. And, while tasting the range of food the city has to offer, you can also explore some of the city's hidden architectural, historical and cultural treasures rarely visited by the average tourist.

Our London Bridge Food Tour offers traditional English food. It is true that English food doesn't have a very good image, but this tour will hopefully change the minds of all you food critics. Try award-winning fish and chips, famous meat pies and, to round things off, a classic British dessert with a pot of fresh tea. This tour takes you into typical Victorian tea shops and through busy food markets and will show you what English culture is all about.

If you love hot and spicy food, don't miss our delicious Indian Food Tour. London is the number one place to discover dishes from India. We will let you try the authentic Indian sweets and curries, teach you about the variety of spices that are typical for Indian cooking and offer you a truly unforgettable experience. There's a lot of food, so come hungry!

If you are looking for something special, maybe the Caribbean Street-Food Tour in Camden Town is the right tour for you. We will make our way through the centuries-old buildings of the famous Camden Market and its surroundings. During the 3-hour walk, the tour covers all kinds of street food from the Caribbean islands. Each of the eight places we visit offers a one-of-a-kind eating experience. Taste various meats or

fish with a green-herb-and-oil marinade which is typically Caribbean. This tour will certainly give you something to talk about for a while!
The food and typical drinks are included in the prices of all our tours, and your friendly tour guide will give you personal tips and recommendations.
Adults pay £39 and children aged 5-14 pay only £21 each per tour. On all our tours, we offer the option of an upgraded drinks package for an additional £5. If you want to surprise a friend, food-tour gift vouchers are available at our office.
All our tours are on foot, so wear comfortable shoes. The meeting point for the London Bridge Tour is the Cannon Street Tube Station just outside the main exit ...

Part 3

(Audiotrack: QR-Code S. 285 / Aufgabe S. 267)

Reporter: Where did the idea to change your job come from?

Lucy: The idea first came about a year ago when my husband and I went out for a lunch break. London has got a lot of fast-food places – Indian, Chinese, Italian and, of course, fish and chips. We both like French food but it is difficult to find a place offering a quick French lunch. On holiday in France we really loved the street-food culture with grilled baguettes and toasted cheese sandwiches, but there is nothing like that here. My husband joked that a fast-French-food business would probably make a lot of money in Britain. So, I said to him, "Well, let's try it."

Reporter: Wasn't it a big risk to give up your secure job?

Lucy: Our jobs paid well and we'd built up a bit of capital, but for me the work itself was no longer so exciting. We looked at the financial side of a food business and decided it was realistic; the only problem was finding a suitable location. So, I came up with the mobile solution.

Reporter: And what is this mobile solution?

Lucy: Well, I've got a large van, more like a lorry, really, and it has been converted into a mobile snack bar. I have a French chef to help me prepare the food, for the first three months.

Reporter: Is your husband convinced that it'll really work?

Lucy: Oh, yes, he is! He's an experienced business start-up expert and he's done the calculations; but we decided that one of us should keep a steady job while the other one runs the snack van.

Reporter: And how are you going to use your van?

Lucy: The plan is to load up the van and drive to one of the parking areas in the city, so I can sell French food and snacks on the street at lunchtime.

Reporter: Do you need a special permit?

Lucy: Yes, you need a health certificate to operate a snack van and you have to pay a monthly site fee to the city of London to park your mobile snack bar in a specific place. Good sites in the city tend to have higher fees.

Reporter: Well, let's hope city employees will like your French snacks. I wish you every success with your new venture.

Lucy: Thank you very much. ... Our mobile bistro will be in Threadneedle Street next Monday, so come along and try it for yourself ...

Bewerbungsunterlagen

Die meisten Firmen bevorzugen inzwischen eine Onlinebewerbung. Große Unternehmen bieten oft eigene Bewerbungsportale auf ihren Firmenwebsites, auf denen Bewerber/-innen ein Onlineformular ausfüllen und ihre Unterlagen wie Lebenslauf, Zeugnisse oder Bewerbungsfoto hochladen können. Bei der zweiten Möglichkeit verschickt der/die Bewerber/-in seine/ihre Bewerbung per E-Mail mit entsprechendem Anhang. Dabei empfiehlt es sich, die oben genannten Unterlagen in ein einziges Dokument zu packen, damit der/die Personalzuständige nicht lange suchen und nur eine Datei öffnen muss.

Allerdings ist bei einer Onlinebewerbung auf eine seriöse E-Mail-Adresse, die Qualität eingescannter Dokumente, das richtige Format (meist PDF) und die Dateigröße (max. 2 – 3 MB) zu achten.

Für die Onlinebewerbung gelten die gleichen Maßstäbe wie für die klassische Bewerbungsmappe. Insbesondere das Anschreiben sollte die herkömmlichen Kriterien erfüllen: persönliche Anrede, direktes Eingehen auf den ausgeschriebenen Ausbildungsplatz, korrekte Rechtschreibung und Zeichensetzung etc. Das Anschreiben kann Teil der E-Mail selbst sein oder im Anhang verschickt werden. Dann sollte aber zumindest eine Kurzversion im Textfenster der E-Mail enthalten sein.

Die folgende Liste gibt Ihnen einen wichtigen Überblick über die Unterlagen, die Ihre Bewerbung enthalten sollte:

Deckblatt

- Bewerbung von (Name) für (Ausbildungsplatz/Stelle)

Bewerbungsfoto

- professionelles Bewerbungsfoto (bei Papierfoto: auf Rückseite Name und Adresse)
- Standard: Foto oben rechts im Lebenslauf

Anschreiben

- persönliche Kontaktdaten im Briefkopf aktuell und richtig
- Name und Adresse des Ansprechpartners richtig schreiben
- korrekte Betreffzeile
- Grund für Bewerbung angeben
- Bezug zwischen Anforderungen und eigenen Fähigkeiten formulieren
- nicht länger als eine DIN-A4-Seite
- fehlerfreie Rechtschreibung und Zeichensetzung

Lebenslauf

- persönliche Angaben (Name, Anschrift, Telefonnummer, Geburtsdatum, Staatsangehörigkeit)
- Schulbildung (besuchte Schultypen) und voraussichtlicher Schulabschluss
- Berufserfahrung: Praktika etc.
- außerschulisches Engagement (z. B. Ehrenamt)
- besondere Kenntnisse
- nicht länger als zwei DIN-A4-Seiten
- lückenlos, korrekte Zeitangaben
- Unterschrift

Anlagen

- Kopien von Zeugnissen, Referenzen, Zertifikaten

Auf den nächsten Seiten finden Sie Beispiele für ein Anschreiben sowie für einen Lebenslauf.

Anschreiben

Bevor Sie sich bei einer Firma bewerben, sollten Sie sich auf jeden Fall bei der dortigen Personalabteilung nach dem Namen der zuständigen Person erkundigen. Das Anschreiben sollte, so weit möglich, immer eine personalisierte Anrede enthalten. Es macht auch einen guten Eindruck, wenn Sie sich vorher schon einmal über das Berufsbild informiert haben und darstellen können, warum Sie sich gerade für diesen Beruf eignen. Außerdem ist es wichtig, dass Sie sich über das Unternehmen informieren, bei dem Sie sich bewerben. Vermeiden Sie Schreib- und Kommafehler und vergessen Sie Ihre Unterschrift nicht.

Beispiel für ein Anschreiben

Marc Schmidt
Bahnhofstraße 158
35889 Krielinghausen
Telefon 06456 445932
E-Mail marc.schmidt@mail.de

Bäckerei Herrlinger
Herrn Fritz Herrlinger
Backgasse 15
33886 Wieshain

Krielinghausen, 15. Oktober 2021

Bewerbung um einen Ausbildungsplatz zum Bäcker

Sehr geehrter Herr Herrlinger,

durch Ihre Mitarbeiterin, Frau Fischer, habe ich erfahren, dass Sie ab dem 1. September 2022 einen Ausbildungsplatz zum Bäcker anbieten. Dafür möchte ich mich bei Ihnen bewerben.

Der Beruf des Bäckers ist bereits seit Langem mein Traumberuf. Die handwerkliche Arbeit in einer Backstube und der Umgang mit Lebensmitteln haben mich schon immer interessiert. Als Kind habe ich mit meiner Mutter oft Kuchen und Plätzchen gebacken, inzwischen backe ich alleine und probiere auch gerne neue Rezepte aus. In einem örtlichen Gasthof habe ich bereits erste Erfahrungen gesammelt.

Im Juni beende ich die Schule mit dem Hauptschulabschluss. Danach würde ich gerne bei Ihnen ein Praktikum machen, damit Sie mich vorab besser kennenlernen können.

Über die Einladung zu einem Vorstellungsgespräch freue ich mich.

Mit freundlichen Grüßen

M. Schmidt

Marc Schmidt

Anlagen: Lebenslauf mit Foto, Zertifikat Praktikum, Schulzeugnis

Lebenslauf

Ein in Aufsatzform formulierter Lebenslauf ist nicht mehr üblich.
Arbeitgeber erwarten einen Lebenslauf in Tabellenform – und zwar:

- chronologisch – die in Deutschland üblichere, traditionelle Variante
- umgekehrt chronologisch (neueste Daten am Anfang) – die moderne internationale / EU-Variante

Beispiel für einen chronologischen Lebenslauf

Lebenslauf
Marc Schmidt

Bahnhofstraße 158
35889 Krielinghausen
Telefon 06456 445932
E-Mail marc.schmidt@mail.de

Persönliche Daten

Geburtstag und -ort	23. April 2007 in Krielinghausen
Staatsangehörigkeit	deutsch

Schulischer Werdegang

09/2013 bis 07/2017	Grundschule Krielinghausen
09/2017 bis 06/2022	Gesamtschule Krielinghausen • voraussichtlicher Schulabschluss: Hauptschulabschluss • Lieblingsfächer: Mathematik, Werken Teilnahme an der Koch-AG

Betriebspraktikum

02/2021 bis 03/2021	Frischmarkt AG, Winterhain Dreiwöchiges Schülerpraktikum • Einräumen der angelieferten Waren • Mitarbeit an der Kasse • Mitarbeit an der Brottheke

Aushilfstätigkeiten

08/2021 bis 09/2021	Gasthof „Sonne“, Krielinghausen Vierwöchiger Ferienjob • Tätigkeit als Küchenhilfe • Mitarbeit im Service

Hobbys	Backen, Kochen, Musik
Seit 10/2017	Mitglied im Musikverein (Posaune)

M. Schmidt

Krielinghausen, 15. Oktober 2021

Einstellungstests

Viele Schüler/-innen kennen die Angst vor Prüfungen. In der Schule hat man wenigstens den Vorteil, dass man ungefähr weiß, was drankommen kann. Berufseinstellungstests sind den meisten jedoch fremd und der Druck, sich gegen andere Bewerber/-innen durchzusetzen, verstärkt die Prüfungsangst meist noch.

Wir wollen Sie auf diese Situation vorbereiten und Ihnen die Angst vor dem Unbekannten nehmen. Dafür haben wir auf den nächsten Seiten einige Musteraufgaben zusammengestellt, wie sie in solchen Tests vorkommen können.

Es geht den Prüfer/-innen nicht nur darum, dass Sie alle Aufgaben korrekt lösen, sondern auch darum, wie Sie sich in einer solchen Situation verhalten und wo Ihre Stärken liegen.

Die Lösungen zu den Tests finden Sie auf Seite A14.

1. Logisches Denken

Zahlenreihen

Welche Zahl ergänzt die Zahlenreihe sinnvoll?

1. 2 6 12 20 30 ?

2. 16 23 28 38 49 62 ?

TIPP

Notieren Sie den Rechenschritt zur jeweils nächsten Zahl, dann kommen Sie meist schnell auf die Lösung.

Wortanalogien

1. <u>Mehl</u> verhält sich zu <u>Kuchen</u> wie <u>Zement</u> zu ...?

a) Bäcker b) Maurer
c) Haus d) Hefe

2. <u>Schnecke</u> verhält sich zu <u>Ohr</u> wie <u>Knöchel</u> zu ...?

a) Oberschenkel b) Fuß
c) Gartenhaus d) Pflanze

TIPP

Untersuchen Sie das vorgegebene Wortpaar und suchen Sie die bestehende Beziehung zwischen den Wörtern.

Beziehungen

1. Morgen ist Mittwoch. Welcher Tag war vorgestern?

a) Montag b) Dienstag c) Mittwoch d) Donnerstag
e) Freitag f) Samstag g) Sonntag

2. Es ist die Tochter deiner Großmutter, aber nicht deine Tante. Wer ist es?

a) Großmutter b) Nichte c) Cousine d) Tochter
e) Mutter f) Schwester g) Tante

Grafikanalogien

Bestimmen Sie aus den vier möglichen Grafiken diejenige, die die Bildgleichung sinnvoll ergänzt.

1.

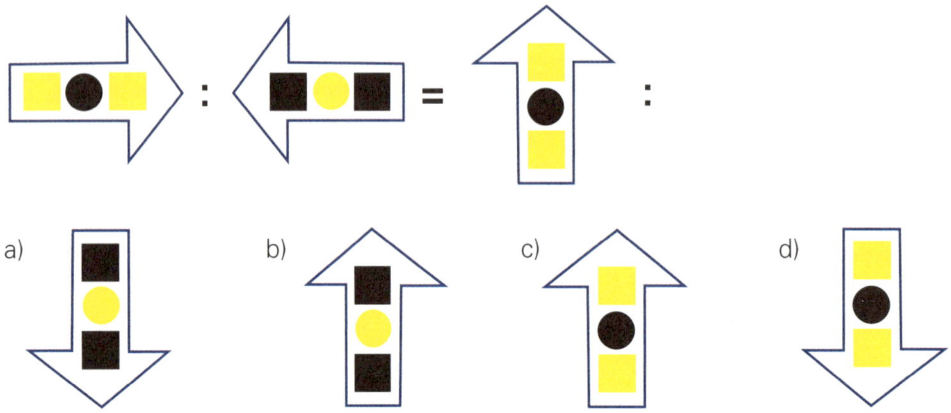

2.

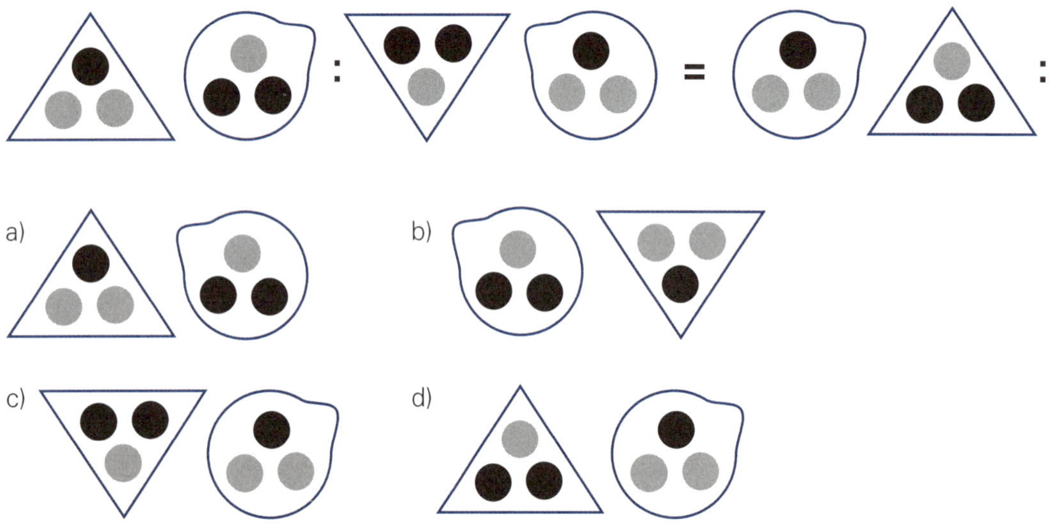

2. Konzentration

Die alphabetische Reihenfolge

Erkennen Sie die korrekten alphabetischen Buchstabenabfolgen von 3 – 5 Buchstaben und unterstreichen Sie diese.

1. dhabanejdhenahjbekjabcdfgejndnansmjodnbdjwxyzjbdnrnmalmüppkdknshdkjklndhadnenduenduendopqrhzfunrucmchdtebnsmnaüskendhabezefghnmkelodhbezshynmnbabsebdnmeidjnantzbszxtgbsnxhzsstuvwb
2. hnsndnadhendnsjuvwxhdndnbdnmejdkalehijkdnmadnsomemaödefgnbdbanskjneksoxnaknbsjxonbshzebaisbelmanslmnopzehbaisjbajsnenakmslxpklmhjdamsidjendhijdnsmalsneisxnmamsrstudbansmensuaylxvn

Kopfrechnen

Geben Sie das Ergebnis folgender Rechnung an. Rechnen Sie Schritt für Schritt, die Rechenregel „Punkt vor Strich“ gilt hier nicht.

1. $6 + 6 - 3 + 7 - 5 \cdot 2 + 8 - 20 \cdot 2 + 7 =$
2. $81 : 9 + 7 + 5 + 3 : 2 + 13 \cdot 2 - 20 : 2 - 15 + 7 \cdot 2 - 6 \cdot 3 =$

Mosaik

1. In welchem Feld ist ein Mosaikbaustein falsch? Geben Sie an, ob A, B, C oder D richtig ist.

1 2 3

TIPP

Kreuzen Sie im Zweifelsfall die Antwort an, die Ihnen richtig erscheint.

1	1	3	1
A		B	
2	3	1	3
3	2	3	2
C		D	
2	3	2	1

2. In welchem Feld ist ein Mosaikbaustein falsch? Geben Sie an, ob A, B, C, D oder E richtig ist.

1 2 3 4 5 6 7

4	1	5	1	7
B			C	
1	7	1	1	1
2	1	A 6	1	5
1	5	1	7	1
D			E	
7	1	2	1	3

Additions-/Subtraktionsaufgaben

Rechnen Sie zuerst die obere und dann die untere Zeile aus. Ist das zweite Ergebnis kleiner als das erste, ziehen Sie es vom ersten ab und schreiben diese Differenz auf. Ist das Ergebnis der zweiten Zeile größer, müssen Sie beide Ergebnisse addieren.

1. 2 + 4 – 5
5 + 4 + 4

2. 7 + 8 – 3
4 + 5 – 2

3. 4 + 4 – 3
7 + 6 + 4

4. 4 + 5 + 4
9 – 8 + 7

5. 8 – 4 – 1
3 + 4 + 6

6. 3 + 8 – 3
4 + 3 + 2

7. 4 + 9 – 7
5 + 6 – 3

8. 9 – 2 + 7
3 + 2 + 4

9. 7 + 3 – 4
4 + 7 – 3

TIPP

Rechnen Sie jede Reihe für sich und schreiben Sie das Ergebnis auf. So verlieren Sie nicht die Übersicht.

3. Allgemeinwissen

1. Wie viel Liter Blut fließen durchschnittlich durch den menschlichen Körper?

a) 5 bis 6 Liter
b) 12 bis 14 Liter
c) 8 bis 10 Liter
d) 3 bis 4 Liter

TIPP

Wenn Sie nicht ganz sicher sind, gehen Sie nach dem Ausschlussverfahren vor und kreuzen Sie auf jeden Fall eine Antwort an.

2. Wie lautet das chemische Gegenstück zur Säure?

a) Salz
b) Oxid
c) Zucker
d) Base

3. Welche Einheit bezeichnet elektrischen Strom?

a) Hertz
b) Ampere
c) Watt
d) Pascal

4. Wie viele Seitenflächen hat ein Tetraeder?

a) 4
b) 6
c) 8
d) gar keine, es ist eine Kugel

5. Wie nennt man in der Informatik die kleinste Informationseinheit?

a) Chip
b) Unix
c) Link
d) Bit

6. Welches Wirtschaftssystem hat Deutschland?

a) Zentrale Marktwirtschaft
b) Soziale Marktwirtschaft
c) Kapitalistische Marktwirtschaft
d) Sozialistische Marktwirtschaft

7. An wie viele Länder grenzt Deutschland?

a) 6
b) 7
c) 8
d) 9

8. Wessen Interessen werden in der Kommunalpolitik vertreten?

a) Bundesländer
b) Bund
c) Landkreis und Gemeinde
d) Europäische Gemeinschaft

9. Wer war der erste Bundeskanzler der Bundesrepublik Deutschland?

a) Gerhard Schröder
b) Konrad Adenauer
c) Helmut Kohl
d) Ludwig Erhard

10. Unter welchem Namen schrieb der erste römische Kaiser Octavian Geschichte?

a) Caesar
b) Augustus
c) Romulus
d) Herkules

11. In welchem Drama Goethes wird die „Gretchenfrage" gestellt?

a) Götz von Berlichingen
b) Faust I
c) Torquato Tasso
d) Egmont

12. Wer schrieb das Stück „Die Räuber"?

a) Johann Wolfgang von Goethe
b) Friedrich Schiller
c) Gotthold Ephraim Lessing
d) Wilhelm Hauff

13. Welcher Künstler malte die „Mona Lisa"?

a) Pablo Picasso
b) Michelangelo Buonarroti
c) Salvador Dali
d) Leonardo da Vinci

14. Wie heißen die Stimmlagen der Männerstimmen, absteigend nach der Höhe sortiert?

a) Sopran, Bass, Tenor
b) Tenor, Bariton, Bass
c) Bariton, Tenor, Bass
d) Alt, Tenor, Bass

15. Woraus besteht eine Nordische Kombination?

a) Skisprung und Skilanglauf
b) Skilanglauf und Schießen
c) Slalom und Abfahrt
d) Skiflug und Slalom

4. Sprachgefühl

Abkürzungen

Wofür stehen folgende Abkürzungen? Kreuzen Sie alle richtigen Antworten an.

1. a) Mofa = Montagefabrik
b) ABS = Autobahnschnee
c) FAZ = Frankfurter Allgemeine Zeitung
d) DIN = Deutsches Institut für Normung

2. a) IHK = Industrie- und Handelskammer
b) AGB = Angestelltengesetzbuch
c) USA = United States of America
d) EU = Europäische Universität

3. a) BASF = Badische Anilin- und Soda-Fabrik
b) PS = Pendelstrom
c) BVerfG = Bundesverfassungsgericht
d) VW = Volkswagen

Wortbedeutungen

Welches der vier Wörter passt nicht zu den anderen?

1.

a) Deutsch
b) Französisch
c) Schwäbisch
d) Englisch

2.

a) Fußball
b) Tennis
c) Basketball
d) Schwimmen

3.

a) Buchstabe
b) Zahl
c) Vokal
d) Konsonant

Fremdwörter

1. Was bedeutet das Fremdwort „heterogen"?

a) fremd
b) ungleichartig
c) stark erhitzt
d) keimfrei

2. Was bedeutet das Fremdwort „relativ"?

a) verhältnismäßig
b) sehr klein
c) sehr groß
d) verändert

Satzergänzungen

1. Das menschliche Verhalten wird von der … untersucht.

a) Biologie
b) Zoologie
c) Chemie
d) Psychologie

TIPP

Führen Sie zuerst die Aufgaben und Antworten zusammen, bei denen Sie sich sicher sind.

2. Im Straßenverkehr muss man besonders … sein?

a) aggressiv
b) mutig
c) schnell
d) aufmerksam

3. Der Stundenzeiger einer Uhr ist immer … als der Minutenzeiger.

a) länger   b) kürzer
c) dicker   d) dünner

Sinnverwandte Sprichwörter

Welches Sprichwort hat eine ähnliche Bedeutung wie das vorgegebene?

1. „Jeder kehre vor seiner eigenen Türe."

a) Wer anderen eine Grube gräbt, fällt selbst hinein.
b) Wer im Glashaus sitzt, soll nicht mit Steinen werfen.
c) Der Lauscher an der Wand hört seine eigene Schand.
d) Reden ist Silber, Schweigen ist Gold.

2. „Das Glück ist mit den Dummen."

a) Die dümmsten Bauern haben die größten Kartoffeln.
b) Den Tüchtigen hilft das Glück.
c) Scherben bringen Glück.
d) Wer nicht wagt, der nicht gewinnt.

Groß- und Kleinschreibung

Welcher Satz ist richtig geschrieben?

1. a) Aber heute Früh habe ich wieder einen Arzttermin.
b) Aber Heute früh habe ich wieder einen Arzttermin.
c) Aber heute früh habe ich wieder einen Arzttermin.

2. a) Sie hatte fünf einsen im Zeugnis und war zweite im Weitsprung.
b) Sie hatte fünf einsen im Zeugnis und war Zweite im Weitsprung.
c) Sie hatte fünf Einsen im Zeugnis und war zweite im Weitsprung.
d) Sie hatte fünf Einsen im Zeugnis und war Zweite im Weitsprung.

3. a) Als die englische Königin abends in ihr Schloss kam, war das Licht schon aus.
b) Als die Englische Königin abends in ihr Schloss kam, war das Licht schon aus.
c) Als die Englische Königin Abends in ihr Schloss kam, war das Licht schon aus.
d) Als die englische Königin Abends in ihr Schloss kam, war das Licht schon aus.

Rechtschreibung

Welches Wort ist richtig geschrieben?

1. a) Dampflockomotive   b) Dampflockomotife
c) Dampflokomottife   d) Damflockomotive
e) Dampflokomotive

2. a) Renaissanse   b) Renaissance
c) Rennaissance   d) Rennaisance
e) Renaisance

TIPP

Stellen Sie sich die Wörter ausgesprochen vor und überlegen Sie, welches richtig klingt.

Bilden Sie den Plural folgender Wörter.

3. Visum
4. Globus
5. Pizza

5. Mathematisches Denken

Dreisatz

1. **Ein Motorrad benötigt für eine 125 km lange Strecke 22,50 Liter Benzin. Welchen Verbrauch hat das Motorrad auf 100 km?**

2. **In einem Betrieb kommen 60 % der Männer und 50 % der Frauen mit dem Auto zur Arbeit. Wie viel Prozent kommen insgesamt mit dem Auto, wenn dort 60 % Männer arbeiten?**

3. **4 Personen haben ein durchschnittliches Gewicht von 69 kg. Die erste Person wiegt 76 kg, die zweite 61 kg, die dritte 65 kg. Wie viel wiegt die vierte Person?**

Maßeinheiten

1. **Wie viele Stunden und Minuten sind 7200 Sekunden?**

   a) 120 Stunden
   b) 2 Stunden
   c) 5 Stunden
   d) 1 Stunde 20 Minuten

2. **Wie viele Hektar sind 55 000 Quadratmeter?**

   a) 5,5
   b) 550
   c) 55
   d) 5550

3. **Wie viele Kubikmeter sind 300 Liter?**

   a) 0,3
   b) 30
   c) 3
   d) 300

Prozent- und Zinsrechnung

1. **Die Mehrwertsteuer (19 %) beim Kauf eines Fahrrads beträgt 57 Euro. Wie teuer ist das Fahrrad inklusive Mehrwertsteuer?**

   a) 243 Euro
   b) 357 Euro
   c) 300 Euro
   d) 414 Euro

2. **Nach welcher Zeit sind 15 000 Euro auf 20 000 Euro angewachsen, bei einer jährlichen Verzinsung von 5 %?**

   a) 6 Jahre und 216 Tage
   b) 6 Jahre und 260 Tage
   c) 6 Jahre und 220 Tage
   d) 6 Jahre und 8 Monate

Gleichungen

Ergänzen Sie die fehlenden Rechenzeichen bei den Gleichungen, um auf die vorgegebene Lösung zu kommen. Die Rechenregel „Punkt vor Strich" gilt hier.

1. 8 … 4 … 1 = 31
2. 2 … 60 … 12 = -3
3. 11 … 20 … 5 … 12 = 99

6. Räumliche Vorstellung

Drehungen im Raum

In welcher Position befindet sich der Buchstabe nach der Drehung, wie es die Pfeile der Reihe nach vorgeben? Die Drehungen sind jeweils 90 Grad um die Raumachsen.

a) ☐ 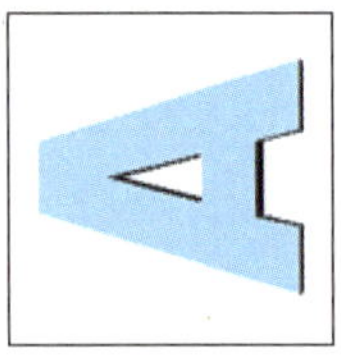

b) ☐ 

c) ☐ 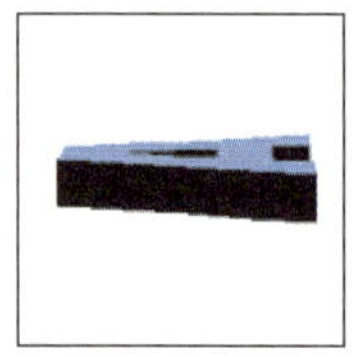

d) ☐ 

e) ☐ 

Flächen eines Körpers

Bestimmen Sie die Gesamtzahl an Flächen der vorgegebenen Körper.

1. 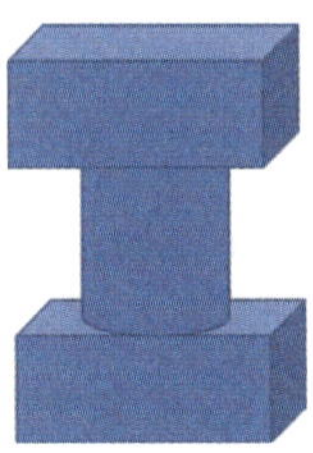

a) 15 b) 12 c) 14 d) 17

2. 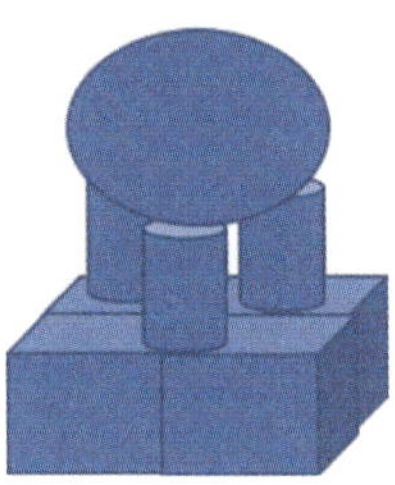

a) 32 b) 33 c) 34 d) 30

3. 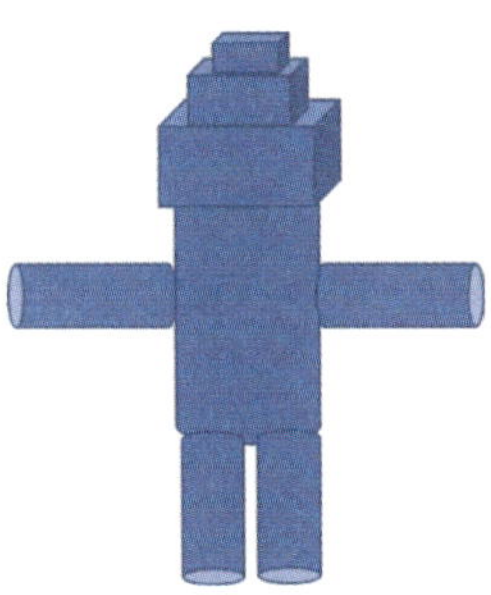

a) 31 b) 30 c) 29 d) 32

Spiegelbilder

Welche Figur passt nicht zu den anderen?

1. a) ☐  b) ☐  c) ☐ 

d) ☐  e) ☐  f) ☐ 

2. a) ☐  b) ☐  c) ☐ 

d) ☐  e) ☐  f) ☐ 

Würfelfaltung

1. Welcher Würfel lässt sich aus dieser Vorlage falten?

a) ☐ 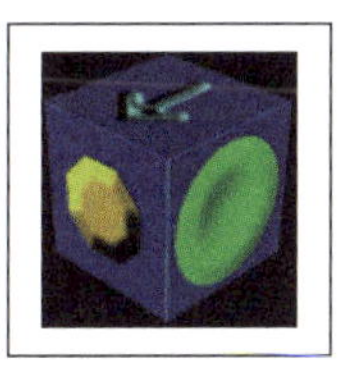 b) ☐ 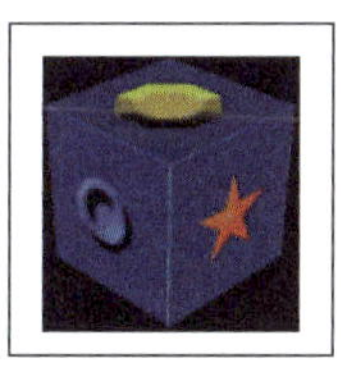 c) ☐  d) ☐ 

2. Aus welcher Faltvorlage lässt sich dieser Würfel falten?

a) ☐ 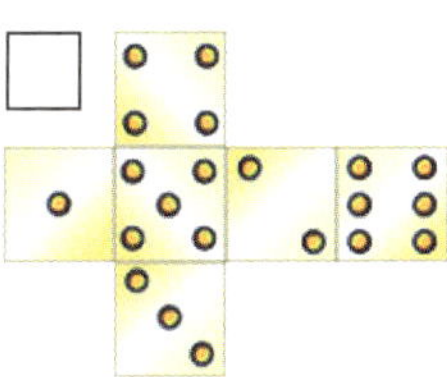 b) ☐ 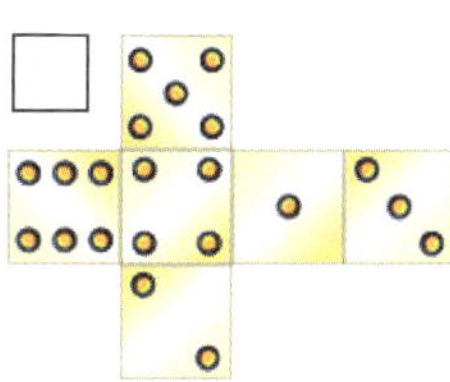 c) ☐ 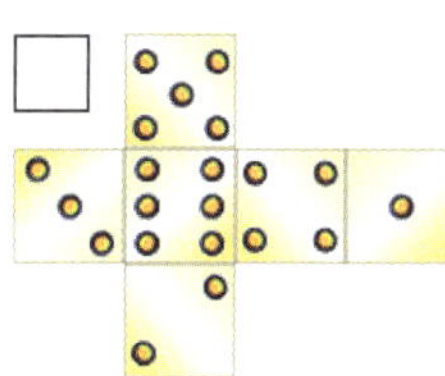 d) ☐ 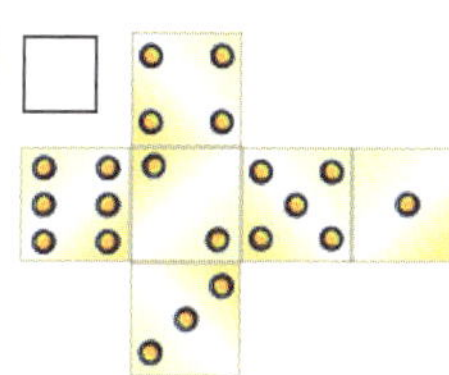

Lösungen Einstellungstests

1. Logisches Denken

Zahlenreihen

1. 2 $^{+4}$ 6 $^{+6}$ 12 $^{+8}$ 20 $^{+10}$ 30 $^{+12}$ **42**
2. 16 $^{+7}$ 23 $^{+5}$ 28 $^{+10}$ 38 $^{+11}$ 49 $^{+13}$ 62 $^{+8}$ **70**
(Quersumme addieren)

Wortanalogien

1. c) Haus **2.** b) Fuß

Beziehungen

1. g) Sonntag **2.** a) Mutter

Grafikanalogien

1. a) 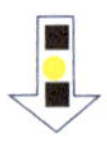 **2.** b) 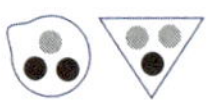

2. Konzentration

Alphabetische Reihenfolge

1. dhabanejdhenahjbekjabcdfgejndnansmjodnbdjwxyzjbdnrnmalmüppkd-knshdkjklndhadnenduenduendopqrhzfunrucmchdtebnsmnaüskendha-bezefghnmkelodhbezshynmnbabsebdnmeidjnantzbszxtgbsnxhzsstu-vwb
2. hnsndnadhendnsjuvwxhdndnbdnmejdkalehijkdnmadnsomemaödefgn-bdbanskjneksoxnaknbsjxonbshzebaisbelmanslmnopzehbaisjbajsnen-akmslxpklmhjdamsidjendhijdnsmalsneisxnmamsrstudbansmensuaylxvn

Kopfrechnen

1. 27 **2.** 24

Mosaik

1. D **2.** C

Additions-/Subtraktionsaufgaben

1. 14	**2.** 5	**3.** 22
4. 5	**5.** 16	**6.** 17
7. 14	**8.** 5	**9.** 14

3. Allgemeinwissen

1. a) 5 bis 6 Liter	**2.** d) Base	**3.** b) Ampere	**4.** a) 4
5. d) Bit	**6.** b) Soziale Marktwirtschaft	**7.** d) 9	**8.** c) Landkreis und Gemeinde
9. b) Konrad Adenauer	**10.** b) Augustus	**11.** b) Faust I	**12.** b) Friedrich Schiller
13. d) Leonardo da Vinci	**14.** b) Tenor, Bariton, Bass	**15.** a) Skisprung und Skilanglauf	

4. Sprachgefühl

Abkürzungen

1. c) FAZ = Frankfurter Allgemeine Zeitung
d) DIN = Deutsches Institut für Normung
2. a) IHK = Industrie- und Handelskammer
c) USA = United States of America
3. a) BASF = Badische Anilin- und Soda-Fabrik
c) BVerfG = Bundesverfassungsgericht
d) VW = Volkswagen

Wortbedeutungen

1. c) Schwäbisch **2.** d) Schwimmen **3.** c) Zahl

Fremdwörter

1. b) ungleichartig **2.** a) verhältnismäßig

Satzergänzungen

1. d) Psychologie **2.** d) aufmerksam **3.** b) kürzer

Sinnverwandte Sprichwörter

1. b) Wer im Glashaus sitzt, soll nicht mit Steinen werfen.
2. a) Die dümmsten Bauern haben die größten Kartoffeln.

Groß- und Kleinschreibung

1. c) Aber heute früh habe ich wieder einen Arzttermin.
2. d) Sie hatte fünf Einsen im Zeugnis und war Zweite im Weitsprung.
3. a) Als die englische Königin abends in ihr Schloss kam, war das Licht schon aus.

Rechtschreibung

1. e) Dampflokomotive **2.** b) Renaissance
3. Visa oder Visen **4.** Globen oder Globusse **5.** Pizzas oder Pizzen

5. Mathematisches Denken

Dreisatz

1. 18 Liter **2.** 56 Prozent **3.** 74 kg

Maßeinheiten

1. b) 2 Stunden **2.** a) 5,5 **3.** a) 0,3

Prozent- und Zinsrechnung

1. b) 357 Euro **2.** d) 6 Jahre und 8 Monate

Gleichungen

1. 8 x 4 – 1 = 31
2. 2 – 60 : 12 = -3
3. 11 + 20 x 5 – 12 = 99

6. Räumliche Vorstellung

Drehungen im Raum

1. c)

Flächen eines Körpers

1. a) 15 **2.** c) 34 **3.** b) 31

Spiegelbilder

1. a) **2.** c)

Würfelfaltung

1. a) **2.** b)

Assessment-Center (AC)

Ein weiterer gängiger Test für die Auswahl von Azubis ist das sogenannte Assessment-Center (AC). Der Begriff kommt aus dem Englischen („to assess" = bewerten, beurteilen). Grundidee ist es, die Kandidat/-innen in vorgegebenen Situationen zu beobachten, die den künftigen Aufgaben entsprechen. Hierbei zählt eher die persönliche Eignung als die fachliche Qualifikation.

Bestandteile eines Assessment-Centers sind in der Regel Rollenspiele, Planspiele, Gruppendiskussionen, Einzelvorträge, Fallstudien und psychologische Testverfahren. Üblich sind diese AC mittlerweile bei Großunternehmen wie Banken und Versicherungen, aber auch bei der Polizei oder im öffentlichen Dienst.

Tipps für ein AC-Auswahlverfahren

- freundlich und offen sein
- Blickkontakt mit den Gesprächspartnern halten
- Interesse zeigen und Fragen stellen
- seine eigene Meinung selbstbewusst vertreten
- die Meinung anderer respektieren
- sich aktiv an Diskussionen beteiligen
- ehrlich sein, kein falsches Wissen vorgeben
- kühlen Kopf und Ruhe bewahren

Onlinetipps

Es gibt im Internet viele Möglichkeiten, Eignungstests zu machen und so noch intensiver zu üben. Auch zum Thema Bewerbung kann man im Internet hilfreiche Tipps finden. Hier einige Links:

- www.planet-beruf.de
- www.azubiworld.com
- www.ausbildung.info
- www.ausbildungspark.com
- www.bewerbung.de
- www.bewerbungsdschungel.com
- www.berufswahl-tipps.de
- www.azubi-azubine.de
- www.jobinspektor.com
- www.azubot.de
- www.stuzubi.de
- www.azubiyo.de

Für die Inhalte der aufgeführten Websites übernehmen wir keine Haftung. Das gilt auch für alle auf diesen Websites angebrachten Links.

Anmerkungen:
Schematisierte Darstellung des Bildungswesens. Die Verteilung der Schülerzahlen in der Jahrgangsstufe 8 für das Jahr 2016 stellt sich im Bundesdurchschnitt wie folgt dar: Hauptschule 10,8 %, Realschule 18,9 %, Gymnasium 36,2 %, integrierte Gesamtschule 16,8 %, Schularten mit mehreren Bildungsgängen 12,2 %, sonderpädagogische Bildungseinrichtungen 4,2 %.
Die Durchlässigkeit zwischen den Schularten und die Anerkennung der Schulabschlüsse sind bei Erfüllung der zwischen den Ländern vereinbarten Voraussetzungen gewährleistet.
Die Dauer der Vollzeitschulpflicht (allgemeine Schulpflicht) beträgt neun Jahre, in fünf Ländern zehn Jahre, und die anschließende Teilzeitschulpflicht (Berufsschulpflicht) drei Jahre.

1 In einigen Ländern bestehen besondere Formen des Übergangs von der Kindertagesstätte oder der Kindertagespflege in die Grundschule (Vorklassen, Schulkindergärten). In Berlin und Brandenburg umfasst die Grundschule sechs Jahrgangsstufen.

2 Beschulung von Schülerinnen und Schülern mit sonderpädagogischem Förderbedarf in inklusivem Unterricht an allgemeinen Schulen oder an sonderpädagogischen Bildungseinrichtungen mit entsprechenden Förderschwerpunkten. Schulbezeichnung nach Landesrecht unterschiedlich. Sonderpädagogische Bildungseinrichtungen mit dem Förderschwerpunkt „Lernen" und sonderpädagogische Bildungseinrichtungen mit dem Förderschwerpunkt „Geistige Entwicklung" haben schulspezifische Abschlüsse.

3 Die Jahrgangsstufen 5 und 6 bilden eine Phase besonderer Förderung, Beobachtung und Orientierung über den weiteren Bildungsgang mit seinen fachlichen Schwerpunkten.

4 Haupt- und Realschulen existieren in nennenswerter Zahl nur noch in fünf Ländern (Baden-Württemberg, Bayern, Hessen, Niedersachsen, Nordrhein-Westfalen). In Bayern trägt die mit der Hauptschule vergleichbare Schulart die Bezeichnung Mittelschule. Die Bildungsgänge der Hauptschule und der Realschule werden auch an Schularten mit mehreren Bildungsgängen mit nach Ländern unterschiedlichen Bezeichnungen angeboten.

5 Die folgenden Schularten mit zwei Bildungsgängen fassen die Bildungsgänge der Haupt- und der Realschule pädagogisch und organisatorisch zusammen: Regelschule (Thüringen), Sekundarschule (Bremen, Sachsen-Anhalt), Verbundene Haupt- und Realschule (Hessen), Regionale Schule (Mecklenburg-Vorpommern), Realschule plus (Rheinland-Pfalz), Regionalschule (Schleswig-Holstein), Oberschule (Brandenburg, Sachsen), Mittelstufenschule (Hessen). Der Bildungsgang des Gymnasiums wird auch an Schularten mit drei Bildungsgängen angeboten. Die folgenden Schularten umfassen die drei Bildungsgänge der Hauptschule, der Realschule und des Gymnasiums: Integrierte Gesamtschule, Kooperative Gesamtschule, Integrierte Sekundarschule (Berlin), Oberschule (Bremen, Niedersachsen), Stadtteilschule (Hamburg), Gemeinschaftsschule (Baden-Württemberg, Saarland, Sachsen-Anhalt, Schleswig-Holstein, Thüringen), Sekundarschule (Nordrhein-Westfalen).

6 Die allgemeinbildenden Schulabschlüsse nach Jahrgangsstufe 9 und 10 tragen in einzelnen Ländern besondere Bezeichnungen. Der nachträgliche Erwerb dieser Abschlüsse an Schulen des zweiten Bildungsweges und beruflichen Schulen oder durch eine Externenprüfung ist möglich.

7 Zugangsvoraussetzung ist die formelle Berechtigung zum Besuch der gymnasialen Oberstufe, die nach Jahrgangsstufe 9 oder 10 erworben wird. Der Erwerb der Allgemeinen Hochschulreife erfolgt seit 2012 in der Mehrzahl der Länder nach Jahrgangsstufe 12 (achtjähriges Gymnasium). An Schularten mit drei Bildungsgängen wird der gymnasiale Bildungsgang in der Regel nicht auf acht Jahre verkürzt.

8 Die Berufsoberschule besteht bisher nur in einigen Ländern und bietet Absolventen mit Mittlerem Schulabschluss und abgeschlossener Berufsausbildung bzw. fünfjähriger Berufstätigkeit die Möglichkeit zum Erwerb der Fachgebundenen Hochschulreife. Bei Nachweis von Kenntnissen in einer zweiten Fremdsprache ist der Erwerb der Allgemeinen Hochschulreife möglich.

9 Die Fachoberschule ist eine zweijährige Schulart, die aufbauend auf dem Mittleren Schulabschluss mit Jahrgangsstufe 11 und 12 zur Fachhochschulreife führt. Für Absolventen mit Mittlerem Schulabschluss und einer beruflichen Erstausbildung ist in den meisten Ländern der unmittelbare Eintritt in Jahrgangsstufe 12 der Fachoberschule möglich. Die Länder können auch eine Jahrgangsstufe 13 einrichten. Der Besuch der Jahrgangsstufe 13 führt zur Fachgebundenen Hochschulreife und unter bestimmten Voraussetzungen zur Allgemeinen Hochschulreife.

10 Berufsfachschulen sind berufliche Vollzeitschulen verschiedener Ausprägung im Hinblick auf Zugangsvoraussetzungen, Dauer und Abschlüsse. In ein- oder zweijährigen Bildungsgängen wird eine berufliche Grundausbildung, in zwei- oder dreijährigen Bildungsgängen eine Berufsausbildung vermittelt. In Verbindung mit dem Abschluss eines mindestens zweijährigen Bildungsgangs kann unter bestimmten Voraussetzungen die Fachhochschulreife erworben werden.

11 Zusätzlich zum berufsqualifizierenden Abschluss ggf. Erwerb des Hauptschulabschlusses oder des Mittleren Schulabschlusses. Unter bestimmten Voraussetzungen ist zusätzlich der Erwerb der Fachhochschulreife möglich.

12 Fachschulen dienen der beruflichen Weiterbildung (Dauer 1–3 Jahre) und setzen grundsätzlich den Abschluss einer einschlägigen Berufsausbildung in einem anerkannten Ausbildungsberuf und eine entsprechende Berufstätigkeit voraus. Unter bestimmten Voraussetzungen ist zusätzlich der Erwerb der Fachhochschulreife möglich.

13 Einschließlich Hochschulen mit einzelnen universitären Studiengängen (z. B. Theologie, Philosophie, Medizin, Verwaltungswissenschaften, Sport).

14 An Pädagogischen Hochschulen (nur in Baden Württemberg) wird für verschiedene Lehrämter ausgebildet. Im Einzelfall ist auch ein Studium für Berufe im außerschulischen Bildungs- und Erziehungsbereich möglich.

15 Die Berufsakademie ist eine Einrichtung des tertiären Bereichs in einigen Ländern, die eine wissenschaftsbezogene und zugleich praxisorientierte berufliche Bildung durch die Ausbildung an einer Studienakademie und in einem Betrieb im Sinne des dualen Systems vermittelt.

16 Die Studienstrukturreform mit der Umstellung auf Bachelor- und Masterabschlüsse an deutschen Hochschulen ist weitgehend abgeschlossen. Nur eine geringe Zahl von Studiengängen führt zu einem Diplomabschluss.

Stand: Juni 2018

Grundstruktur des Bildungswesens in der Bundesrepublik Deutschland

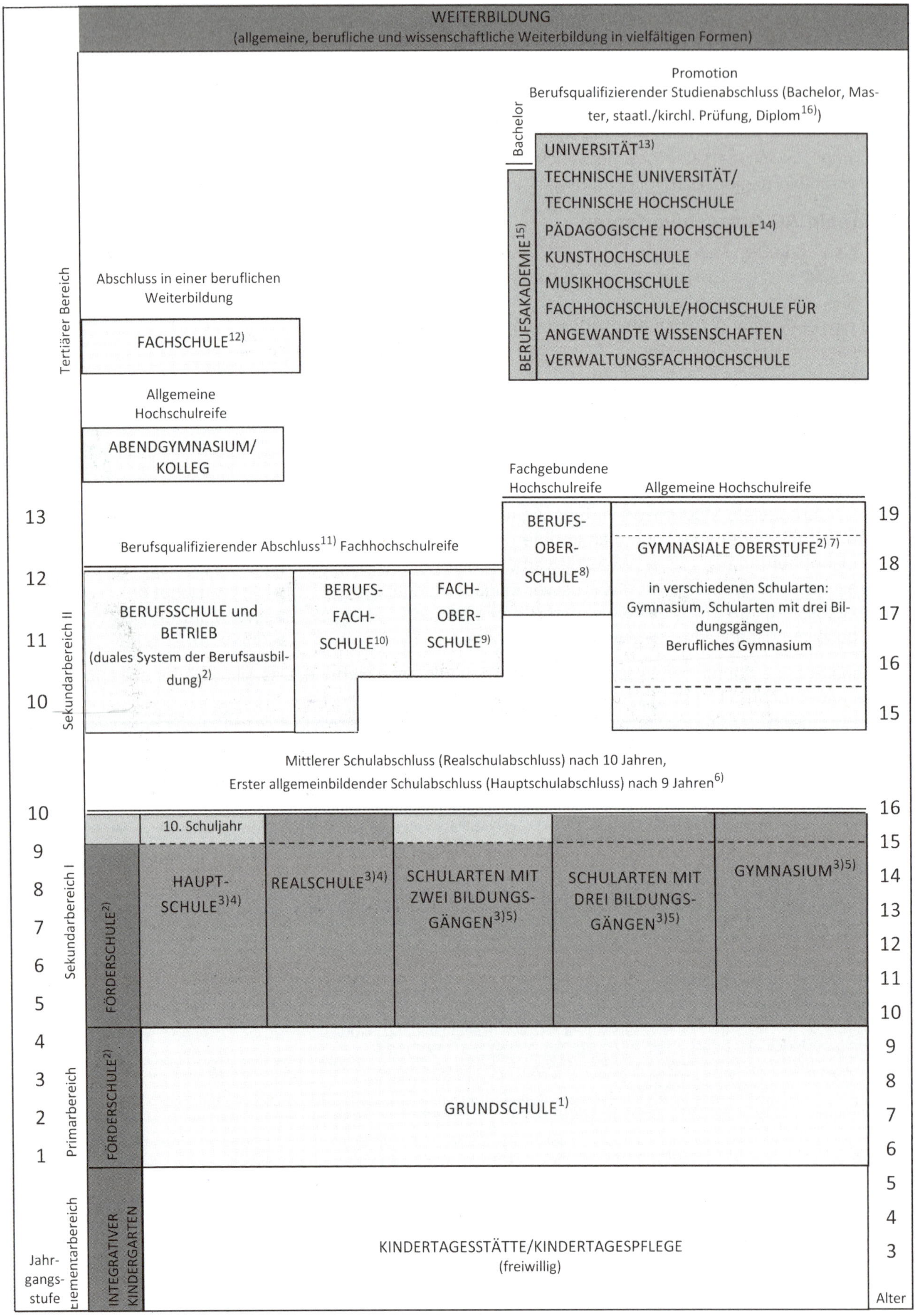

Herausgeber: Sekretariat der Ständigen Konferenz der Kultusminister der Länder in der Bundesrepublik Deutschland, Deutsche EURYDICE-Informationsstelle der Länder, Taubenstr. 10, 10117 Berlin, Tel. 030 25418-499. © KMK 2018